예배, 하늘과 땅이 잇대어지는 신비
: 우리 시대에도 예배는 영광스러워야 한다

장로회신학대학교출판부

예배, 하늘과 땅이 잇대어지는 신비

초판 6쇄　|　2024년 5월 10일
초판발행　|　2015년 11월 25일

저　　자　|　김 운 용
발 행 인　|　김 운 용
발 행 처　|　장로회신학대학교출판부
신고번호　|　제 1979-2호
주　　소　|　(우)04965 서울시 광진구 광장로5길 25-1(광장동)
전　　화　|　02-450-0795
팩　　스　|　02-450-0797
이 메 일　|　ptpress@puts.ac.kr
디 자 인　|　굿모닝 디자인

값 19,500원
ISBN 978-89-7369-380-1 93230
ⓒ 장로회신학대학교출판부 2015

국립중앙도서관 출판예정도서목록(CIP)

예배, 하늘과 땅이 잇대어지는 신비

　저자 ; 김 운 용.
　-- 서울 : 장로회신학대학교출판부, 2015
　　　p. ; cm

　참고문헌 수록
　ISBN 978-89-7369-380-1 93230 : ₩19,500

예배[禮拜]

237-KDC6
264-DDC2　　　　　　　　CIP2015031837

• 잘못된 책은 바꿔 드립니다.
• 이 책은 저작권법의 보호를 받는 저작물이므로 무단전재와 복제를 금합니다.

예배, 하늘과 땅이 잇대어지는 신비
: 우리 시대에도 예배는 영광스러워야 한다

김 운 용

장로회신학대학교출판부

Dominus vobiscum

Et cum Spiritu tuo

Sursum corda

Habemus ad Dominum

Gratias agmus Domino Deo nostro

Dignum et iustum est

주님께서 여러분과 함께 계시기를 빕니다
그리고 당신의 심령에도 함께 계시기를 빕니다.
우리의 마음을 높이 드십시다
주님께 우리의 마음을 높이 듭니다
우리의 주 하나님께 감사를 올려드립시다
그것은 마땅하고 옳은 일입니다

목 차

저자 서문   09

서 언   17
1장   우리 시대에도 예배는 영광스러워야 한다   19

1부 오늘의 예배의 현장   45
2장   현대교회의 문화 변동과 예배 상황   47

3장   현대 소비주의 문화: 나드림의 예배가 가능할까?   59

4장   포스트모던 문화: 현대적 예배가 대안인가?   73

2부 예배의 신학적 이해   85
5장   기독교 예배에 대한 신학적 이해   87

6장   하나님의 자기 주심의 선물과 교회의 자기표현   107

7장   종말론적 회상과 경축으로서의 예배   129

8장   예배와 신학의 상관성: 예전 연구 방법론   147

3부 예배의 역사적 이해   179
9장   초기교회의 예배   181

10장　중세 교회의 예배	215
11장　종교개혁기의 예배	233
12장　종교개혁 이후 개신교 예배	261
13장　18세기 이후 형성된 개신교 교파 예배	279

4부 예배의 실천적 이해 321

14장　예배의 순서가 가지는 의미	323
15장　예배의 시간: 교회력에 대한 이해	343
16장　교회력의 기초: 주일–주님의 날	377
17장　예배의 공간	401
18장　성례전의 이해와 실행	423

결 언 457

19장　예배는 그분께 온전히 정복되는 자리입니다	459
참고문헌	476

서 문

　음악 악보에 사용되는 여러 지시어가 있습니다. 주로 어떻게 그 음악을 연주할 것인가를 규정해 주는 것들인데 이것들은 속도, 형식, 표현, 기교 등과 관련이 있습니다. 예를 들어 몇 가지만 살펴보면 속도와 관련하여는 라르고(천천히), 아다지오(침착하고 느리게), 안단테(천천히 걷는 속도로), 알레그레토(조금 빠르게), 알레그로(빠르게) 등이 있고, 표현 양식을 나타내는 말로는 비바체(활발하게), 스케르초(익살스럽게), 그래치오소(우아하고 장엄하게), 콘브리오(기운차고 활발하게), 콘모토(생생하게), 포르테(세게), 크레센도(점점 세게), 피아니시모(매우 여리게) 등이 있습니다. 이런 지시어만 1000여개가 훨씬 넘으니 아름다운 음악을 만드는 일이 결코 쉬운 일이 아님을 깨닫게 됩니다. 편곡이라는 장르가 없는 것은 아니지만 음악을 연주한다는 것은 원작자의 뜻을 잘 헤아릴 뿐만 아니라 그의 원하는 방식을 잘 따를 때 바로 연주하는 것이 됩니다.
　루드비히 판 베토벤(Ludwig van Beethoven)의 1801년의 작품인 피아노 소나타 14번, 소위 '월광 소나타'의 1악장에는 '아다지오 소스테누토'(Adagio sostenuto)라는 지시어가 붙어 있습니다. 아다지오(adagio)는 '천천히 느리게,' 소스테누토(sostenuto)는 '충분히 눌러서 연주하라'는 뜻이 있으니 천천히 그것을 음미하면서 한 음 한 음 꾹꾹 눌러가며 연주하라는 명령어입니다. 일반적으로 1악장은 빠르고, 2악장은 느린 것이 당시의 통례였지만 베토벤은 이 곡의 1악장을 '아다지오 소스테누토'로 연주하라고 요청합니다. 비엔나에서 한참 잘 나가던 시간, 베토벤은 인생의 큰 어려움에 직면하게 됩니다. 갑작스럽게 이상이 생겨 청력을 상실해 가기 시작하였고, 결국에는 완전 상실이라는 비극을 맞습니다. 또한 그때 그는 이루어질 수 없는 사랑에 몸을 떨어야 했습니다.[1] 깊은 그 절망감에 몸을 떨어야 했던 시간에 이 소나타가 작곡됩니다. 그래서인지 1악장은 어두운 방안에 달빛이 조금씩 채워지는 느낌을 담고 있습니다. 그러나 2악장은 밝고 산뜻한 분위기를 만들어 가면서 한 다발의 꽃이 안겨지는 느낌을 갖게 되고, 조금의 휴지기도 없이 시작되는 3악장은 '매우 빠르게, 격한 감정을 담아서'라는 뜻인 '프레스토 아지타토'(Presto agitato)라는 지시어가 담겨 있습니다. 당시 피아노 소나타에서는 찾아보기 어려운 격렬함과 뜨거운 열정이 터뜨려지고 있음을 알 수 있습니다.

체코가 자랑하는 베드르지흐 스메타나(Bedřich Smetana)도 베토벤과 같은 어려움을 겪으면서 그의 대표작인 "나의 조국"을 작곡했습니다.[2] 민족주의적 색채가 물씬 풍기는 이 곡을 듣다보면 개인적으로 우울하고 힘든 시간을 보냈지만 자신과 조국을 향해 희망을 노래하게 만드는 거대한 민족 대서사시를 들려줍니다. 그의 현악 4중주곡인 "나의 생애로부터"도 비슷한 시기에 작곡되었는데

---

1) '월광'이라는 이름은 베토벤이 붙인 것이 아니라 그의 사후에 당대의 시인이자 음악 비평가였던 루드비히 렐슈타프가 제 1악장을 "스위스 루체른 호수의 달빛 아래 물결에 흔들리는 작은 배처럼"이라고 비유한데서 붙여진 것이다. 베토벤은 이 곡의 명칭을 '환상곡풍 소나타'라고 명명했다. 베토벤은 그때 14살 연하의 줄리에타 귀차르디를 사랑하였지만 신분 격차 때문에 이루어질 수 없는 사랑임을 알며 힘든 시간을 보냈던 것으로 알려지고 있다. 이 곡은 그녀에게 헌정되었다.

2) 스메타나는 당시 국민 음악가로 확고하게 자리를 잡았지만 개인적으로는 아픔의 시간들의 연속이었다. 어렵게 결혼에 성공한 스메타나는 딸 넷을 두었지만 그중 셋이 어려서 죽었고, 결혼 10년 후에 아내마저 병으로 세상을 떠난다. 재혼을 하지만 결혼 생활은 그렇게 행복하지 못했다. 또한 스메타나는 심한 두통과 이명 증상에 시달려야 했고 결국에는 아무 소리도 못 듣게 된다. 국립극장 지휘자직도 사임하고 하나 밖에 없는 딸의 작은 집에서 은둔생활을 하면서 이 곡을 작곡하였다. 6곡으로 이루어진 이 곡의 두 번째 곡인 '몰다우강'은 가장 많은 사랑을 받고 있는 곡의 하나이다.

그의 생을 돌아보며 슬픔과 회상에 젖어있는 스메타나를 만나게 됩니다. 문득 음악을 듣거나 연주하는 것은 그 곡의 원작자와 만나는 일이고, 그의 시대와 스토리를 듣는 일이라는 생각이 듭니다. '월광 소나타'를 들으면서 고뇌에 찬 베토벤을 만나게 되고 그의 아픔의 스토리를 듣게 됩니다. '나의 조국'을 들으면서 딸의 숲속 작은 집에 얹혀살면서도 희망을 노래했던 스메타나를 만나게 됩니다.

그것은 하나님의 신비의 장(場)에서 만들어지는 천상의 음악이자 세상의 가장 아름다운 음악인 예배도 마찬가지입니다. 성경에 의하면 예배는 하나님께서 직접 디자인하시고, 그것을 명령하셨습니다. 우리는 예배를 드리면서 성삼위 하나님을 만나게 되고, 그분이 허락하시는 하늘의 신비와 평화를 맛보게 됩니다. 예배는 하늘이 땅에 내려오고, 땅이 하늘에 잇대어지는 하늘의 신비입니다. 그런 예배를 그리스도인들과 신앙공동체인 교회에 선물로 주시고, 예배에 대한 많은 지시어들을 담아 놓으셨습니다. 건성으로 드리지 말고, 아무렇게나 드리지 말고, 되는대로 드리지 말고 아다지오 소스테누토, 프레스토 아지타토…! 이러한 지시어를 성경은 '마음 전부, 뜻 전부, 생각 전부'라고 표현하기도 합니다. 그러므로 '설렁설렁, 대충대충, 함부로, 생각 없이, 아무렇게나, 때우듯이, 졸거나 딴생각에 사로잡혀' 드리는 자세는 예배의 바른 자세일 수 없습니다. 아니 그것은 아주 나쁜 자세입니다. 예배는 신앙생활의 모든 것이며, 신앙공동체의 모든 것이 되어야 하기 때문입니다. 우리의 전 인격과 삶이 드려지고, 가장 최고의 것이 드려지지 않으면 그것은 온전한 예배가 될 수 없기 때문입니다.

그런 점에서 보면 감격과 감탄은 예배에 있어서 가장 중요한 요소가 됩니다. 에이든 토저(Aiden W. Tozer)가 "예배를 드리지 않고 감탄하는 것은 얼마든지 가능하지만 감탄 없이 예배를 드리는 것은 절대 불가능하다"고 한 이유가 바로 그것입니다. 여기에서 '감탄'(admiration)은 숭모(honor)와 사랑의 마음에서 기인한 황홀함(fascination)에서 나오게 됩니다.[3] 그런 점에서 보면 교회의 예배가 죽으면 모든 것이 죽고, 예배가 변질되면 교회의 모든 것이 변질되게 됩니다. 그래서 프로테스탄트 교회는 바르고 온전한 예배를 회복하려는 예배개혁 운동으로부터 시작되었고, 계속적인 개혁을 추구합니다.

선교 2세기를 보내고 있는 한국교회는 그 초창기부터 남다른 예배 열정을 가진 교회였습니다. 예배는 신앙생활의 가장 중요한 요소로 간주되었고, 남다른 열심을 가지고 있었습니다. 교인들과 목회자들은 생명을 걸고 예배했던 교회였습니다. 그러나 물질적 풍요를 누리게 되면서 그 열정은 약화되었고, 문화사회적 상황의 변화는 오늘의 예배 현장에 많은 변화를 가져왔을 뿐만 아니라 많은 혼란을 일으키고 있습니다. 많은 이질적인 요소가 가미되기도 하고, 왜곡된 모습도 많이 나타나고 있습니다. 이 모든 것은 예배에 대한 바른 이해를 갖지 못함에서 기인합니다.

본서는 이런 예배에 대한 열정이 식어가고 혼동이 야기되는 시기에 바른 예배를 세워나가기 위한 추구에서부터 시작되었습니다. 예배에 대한 무지는 예배 현장의 혼란을 가져올 뿐만 아니라 기독교의 예배의 본질과는 전혀 다른 것이 자리 잡게 만듭니다. 그래서 예배에 대한 바른 이해를 위해서 성경적, 예배 신학적, 역사적 탐구를 시도하고, 사역의 현장에서 실천적으로 어떻게 그것을 세워나갈 수

---

3) Aiden W. Tozer, *Tozer on Worship and Entertainment* (Camp Hill: Christian Publications, 1997), 1장 참고.

있을 것인지를 찾아보려고 노력했습니다. 예배학 전반을 다루려는 욕심 때문에 두꺼워질 책의 분량을 염려하여 더 깊고 많은 내용을 담지 못하는 아쉬움은 있었습니다. 그래서 이것이 '총론'이라면 앞으로 '각론'을 계속 내놓아야 한다는 생각으로 위안을 삼습니다.

교회의 예배는 다른 세계와 삶의 방식을 보여주는 '창문'이 되어야 합니다. 그러나 종종 교회와 기독교 예배는 세상을 모습을 그대로 보여주는 거울과 같이 작용하였습니다. 예배는 평범한 창문이 되어서는 안 됩니다. 근본적으로 예배는 하나님께 영광을 돌릴 뿐만 아니라 교회를 교회답게 하고 세우는 행위입니다. 예배가 온 교회로 하여금 하나님의 엄위와 광휘에 잠기게 해 줄 뿐만 아니라 하나님의 생활 방식을 실천하는 공동체로 교회를 세워가고 우리가 그리스도의 아름다움과 영광을 보게 하는 스테인드글라스와 같이 된다면 세상은 교회가 하나님 나라의 영토이며, 대안 공동체임을 발견하게 될 것입니다. 본서를 준비하는 온 과정동안에 마음에 깊이 간직한 외침은 한 가지였습니다. "우리 시대에도 예배는 영광스러워야 한다!"

본서의 내용 중에 7장, 8장, 15장은 『장신논단』에 발표한 논문이 그 바탕을 이루었습니다. 7장은 "신학적 행위와 종말론적 예술로서의 예배에 대한 신학적 이해"(39권, 2010년)를, 8장은 "우리는 예배하고, 그렇게 믿으며, 그래서 우리는 살아간다"(44권 4호, 2012)를, 15장은 "교회력의 기초인 '주일'(주님의 날)에 대한 연구"(29권, 2007년)를 수정 보완 및 확대한 내용임을 밝힙니다. 발표된 논문을 사용할 수 있도록 허락해 준 『장신논단』에 깊은 감사를 드립니다.

한 권의 책을 출판하는 일은 많은 시간과 에너지를 요구합니다. 겨울과 여름 방학 중에 집필을 위해 책에 파묻혀 지낼 때 사랑하는 가족들에게는 미안한 마음이 컸습니다. 여름휴가도 가지 못하고 마무리 작업에 몰두

할 때도 가족들은 오히려 격려로 저를 이해해 주었습니다. 늘 달려갈 새로운 에너지를 공급해 주는 사랑하는 아내, 박혜신 님과 사랑하는 자녀들(한솔, 한결, 한빛)에게 감사의 마음을 전합니다. 감당하는 연구와 교육, 예배와 설교 사역을 위해 늘 중보해 주신 기도의 후원자들에게도 깊이 감사를 드립니다. 매주 목요일 아침, 말씀 전하러 달려가는 기독실업인회(CBMC) 한성지회 회원들은 저를 위한 기도를 단 한 주도 빼 놓지 않았습니다. 일일이 거명하지 못하지만 늘 저를 위해 기도해 주시는 분들께 깊은 감사의 마음을 전합니다.

아름다운 바다와 산에 둘러싸여 있던 내 고향은 어릴 적 가난한 가슴에 큰 믿음의 꿈과 감성을 키워주었던 보금자리였습니다. 110여 년 전 선교사들로부터 받은 신앙을 가지고 힘차게 주님을 예배하면서, 자녀들에게 그 예배 신앙을 전해 주었던 해남고당교회 교회학교의 선생님들과 성도님들, 특히 예배에 대한 기쁨으로 사셨던 내 어머니와 형제들은 저의 가슴에 영광스러운 예배에 대한 꿈을 심어주셨습니다. 그동안 부목사와 담임목사로 사역했던 교회의 성도님들은 함께 영광스러운 예배를 꿈꾸고, 더 좋은 예배를 위해 달려가게 했던 동역자들이었고, 선생님들이었습니다. 현재 섬기고 있는 서울 동안교회는 그런 거룩한 예배를 오늘도 계속해서 함께 꿈꾸는 현장입니다. 담임이신 김형준 목사님은 늘 말씀으로 그 열망을 새롭게 해 주시는 영적 멘토이고, 감당하는 사역을 더 가슴으로 감당하도록 일깨워주고 격려해 주시는 사랑하는 친구입니다. 이 책은 동안교회가 주신 기도와 후원에 힘입어 이루어진 작은 열매임을 생각할 때 당회원들과 성도님들, 담임목사님께 깊은 감사의 마음을 전합니다.

또한 장로회신학대학교 강의실에서 만난 학생들은 저를 늘 일깨워주고, 계속해서 연구하게 만들었습니다. 그들은 늘 교수의 새로운 연구를 기다려 주었고, 연구물이 나오면 그것을 탐독하며 함께 영광스러운 예배의 꿈을 꾸는 동료요, 선생이었으며 앞으로 한국교회 예배와 설교 강단을 풍성하게 할 여호수아 세대입니다. 이 일을 위해 예배/설교학 분야에서 늘 한 마음으로 함께 해 준 동역자들인 김경진, 최진봉, 김 정, 허요환 교수님에게도 깊은 감사를 드립니다. 본서의 출판을 허락해 주신 장로회신학대학교 출판부와 김명용 총장님, 김도훈 연구지원처장님, 출판업무와 교정을 위해 수고해 주신 김해나 선생님에게도 깊은 감사를 드립니다. 강의와 연구를 위해 늘 끊임없이 요청하는 저를 위해 지하 도서관에서 책을 찾아다 주고, 참고문헌 정리를 위해 수고해 준 조교 오보람 전도사에게도 깊은 감사의 마음을 전합니다.

본서를 펴내면서 저의 고백은 더 깊어집니다. 본서를 읽는 분들이 함께 그 고백이 깊어지면 더 큰 기쁨이 없겠습니다.

Laudamus te, Benedicimus te,
adoramus te, glorificamus te.
Pleni sunt caeli et terra gloria tua.
우리는 주님을 찬양합니다. 주님을 송축합니다.
우리는 주님을 숭모합니다. 주님께 영광을 돌립니다.
주님의 영광이 하늘과 땅에 가득합니다.

2015년 늦가을의 정취를 가득 담은
아름다운 동산 아차산 기슭 연구실에서

저자 김 운 용

서 언

흙탕물도 가라앉으면
거울보다 맑다
흐르는 개울물보다 오히려
하늘과 구름을 잘 내려 비춘다
밤에는 별들이 빠져 더 빛난다

님이 다니시는 길가에
나도 흙물 되어 누워
어지러운 마음 가라앉히고
풀잎 궁둥이나 비추며 쳐다볼까

그렇게 기다릴까
기다리다가 그분이 지나시는 날
님의 바짓가랑이를 비출까
신발을 비추어 잡아둘까

-이성선, "거울" 전문

우리 시대에도 예배는 영광스러워야 한다 1장

> 기독교의 예배는
> 그리스도인으로 살아가려는 열정을 심어주고
> 더 열정적인 예배로 나아가게 하는 고귀한 시간 낭비이다.
> — 마르바 돈(Marva Dawn)[1]

영광스러운 예배를 꿈꾸며

세상은 굶주림과 소란함으로 가득 차 있다. 그것은 사람이 사는 세상을 폭력으로 둘러싸인 위협과 상처의 자리로 만들어 버렸다. 그 안에서 사람들은 외로움과 소외를 경험하며, 혼돈과 아픔 속에서 허덕이며 살아간다. 위로와 회복을 필요로 하는 사람들이 함께 모여 보지만 추위에 함께 모인 고슴도치들이 가까이 할수록 오히려 서로를 찌르고 아픔을 경험하는 것처럼 함께 함으로 인해 더 깊은 상처를 경험하기도 한다. 폭력과 혼동, 갈등과 상처, 잘못된 욕망에 사로잡혀 사는 인간은 평화, 안정, 충만을 향한 굶주림과 갈망 속에서 살아간다. 알렉산더 쉬메만(Alexander Schmemann)은 인간의 그 모든 갈망과 굶주림은 본질적으로 "하나님을 향한 배고픔"과 궁극적으로 "하나님을 향한 갈망"으로부터 시작한다고 주장한다.[2] 기독교의 예배는

---

1) Marva Dawn, *A Royal 'Waste' of Time: The Splender of Worshipping God and Being Church for the World* (Grand Rapids: Eerdmans, 1999), 1.
2) Alexander Schmemann, *For the Life of the World: Sacraments and Orthodoxy* (Crestwood: St. Vladimir's Seminary Press, 2000), 19.

그런 갈망과 굶주림에 대한 관심으로부터 시작한다.

본질적으로 예배는 그리스도 안에서 우리에게 주시는 하나님의 은혜와 신비를 경축하는 자리이며, 그것으로 인해 영광과 감사를 올려드리는 자리이다. 예배는 그리스도인들의 모임인 교회에 주시는 선물이기 때문에 그것만큼 교회를 교회되게 하는 요소는 없다. 교회는 그것을 누릴 뿐만 아니라 그것을 세상과 나누고 전달해야 하는 사명을 가진다. 그런 점에서 제프리 웨인라이트(Geoffrey Wainwright)는 기독교 신앙공동체의 가장 중요한 사명의 하나를 "비전 전달"이라고 규정하면서 그들이 보고 경험하고, 확신한 바를 공동체와 세상에 전해야 할 사명이 있다고 주장한다. 놀라운 하늘의 선물을 받고 은혜를 누린 공동체는 이제 그것을 세상 속에 전달할 사명을 가지고 나아가 삶의 자리에서 그 사역을 감당하는 존재로서의 정체성을 가진다. 예배는 신앙공동체가 이 세상 속에 그 비전을 전달하고(transmission), 펼치는 것(spreading)을 온전히 감당할 수 있도록 도와줄 뿐만 아니라 그러한 비전이 "뚜렷한 초점(sharp focus)과 집중된 표현(concentrated expression)으로 나타나는 자리"라고 주장한다.[3]

1960년대 찬바람이 몰아치는 눈 덮인 황량한 인권 유린의 벌판에 서서 동족의 인권 회복을 위해 온 몸을 던졌던 마틴 루터 킹(Martin Luther King, Jr.) 목사와 에벤에셀교회는 그 사명을 온전히 수행한다. 당시 관습과 사회구조를 통해서 보면 그의 외침과 행동은 무척 무모한 것이었기에 그들은 많은 대가를 지불해야 했다. 1963년 8월 23일 워싱턴 행진에 앞서 행한 설교, "I Have a Dream"에서

---

3) Geoffrey Wainwright, *Doxology: The Praise of God in Worship, Doctrine, and Life* (New York: Oxford University Press, 1980), 3.

마틴 루터 킹 목사는 그렇게 노래한다.[4]

> 나에게는 꿈이 있습니다. 언젠가는 조지아 주의 붉은 언덕에서 전에 노예의 자녀들과 노예 주인의 자녀들이 형제애의 식탁에 함께 앉아 식사를 하게 되리라는 꿈이 있습니다. 나에게는 꿈이 있습니다. 언젠가 불의의 열기가 이글거리는 미시시피 주조차도 자유와 정의의 오아시스로 변할 것이라는 꿈이 있습니다. 나에게는 꿈이 있습니다. 그 언젠가 나의 네 명의 아이들이 피부색이 아니라 그들의 인품이 어떠한가에 의해 판단되는 나라에 살게 될 날이 있을 것이라는 꿈이 나에게는 있습니다....

당시 그러한 그의 꿈은 아무리 보아도 무모한 것이었다. 그러나 모든 것이 암울하게만 보이던 현실에 절망하지 않고 꿈을 꾸며, 비전을 전달하였던 그가 있었기에 아프리카계 미국인들은 그것을 공유하게 되었고, 그 비전을 함께 인종차별이라는 굳은 장벽을 뛰어 넘어 당시에는 전혀 불가능해 보였던 그 꿈은 현실로 나타나게 된다.

우리도 그런 꿈을 한번 꾸어보는 것은 어떨까? 우리의 생애 가운데서 예배의 영광이 회복되는 꿈... 온 성도들과 함께 하나님의 임재 가운데로 들어가는 예배, 하나님의 거룩한 광채(holy splendor)와 능력 앞에서 가슴 터질 듯한 감격과 희열을 맛보는 예배, 그리고 예배 이후 하나님의 백성들이 하나님의 통치하심과 다스리심을 인정하고 선포하는 '삶으로 이어지는 예배'가 이 나라 구석구석에 드려지는 그런

---

4) 이것은 예배 세팅에서 행해진 것이 아니기 때문에 설교로 분류하는 것은 다소 무리한 점이 없지 않다. 그러나 마르틴 루터 킹 목사는 흑인 인권운동과 관련한 모든 것을 통해 하나님의 말씀을 전하였던 설교자의 마음으로 행하였다는 그의 고백과 그가 행하는 설교나 연설, 가르침은 모두 하나님의 뜻을 전하는데 초점을 맞추었다고 한 주장을 고려해 본다면 이것을 설교로 분류해도 무리는 없을 것이다. 이 설교문의 전문을 위해서는 www.americanrhetoric.com/speeches/mlkihaveadream.html을 참고하라.

꿈을 한번 꾸어볼 수 없을까? 그리하여 매주일 드려지는 예배마다 유배지 밧모 섬에서 드렸던 사도 요한의 영광스러운 예배(계 1~5)가 펼쳐짐으로 비록 고달픈 삶의 현장에 서있다 할지라도 하늘과 땅이 잇대어지는 감격스러움을 맛보게 될 그런 예배 부흥의 꿈은 어떨까? 수많은 상처와 아픔을 가지고 나아오는 사람들이 예배를 통해서 치유와 회복을 맛보고, 오늘도 말씀을 통해 상한 심령들을 터치하시는 하나님의 사랑의 손길을 경험하고 기쁨과 희열에 사로잡혀 세상을 향해 전사(戰士)와 같이 나아가게 할 예배의 능력을 회복하는 꿈은 어떨까? 우리 사역의 현장마다 거룩하시고 자비로우신 창조주 하나님의 위대하심과 함께 계심을 인식할 때 생기는 '마음의 넓어짐'을 경험하게 되는 예배의 꿈은 어떨까? 거룩한 예배, 영광스러운 예배, 하나님이 받으심 직한 예배, 하나님의 엄위와 광휘(splendor)에 사로잡히는 예배, 우리 삶의 "무한 중심"(infinite Center)[5]이신 하나님의 임재 앞에 자신을 세우는 예배, 그러한 예배를 꿈꾸어 볼 수는 없을까?

  이러한 꿈은 무기력하고 화석화된 예배, 하나님이 아닌 우상으로 뒤덮인 미신적인 예배를 새롭게 하려는 종교개혁자들의 노력이었으며, 교회 예배 전통에서 꾸준히 추구해 왔던 것이다. 엄밀히 말해서 예배 개혁은 언제나 예배 부흥과 연결된다. 예배 부흥은 모든 시대에서 필요한 것이기 때문에 각 시대마다에서 교회는 그것을 꿈꾸어 왔다. 생명력이 상실한 형식만 남은 예배, 비본질적 요소로 가득 찬 예배를 새롭게 회복하려고 했던 것이 개혁자들과 그 후예들이 추구하는 바였다. 그런 의미에서 종교개혁은 예배 개혁이었으며, 예배에 대한 열심으로부터 생겨난 운동이었고, 개신교회는 그러한 흐름 속에서 태

---

5) Dawn, *A Royal 'Waste' of Time*, 11장.

동되었다. 예배를 새롭게 드리려는 추구와 노력은 계속되어야 한다. 개혁은 과거에서 단회적으로 이루어지고 끝나는 것이 아니라 오늘의 삶의 자리에서 일어나는 현재적 사건이기 때문이다. 그래서 1966년 베를린 세계 선교대회(World Congress on Evangelism) 개회식에서 빌리 그래함은 각 시대의 책임과 기회에 대해서 그렇게 주장한다.

> 모든 시대가 중요합니다. 모든 시대가 전략상으로 중요합니다. 그러나 우리는 지나간 시대에 대해 모든 책임을 가지고 있지 않습니다. 또한 다가오는 시대에 온전한 책임을 수행할 수도 없습니다. 그러나 오늘 이 시대에 대해서는 깊은 책임을 수행할 수 있습니다. 언젠가 그리스도의 심판대 앞에서 하나님께서는 우리가 책임을 다 수행했는지에 대해 책임을 물으실 것입니다. 우리의 책임을 어떻게 온전히 수행했는지, 그것을 위해 우리에게 주어진 기회를 어떻게 선용했는지에 대해서 물으실 것입니다.[6]

모든 사역자들과 그리스도인들은 오늘, 교회의 예배를 새롭게 할 책임을 가지고 있다. 각 시대의 사람들은 그 시대 속에서 그들이 드리는 예배가 거룩한 예배, 영광스러운 예배, 바른 예배가 되도록 만들어야 할 책무, 즉 그것을 새롭고, 바르게 드릴 책무를 가지고 있다. 그러한 책무는 언제나 예배가 가지는 신학적 본질과 깊은 연관성을 가지고 있다.

그러한 점에서 모든 교회는 바른 예배를 드려야 하는 사명을 가지고 있다. 만약 바른 예배를 드리지 않거나 중단한 교회는 이미 교회되기를 중단하는 것과 같다. 이러한 사명을 온전히 수행하기 위하여 교회는 지금 우리가 무엇을 행하고 있는지에 대한 깊은 주의를 기

---

6) Billy Graham, *Just as I Am* (New York: Harper Collins, 1997), 669.

울이지 않게 되면 그것은 주님의 교회가 아니라 전혀 다른 어떤 것이 될 수 밖에 없다. 바른 예배에 대한 무관심은 예배의 빈곤을 면키 어렵고, 이질적 요소에 이끌려 왜곡된 모습으로 전락할 수 있는 가능성 앞에 서 있게 한다.[7] 그러므로 예배를 위해 세움 받는 사역자들과 예배자들은 예배 신학적으로, 성경적으로 바른 예배를 추구하고 연구하고 배우며 오늘날 우리의 예배를 새롭게 하려는 개혁적 자세를 견지하여야 한다. 이를 위해 예배의 본질에 대한 관심 뿐만 아니라 현대인의 삶과 의식 형성에 깊은 영향을 주고 있는 문화적 흐름을 주의하여 살펴보면서 어떻게 하면 우리 시대 가운데서 효과적인 예배를 드릴 것인지도 간과하지 않아야 한다.

예배에로의 부르심, 그리고 경향들
기독교 예배는 그리스도인 공동체의 중심 활동이며, 존재 이유이자 원동력으로 작용해 왔다. 엄밀히 말해서 사실 교회의 모든 사역과 삶은 사실 이 한 가지를 위해 존재한다. 예배는 교회의 존재 이유이면서 책무이며 그리스도인의 모든 것이 지향해야 하는 목표자 집결되어야 하는 자리이다. 그래서 프랭클린 지글러는 예배를 모든 그리스도인들이 이르러야 할 최종 목표이며 교회의 "생명의 강수"라고 주장한다.[8] 그러므로 교회는 영광스러운 예배를 보존하기 위해서 생명을 걸고 싸워왔으며, 그러한 노력이 약화되는 곳에서 교회는 언제나 약화될 수밖에 없었다.

예배와 상관없이 행해지는 사역은 언제나 하나님의 능력과 영광

---

7) Ronald P. Byars, *The Future of Protestant Worship: Beyond the Worship Wars* (Louisville: WJKP, 2002), 7.
8) Franklin M. Segler, *Christian Worship: Its Theology and Practice* (Nashville: Broadman Press, 1967), 1장 참조.

을 드러내기 보다는 인간의 업적을 드러내는 도구가 될 수도 있고, 인간의 욕구가 하나님의 영광보다 앞서게 될 수 있기 때문에 교회는 언제나 모든 사역의 중심 가운데 예배를 두었다. 모든 그리스도인들은 하나님을 예배하고 그분을 영원토록 즐거워하기 위해 부름 받았고, 그 일을 위해 창조되었다. 하나님께서는 오늘도 그러한 예배의 자리로 우리를 부르고 계신다. 우리 모두는 늘 새롭게 부르시는 하나님의 예배에로의 부르심 앞에 서있다. 우리가 예배에 참석하여 하나님의 거룩한 은혜에 잠길 수 있게 되는 단 한 가지 이유가 있다면 하나님께서 우리를 그 분의 존전 앞으로 초대해 주시고, 그리스도의 사역을 통해 거룩한 성도로 따로 구별해 세워 주셨기 때문이다. 우리의 가진 최고의 것을 가지고 나아간다 할지라도 어떻게 우리가 그분을 온전히 예배할 수 있겠는가? 이러한 사실을 명확히 인식하는 사람은 언제나 하나님께서 어떤 예배를 원하시며, 우리가 어떻게 예배 드리기를 원하시는지에 깊은 관심을 기울이게 된다.

    그러나 오늘 우리를 둘러싸고 있는 환경은 예배에 대해서 공격적이고 파괴적이다. 예배의 관점에서 보면 문화 사회적 환경은 거칠어지고, 황폐화되고 있다. 현대 사회의 모든 세팅은 사람들의 마음이 진정한 예배로부터 멀어질 수 있는 그러한 무대(setting)를 펼쳐가고 있다. 예컨대 현대문화의 지배적인 경향 가운데 하나인 감각문화는 사람들의 마음속에 "오락과 즐거움(entertainment) 추구"를 가장 중요한 요소로 인식하게 하면서[9] 사람들의 마음이 진정한 예배로부터 멀어지게 만든다. 진정한 예배보다는 자기들의 만족과 즐거움이 충족되는 패턴의 '다른' 예배를 추구하도록 부추긴다. 뿐만 아니라 포스트

---

9) Neil Postman, *Amusing Ourselves to Death: Public Discourse in the Age of Show Business* (New York: Penguin Books, 1985), 87.

모던 시대의 해체주의적, 상대주의적, 다원주의적 경향과 커뮤니케이션 환경의 변화도 예배 사역에 대해 큰 도전으로 다가오고 있다. 오늘의 문화 사회적 상황은 교회의 모든 것을 잠재우며 무기력하게 할 수 있는 요인으로 다가오고 있다.[10]

이러한 때에 예배 현장에서 우리는 '예배 위기'(worship crisis)라는 말이나 '예배 전쟁'(worship war)이라는 말을 흔히 듣게 된다.[11] 이것은 교회 외적으로는 여러 가지 문화 사회적인 변화와 함께 기독교 예배가 커다란 도전을 받고 있으며 그로 인해 기독교 예배는 위기를 경험하고 있다는 사실을 강조한 말이며, 교회 내적으로는 각 지역과 교파에 따라, 혹은 취향에 따라 다양한 예배 형태들이 제시되면서 마치 전투하듯이 논쟁을 벌이기도 하고 새로운 경향들을 추구하면서 회자되는 표현이다. 기독교 예배는 세상의 문화로부터 깊은 영향을 받기도 하고, 영향을 끼치면서 형성되어 온 것이 사실이지만 현대 교회들은 이러한 변화적 환경의 변화와 그 영향으로 수백 년 동안 지켜온 예배 전통도 서슴없이 내려놓기도 하고, 새로운 전통을 만들어가기도 한다. 이러한 변화의 경향이 점진적인 개혁의 양상(evolutionary pattern)에서 해체적이고 혁명적인 개혁의 양상(revolutionary pattern)을 띠고 있다.[12]

현대교회의 예배는 교회 성장 운동에서도 깊은 영향을 받아온 것이 사실이다. 진정한 예배의 추구라는 차원보다는 더 많은 사람을 불

---

10) 김운용, 『설교의 새로운 패러다임』 (서울: 장로회신학대학교 출판부, 2004), 32.
11) Ronald Byars, *The Future of Protestant Worship: Beyond the Worship Wars* (Louisville: WJKP, 2002); Marva J. Dawn, *Reaching out without Dumbing down: A Theology of Worship for the Turn-of-the Century Culture* (Grand Rapids: Eerdmans, 1995) 등을 참조하라.
12) Byars, *The Future of Protestant Worship*, 10.

러 모으는 수단이나 전도의 수단으로 예배를 활용하는 경향을 취한다. 기독교의 예배 전통과 신학에 부합한가보다는 그것이 교회 성장에 유용한가를 기준으로 삼았던 것이 사실이다. 예배가 최종 목적이 아니라 일종의 수단으로 바뀌면서 예배 현장에서는 유용성과 효과성에 더 중점을 두게 되었고 참석자들은 차츰 예배 '소비자,' 혹은 '관람객,' 그것을 결정하고 영향을 끼치는 '지배자'로 군림해 가는 현상이 나타나게 된다.

이렇게 문화적 상황과 변화는 예배에 많은 영향을 끼치고 있는데 그것은 오늘날에만 일어나는 것은 아니다. 특히 20세기 후반부터 예배 현장에 많은 변화가 일어난 것은 서구와 북미 교회의 쇠퇴의 흐름과 맥을 같이 하고 있다. 로날드 바이어스는 이러한 경향이 목회자들의 염려와 불안감에서 시작되었다고 주장하는데[13] 원인이야 어디에 있었든지 간에 오늘의 예배 현장은 '전통적'(traditional) 예배를 드릴 것인가, 아니면 '현대적'(contemporary) 예배를 드릴 것인가로 양극화 되고 있으며 소위 '예배 전쟁'(worship wars)[14]으로 표현되는 현상이 발생하고 있다.

이러한 상황에서 현대 교회의 예배는 형태론적 측면에서 보면 대략 네 가지의 흐름으로 발전하고 있다. 첫째는 '그리스도 사건의 재연으로서의 예배'이다. 이것은 주로 로마 가톨릭교회가 지향해 온 것으로 갈보리 십자가에서 행해진 예수 그리스도의 희생 제사를 다시 재연하는 것으로 예배를 이해한다. 예배는 주로 극화(enactment)로서

---

13) 위의 책, 10~11.
14) '예배 전쟁' 이라는 용어와 상황에 대해서 Ronald P. Byars, *The Future of Protestant Worship: Beyond the Worship Wars* (Louisville: WJKP, 2002); Thomas G. Long, *Beyond the Worship Wars: Building Vital and Faithful Worship* (The Alban Institute, 2001) 등을 참고하라.

의 예배를 강조하는데, 여기에서는 정교함이 중요하며 구약의 제사와 같이 정확하게 준수되는 것을 강조한다. 특별히 화체설과 같은 성찬 교리의 영향으로 예배에는 신비적 요소가 많이 가미된다. 사제가 빵을 들어 올리면서 "이것은 나의 몸이요…"(Hoc est corpus meum)라고 할 때 종이 울리면서 예배자들은 갈보리 희생제사가 재연되는 거룩한 순간에 이르게 된다. 이러한 예배 형태는 그리스도 사건의 극화적 특성과 신비적 요소를 간직하고 있다는 장점이 있으나 비성서적 요소와 '미신적' 경향으로 흐를 수 있는 가능성을 안고 있다.

둘째는 이러한 신비적인 예배 형태에 대해 반기를 들고 일어난 경향으로 이해를 추구하는 '이성 중심의 예배의 경향' 이다. 이러한 경향들은 휴머니즘의 영향을 받아 인간 이성을 통한 이해에 강조점을 둔다. 뜻도 모르는 라틴어로 진행되는 예배가 아니라 자국어로 진행되는 예배를 그들은 추구하게 되었으며, 어떻게 회중들이 깨닫고 가게 할 것인가가 중요한 잣대가 되었다. 이러한 경향들은 종교개혁자들에 의해서 진행된 예배 개혁에서 그 흐름을 찾을 수 있으며 말씀 선포가 예배의 가장 중요한 순서로 자리 잡는다. 무엇보다도 중세 미신적인 예배를 새롭게 하면서 말씀 중심의 예배를 회복했다는 긍정적 평가를 받고 있다.

이러한 경향은 구텐베르크의 금속활자 발명과 함께 문자를 통한 커뮤니케이션의 시대, 17세기 계몽주의 영향으로 이성에 우위를 두는 지적 흐름, 19세기 이후 과학적 방법론이 관찰과 사실을 중시하는 시대적 흐름과 더불어 다양한 지역에서 널리 주목을 받았던 예배 형태였다. 이것은 중세교회 예배의 문제점을 많이 회복하였다는 장점을 가지면서도 예배가 가지는 본래적 신비를 많이 상실하고 '지적이고 이성적인 예배' 로 전락시켰다는 비판을 받기도 한다. 이러한 흐름은 개신교의 보편적인 예배 경향으로 자리를 잡지만 특별히 개혁교회 진영에서 더 두드러진다. 자유주의자들은 예배를 "하나님의 사랑에 대한 윤리적 숙고(ethical reflection)의 시간"으로 바꾸었고, 보수주의자들은 "복음에 대한 지적인 방어"(intellectual defense)에 집중하는 자리로 바꾸어 놓았다는 로버트 웨버의 비판은 이러한 경향이 가지는 예배의 약점을 잘 설명해 준다.[15]

세 번째 경향은 경험 중심의 예배이다. 이것은 이성 중심의 예배 경향에 대한 반발로 대두되었으며, 또 다른 차원인 인간의 감성적 차원에 강조점을 둔다. 이러한 경향은 경건주의와 경험주의적 지적 풍토에서 태동되어 예배의 중심 목적을 살아계신 하나님과 그 세계를 직접 경험하는 것에 예배의 초점을 맞추었다. 또한 이것은 은사주의 예배와 오순절 운동 진영에서 두드러진 예배 형태로 자리 잡는다. 여기에는 은사 체험, 혹은 성령 체험이 강조되고 또한 치유 사역과도 연결된다. 이러한 경향은 기독교의 예배를 너무 감정적이고 개인적 경험의 차원에 머물게 함으로서 인간의 정서적 만족과 충족에 예배의 중점을 두게 되는 경험주의에 빠질 수 있는 약점을 안고 있다.

네 번째 경향은 참여와 만족을 추구하는 예배의 경향을 들 수 있다. 이것은 전통적 예배 경향에 대해 만족하지 못하면서 등장한 것으로 회중들의 참여와 만족에 초점이 맞추어진다. 마치 소비자 중심주의와 같이 이 진영에서는 회중들의 욕구와 필요에 민감하게 반응하면서 그것을 고려하여 예배 형식과 내용을 결정해 간다. 여기에서는 매체의 발달과 함께 마치 예배를 '버라이어티 쇼'(variety show)와 같이 인식하면서 다양한 매체가 동원되고 회중들을 만족시킬 수 있다면

---

15) Robert E. Webber, *Worship Is a Verb: Eight Principles for Transforming Worship* (Peabody: Hendrickson Publishers, 1999), 24.

기존의 모든 형식과 내용을 과감히 파기하기도 한다. 이러한 유형으로는 구도자 중심 예배와 같은 현대적 예배(contemporary worship) 등을 들 수 있다. 여기에 복음전도의 특성이 강하게 가미되면서 예배의 중심이 사람에게 두는 경향을 취하게 되며 무엇보다도 중요한 요소로는 예배의 역동성(dynamic)을 든다. 이러한 예배는 예배의 본질(essence)에 대한 측면이 약화될 수 있다는 약점을 가진다. 최근 이러한 약점을 보완해 가면서 경험과 참여에 강조점을 둔 예배 형태로 대두되고 있는 이머징워십도 이 범주에 둘 수 있겠다.

예배의 개혁, 바른 목회적 적용

이사야 시대의 예배에 대해 "나의 백성은 내가 아니라 우상을 예배하고 있다"는 하나님의 탄식이 터져나올 수 있는 그런 시대 가운데 혹시 우리도 서있지 않는가? 언제나 하나님께서는 '바른 예배'에 관심을 기울이신다는 사실을 인식한다면 우리 관심도 언제나 외적인 측면을 고려하기 보다는 성령님의 감동이 있고 하나님의 임재 가운데로 들어가게 되는 예배, 하나님의 신비 앞에서 뛰노는 그런 예배를 꿈꾸어야 할 것이다. 이를 위해서 목회자들은 먼저 예배의 중심성을 인식해야 한다. 교회의 가장 중요한 사명은 바로 예배이며 모든 사역은 언제나 예배를 지향해야 한다. 예배의 자리는 믿음의 공동체가 그들의 모든 것을 함께 모으는 집중점이 되어야 할 것이다. 이 일을 위해 필요한 것은 예배자 교육이다. 예배는 모든 것의 기초이며, 동인과 동력을 제공해주는 원동기와 같음을 인식할 때 목회의 가장 소중한 사명으로 여기면서 사신을 바른 예배자로 세우기 위한 훈련이 필요하고, 바른 섬김과 실천으로 이어지는 삶 속에서의 예배자로 서기 위한 훈련이 필요하다.

둘째는 예배의 본질에 대한 바른 이해가 있어야 한다. 복음이 중요하기에 문화를 고려하고 사람들의 취향과 필요성에 대해 관심을 기울이는 것이지만 언제나 예배는 그리스도 사건이 중심을 이루며, 오늘도 구원사역을 계속하시는 삼위 하나님의 활동이다. 그러므로 예배는 본질적으로 언제나 선교적일 수밖에 없다. 우상 숭배자들은 언제나 축복을 받기 위해서 예배하고 초점은 언제나 자기 자신에게 고정되어 있으며, 철저히 자신의 유익을 위해서 예배한다. 그러나 기독교 예배의 본질은 나 자신에게가 아니라 하나님께 그 초점이 맞추어져야 한다. 창조와 구속의 주가 되시는 하나님의 은혜 앞에 응답으로 나아가는 것이 예배의 본질이다. 예배는 우리가 하나님을 섬기기 전에 우리를 먼저 섬겨 주신 하나님의 거룩한 은혜 앞으로 부름 받아 나아가 응답함으로 시작된다. 기독교 예배는 우리가 하나님을 섬기기 위해 나아옴으로부터 시작되는 것이 아니라 전부를 주신 하나님의 사랑의 섬김으로부터 시작된다. 하나님께서 친히 인간의 몸을 입고 이 땅에 내려오셔서 구속의 대 드라마를 완성하시고 구원의 길을 열어주신 하나님의 자기주심이 예배의 출발점이다.

이런 점에서 보면 예배는 우리가 하나님을 섬기는 것이 아니라 먼저 하나님께서 우리를 위해 배설하신 잔치이며, 우리가 하나님께 드리기 전에, 하나님께서 우리에게 전부를, 가장 귀한 것들을 주신 은혜에 대한 감격으로부터 예배는 시작된다. 단 샐리어스(Don E. Saliers)는 이것을 "하나님의 에토스"(ethos)라고 말한다.[16] 우리의 구원을 위해 하나님의 전부를 희생하신 '하나님의 자기주심,' 그리고 은혜와 사랑 가운데 계속해서 인간과 만나주시는 '하나님의 자기 계시'

---

16) Don Saliers, *Worship as Theology*, 김운용 역, 『거룩한 예배: 임재와 영광에로 나아감』(서울: WPA, 2013), 1장.

가 기독교 예배의 중심을 이룬다. 그러므로 진정한 예배자들은 시편 기자가 드렸던 고백을 감격 속에서 함께 드리게 된다: "사람이 무엇이관대 주께서 저를 생각하시며 인자가 무엇이관대 주께서 저를 권고하시나이까?"(시 8:4). 인간을 향한 하나님의 섬김으로부터 예배가 시작된다면 이에 대한 하나님의 사랑과 은혜에 대해 감격하여 드리는 인간의 섬김으로 예배는 완성되어진다. 피터 부르너(Peter Brunner)가 말한 대로 "하나님의 선물은 하나님께 대한 인간의 헌신을 불러일으키게 된다."[17] 여기에서 예배에 있어 가장 중요한 것은 예배자가 이 놀라운 사랑과 은혜 앞에서 갖게 되는 감격이다. 그것은 하나님께 대한 섬김으로 이어지게 하기 때문이다.

이렇게 기독교의 예배는 하나님의 에토스가 인간의 파토스(pathos)를 불러일으키며 인간으로 하여금 열정을 가지고 하나님을 섬기게 해 준다. 기독교 예배는 인간의 파토스가 가지는 하나님을 향한 간절함(vulnerability)이 설교와 성찬을 통해 인간을 향한 하나님의 간절함이라는 에토스와 만나게 될 때 변화와 능력의 예배가 된다. 인간의 파토스는 연약하여 공격을 받고 상처를 입을 수밖에 없지만 말씀과 성찬을 통해 허락하시는 하나님의 에토스와 만나게 될 때 능력을 공급받게 되고 삶의 변형을 경험하게 된다.[18] 이때 예배자들은 하나님의 자기 주심과 창조의 은총 앞에 감격으로 응답하여 자기 드림의 차원으로 나가게 된다.

셋째는 목적 지향적 예배가 아니라 그리스도를 지향하는 예배가 되어야 한다. 예배자들이 예배를 어떻게 이해하느냐에 따라 예배는

---

17) Peter Brunner, *Worship in the Name of Jesus: English Edition of a Definitive Work on Christian Worship in the Congregation*, trans. M. H. Bertram (London: Concordia, 1968), 125.
18) Saliers, 『거룩한 예배』, 37.

달라진다. 예배를 가르침이라고 한다면 그 예배는 말씀을 가르치기 위한 긴 설교와 몇 가지 주변적인 순서로 구성될 것이다. 만일 예배가 찬양하는 것이라고 생각한다면 그 예배는 하나님의 초월성과 거룩성을 노래하는 찬양들로 채워질 것이며, 예배자들은 열광적이면서도 깊이 있는 찬양에 주력할 것이다. 예배가 가르침의 사건인가, 아니면 복음 전도의 시간인가? 단순히 찬양하는 시간인가, 아니면 다른 어떤 것을 하거나 이 모든 것을 다하는 시간인가? 예배는 다양한 측면에서 설명할 수 있지만 성경적 예배는 가르침, 복음 전도, 하나님을 영화롭게 하는 것 등을 포함한다. 문제는 이것들 중에 그 어느 것 하나에만 집중할 때 발생한다.

　　예배를 통해 무엇이 이루어져야 하는가? 이것은 잘못된 질문이다. 예배를 통해 교육을 해야 한다든지, 복음을 전해야 한다든지, 치유의 역사가 일어나야 한다든지, 재미가 있어야 한다든지, 하나님을 높여야 한다든지… 이러한 목표를 이루기 위해서 예배 순서를 새로 조정한다. 이러한 목표 지향적 접근은 성경적 예배의 모습이 아니다. 성경적 예배는 예수 그리스도를 다시 나타내는 것(re-presentation)이다. 예배는 그리스도의 삶, 죽음, 부활을 선포하고 행하는 것이다. 예배는 예수 그리스도 안에서 행하신 하나님의 구속행위를 경축하는 것이다. 이러한 점에서 예배는 목표 지향적 예배가 아니라 그리스도 지향적 예배이다. 그리스도가 예배의 중심이 될 때 예배를 위한 모든 목표들은 성취된다.[19] 그래서 장 쟈크 폰 알멘은 "예배는 하나님의 구원의 역사를 회상하며 요약하는 것"(recapitulation of salvation

---

19) Robert E. Webber, *Blended Worship: Achieving Substance and Relevance in Worship* (Peabody: Hendrickson Publishers, 2000), 3장 참조.

history)이라고 했다.[20]

넷째로 말씀과 성찬의 균형이 있는 예배이다. 구약에서도 예언자 전통과 제사장 전통이 공존하였듯이 예수님께서 부활 후 처음으로 배설하신 엠마오의 예배도 말씀 예전과 성찬 예전이 그 중심 골격을 이루었다. 그것은 초대교회에서도 마찬가지였다. 사도의 가르침을 받으며 그들은 함께 떡을 뗐다. 그러나 오늘날 기독교 예배는 구약의 회당 예배와 유사한 형태를 취한다. 회당 예배는 주로 말씀을 가르치고 배우는 일이 중점적으로 이루어졌는데, 예배 참석자들은 말씀 듣는 것에 중점을 둔다. 회당 예배는 바벨론 포로기 상황에서 시작되었다. 그것은 그 후에도 주로 가르침을 위한 장이 되었다. 한국 교회에는 예수님과 제자들의 전통보다도 회당예배의 전통이 강하다.

그러나 성찬은 예배의 소중한 기둥과 같은 부분이며, 예수 그리스도의 죽으심과 부활을 재현하며, 재림 대망과 종말론적 선취의 사건이 된다. 이것은 성찬이 가지는 가장 기본적인 특성인 아남네시스(anamnesis)와 프로렙시스(prolepsis)의 개념을 잘 설명해 준다. "이것을 행하여 나를 기념하라"는 예수님의 부탁은 그분이 행하신 구원의 역사를 회상(아남네시스)하라는 의미였고, 제자 공동체는 그 명령을 따라 매 주일 모일 때마다 주님께서 허락하신 놀라운 구원의 사건을 오늘 여기에서 맛보는 아남네시스를 이루어 간다. 또한 고난과 핍박 가운데서 주님의 재림과 파루시야를 기다리면서 그 나라의 영광과 하나님의 다스리심과 광휘를 오늘 여기에서 미리 맛보는 교회의 소중한 경험이며 사건이었다.

그러나 예배에서 성찬은 중세 때부터 왜곡되기 시작하였고, 이

---

[20] Jean-Jacques von Allmen, *Worship: Its Theology and Practice* (New York: Oxford University Press, 1965), 21.

것을 바르게 개혁하려는 종교개혁자들 가운데서도 급진적 경향의 학자들은 그것을 축소시키거나 도외시하는 경향을 띠게 된다. 특히 19세기에는 미국의 부흥기 집회 스타일의 예배가 절정을 이루는데 소위 변방 예배(frontier worship)에서 이것은 중심 특성을 이룬다. 성찬을 집례 할 목회자가 많이 부족했거니와 복음전도자들도 성찬을 베푸는 것보다는 복음을 전하여 한 사람이라도 더 예수님을 믿게 하는 것이 더 시급하고 중요한 일이라고 생각했기 때문이다. 이러한 집회 스타일의 변방 예배에서 은혜를 받고 열악한 한국 땅에 온 선교사들도 동일한 특성을 취하게 되었다. 그 결과 한국교회 예배는 마치 성찬 없는 예배가 정상적인 예배인 것처럼 취급되게 되었다. 성찬은 괜히 예배 시간만 길어지게 하는 행사 정도로 인식하기도 하고[21] 성찬 없는 예배가 마치 정상적인 것처럼 인식되기도 했다.

　성찬의 회복과 예배에서 설교와 균형을 이루는 예배는 회복되어야 할 중요한 요소이다. 말씀과 성찬은 상호 보완적이어야 하며 균형을 이루는 예배가 되어야 한다는 점에서 "균형적 상보(相補) 관계"라는 특성을 가진다.[22] 성찬은 말씀 사역을 풍부하게 하고 보호하는 역할을 할 뿐만 아니라 구체화된 복음의 본질적 요소이다. 그러므로 설교는 성찬에 의해서 보완될 뿐만 아니라 완전케 하는 요소이다.[23] 우리는 여기에서 성찬 시행에 있어서 성찬이 간과되어서는 안 될 중요한 요소임을 기억해야 하지만 '얼마나 자주'에 중점을 두기 보다는 '얼마나 의미 있게'라는 차원에 더 중점을 두어야 한다.[24]

---

21) 조기연, 『한국교회와 예배 갱신』(서울: 대한기독교서회, 2004), 163~64.
22) 김순환, 『21세기의 예배』(서울: 대한기독교서회, 2003), 74.
23) Charles Rice, *The Embodied Worship: Preaching as Art and Liturgy* (Minneapolis: Fortress Press, 1991), 24~25.
24) 김순환, 『21세기의 예배』, 50.

다섯째로 삶의 예배와 증인의 삶으로 이어지는 예배이다. 참된 교회가 된다는 것은 단순한 종교 구매자들의 집합이 아니라 우리를 불러 하나님의 백성으로 삼으신 하나님의 놀라운 소유가 되었음에 감격하며 그 분 앞에 선다는 것을 의미하고, 이제 복음을 통해서 자유자가 된 사람들은 하나님을 영화롭게 하는 예배의 삶을 사는 존재들이다. 그래서 기독교 예배는 하나님이 마땅히 받으셔야 할 친밀하고 참여적인 행동이다. 초대교회는 예배로 모이는 것에 만족하지 않고 삶 속에서 그리스도를 증거하는 증인의 삶을 살기 위하여 흩어졌다. 그러므로 예배는 강복선언으로 종결되는 것이 아니라 삶속에서의 예배가 시작되는 지점이 된다. 이제 예배자들은 복음을 전하고 세상을 섬기며 하나님 나라를 선포하고 구현하기 위하여 삶의 자리로 나아간다.

마지막으로 회중의 참여와 역동성이 있는 예배가 되어야 한다. 회중들의 적극적인 참여가 있는 예배가 초대교회 예배의 특징이었다면 중세교회는 예배 가운데서 회중의 소외를 자아낸다. 예배 언어도 자국어가 아니라 라틴어로 드려졌으며, 예배의 거의 모든 순서를 회중에게서 빼앗아 사제에게 귀속시켰다.[25] 제 2차 바티칸 공의회 이후 로마 가톨릭교회는 이러한 문제점들을 개선하려고 노력하고 있다. 개신교의 현대적 예배 경향들도 회중의 참여를 적극 고려하고 있지만 회중을 관람자의 위치에 앉게 하였다는 사실도 지적사항으로 대두되고 있다. 그러므로 사역자는 어떻게 회중들로 하여금 적극적인 예배 참여자가 되게 할 것인지를 강구해야 한다. 회중의 적극적인 참여는 예배의 역동성(dynamic)을 가져온다. 현대적 예배가 추구하는 것이 이러한 예배의 역동성이라면 전통적 예배(traditional worship) 경향

---

25) 김순환, 『21세기 예배론』, 30.

은 주로 예배의 본질 회복이라는 측면에 관심을 기울여왔던 것이 사실이다. 그러나 이것은 서로 분리되는 요소가 아니라 통전적으로 이해해야 할 요소이다.

예배 회복, 그리고 부흥

세상적인 의미에서 본다면 예배는 언제나 "전적인 시간 낭비"(a total waste of time)이지만 하나님을 높이고 경배하기 위한 유일의 목적을 위해 하나님의 무한의 위엄 가운데 "전적인 잠입"(a total immersion)이 일어나게 된다면 그것은 세상 그 무엇과도 비교할 수 없는 "거룩한 낭비"(royal waste of time)라고 이해한 마르바 던의 주장은 옳다.[26] 하나님의 엄위하심과 광휘가 우리의 마음을 가득 채우고, 기도와 찬양과 드리는 예배 순서 모두를 채움으로 말미암아 우리 속에서 거룩한 낭비가 일어남을 감격하고, 하나님의 백성들이 더욱 신실하게 그분을 섬겨가며 세상을 섬기는 예배 부흥을 꿈꾸면서 우리가 추구해야 할 것은 무엇인가?

먼저는 예배와 관련하여 현대 교회가 안고 있는 문제점뿐만 아니라 세워가야 할 예배 사역을 명확히 찾기 위해 우리는 예배가 가지는 신학적 의미를 정확히 이해해야 한다. 현대 개신교회에서 가장 큰 문제 중의 하나는 예배 신학의 빈곤, 혹은 부재를 들 수 있다. 기독교의 예배가 교회 성장을 위한 수단이 되거나 인간중심적인 특성이 강해지면서 예배가 가지는 본질에서 많이 벗어난 경우를 쉽지 않게 볼 수 있다. 현장 목회자들은 당장 써먹을 수 있을 예배 프로그램에 갈급해 있고, 교인들은 하나님의 영광에 대한 열망보다는 자신의 만족을 더 추

---

26) Dawn, *A Royal 'Waste' of Time*, 11.

구한다. 본질적인 측면에 간과하기 시작하는 순간 현상에 집착하는 경향성을 갖게 된다. 예배 개혁은 예배에 대한 신학적 이해를 전제한다는 점에서 예배에 대한 연구가 병행되어야 한다.

둘째, 예배는 실용주의적인 방식(utilitarian way)으로 구성되거나 수단이 되어서는 안 된다. 현대교회 예배 현장의 문제는 예배와 실용주의 만남에서 비롯된다는 사실을 알아야 한다. 하나님의 교회는 계속해서 성장해야 하고 성숙해야 한다는 당위성을 가진다. 또한 교인들은 은혜로운 예배가 있는 교회를 찾고 있음에도 불구하고 예배가 교인 수를 늘이거나 교회 사이즈를 늘이는데 필요한 '수단'이 되어서는 안 된다. 예배는 무엇을 위한 도구가 될 수 없기 때문이다. 예배의 목적은 교인수를 늘이기 위해서나 교회가 성장하여 성공적인 교회로 보이기 위한 것이 되어서도 안 된다. 예배의 전적인 이유는 하나님이 예배를 받으셔야 할 가치가 있는 분이시기 때문이다. 또한 하나님에 대한 어떤 새로운 사실을 얻어 내는데 유용하기 때문에 예배에 참석하는 것도 아니며 영적인 어떤 사실을 깨닫기 위해서 참석하는 것도 아니다. 예배는 언제나 하나님의 영광과 광휘 안에 온전히 잠기는 것이라고 볼 때, 예배는 언제나 수단이 아니라 목적이 되어야 한다. 웨버가 말한 대로 예배는 "우리에게(to) 베풀어지거나 우리를 위해(for) 베풀어지는 것이 아니라 바로 우리에 의해서(by) 드려지는 것이다."[27]

셋째, 예배자의 피동적인 자세와 예배 형식의 화석화를 극복해야 한다. 예배는 예배 인도자들과 예배 순서들을 관찰하는 관찰자 이상이다. 그러나 언제부턴가 예배의 '승패'(?)를 목회자 한 사람에게 두는 것, 즉 목회자에 의해서 예배가 좌우되는 것처럼 생각하는 경향

---

27) Webber, *Worship Is a Verb*, 17.

이 있다. 예배를 드리는 회중이 시청자와 별반 다를 바 없다고 여겨지는 것은 예배자의 기본자세가 잘못되어 있음을 보여준다. 예배는 언제나 회중들의 능동적 참여가 전제되어야 한다. 이러한 관점이 소홀히 되면 예배자가 아니라 예배의 구경꾼으로 전락하게 된다. 앉아서 듣기만 하고 구경하기만 하는 피동적인 존재로 만드는 예배의 특성은 기독교 예배의 본질적인 측면과 위배된다. 회중들의 적극적인 참여는 단지 순서를 나누어서 맡는다고 해서 해결되는 문제는 아니다. 어떻게 하면 회중들이 구경꾼이 아니라 적극적인 예배자가 되게 할것인지를, 예배를 기획하고 인도할 때 깊이 고려해야 한다. 지나친 친숙함(익숙함)에 지배당하는 자들 속에는 어떤 새로운 감동도 열망도 생겨날 수 없다.

우리 시대에도 예배는 영광스러워야 한다

이러한 관점에서 본서는 예배가 가지는 신학적, 역사적, 실천적 의미를 찾아보고 우리 시대 가운데 예배를 바로 세우고 그 사역을 바로 감당하게 하는데 작은 길라잡이가 되려는 여정에서 생겨난 산물이다. 예배 그 자체가 은혜와 감격으로부터 시작되고, 하나님의 백성 된 사람들이 하늘의 신비를 맛보는 자리이기에 예배는 언제나 영광스러운 것이다. 진정한 예배 경험이 없이 온전한 그리스도인의 삶은 살아질 수 없다. 그런 점에서 이 책의 가장 중요한 논지는 예배는 우리 시대에도 영광스러워야 한다는 사실이다.

먼저 우리는 예배의 현장에 대한 이해로부터 시작하게 될 것이다. 예배는 천상에서도 드려지지만 지상 교회의 예배는 언제나 역사적 시공간 속에서 이루어진다. 예배는 그 시대의 문화를 반영하고, 문화적 표현을 통해서 예배를 드린다. 그런 점에서 오늘의 예배가 이루어지고 있는 삶의 자리, 즉 예배자들이 숨 쉬며 살고 있는 현장을 간과할 수 없다. 그것은 바른 예배를 세워가기 위해 필요한 대화이며, 역동성(dynamic) 담보를 위해 필수적이다. 그러므로 우리는 먼저 오늘 현대 교회가 서있는 문화사회적 정황을 먼저 살펴보게 될 것이다.

이어서 우리는 예배에 대한 신학적 이해를 살펴보게 될 것이다. 예배를 새롭게 하려는 노력은 계속되어야 하지만 중요한 것은 그것을 결정짓는 규범이 선명해야 한다. 개혁은 언제나 본래의 자리로 돌아감을 내포하는 개념이며 바른 원리를 적용하여 바로 세워가는 작업을 의미한다. 그런 점에서 기독교의 예배 개혁은 언제나 단순한 어떤 형식의 변화에 있었던 것이 아니라 본질의 회복에 중점을 두었다. 바른 예배 개혁은 단지 예배 순서나 형식 몇 가지를 바꾼다고 해서 이루어지는 것이 아니다. 그러므로 예배에 대한 바른 신학적 이해가 선행되어야 하며 그것은 바른 예배드림을 위해 필수 요소이다.

그 다음 부분에서 우리는 예배의 역사적 이해를 살펴보게 될 것이다. 기독교의 예배는 각 시대와 지역, 신앙공동체 가운데서 그 형식의 강조점, 그들만의 특성을 따라 발전해 왔다. 오늘의 기독교 예배는 그러한 역사적 과정을 따라 발전하고 형성된 산물이다. 그러므로 그 발전과 형성과정을 바로 이해하지 않는다면 우리가 어떻게 예배해야 할지와 그 방향성을 잃어버릴 수 있다. 늘 그렇지만 역사에 대한 바른 이해는 우리가 지금 서있는 자리를 살펴볼 수 있게 있게 하며, 나아가야 할 방향을 지로해 준다.

마지막 부분에서 우리는 예배의 실천적 이해를 살펴보게 될 것이다. 신학적으로 바른 이해를 갖는다는 것도 중요하고, 역사적으로 어떻게 발전되어 왔는지를 이해하는 것도 중요하지만 그것을 바탕으로 오늘 우리는 어떻게 예배해야 할지를 가늠하는 것은 어쩜 가장 중요한 작업 중의 하나라고 할 수 있다. 예배를 실천적으로 실행함에 있어서 어떤 시간과 장소에서 어떤 내용으로 예배하여야 하고, 늘 새롭게 예배하기 위해서 견지해야 할 것이 무엇인지에 대해 살펴보게 될 것이다. 여기에는 예배 순서가 가지는 의미, 예배의 시간과 공간, 성례전의 이해와 실행 등을 중심으로 살펴볼 것이다.

예배가 예배답게 드려지고 하나님께서 기뻐 받으심직한 예배의 부흥은 그리스도인들과 교회가 언제나 꿈꾸어야 할 요소이다. 예배 '부흥'은 그냥 오지 않는다. 이는 목회자의 열망과 치밀한 준비, 예배자들의 예배를 향한 뜨거운 열망을 통해서 은혜로 주어지는 선물이다. 감격과 환희가 있는 예배, 죄 사함과 치유의 감격이 있는 예배, 어려운 여건 속에 서있어도 뜨거운 감사와 고백으로 가득한 예배, 하나님이 이 땅에 전하기를 원하시는 말씀을 목숨을 걸고 외치는 뜨거운 말씀과 응답이 있는 예배, 불의한 재물이 아니라 마음 깊은 감사로 드리는 순전한 예물 드림이 있는 예배, 하나님의 성품에 온전히 참여하고자 하는 열망으로 가득한 예배, 예배가 마치고 나면 성급히 뿔뿔이 흩어지는 콘서트 같은 예배가 아니라 하나님의 임재 앞에 자리를 뜨지 못하고 잠잠히 서있는 경외심에 감격하는 예배, 하나님의 거룩한 신비의 가장자리에서 춤추는 예배, 더 좋은 것을 드리기 위해 마음과 정성을 함께 모으는 집중점으로서의 예배가 우리 속에 새롭게 회복되기를 바라는 열망으로 예배를 준비하자.

예배를 새롭게 하려는 노력은 복음에 대한 분명한 이해로부터 시작되며, 그리스도의 몸인 교회의 진정한 모습의 회복, 예배의 시간과 공간의 신학의 적절한 배려, 그리스도인들 서로 간에 돌봄의 사역, 삶의 현장 가운데서의 삶의 실천과 하나님 나라의 선포를 위한 공동체로서의 확장, 회중 서로 간의 돌봄의 사역을 포함해야 한다.[28] 근본적인 예배 개혁은 예배자 개혁으로부터 시작되며, 그것은 예배에 대한 명확한 이해를 바탕으로 한다.

조선시대 정조 시대의 문장가인 유한준(俞漢雋, 1732~1811)은 화첩『석농화원』(石農畵苑)의 발문에서 그렇게 말한다. "知則爲眞愛 愛則爲眞看 看則畜之而非徒畜也"(지즉위진애 애즉위진간 간즉축지 이비도축야). 풀이하면 그런 뜻이다. "알면 참으로 사랑하게 되고 사랑하면 참으로 보게 되며, 볼줄 알게 되면 모으게 되니 그것은 한갓 모으는 것은 아니다." 이것을 풀어서 유홍준은 그의 책,『나의 문화유적답사기』에서 "사랑하면 알게 되고 알면 보이게 되나니 그때 보이는 것은 전과 같지 않으리라"고 바꾸어서 풀어놓는다.[29] "알면 참으로 사랑하게 되고 사랑하면 참으로 보게 된다"는 말이나 "사랑하는 만큼 알게 된다"는 표현은 그 강조점이 분명 다른 것이 사실이다. 전자는 지적인 차원(앎)에 더 강세를 두고 있다면 후자는 정서적 차원(사랑)에 더 강세를 두고 있다. 클래식 칼럼니스트인 이채운은 "음악은 아는 만큼 들린다기보다 사랑하는 만큼 들린다"고 주장하면서 정서적인 면에 더 강조점을 둔다.[30]

약간의 차이가 있지만 이 경구는 오늘 예배학 연구에 있어서 모두 중요한 차원을 제시한다. 예배에 대해 알게 되면 더 사랑하게 되며, 사랑하게 되면 아는 것도 많아지게 되기 때문이다. 이 두 차원을 함께 가슴에 새기면서 이제 예배학의 원시림을 탐구해 가는 여정을 함께 시작해 보자. 2차 세계대전 전후의 혼란한 상황 가운데서 설교와 예배 부흥

---

28) Webber, *Blended Worship*, 5장 참조.
29) 유홍준,『나의 문화유산답사기』, 1권 (서울: 창작과 비평사, 1993), 머리말
30) 이채훈,『클래식 400년의 산책 1: 몬테베르디에서 하이든까지』(서울: 호미, 2015), 15.

을 꿈꾸었던 해리 에머슨 포스딕의 기도문을 우리의 입술에 담아보는 것은 어떨까?

은혜와 영광의 하나님,
하나님의 백성들에게 하늘의 능력을 부어주시옵소서!
그 옛날 교회들이 간직했던
복음의 영광과 그 이야기들로 관을 씌우시고
교회의 줄기들마다에 영광스러운 꽃들이 피어나게 하소서!
우리에게 지혜를 허락하시고,
용기를 더해 주시옵소서
이 시대를 온전히 감당하기 위하여
이 시대에 온전히 서기 위하여.

1부
예배의 문화, 오늘의 예배 현장

그곳에 가면 별을 볼 수 있다.
그곳에 가면 더 맑은 외로움을 만날 수 있다.
모래뿐인 땅
아득한 지평선
모든 것을 다 버리고 올 수 있는 나라
모든 것을 다 잊고 올 수 있는 나라
그곳에 가면 맑은 영혼을 만날 수 있다.
별처럼 맑은 나를 만날 수 있다.

– 윤수천의 시, "사막" 전문

2장 현대교회의 문화변동과 예배상황

> 과거 박해 시절 그리스도인들이 카타콤에서
> 목숨을 걸고 예배를 드리고 돌아가면서 가졌던 그 감격을
> 현대 그리스도인들은 충분히 느끼지 못하며 잘 알지도 못한다.
> 마치 주일 예배를 깨끗이 날려버릴 폭약더미 속에서
> 폭발성이 강한 화학용품을 가지고 바닥에 주저앉아 놀고 있는
> 철부지 아이들과 같이 교회는 지금 그렇게 서 있다.
> – 애니 딜라드[1]

현상적 관점에서 살펴본 오늘의 예배 현장

복음은 항상 특정 시간과 문화 가운데 살아가고 있는 특정인들에게 전해졌는데, 그들에게 적합한 언어와 방식을 통해서 전해졌다. 커뮤니케이션의 관점에서 보면 예배의 형식과 내용도 자연히 그 시대의 문화를 반영할 수밖에 없고 그 표현 역시 언제나 토착적(indigenous) 특성을 반영할 수밖에 없다. 그동안 개신교는 이러한 특성을 따라 지역과 사람들의 필요를 반영하면서 다양한 예배 유형과 형식으로 발전되어 왔다.[2] 뿐만 아니라 오늘날 교회는 이전과는 비교도 할 수 없을 만큼 현대의 문화적 상황을 답지하면서 예배에 있어 많은 변화를 거

---

1) Annie Dillard, *Teaching a Stone to Talk* (New York: Harper & Row, 1985), 40.
2) 제임스 화이트는 이것을 개신교 예배의 '풍성함'이라고 주장한다. 예배의 다양성으로 인해 다양한 사람을 포용할 수 있고 다양한 문화권과 시기에 의해서 형성되었기 때문에 다양한 문화는 개신교의 다양한 예배 전통을 이루는데 도움을 주었다고 이해한다. James White, *Protestant Worship: Traditions in Transition*, 김석한 역, 『개신교 예배』(서울: 기독교 문서선교회, 1997), 참조.

듭하고 있다. 그것은 가히 혁명적이라고 할 수 있다. 특히 문화 사회적 상황을 따라 새롭게 형성된 세대에게 나아가려는 노력의 일환으로 이러한 변화는 더욱 거세지고 있다. 1990년대 이후 교회 성장의 둔화를 경험하면서 한국교회 예배 현장에서도 그에 대한 대안적 추구로서 예배에 대한 변화를 추구하게 된다.

이러한 흐름은 예배의 신학적 특성보다는 현대문화적 특징을 수용하고 있다는 점이 문제로 작용할 수 있다. 현대 문화의 중심에는 오락성의 추구와 실용주의, 소비자 중심주의 문화의 경향이 자리 잡는다. 여기에서 추구하는 바는 감동과 재미(entertainment)이며, 결국 사람들이 무엇이 좋아하느냐와 효과(effectiveness)에 초점이 맞추게 된다. 이것은 사람 중심, 편의 중심, 즐거움 중심이라는 특성을 갖게 되면서 기독교 예배의 본질과는 점점 멀어질 수밖에 없다는 특징을 가진다. 이것은 예배의 변형과 변질이라는 위험에 직면하게 된다.

실제로 현대 문화 사회적 변화에 직면하면서 개신교 예배 현장에도 많은 변화가 주어졌음을 부인할 수 없다. 다양한 매체와 악기들이 도입되기도 하고 예배 표현과 순서, 목적에도 변화가 나타나고 있다. 전통적으로 주일 공예배는 주일에 드려졌지만 어느 교회는 토요일에 드리는 예배를 주일 1부 예배로 명명하기도 하고 가상공간에서 드려지는 예배도 등장한다. 예배 공간에도 큰 변화가 일어나는데 화려한 조명과 음향, 무대장치 등이 사용되면서 마치 공연장이나 스튜디오와 같이 바뀌기도 하고 예배당이나 성소의 개념보다는 회집 장소나 공연장, 혹은 다목적 홀(비전센터)로 바뀌고 있다.

북미의 대형교회들 중에는 예배당을 공연장이나 스튜디오처럼 바꾸었고 화려하고 다양한 조명과 무대 장치를 사용하면서 기존 예배 공간이 가지는 신학적 의미는 거의 고려사항이 되지 못하고 있다.

이러한 특성은 오늘날 한국교회 예배 현장에서도 자연스러운 경향으로 자리 잡아 가고 있다. 예컨대 예배당의 상징처럼 여겨지던 강단 중앙의 십자가는 영상 스크린에 가려지거나 옆으로 밀려났고, 교인들은 예배 시간 내내 스크린을 바라보면서 그것이 주는 영상에 지배를 받는다. 초대교회로부터 오랫동안 간직되어 왔던 성찬은 1년에 한두 차례 시행하기 때문에 예배 공간에 성찬상은 사라지고 말았으며, 세례반은 그 존재조차도 알지 못하는 경우가 허다하다.

기존에 사용했던 악기 대신 전자음악을 만드는 신디와 같은 악기가 예배 악기로 자리잡고 오르간이나 피아노는 찬양대 찬양 시에 사용되는 악기로 자리를 잡아가기도 한다. 드럼이 강단 위에나 주변에 배치되고 일렉트릭 기타도 필수악기로 자리 잡아 간다. 시대적 경향에 부응하거나 예배의 효과를 위해 사용되는 이런 것들은 전통 예배관과 기재, 건축 양식이나 내부 장식 등과도 충돌을 빚기도 한다. 물론 이것을 시대적 변화를 담아내거나 새로운 세대에게 다가가려는 노력의 일환으로 이해할 수도 있지만 예배의 본질이 변형되거나 왜곡되기도 하고, 정체불명의 것들이 예배라는 이름으로 행해지면서 기독교 예배의 특성을 흐려놓는다는 것이 큰 문제로 작용하고 있다. 또한 이러한 것들이 예배 신학적 숙고와 반성에 기초하여 도입되기보다는 실용적 목적으로 교회 성장을 위한 일종의 방편이나 목회적 필요에 의해서 도입, 활용되고 있다.

유용성과 효용성

여기에서 가장 중요하게 고려되는 사항은 유용성(usefulness)과 효용성(effectiveness)이다. 이것은 현대 실용주의와 소비자 중심주의, 교회성장주의의 관점에서 비롯된 것인데 중요한 것은 예배의 전통이나 신학이 아니다. 교회 활성화와 성장에 무엇이 유용하며 효과적인가가 가장 중요한 관점으로 대두된다. 이제 예배자들은 일종의 소비자가 되며, 그들을 만족시키고 즐겁게 하는 것이 예배의 초점이 된다. 예배자들은 자기에게 맞는 예배가 있는 교회를 쇼핑하는 기이한 현상이 나타나고 그들은 점점 '예배 소비자'로 바뀌어 가고 있다. 이러한 상황에서 사람들은 불만족을 이상화하고 조장하는 소비주의 문화의 영향을 받으면서 소비 주체가 되어 그들의 만족을 추구하게 되며, 이것을 충족해 주기 위해 교회도 마케팅과 경영 전략을 통해 사역을 펼쳐가게 된다. 로드니 크랩은 소비주의가 양산하는 이러한 현상을 "불만족의 신격화"라고 명명한다. 이것은 고전적 신학을 삼켜 버리며 전통적으로 내려오는 기독교의 전통적 관습을 삼키고 있다고 주장한다.[3] 여기에서 교회는 그 정체성과 사명적 기능에 대한 통찰을 상실하게 되고 종교적 상품과 서비스를 개발하려고 안간힘을 쓰게 된다.

단적으로 여기에서는 하나님이 무엇을 기뻐하시는 지가 중요한 요소가 아니며, 예배 참여자들을 즐겁게 하려는 요소가 예배를 이끌어 가는 현상이 불가피하게 된다. 오늘의 청중에게 다가가고 문화 적응이라는 측면에서 유용성과 효용성은 중요한 것이지만 그것이 예배를 지배하게 되면 기독교 예배는 변질될 수밖에 없다는 사실을 알아야 한다. 기독교 예배의 본질은 하나님을 영화롭게 하고 기쁘시게 하는데 있다. 그러나 현대교회의 예배가 유용성과 효용성을 가장 중요한 덕목으로 여기고, 현대 소비주의와 상업주의를 모방하게 된다면

---

3) Rodney Clapp, "The Theology of Consumption and the Consumption of Theology: Toward a Christian Response to Consumerism," in *The Consuming Passion: Christianity and the Consumer Culture*, ed. Rodney Clapp (Downers Grove: InterVarsity Press, 1998), 188.

예배는 사람들이 구매하는 또 하나의 '소비 품목'이 되고 말 것이다. 이러한 현상들은 이미 현대 교회 속에 대두되고 있는 트렌드가 되고 있고[4] 예배의 중요한 본질과 본래 목적에서 벗어나고 있다.

그러나 여기에도 고민은 있다. 예배에 있어서 본질(essence)을 회복하는 것은 실로 중요한 일이지만 예배의 역동성(dynamic)을 잃지 않는 것이 중요하다. 단적으로 말해서 현대 예배학의 중요한 고민 가운데 하나는 예배의 본질과 역동성의 이슈와 연결되어 있다. 현대 교회는 예배에 있어서 그 본질을 잘 견지해야 하지만 현대인들과 그들이 향유하는 문화와도 단절되지 않아야 한다. 즉 본질과 역동성의 이슈에 늘 긴장관계(dynamic tension)가 존재하지만 이 두 요소를 어떻게 잘 조화롭게 유지해갈 것인가의 과제가 주어진다. 예배의 본질이 왜곡되거나 훼손되면 그것은 이미 기독교의 예배라고 할 수 없다. 그러나 본질과 함께 고려되어야 할 요소가 있다면 그것은 예배의 역동성이다. 예배는 그리스도인들이 가지는 '고백의 프락시스'이며 '신학의 실천'이다. 예배는 하늘과 땅이 잇대어지는 신비라고 할 때 예배자들이 예배 가운데서 하늘을 경험하도록 하여야 하지만 그 하늘의 요소를 땅의 요소와 잘 연결시키는 작업을 필요로 한다. 즉 본질을 놓치지 않으면서도 예배 가운데 문화적 특성, 청중들의 삶의 영역, 커뮤니케이션 차원을 깊이 고려하고 반영하지 않는다면 예배의 역동성을 기대하기 어렵다.

현대 문화의 경향들

그렇다면 예배를 둘러싸고 있는 환경은 어떠한가? 그것은 기독

---

4) Dawn, *A Royal 'Waste' of Time*, 7장 참조.

교 예배에 대해 우호적인가, 파괴적인가? 마르바 던은 오늘 기독교 예배는 "모든 것을 '무기력하게 만드는'(dubming dowm) 문화적 특성에 의해 깊이 영향을 받고 있다"고 주장한다. 우리를 둘러싸고 있는 세상과의 소통을 위해, 그리고 복음을 통해 오늘의 문화 가운데 선한 영향력을 끼치기 위해 필요한 것은 우리가 가지고 있는 본질에 대한 확인이라고 주장한다.[5] 자크 엘룰이 말한대로 기독교 예배는 "계속되는 문화들이 제멋대로 아무 것으로나 채우는 빈병"이 되어서는 안 되기 때문이다.[6]

그러나 그 본질이 펼쳐지는 현장을 정확히 이해하는 것은 오늘의 시대에서 사역을 감당해야 할 사람들에게 필요한 작업이다. 울타리는 옛스러운 정원을 만들기도 하고 현대적인 정원이 되게 하기도 한다. 그 정원은 새로운 세대(아이들)가 뛰어노는 자리이다. 새로운 세대가 이해할 수 있는 방식으로 기독교의 신앙을 구체화하고 복음을 전할 수 있는 환경과 여건을 만들어가기 위해 우리는 그 문화의 울타리를 살펴볼 필요가 있다. 울타리는 긍정적으로 바라볼 수도 있고 부정적인 시각으로 볼 수도 있다. 여기에서는 중립적인 입장에 서서 개략적으로 그것들을 살펴보자.

첫째로 포스트모던 울타리를 들 수 있다. '포스트모던'이라는 용어는 몇 년 전만 하더라도 규정하기가 다소 애매한 용어였으나 이제는 현대 문화의 복합적 특성을 규정하는 대표적인 용어의 하나가 되었다. 이것은 계몽주의 이후 형성된 이성 중심의 모더니즘의 한계를 극복하려는 노력의 일환으로 나타난 시대 정신이요, 문화적 현상의

---

5) Dawn, *Reaching out without Dumbing down*, 1장 참고.
6) Jacques Ellul, *La Subversion du Christinisme*, 쟈크엘룰번역위원회 역, 『뒤틀려진 기독교』(서울: 대장간, 1998), 36.

하나이다. 이것은 해체주의, 상대주의, 다원주의 경향을 취하는데 그 핵심은 "중심의 상실"(the loss of centeredness), 즉 규범의 해체로 귀결된다.[7] 여기에서 절대적인 것은 없으며, 지금껏 모두에게 당연하게 받아들여지던 거대담론(meta-narrative) 자체를 거부하고 상대화한다. 이러한 시대에 사람들은 반토대주의적이고 해체주의적 사고 경향을 취한다. 절대적이고 객관적 진리를 인정하지 않으면서 상대적 윤리와 지역성과 다양성을 신봉한다. 그러면서 진리가 없는 영성과 신비적인 새로운 종교를 추구한다. 오늘 이런 우리 울타리 안에서 사는 사람들이 예배의 자리에 나와 있다.

둘째는 소비주의 울타리이다. 현대 사회의 기초를 이루고 있는 소비주의는 사람들에게 끊임없는 불만족과 무엇을 소유하여야만 행복해 질 것 같은 환영을 심어주고, 인간 자체도 내가 원하는 것을 얻는 수단이나 방법으로 여길 수 있기 때문에 모든 것을 상품화하고 인간 소외와 상실의 근본 원인으로 작용한다. 그래서 존 캐버너는 소비주의는 거대한 의미를 지닌 무언가가 되었고, 사실상 하나의 종교와 같이 되었다고 주장한다. 소비주의는 돈을 신으로 여기는 맘모니즘이며, 일종의 "세속적 형태의 종교"가 된다. 이것은 이제 자체 철학에 의해 지탱되고 "행동을 지배하는 이론"으로 존재하면 "실재의 체계인 동시에 종교의 역할을 하기 때문에 우리의 개인적, 사회적 삶의 모든 영역을 잠식"해 버렸다고 주장한다. 소비주의는 "우리가 생각하고 느끼는 방식, 사랑하고 기도하는 방식, 적을 평가하는 방식, 배우자나 자녀들과 관계를 맺는 방식에 영향"을 미치면서 현대 사회의 심각한 우상이 되었으며 상품은 이제 하나의 신(god)이자 복음이 되었다고

---

7) Stanley Grenz, *A Primer on Postmodernism*, 김운용 역, 『포스트모더니즘의 이해』 (서울: WPA, 2010), 59.

주장한다.[8] 그러한 문화 속에서 숨 쉬고 생활하는 교인들은 백화점 상품 고르듯이 교회를 고르며, 마치 예배도 상품을 구하는 것처럼 그렇게 접근하는 일종의 소비자로 나아온다.

셋째는 소비자중심주의의 울타리이다. 이것은 종종 소비주의와 같은 개념으로 사용되기도 하지만 구태여 구분하자면 전자는 '소비'에 강조점을 두는 것이라면 후자는 '소비자'(고객)에게 중점을 둔다. 소비자 중심주의는 사회 환경과 삶의 스타일의 변화로 기업은 사람의 마음을 끄는 상품을 개발하고 그것을 판매하기 위하여 소비자의 감동에 최우선을 둔다. 소비자의 감동은 기업의 사활이 걸린 문제이기에 제품뿐만 아니라 서비스까지 기업의 최우선 과제로 삼는다. 마케팅의 개념도 바뀌게 되는데 초기에는 생산 중심이던 것이 판매 중심으로, 이제는 소비자 중심으로 그 초점이 바뀌면서 유통 구조뿐만 아니라 제품과 서비스의 질을 개선하는 긍정적 효과를 가져왔다. 이러한 문화 속에서 숨 쉬는 사람들이 교회에 들어오면서 이것은 목회 현장에도 많은 변화를 가져왔다. 청중들의 관심사와 필요를 따라 목회의 구조를 결정하고, 예배와 설교의 방향성을 설정하며, 교인들의 편리와 입맛이 목회의 가장 중요한 고려 사항이 되고 있다. 물론 여기에는 오늘의 문화를 읽고 청중들의 필요를 고려한다는 장점도 분명히 있다.[9] 그러나 이것은 예배 표현과 형식, 본질적인 면에까지 부정적인 영향을 끼치고 있음이 사실이다.

넷째는 세속주의의 울타리이다. 본래 세속주의는 19세기 중엽 프

---

8) John F. Kavanaugh, *Following Christ in a Consumer Society*, 박세혁 역, 『소비사회를 사는 그리스도인』(서울: IVP, 2011), 83, 100.
9) 소비자중심주의를 어떻게 목회에 활용한 것인지를 잘 정리한 책으로는 Mark L. Waltz, *First Impressions*, 서진희 역, 『감동이 있는 교회는 첫인상부터 다르다』(서울: 국제제자훈련원, 2007)를 참고하라.

랑스를 중심으로 일어났던 사조로 종교가 인간 삶을 구속한다고 보면서 신과 사후 세계를 부정하고 인간의 노력으로 얼마든지 인간 세상을 세워갈 수 있다고 주장한다. 인간 존재와 운명은 종교적 믿음과 분리되어야 한다고 주장하면서 종교적 이상 가치를 부정한다. 세속은 흔히 내세지향적인 믿음과 성에 대한 대립 개념으로 이해하였으며 세속화는 이러한 경향성이 충일해진 상태를 지칭했다. 세속화는 종교적 가치와 제도가 지배하던 세상에서 비종교적 가치와 제도가 지배하는 세상으로 바뀌어 가는 과정을 의미한다. 세속주의는 세속 사회의 보편적인 특성이지만 그것은 인간 사회가 가지고 있던 전통적 관점인 가정과 공동체, 인간 존중 사상, 도덕과 윤리 등이 퇴조하고 개인주의, 물신주의, 쾌락주의, 과학 기술 의존, 공동체의 파괴 등의 문제점을 야기한다.

다섯째, 정보화와 사이버 세계의 울타리이다. 정보화 사회는 정보의 가공과 유통이 활발하여 정치, 경제, 사회의 중심을 이루는 사회이다.[10] 과학 기술 문명의 발달과 컴퓨터, 특별히 인터넷의 발달로 인해 우리 시대는 정보화 사회로 치닫고 있다. 에너지 자원 고갈과 환경 파괴 등과 같은 산업사회가 기본적으로 안고 있는 많은 문제를 해결하면서 인간 세상에 풍요와 행복을 가져다 줄 수 있을 것이라는 전제하에 급속도로 발전해 가지만 정보화 사회는 정보의 독점과 관리로 인해 오히려 인간 통제의 수단이 될 수 있고 정보 유통의 불평등의 심화 등의 문제를 안고 있다. 그러나 이것은 거부할 수 없는 사회적 현상이 되었고 사이버 공간에서 많은 것이 이루어지면서, 현장성을 중요

---

10) James R. Beniger, *The Control Revolution: Technological and Economic Origins of the Information Society* (Cambridge: Harvard University Press, 1986).

하게 생각하는 기독교 예배에도 많은 변화가 주어진다.

전략적 변곡점

'전략적 변곡점'(strategic inflection point)이란 경영학 용어가 있다. 이것은 인텔의 CEO였던 엔드류 그로브(Andrew Grove)가 처음 사용한 것인데 "기업의 생존과 번영을 결정짓는 근본적인 변화가 일어나는 시점"을 지칭하는 용어로[11] 근본적인 변화가 일어나는 외적 환경의 변화에 맞추어 자신을 변혁해 갈 때 그것은 생존할 수 있지만 그렇지 못하면 쇠퇴의 길을 걷게 되거나 도태하게 된다는 사실을 알려주는 용어이다. IBM, DEC 등과 같은 컴퓨터 회사나 GM, 포드, 크라이슬러와 같은 자동차 회사들이 전략적 변곡점을 잘 읽고 활용하지 못하여 쇠퇴한 대표적인 경우이다. 경영자들은 전략적 변곡점을 정확하게 판단하지 못했고 기존의 낡은 전략에서 벗어나지 못하였다. 언제 그 변곡점이 오게 될지를 잘 알지 못하기 때문에 그저 "초긴장 상태로 항상 경계하는" 방법 밖에는 없기에 편집광처럼 매달리지 않으면 살아남을 수 없다는 주장이다. 그 변곡점이 누구에게는 기회가 될 수 있고 누구에게는 죽음일 수도 있다. 기회를 놓치지 않기 위해서 결국 편집광이 되지 않으면 안 된다고 조언한다.

예배를 둘러싸고 있는 이러한 환경을 고려해 보면 예배 사역자인 우리 앞에도 '10배의 변화를 야기하는 지점'이라는 전략적 변곡점에 서있음을 알 수 있다. 변화로 인한 도전은 언제나 있었지만 오늘의 시대적 환경은 예배에 있어서 그 생명력에 영향을 주는 변곡점으로 작용하고 있다. 자신의 성공과 과도한 자신감에 취하여 즉흥적인 판단

---

[11] Andrew Grove, *Only the Paranoid Survive* (New York: Currency Doubleday, 1996), 32~33.

이나 대처는 늘 어려움과 위기로 다가왔던 점을 고려해 볼 때 예배 사역자들은 예배를 둘러싼 환경에 대해 계속적인 연구와 주의를 필요로 한다. 그런 점에서 다음 몇 장에서 우리는 예배에 도전이 되고 있는 상황에 대해 좀 더 상세하게 살펴보게 될 것이다.

3장 현대 소비주의 문화
: 나드림의 예배가 가능할까?

> 나의 구주이신 예수님, 주님과 같은 분은 없습니다.
> 주의 광대하고 놀라운 사랑을 나 사는 동안 찬양하기 원합니다.
> 나의 위로자, 피난처, 힘이 되시는 주님
> 호흡이 있는 동안 모든 것 다해 예배하겠습니다.
> 그 예배를 멈추지 않겠습니다.
> – 달린 첵[1]

유혹자의 외침

예수님께서 공생애를 시작하시기 전 광야로 나가셔서 40일을 금식하시며 지내실 때 사탄에게 시험(temptation)을 받으셨다(마 4:3~4). 돌로 떡을 만들라는 유혹하는 자의 목소리는 달콤했고 그가 제시하는 것들은 그때 예수님께도 아주 필요한 것들이었다. 경제적이고 효율적이며, 현실적인 그것을 얻기 위해 특별히 돈이 드는 것도 아니었고 대중의 인기와 갈채를 받을 수 있는 아주 괜찮은 프로젝트였다. 만약 어떤 프로팀의 야구선수가 처녀 출전한 경기에서 홈런 한방으로 자기 팀에게 4점을 얻게 했다면, 그것도 9회 말에 홈런을 날려서 팀에게 역전의 승리를 가져왔다면 얼마나 영광스러운 일이겠는가? 그런 기회가 주어진다면 어느 선수가 그것을 놓치고 싶어 하겠는가? 그러나 예수님께서 그러한 기회를 일언지하에 거절하신다. 박수갈채

---

[1] Darlene Zschech, "Shout to the Lord" (찬양) 가사 중에서

를 받을 수 있는 대단한 일에 대해 신명기의 말씀을 인용하시면서 단호하게 거절하신다. "사람이 떡으로만 사는 것이 아니라 하나님의 말씀으로 산다." 사실 그것은 쉬운 일도 아니었고 쉽게 단안을 내릴 수 없는 그런 사안이었다.

"이 돌들로 떡을 만들라!" 도대체 예수님은 왜 이것을 거절하신 것일까? 유혹자의 목소리였기 때문이었을까? 아니면 40일 금식 후에도 떡의 필요를 못 느끼셨기 때문일까? 아니면 불로소득을 원치 않았기 때문일까? 이것은 과거 광야에서 이스라엘 백성들이 추구했던 것과 연결하여 이해해야 할 내용이다. 이 내러티브의 출발점은 '예수님의 굶주림'이었다. 이것은 먹을 것이 없었던 광야의 이스라엘 백성들의 굶주림과 대조를 이룬다. 신명기는 하나님께서 하늘에서 만나를 내리신 것과 굶주림 사건을 직접적으로 연결시키면서 하나님의 백성들은 떡으로만 사는 것이 아니라 말씀으로 산다는 사실을 강조한다(신 8:2~3). 유혹자는 지금 예수님 앞에서 하나님의 말씀보다는 인간의 굶주림에, 하나님의 즐거움보다는 나의 즐거움에, 하나님의 만족보다는 나의 만족을 추구하는 형태의 삶을 살라고 유혹할 때, 예수님은 그것을 단호하게 거절하셨음을 알 수 있다. 다시 말해 내가 중심이 되는 '스타 논리'를 거절하신 것이다.

예배는 일종의 떡을 구하는 자리이다. 사람들은 모두 영적 갈급함(굶주림) 가운데서 예배의 자리로 나아온다. 주님의 식탁에서 생명의 떡을 나누는 일을 계속할 것을 요구하신 성찬 명령(고전 11:24)은 일종의 예배 명령이었다. 초대 그리스도인들은 그 명령을 준행하기 위해 그들의 생명을 걸었고 그것을 보존하였다. 그리스도인들은 오늘도 참 생명을 허락하시는 이 생명의 떡을 갈망하면서 예배의 자리와 주님의 식탁으로 나아온다. 문제는 하늘로부터 오는 떡을 추구하는

가, 아니면 돌로부터의 떡을 추구하느냐이다. 현대교회는 예배와 관련하여 이러한 유혹자의 외침 앞에 서있다. 이 돌들로 떡을 만들라!

현대 문화와 교회의 예배 보존

예수님 앞에 서있던 그 유혹자는 오늘도 예배자들 앞에 서있다. 하늘로부터 오는 떡 대신에 이 땅의 돌들-명예, 자기만족, 자기 자랑, 자기 과시, 외형주의, 성공주의, 소비주의, 상업주의 등-로부터 오는 떡을 추구할 것을 권하고 있다. 이미 교회에 파고든 이러한 흐름들은 '신종 우상 숭배'로 작용하고 있음을 부인하기 어렵고, 많은 경우 교회의 사역과 예배는 소비주의와 상업주의의 논리에 빠져있지 않는지를 고민해야 한다. 또한 복음전도와 영혼 구원이라는 미명 아래 혹 외형적 성장을 이루어 자기 과시와 자랑이라는 맘모니즘과 외형주의에 사로잡혀 있지 않는지 깊은 자기 성찰을 필요로 한다. 현대 마케팅과 경영학의 원리는 현대 목회에 중요한 통찰력과 지혜를 주고 있지만 경영논리가 목회를 이끌어가고 있지 않는지는 고민해야 할 사항이며, 예배도 청중의 만족을 구하는 일종의 버라이어티 쇼가 되고 참석자에게 즐거움을 주기 위한 공연이 되고 있지 않는지 경각심을 가져야 한다. 아무리 미화하고 감추려고 한다고 해도 예배는 예배이고 쇼는 쇼이기 때문이다.

앞서 언급한대로 예배 환경의 변화에 중심 역할을 하고 있는 것 중의 하나가 소비자 중심주의(consumerism)이다. 이것은 소비자의 힘을 강화하고 주권을 확립하려는 움직임으로, 긍정적인 의미로 사용되기도 했고, 부정적으로도 사용되면서 양면성을 취한[2] 초기에는 주

---

2) 이것에 대한 다양한 의견들을 살펴보기 위해서는 Roger Swagler, "Modern Consumerism," Stephen Brobeck, *Encyclopedia of the Consumer Movement*

로 부정식품에 대한 소비자의 권익 침해를 입법으로 보호하기 위해 소비자 단체를 결성하고 기업에 대항하는 움직임으로 나타났다. 그 다음에는 기업의 횡포나 잘못된 생산, 마케팅, 강매 등에 대한 항거로 불매운동을 벌이는 단계로 발전하였으며, 1960년대 이후에는 소비자의 주권을 확립하려는 움직임으로 나타난다. 이러한 움직임은 소비자의 욕구와 기대를 제품 생산과 마케팅에 적극 반영하는 계기가 되었다. 이것은 물건을 생산하고 판매하는 기업을 상대로 소비자들의 권익을 증대하려는 일종의 사회 운동이었는데 소비자 권익을 보호하려는 광범위한 활동을 포함한다. 이것은 기업들(판매자)로 하여금 소비자의 필요와 욕구 충족에 관심을 기울이게 만들었고 건강한 생산과 판매 문화를 형성하면서 소비자의 기본 권리를 보존하게 했다는 순기능을 가져왔다. 이러한 상황에서 기업 경영의 관점이 기업 중심, 제품 중심에서 시장 중심, 고객 중심으로 바뀌고 있으며, 마케팅 역시 소비자의 가치와 생활 패턴, 스타일을 중심으로 바뀌고 있고 정보공개가 일상화 되면서 소비자 의견과 평가는 제품뿐만 아니라 기업의 존망을 좌우할 정도로 큰 영향력을 발휘하는 시대가 되었다.

　　소비자권익 보호를 위한 사회적인 움직임도 갈수록 거세지고 있고, 권익 보호가 시장경쟁력을 좌우하는 핵심변수로 작용하면서 소위 고객 만족 경영, 고객 제일주의를 지향하는 고객 지향 마케팅(customer-oriented marketing)이 도입되면서 소비자의 욕구 만족이 경영의 핵심 목표를 이루게 되었고 제품의 품질, 디자인, 생산에 이르기까지 소비자의 요구와 관심을 반영하는 소위 소비자 주권시대

(Santa Barbara: ABC-Clio, 1997), 172~73; idem, "Evolution and Applications of the Term Consumerism: Theme and Variations," *Journal of Consumer Affairs*, vol. 28, no. 2 (1994): 347~60 등을 참고하라.

가 열리게 되었다. 이렇게 소비자들은 제품에 대해 수동적으로 받아들이는 입장을 벗어나 자신의 주장을 적극 표현하는 존재로 바뀌면서 제품의 품질이나 가격뿐만 아니라 기업에 대해서도 평가하는 적극적인 주체로 바뀌게 된다.[3]

소비자중심주의를 현대 예배 환경 조성의 한 부분과 흐름으로 이해할 때 소비자들이 권익을 보호 받는 체재로 전환했다는 장점과 함께 도전과 유혹으로 다가오고 있음도 사실이다. 소비문화는 현대 사회의 중심이자 자본주의의 근간을 이루는데 소비는 개인과 사회와 열망이 되고 이기적 욕심을 충족하기 위한 수단이 되면서 또 하나의 이데올로기가 되었다. 이것은 모든 것을 상품화 하고 새로운 소비문화를 양산하면서 소비자를 선택과 소비의 '주체'로 등극시킬 뿐만 아니라 사람들의 가슴에 끊임없이 불만족을 만들어 내고 그것을 조장하고 이상화한다. 뿐만 아니라 가치를 조작하고 끊임없는 욕망에 사로잡혀 살아가는 일차원적 인간을 양산한다. 소비는 성공 여부의 척도로 인식하게 되며 소비욕구의 만족이 마치 인생의 목표인 양 착각하게 만든다.

또한 이것은 기독교 윤리와 가치를 전복시키기도 하고, 모든 것을 상품화 할 뿐만 아니라 종교와 관련된 요소들까지도 상품화하는 문제를 야기한다. 기독교 의식(ritual)이나 설교, 심지어는 종교 자체뿐만 아니라 그 지도자들 자체까지도 상품화하면서 그 가치를 왜곡하거나 변형 시키는 결과를 가져온다.[4] 현대 소비주의는 고전적 기독교

---

3) 소비문화의 역사와 이론들에 대해서는 Celia Lury, *Consumer Culture*, 2nd ed. (New Brunswick: Rutgers University Press, 1996); Roberta Sassatelli, *Consumer Culture: History, Theory and Politics* (Los Angeles: SAGE Publications, 2007) 등을 참고하라.
4) 가장 대표적인 예가 기독교 계통 방송에서 설교를 상품화하는 것을 들 수 있다. 어디에서나 쉽게 여러 설교자들의 설교를 통해 하나님의 말씀을 들을 수 있게 하고, 복

신학(classical Christian theology)을 삼켜 버렸으며 교회가 전통적으로 행해왔던 모든 실행(practice)까지 삼키고 있다는 주장은 옳은 것이다.[5]

현대 소비사회는 소비자들을 낳고, 그들에게 지속적으로 불만족을 심어주는 것처럼 오늘 예배의 현장에서도 끊임없는 불만족을 학습하며, 자기만족과 즐거움을 추구하는 경향이 높아가고 있음을 부인할 수 없다. 소비자들은 그들이 선택한 상품과 삶의 경험을 통해 편리함과 만족을 추구하며, 철저하게 자신을 먼저 생각하고 자기가 느끼는 필요를 먼저 추구한다. 그들에게 있어서 최고의 덕목은 선택과 자유이지만 소비주의는 "근본적으로 충족되지 않음"[6]을 조장한다. 그들은 끝없이 이어지는 "거대한 선택의 홍수" 앞에 서있게 함으로서 마치 꼭두각시처럼 무의미하게 반복되는 선택과 불만족이라는 궤도에서 끝없이 춤을 추게 한다. 과거에 비해 삶의 조건은 향상되고 많은 문명의 이기를 누리며 살고 있지만 만족도가 낮고, 우울증과 자살률이 높아가는 것도 이러한 현상을 반영한 것이다.

단정하기는 어렵지만 현대 기독교 예배 현장에도 이것이 그대로

음 전도라는 순기능이 없는 것이 아니지만 하나님의 말씀의 선포인 설교가 하나의 상품으로 전락되는 역기능도 부인할 수 없다. 몇 년 전 발매된 베네딕트 수도사들의 찬양을 담은 앨범, '찬트'(Chant)는 대중음악 세계에 새로운 바람을 일으키면서 그들에게 약 7천만 불이 넘는 수익금을 돌려준 적이 있다. 로마 가톨릭교회의 예전음악인 그레고리안 찬트를 상업화함으로서 예배의 의미를 잃어버리게 했다는 비판도 적지 않다. 그 앨범에 담긴 찬트는 시편에서 가져온 것으로 예배문에 포함된 내용을 바탕으로 한 것이었고 수도원 미사를 위한 예전음악이었지만 종교적 실천이나 필요성에 대한 부담이 없는 '가상의 종교의식'으로 변형시킨 문제점을 야기한 것으로 평가를 받고 있다. 이에 대한 보다 상세한 내용을 위해서는 Katherine Burgeron, "The Virtual Sacred," New Republic, vol. 212, issue 9 (February 7, 1995), 29~34; 박종균, "소비주의 문화와 기독교 문화적 실천," 한국 기독교 윤리학회 편, 『생명 신학 윤리』, 한국기독교윤리학 논총, 5집 (서울: 한들출판사, 2003), 276~303 등을 참고하라.
5) Dawn, A Royal "Waste" of Time, 97
6) 위의 책, 98.

적용되고 있다는 점이 문제가 되고 있다. 이러한 소비주의의 경향은 "이 땅에서 미치는 영향력이 영혼에도 그대로 나타나기" 때문에 예배에서도 이러한 소비주의 성향은 어김없이 작용하게 된다.[7] 소비주의와 상업주의의 중심에는 언제나 사람들로 하여금 자기중심적인 사고를 갖게 하며 자신이 모든 선택의 주체로 등장하게 된다. 일면적이기는 하지만 이러한 특성은 예배에 있어서 돌을 떡으로 만들라는 유혹만큼이나 강력하게 다가오고 있다. 최초의 인간에게 다가온 유혹자의 목소리도 같은 것이었고(창 3:5), 인간의 구원을 위해 이 땅에 오신 하나님이신 예수 그리스도께서 공생애를 시작하시려는 시점에서 주어졌던 소리도 그것이었다. "그리하면 네가 하나님처럼 되리라." 이것은 현대의 소비주의와 상업주의가 들려주는 메시지이기도 하다. "이 땅에서 가장 중요한 것은 당신입니다. 당신이 지금 원하는 것이 가장 중요합니다. 당신이 원하는 대로 모든 것을 행하십시오. 이 버드와이저도 당신을 위해 존재합니다."[8]

이렇게 사람들은 매일, 매시간, 유혹의 자리로 인도되고 있고 소비와 소유, 테크놀로지를 통한 유토피아를 약속받지만 사람들은 충족되지 않은 불만족을 안고 살아간다. 여기에서 '참된 기쁨'(true joy)은 상실하고, 사람들은 순간적이고 유한적인 거품과 같은 기쁨을 추구하며 살아간다. 이러한 삶의 패턴을 따라 살아가는 사람들은 예배자의 자리에 앉아있으나 이러한 소비주의와 물질주의의 속삭임에 사로잡혀 있다. 어느 새 돌덩어리로 떡을 만들라는 유혹자의 목소리를 따라

---

7) 이러한 소비주의 성향이 예배와 교회의 사역에 미치는 영향력을 살펴보기 위해서는 Rodney Clapp, ed., *The Consuming Passion: Christianity and Consumer Culture* (Downers Grove: InterVarsity Press, 1998)의 여러 논문들을 참조하되 특히 빌 맥키벤(Bill McKibben)의 논문을 참조하라.
8) Bill McKibben, "Returning God to the Center," in *The Consuming Passion*, 47.

예배자의 자리에서 자신을 즐겁게 하려는 욕망은 어느 새 자신을 예배의 대상으로 여기는 잘못을 범하며 앉아있게 한다. 그러는 사이 그들은 예배를 구매하는 소비 품목의 하나로 전락시키면서 그들이 결정하고 선택하는 구매자의 자리에 앉아 자신이 선택권을 가지고 그것을 통한 자기만족과 즐거움을 추구하게 된다.

이렇게 상업주의와 소비주의는 오늘날 문화의 지배적인 경향의 하나인 감각 문화를 낳았고 그러한 문화 속에서 사람들은 "오락과 즐거움의 추구"를 가장 중요한 덕목으로 인식하게 되었다. 텔레비전의 출현과 함께 생성된 이러한 소비주의 문화의 특징과 종교의 관계를 비판적으로 분석한 뉴욕대학교 저널리즘 교수인 닐 포스트만은 현대 문화의 특징을 쇼 비즈니스, 오락성(entertainment), 깍꼭(peek-a-boo)문화 등으로 규정한다.[9] 이러한 문화 속에서 사람들은 무엇보다도 오락성, 혹은 자기 즐거움 추구의 정신에 사로잡혀 살아간다. 예배의 자리에 나온 사람들도 은연 중 자기들의 만족과 즐거움이 충족되는 예배를 추구하게 되고, 이러한 경향에 편승하여 기독교의 예배 전통이나 신학은 가볍게 내려놓고 교회성장에 도움이 된다면 무엇이든 도입하는 패턴의 변화와 형식을 추구하게 되었다.

모든 믿음의 공동체는 진정한 예배(authentic worship)를 보존하고 전달할 책임을 가진다.[10] 수많은 도전 앞에서도 교회는 그 정신을 보전하고 전달하기 위해 노력해 왔다. 왜냐하면 예배는 공동체의

---

9) 바로 전에 한 사건이 시야에 나타났다가 사라지고, 바로 또 다른 시야가 나타났다가 사라지는, 그러한 상태가 반복되는 세계 속에 서 있다. 아빠가 어린아이 앞에서 눈을 가리고 있다가 손을 치우면서 "깍꼭!" 하고 외치고, 이것을 반복하면 아빠의 얼굴이 보이면 웃고, 사라지면 울상을 짓는 아이와 같이 표면적인 즐거움에 취해 살아가는 문화라는 분석이다. Postman, *Amusing Ourselves to Death*, 참고.

10) A. Daniel Frankforter, *Stones for Bread: A Critique of Contemporary Worship* (Louisville: WJKP, 2001), vii.

존재 이유이자 원동력이기 때문이다. 교회의 모든 사역과 삶은 이 한 가지로 집중되어야 하며 사실 그것을 위해 존재한다. 그런 점에서 예배는 교회의 존재 이유이며, 가장 커다란 사명이자 특권이다. 그러므로 영광스러운 예배를 보존하기 위해서 교회는 생명을 걸고 싸워왔으며, 그러한 노력이 약화되는 곳에서 교회는 언제나 약화되었다. 예배와 상관없이 행해지는 사역은 언제나 하나님의 능력과 영광을 드러내기 보다는 인간의 업적을 드러내는 도구가 될 수도 있고, 인간의 욕구가 하나님의 영광보다 앞서게 될 수 있기 때문에 교회는 예배의 이름으로 그들이 행하는 모든 것을 계속적으로 검증할 필요가 있다.[11]

나 드림의 예배

교회는 예배를 위해서 부름 받았고, 하나님의 백성들은 예배를 위해서 구원받았다. 우리는 하나님을 예배하고 그분을 영원토록 즐거워하기 위해 부름 받았고, 그 일을 위해 창조되었다. 나의 즐거움과 만족을 위해 내가 예배에 있어서 선택의 주체일 수도 없고, 예배는 "선택과 선호의 차원"(the issues of choice and preference)[12]에서가 아니라 오히려 엎드림과 자기 드림의 차원에서 행해져야 한다. 하나님의 엄위와 임재 가운데로 잠입하는 것이며, 그분 앞에서 우리의 가장 귀한 것을 드리는 "과도한 낭비와 같이 넘치는 예배"(extravagant worship), 거룩한 시간 낭비로서의 예배(worship as a royal waste of time)[13]가 되어야 한다. 마르바 던이 주장한대로 기독교의 예배는

---

11) 위의 책, xiii.
12) Dawn, *A Royal 'Waste' of Time*, 60.
13) 이것은 달린 책(Darlene Zschech)과 마르바 돈에게서 빌린 용어이다. Darlene Zschech, *Extravagant Worship* (Bloomington: Bethany House Publishers, 2002); Dawn, *A Royal 'Waste' of Time* 등을 참조하라.

우리의 즐거움을 추구하는 형식이 아니라, 언제나 하나님의 광휘(the splendor of God) 가운데 잠기는 예배가 되어야 한다. 만약 예배자들이 그분의 광휘에 온전히 잠기지 못한다면 그들은 참된 기쁨을 잃어버리고, 순간적 기쁨에 매료되고 말 것이다.[14]

여기에서 중요한 것은 어떤 예배에 대한 신학을 가지고 예배를 드리느냐이다. 소위 "예배(기도)의 법칙이 믿음(신학)의 법칙을 지배한다"(lex orandi lex credendi)는 명제는 어떻게 예배드리고, 그것을 어떻게 구성하느냐는 믿음 생활뿐만 아니라 모든 신학의 내용을 결정한다는 사실을 알려준다. 예배를 어떻게 드리느냐는 교회의 신학뿐만 아니라 사역의 원리(principle)와 유형(pattern)까지 결정짓는다. 이제 예배의 법칙은 교회의 의도(intension)와 행동(action), 그리고 그리스도인의 삶을 지배하는 원리(lex agendi)로까지 연결되게 된다.[15]

이러한 예배 신학적 이해가 더욱 중요해지는 이유는 오늘날 예배 환경의 변화 때문이다. 돌로 떡을 만들라는 유혹자의 외침은 예수님이 육체적으로 아주 곤고한 시간에 들려왔던 것처럼, 수많은 도전과 공격으로 얼룩진 오늘날 예배의 현장에도 이러한 유혹자의 목소리는 강하게 들려온다. 우리를 둘러싸고 있는 환경은 예배에 대해서 공격적이고 파괴적이다. 낙관적인 안도감을 갖기에는 문화 사회적 환경은 거칠어지고, 황폐화되고 있다.

그렇다면 여기에서 우리가 추구하려는 것은 무엇인가? 고색창연한 전통주의(traditionalism) 관점에서 예배가 드려져야 한다는 말도 아니고, 그렇다고 최신식의 어떤 변혁적인 형태를 따라 현대적 예배 패턴을 추구해야 한다는 주장도 아니다. 우리는 전통주의와 전통을

---

14) Dawn, *A Royal 'Waste' of Time*, 99.
15) Saliers, 『거룩한 예배』, 11장 참조.

분명하게 구분해야 한다. 전자는 "살아있는 자들의 죽어있는 믿음"이라면 후자는 "죽은 자들의 살아있는 믿음"이다.[16] 예배라는 교회의 보물 창고에는 새것도 있어야 하고 옛것도 있어야 한다. 기독교의 예배는 과거를 현재에서 경험하는 아남네시스(anamnesis)의 특성과 미래를 오늘 여기에서 미리 맛보게 되는 프로렙시스(prolepsis)의 특성이 어울려지는 장, 즉 과거와 미래가 현재에서 만나는 지점에서 예배가 이루어진다. 우리는 예배의 본질을 잘 지켜가야 하지만 예배의 역동성도 잃지 않아야 하기 때문이다.

앞서 언급한대로 우리는 오늘날 문화가 지닌 소비주의적 경향을 피해가기는 어렵다. 양극화 현상이 일어나는 예배 현장에서도 어느 한편을 따라야 한다는 주장 대신 우리는 바른 예배 신학을 정립해야 한다. 예배를 전도와 혼동해서는 안 되며, 또한 입맛의 문제도 아니라는 사실을 알아야 한다. 예배를 입맛의 문제로 결정짓게 되면 우리도 모르는 사이에 예배의 대상의 자리에 하나님이 아니라 우리 자신을 올려놓게 되는 잘못을 범하는 것이다. 황제의 자리에, 스타의 자리에 너 자신이 올라가라는 것이 유혹자 사탄의 음성이었다. 오늘날 교회가 '황제 패러다임'에 사로잡혀 있으면 잘못되게 된다. 그때 교회는 누가 대장이며 주인인가에 대한 관심사를 따라 움직이게 된다. 그러나 성경은 대장이었던 모세에게 손을 들게 하였고(출 17), 황제 패러다임으로 가득한 도시에서 베드로는 예수님이 대장(왕)이심을 고백하고 있다(마 16). 그래서 A. W. 토저는 기독교의 예배가 종교적 쇼로 전락하면서 '또 하나의 오락'이 되고 있음을 개탄하며 다음과 같이 주장한다.

---

16) Dawn, *A Royal 'Waste' of Time*, 5장.

정신없이 바쁘게 돌아가는 시대에 사는 목회자와 교회는 질적 가치를 희생해서라도 양적 팽창을 추구하고, 정상적인 성장을 통해서 얻을 수 없는 것을 과장을 통해서라도 얻고자 하는 유혹에 시달린다.... 목회자의 느린 방법을 비웃으면서 빠른 결과와 인기 영합만을 요구하는 '잘못 배운' 교인들이 목회자에게 잔인하게 압력을 가한다. 그들은 스릴 넘치는 일에 목말라 있다. 그러면서도 감히 나이트클럽에는 가지 못하겠고, 그런 것들을 도리어 교회 안으로 끌어들이라고 요구하는 것이다... 기독교는 또 하나의 오락이 되어버렸다.[17]

기독교의 예배는 언제나 '나드림(self-giving)의 예배'이다. 하나님께서 예수 그리스도 안에서 자기 주심을 통해 먼저 인간들을 섬기셨다. 예배는 이러한 하나님의 자기 주심 앞에서 사람의 응답으로 형성된다. 이것은 기독교 예배의 원형이 희생제사의 형태로 드려졌음을 기억할 때 그 이해가 쉬워진다. 번제의 예배는 철저하게 자기 죽임과 희생, 낭비로 느껴질 만큼의 넘치는 드림을 포함한다. 이것은 단 한번의 희생 제사를 드리신 예수 그리스도의 십자가 사건에서 가장 선명하게 드러난다.[18] 예배는 다시 예수님께서 전부를 내놓으신 것처럼 우리 자신을 온전히 드리는 나드림의 예배로 표현된다. 이것은 예수님을 깊이 사랑하는 마음과 함께 드리는 넘치는 감사, 넘치는 찬양, 넘치는 기도, 넘치는 헌신으로 표현되는 예배이다. 내 자아가 살아나고 내 필요와 관심에 이끌려가는 예배가 아니라 자기 드림과 자기 부

---

17) A. W. Tozer, *Tozer on Worship and Entertainment*, 이용복 역, 『예배인가, 쇼인가!』 (서울: 규장, 2004), 132~33.
18) 이러한 관점에서 예배, 특히 성례전을 이해한 것으로는 James White, *Sacraments as God's Self-giving*, 김운용 역, 『성례전, 하나님의 자기주심의 선물』(서울: WPA, 2009)을 참조하라.

인의 예배, 하나님 앞에서 내 모든 것이 죽어 하나님의 뜻이 살아나는 예배, 그리고 말씀과 하나님의 자기 주심의 은혜로 채워지는 예배가 되어야 한다.

우리는 이러한 예배자를 눅 7장에서 만나게 된다. 베다니 시몬의 집에서 한 죄 많은 여인은 이러한 예배를 드림으로 예수님을 기쁘시게 하는 예배자로 소개 된다. 예수님의 발을 적실만큼 흘린 그 여인의 눈물의 깊이, 자신의 헌신과 경배를 그렇게 대담하게 표현하도록 만들어 주었던 그녀의 감격으로 가득한 감사의 마음, 저미는 가슴으로부터 흘러내리는 눈물로 주님의 지친 발을 씻기고, 자신의 긴 머리를 풀어내어 물기를 닦아내는 여인의 사랑, 그리고 값 비싼 향유를 아낌없이 예수님의 발에 쏟아 붓는 여인의 넘치는 헌신... 그 모든 예배를 받으신 주님께서 말씀하셨다. "저가 내게 좋은 일을 행하였느니라." 이 시대 속에 하나님께서는 예수님을 섬기며 예배하고 싶어 가장 귀한 것을 아낌없이 드릴 수 있었었던 이런 넘치는 예배자를 찾고 계신다.

포스트모던 문화
: 현대적 예배가 대안인가?

4장

> 세상 안에서 살아가지만 세상에 속하지 않는 존재로 서기 위하여
> 교회는 그것을 둘러싸고 있는 문화에 대한 이해를 필요로 하며
> 그것이 가져오는 우상화에 대해 저항할 것을 요청받았다.
> – 마르바 던[1]

본래 개신교회는 예배개혁으로부터 시작되는데 특별히 20세기에 들어오면서 그것은 아주 중요한 의제가 되었다. 문화 사회적 상황의 변화와 관련성을 가진 이러한 흐름은 급변하는 문화 사회적 변동 속에서 예배에 그것을 어떻게 받아들이고 반영할 것인가를 고심하면서 예배에 대한 새로운 경향을 받아들이기도 하고, 여러 접근을 시도하기도 하였다.[2] 변화하는 상황 가운데서 교회는 어떻게 하나님을 예배하는 일을 신실하게 감당할 수 있을 것인가? 폭넓게 달라지는 문화 상황과 관련하여 어떻게 건설적으로 예배를 세워갈 수 있을 것인가? 그 중심에는 언제나 이런 질문을 담고 있었다.

포스트모던 상황에 대한 이해

예배의 상황 변화와 깊은 관련성을 가지고 있는 것이 포스트모더니즘이다. 흔히 이러한 변화는 금속활자의 발명이나 산업혁명보다 더

---

1) Dawn, *Reaching out without Dumbing down*, 41.
2) 이러한 경향을 잘 정리한 책으로는 Lukas Vischer, ed., *Christian Worship in Reformed Churches Past and Present* (Grand Rapids: Eerdmans, 2003)을 참고하라.

큰 변화를 야기한 것으로 평가되기도 하고, 중세의 쇠태에서 벗어나려고 했던 모더니티의 출현에 필적할 만한 것으로 평가하기도 한다.[3] 이것은 20세기 중반 이후 형성된 문화 사회적 상황에 대한 설명의 중요한 의제가 되어 왔으며 개신교 진영에서 일어난 새로운 예배 흐름의 형성에도 깊은 영향을 주었다. 이것은 일종의 시대정신이 되어 왔으며 사람들의 가치관과 세계관뿐만 아니라 지적 흐름과 인식체계에 영향을 주었다. 그러한 시대정신은 자연스럽게 현대인들의 삶의 일부가 되었고 거부할 수 없는 시대적 흐름이 되었다. 그래서 김욱동은 그 흐름 자체를 거부하는 것은 "현재 영위하고 있는 삶의 일부를 거부하는 것과 다를 바 없다"[4]고 주장한다.

포스트모던이라는 용어는 20세기 중반 진행 중이던 두드러진 역사적 변화와 문화 예술 영역에서 일어나고 있던 확고한 발전을 명명하기 위해 처음 사용되는데 "광범위한 문화적 현상을 기술하는 용어"로 자리 잡았다.[5] 포스트모더니즘은 모더니즘 토양에서 자라나 그것을 넘어서려는 새로운 탐구이며, 시도였다. 모더니즘은 계몽주의 태동과 함께 시작된 것으로 보는 것이 가장 보편적인 이해이지만 인간을 모든 진리의 실재에 중심을 두려고 했던 르네상스의 시대와 금속활자의 발명 등이 태동된 무대였다고 볼 수 있다. 인간의 본질을 사유하는 실체와 자율적인 이성적 주체로 규정한 르네 데카르트는 모더니즘의 철학적 기초를 세웠다면 아이작 뉴턴은 과학적 구조를 여기에

---

3) Leith Anderson, *A Church for the 21st Century: How to Bring Change to Your Church* (Minneapolis: Bethany House Publishers, 1992); Grenz, 『포스트모더니즘의 이해』, 1장 참고.
4) 김욱동, 『포스트모더니즘의 이해』(서울: 문학과 지성사, 1996), 162.
5) Grenz, 『포스트모더니즘의 이해』, 1장.

가미하였다.[6] 지식은 언제나 선하고 확실하며 객관적인 것이라는 계몽주의 낙관론에 바탕을 두면서 인간의 자율성과 주체성을 옹호하였다. 이성적 지식이 인간의 모든 문제를 해결하는 열쇠를 제공한다고 믿었다.

　포스트모더니즘은 이러한 모더니즘의 추구와 확신의 기초와 이상을 거부하는 경향을 취하면서 시작된다. 그것은 기존의 모더니즘 체계에서 추구하던 가치와 진리의 체계를 해체하고 상대화 하는 것을 그 특징으로 하는데, 모던 시대에 세워졌던 거대담론(meta-narrative) 자체를 해체하면서 절대 진리를 거부하고 다원주의를 표방하는 경향을 견지한다. 포스트모더니즘은 보편적이고 범문화적이며, 시대를 초월하는 절대적인 진리는 없으며 오히려 우리가 참여하는 공동체에 따라 진리는 상대적이라고 주장한다. 그래서 함께 하는 공동체성을 강조하며 공동의 노력을 통해 새로운 세계를 구축해 가는 일에 관심을 기울이게 된다.

　포스트모던 시대에 진리는 특정 공동체와 관계가 있기 때문에 상대적이고 다원적인 특성을 지니며 다양성(variety)을 인정하는 것은 공존을 위해 필요한 요소이다. 여기에서는 공동체가 중요해 지며 진리는 지역적(local) 특성을 지니게 된다. 중심은 사라지고 복합적이면서 지역적인 특성에 의해 결정되는 사회로 바뀌어 간다. 모던 시대와 같이 포스트모더너들은 유토피아를 꿈꾸지 않으며 미셀 푸코가 말한 대로 서로 양립되기 어려운 이질적 공간이 함께 모인 유동적 공간인 '헤테로토피아'(heterotopia)가 되어가며 현대인은 거기에서 위안을 받는다.[7] 이렇게 중심의 상실은 예술, 건축, 문화적 표현 등에

---

6) 위의 책, 1장
7) Mitchell Foucault, *The Order of Things: An Archaeology of the Human Sciences*

서 다원적 특징을 견지하게 되는데 일면성의 가치를 벗어나 다면성(multivalence)을 추구하고 독창성을 중요한 요소로 여긴다.

포스트모더니즘은 오늘의 시대에서 점점 우위를 차지해 가는 지적 풍조(intellectual mood)의 경향이며 현대인의 사고와 다양한 문화 영역에 깊이 반영되어 나타나는 일종의 삶의 표현이자 문화적 표현으로 읽을 수 있다. 초기에는 전자의 경향이 강했으나 1970년대 이후에는 후자의 경향이 더 강해지고 있다. 이러한 흐름은 정보화와 함께 널리 확산되는데 전혀 새로운 세대를 양산해 내는데 일조한다. 정보화 시대는 하나의 세상을 이루면서 글로벌 의식을 심어주었고 이러한 문화적 흐름을 공유하게 되었다.

그렇다면 포스트모던 경향에 대해 우리는 어떠한 이해를 가져야 할 것인가? 기독교의 복음에 가장 위협적인 요소는 그것이 추구하는 해체주의, 상대주의, 다원주의 경향이다. 그러나 그것이 나오게 된 배경적 이해를 필요로 한다. 낙관론적 계몽주의 프로젝트가 야기한 인간성 파괴와 프란시스 베이컨 이후 시작된 인간의 자연정복을 꿈꾸었던 경향에서 생태계 파괴를 통한 엄청난 위기를 보면서 과거 지배적이던 주장들을 단절시키고 거부하는 과격한 모습이 없지 않고, 낙관론보다는 비관론이 지배적이었던 것이 사실이며, 인간의 지성을 유일한 결정자로 삼는 것을 거부하고 상대적으로 감성과 직관에 높은 위치를 부여한 것이 사실이지만 통전적 이해를 추구하고 있음은 오히려 도전적이다. 포스트모던 의식(consciousness)은 자아중심적인 개인주의보다는 전인적인 차원을 추구한다는 점에서 현대 사회의 문제점에 대한 해결책을 찾으려는 시도를 한다.[8]

(New York: Panthon Books, 1970), xviii.
8) Grenz, 『포스트모더니즘의 이해』, 47~48.

이러한 상황에서 포스트모더니즘에 대해 기독교의 대처도 다양하다. 이러한 문화 사회적 상황을 이해하고 적극적으로 대처하는 방향을 견지하는 그룹이 있는가 하면, 이것을 적대시하기도 하고 때로는 이단시하는 경향도 있다. 현대 기독교, 특히 복음주의의 많은 이해와 주장은 과학적 사고와 경험적 접근을 취하면서 형성되어 왔기에[9] 과거로의 회귀에 초점을 맞추어서는 결코 안 된다. 모던 시대에서 합리성에 바탕을 두고 신앙의 신빙성을 드러내는 과제에 깊이 헌신해 왔는데 이것은 이성적 변증론에 깊이 의존하였다. 그러나 이제 전혀 새로운 시대와 상황이 태동되고 있음을 인식하면서 과거 회귀적인 자세를 갖기보다는 실천적인 자세를 가져야 할 것이다.

포스트모던 비전에 영향을 받고 자란 세대와 그런 문화 사회적 토양에서 숨 쉬고 있는 사람들에게 다가가기 위해서는 그것이 안고 있는 반복음적이고 반기독교적인 특성에 대해서도 이해를 가져야 하지만 그것이 가지고 있는 문화적 특성에 대한 깊은 이해와 대처를 강구하는 것이 더욱 중요한 일이다. 그래서 스탠리 그렌츠는 포스트모더니즘은 분명히 많은 위험을 내포하고 있지만 복음주의 탄생을 가져온 초기 모던 시대로 다시 돌아가야 한다는 "그런 열망의 함정에 빠지지 않아야 한다"고 충고하면서 모더니즘의 최후 옹호자들이 되려고 한다면 그것은 "비극적인 사실이 될 것"이라고 경고한다.[10]

중심을 인정하지 않는 시대에서 모든 것의 중심이신 예수 그리스도를 어떻게 증거할 것인가? 그분에 대한 믿음은 포스트모더니즘의 모든 주장을 다 수용할 수 없게 한다. 세상은 단지 지역적 내러티브에

---

9) George M. Marsden, ed., *Evangelicalism and Modern America* (Grand Rapids: Eerdmans, 1984), 98. 단적으로 논리적이고 이성적인 차원에 초점을 맞춘 근대의 설교 방식은 모던 시대에 복음을 들려주기 위해 고안된 방식이었다.
10) Grenz, 『포스트모더니즘의 이해』, 42.

의해서 규정되는 것이 아니라 모든 것을 포괄하고 통일하는 단일의 메타 내러티브가 존재한다는 사실을 어떻게 증거 할 수 있을까? 메타 내러티브(거대담론)는 타락한 인간을 구원하시기 위해 역사 가운데 개입해 들어오신 하나님의 구원의 스토리이며, 그 중심에는 예수 그리스도의 스토리가 있음을 선포한다. 우리는 여러 종교들 중의 하나로 그 지위를 내려놓을 수 없으며, 복음은 모두를 위한 복된 소식이요 생명의 소식이라는 것을 확신한다. 그런 확신을 바탕으로 포스트모던 상황은 복음을 구현하는 방식을 새롭게 요구한다.

그렌츠는 포스트모던 시대를 향한 복음의 윤곽으로 탈개인주의, 탈이성주의, 탈이원론, 탈지성 중심의 방식을 제시한다.[11] 개인주의의 차원을 넘어서 사회적이고 공동체적 특성이 강조되어야 하며, 공동체의 중요성이 부각된다. 복음 전도는 이제 "최고의 충성을 예수 그리스도 안에서 계시된 하나님께 돌리는 사람들의 공동체로 참여하도록 초청"하는 것에 초점을 맞출 필요가 있다.

포스트모던 상황에서의 예배

포스트모던 문화가 형성되면서 예배의 현장에도 많은 변화가 일어난다. 기존의 틀의 해체라는 특성에서 보면 현대적 예배는 전통적인 예배의 형식과 구조 등에 있어서 많은 변화를 가져온다. 포스트모던 상황에서 태동된 새로운 예배의 형식을 통칭하는 용어로 사용되는 '현대적 예배'는 경배와 찬양 중심의 예배와 구도자 중심 예배(seeker-sensitive worship)[12]로 대표되는 것으로 이것은 전통의 틀을

---

11) 이러한 내용을 위해서는 위의 책, 7장을 참고하라.
12) 국내에서는 그러한 경향을 도입하면서 '열린 예배'라는 용어가 사용되었다. 대중음악과 클래식음악의 영역이 명확하게 구분되어 있던 때에 모 방송국에서 '열린 음악회'라는 프로그램을 통해 장르의 벽을 무너뜨리고 있었다. 전통적인 예배가 가지고 있는 형식

넘어서 파격적 형식과 틀을 통해 포스트모던 청중들에게로 나아가려는 시도를 한다.

이러한 예배의 흐름은 1990년대 초 미국의 윌로우크릭교회를 중심으로 시작되어 널리 파급되는데, 예배 형식과 구조, 세팅과 음악, 예배에 대한 기본적 이해와 그 컨텐츠에 이르기까지 과감한 변화를 시도한다. 초기부터 구도자중심예배는 불신자들에게 복음을 전하기 위해 예배를 전도의 자리로 활용한다. 회중을 예배자의 자리에서 관람객의 자리로 위치 변동을 시키면서 예배는 하나님께서 하신 일에 초점을 맞추면서 성삼위 하나님께 올려드리는 경배의 관점보다는 회중 편에서의 엔터테인먼트로 전락하게 되는 문제점을 야기한다.

포스트모던 문화를 예배에 적극 수용하여 현대 청중들에게 다가갔다는 강점을 가지면서 1980년대 후반부터 구체적 모습을 갖추게 된 현대적 예배는 교회 성장을 추구하는 여러 지역의 교회들에서 도입되어 사용되었다. 전통적인 찬송 대신에 CCM 찬양을 즐겨 부르고, 전통적인 예배 악기 대신에 전자악기와 드럼 등을 활용한다. 이러한 경향에 발맞추어 전통적인 회중들 사이에서도 예배에 대체적인 형태로의 변화를 시도하는 경향들이 두드러지게 되었다. 그것이 한국교회에 소개되면서 처음 윌로우크릭이 추구했던 정신은 약화되고 대부분의 교회에서는 '구도자'가 아닌 기존 신자들을 위해 이러한 예배 형식을 도입하여 사용한다.

현대적 예배는 탁월성(excellence)과 적응성(relevance)을 추구

과 틀을 과감하게 넘어서는 형식이라는 의미로 '열린'이라는 용어가 온누리교회에서 처음 차용되어 일반화되었다. 당시 다양한 영역에서 '열린' 이라는 용어가 사용되었는데 예컨대 열린 교육, 열린 학교 등이 대표적인 예이다. 그러나 이 용어는 다른 형식의 예배를 은연중에 '닫힌' 예배로 만들어 버린다는 점에서 그렇게 적절한 용어로 보이지 않는다.

하면서 특별히 새로운 세대와 현대 문화적 흐름을 고려한다. 전통이나 교단적 배경에 얽매이지 않고 풍부한 예배 형식을 도입할 뿐만 아니라 독특한 문화 속에서 살아가는 현대인들에게 적합한 예배 형식과 방식을 추구한다.[13] 현대적 예배를 주장하는 이들에게는 예배를 살리는 일이 가장 절박한 일이며, 그들은 예배에 생명력을 불어넣기 위해서는 무엇이든 하려는 자세를 견지한다.

미국의 다시 성장하는 교회를 조사한 결과를 담고 있는 책에서 에드 스테이저와 마이크 도슨은 대부분 성장하는 교회들은 예배를 정말 중요하게 생각하며, 그들의 예배는 역동적이었다고 밝힌다. 그 교회 교인들은 자기 교회의 예배 분위기를 축제적이고, 질서 정연하며, 형식적이지 않고 현대적이라고 답변했다. 그 교회의 예배 스타일은 서로 다른 종류의 예배 스타일을 가지고 있었지만 전통적이라기보다는 현대적인 특성을 지니고 있었다.[14]

이렇게 현대적 예배는 현대 청중들의 필요와 관심사를 고려하여 그들에게 다가갔다는 높은 문화 적응성과 상관성을 가지고 있다는 강점을 가지고 있다. 그러나 앞에서도 언급했듯이 이렇게 될 때 이제 예배 회중들은 관람객의 자리로 내려가 앉았고, 예배는 점점 공연이 되어 가고 있어 예배의 변질과 변형을 가져올 수 있는 위험 앞에 놓여 있다.

통합예배와 이머징 워십

이런 변화를 추구하였던 초기 개척자들은 복음전도와 전통교회

---

13) Andy Langford, *Transitions in Worship*, 17~25.
14) Ed Statzer and Mike Dodson, *Comeback Churches*, 김광석 역, 『다시 부흥한 324 교회 성장 리포트』(서울: 요단출판사, 2010), 106~13.

를 떠나거나 교회에 적응하지 못한 세대를 그리스도께 인도하려는 열정으로부터 시작하였으나 기존 교회에서는 차츰 마지못해 예배를 드리는 교인들을 교회에 붙잡아 두거나 교인의 숫자를 늘리기 위한 목적으로 변화를 시도하기도 한다. 그러나 효율성만 추구하려는 그러한 시도들은 점점 무력해 진다. 진정한 예배의 에토스는 무엇인가? 사람들은 무엇을 원하며, 무엇이 그들의 영혼을 충만케 하는가? 사람들의 영적 굶주림을 해결해 줄 수 있는 예배의 구조는 어떻게 세울 수 있을까? 거기에 정확한 답을 제시할 수 있는 사람도 없고 모든 사람을 만족시킬 만한 답이 있는 것도 아니다.[15]

문화적응성이라는 관점에서 포스트모던 시대에 적합한 예배 정신과 형식을 추구하던 구도자 중심의 예배는 나름대로의 한계에 봉착하게 된다. 문화 적응성을 위해 너무 쉽게 기독교 전통과 유산을 내려놓은 결과였다. 예를 들어 교회를 찾는 구도자들이 거부감을 갖지 않도록 하기 위하여 십자가와 같은 종교적 상징물을 내렸고, 예배당 분위기도 마치 웨어하우스 건물 인테리어를 도입하기도 한다. 현대인들이 거부감을 갖지 않도록 하기 위해서 였다. 그러나 포스트모더너들은 초월적 영성에 깊은 관심을 가지고 있으며 오히려 종교적 차원을 추구하고 있음을 감안하여 전통적 예배와 현대적 예배의 통합을 이루려는 움직임이 일어난다. 이러한 흐름을 대표하는 두 가지는 '통합예배'(blended worship)와 '이머징 워십'(emerging worship)이다. 과격한 변혁을 추구하던 이전의 흐름과는 달리 이러한 흐름들은 고대(교회 전통)와 현대를 연결하려는 시도에 집중한다.

통합예배는 19세기 중반 이후 태동되어 20세기에 활발하게 진

---

15) Byars, *The Future of Protestant Worship*, 2

행되었던 '예배복고운동'(liturgical movement)과 현대적 예배의 특성의 통합을 시도한 것이었다.[16] 이러한 흐름을 제시했을 뿐만 아니라 체계적으로 정리한 로버트 웨버는 예배의 전통적인 구조[17]와 교회력 등에 관심을 가지면서도 회중의 적극적 참여를 극대화하기 위해 현대적 도구들, 즉 음악과 예술의 활용 등에 깊은 관심을 기울인다. 여기에는 초대교회 성도들이 어떻게 예배 드렸는가에 관심을 기울이면서 현대적 예배가 지닌 장점을 통합한 형태를 견지한다.[18]

이머징 예배는 포스트모던 시대의 특징을 반영하면서 나타난 흐름이다. 포스트모던 문화에 영향을 받은 이들은 경험, 참여, 이미지, 혹은 스토리, 소속감을 중요한 요소로 간주한다. 이것을 예배의 현장에 직접 반영하면서 구도자 중심의 한계를 나름대로 극복하려는 시도로 제시된다. '이머징'이라는 용어는 떠오르는 세대를 겨냥하는 예배라는 관점에서 시작되었는데 구도자(믿지 않는 세대)를 교회에 끌어들이는 데는 성공했을지 모르지만 '떠오르는'(emerging) 세대를 교회에 붙잡아 두지 못하였다는 반성에서 출발한다. 댄 킴볼(Dan Kimball)은 떠오르는 세대를 위해서는 이머징 예배를 모색해야 한다고 주장하는데 이는 현대 문화와의 관련성으로부터 출발하고 있다.

이머징 예배는 떠오르는 세대가 예배에 대한 흥미를 가질 수 있도록 정해진 틀에 매이기보다는 유기적(organic) 흐름을 강조한다.

---

16) Robert E. Webber, "Blended Worship," Paul A. Basden, ed., *Exploring the Worship Spectrum* (Grand Rapids: Zondervan, 2004), 173~90.
17) 흔히 예배는 전통적으로 말씀예전과 성찬예전이라는 이중 구조로 이해되었고 여기에 개회 예전과 파송예전을 합하여 사중 구조로 이해한다.
18) 이러한 통합예배의 특성을 보다 상세하게 살펴보기 위해서는 Robert E. Webber, *Blended Worship; Planning blended Worship: The Creative Mixture of Old and New* (Nashville: Abingdon, 1998); *The New Worship Awakening: What's Old Is New Again* (Peabody: Hendrickson Publishers, 2007) 등을 참고하라.

또한 예배자들의 직접적 참여와 경험을 강조한다. 그것을 위해 오감을 적극 활용할 것을 권장한다. 여기에서 회중은 단순히 관람객도 아니고 방관자도 아니다. 예배자들이 적극적으로 모든 예배 순서와 예배 센터에 직접 참여할 수 있도록 기획한다. 이러한 적극적 참여와 경험을 위해 시각, 미각, 후각, 청각 외에도 직접 만지면서 경험할 수 있도록 예배 센터와 예술 등이 적극 활용된다. 그런 점에서 교회력과 예배 공간의 중요성이 강조되는데, 십자가와 초, 배너와 성화, 예전 색 등의 다양한 장식을 중요하게 생각하며 전통적으로 사용된 이콘이나 성화 등의 예배의 상징들도 적극 활용한다. 소그룹이나 애찬, 함께 나누는 찬양과 기도를 통해 공동체성을 강조한다. 자연히 예배 순서는 정해진 틀에 고착되어 있다기 보다는 유기적인 특성을 가지며, 공동체가 함께 참여하는 것에 중점을 두면서 개인의 자유도 철저하게 보장한다.[19]

새롭게 나타나는 회중들의 특성을 고려하여 경험과 직접적인 참여, 다양한 자료들의 활용, 서로 연결되는 공동체성의 강조, 기독교의 예배 전통, 특히 고대 교회의 예배 전통을 도입하여 활용함으로서 수동적인 관람자에서 적극적인 예배자가 되게 한다는 점이 이머징 예배의 강점이라고 할 수 있다. 그러나 수적으로 작은 교회나 특별 예배에서는 활용할 수 있는 여지가 있지만 교인 숫자가 많은 교회에 적용하고 실용화하기에는 다소 문제점이 있다. 다만 그 정신은 기존의 현대적 예배 형식들이 탈전통적이었다면 이것은 그것을 적극 활용하면서도 현대 문화의 특성을 반영하고 있다는 강점이 있다. 변화하는 문화 사회적 상황에서 교회는 어떻게 복음의 사명을 감당할 것인가를 고민

---

19) Dan Kimball, *Emerging Worship: Creating Worship Gathering for New Generation* (Grand Rapids: Zondervan, 2004), 73~96.

하면서 추구하는 흐름으로[20] 문화적 상황과 관련하여 적합한 교회가 되고자 하는 움직임으로 특별히 포스트모던 상황과 깊은 관련성 속에서 이해할 수 있으나 신학적 평가에 대해서는 또 다른 과제라고 할 수 있다.

---

20) 이것은 이머전트교회 운동(emergent church movement)과 사상적 흐름을 함께 하고 있는데 이것에 대해서는 Eddie Gibbs and Ryan Bolger, *Emerging Churches: Creating Christian Community in Postmodern Cultures*, 김도훈 역, 『이머징 교회: 한국교회에 다가오는 변화의 물결』(서울: 쿰란, 2008); Dan Kimball, *The Emerging Church: Vintage Christianity for New Generations*, 이레서원 역, 『시대를 리드하는 교회: 새로운 세대를 위한 전통적 기독교』(서울: 이레서원, 2007); Jim Belcher, *Deep Church: A Third Way Beyond Emerging and Traditional*, 전의우 역, 『깊이 있는 교회』(서울: 포이에마, 2011); Eddie Gibbs, *Churchmorph: How Megatrends Are Reshaping Christian Communities* (Grand Rapids: Baker Academic, 2009) 등을 참고하라. 비판적 관점에 대해서는 D. A. Cason, *Becoming Conversant with the Emerging Church: Understanding a Movement and Its Implications* (Grand Rapids: Zondervan, 2005); Gary E Gilley, *This Little Church Stayed Home: A Faithful Church in Deceptive Times* (Faverdale North: Evangelical Press, 2006) 등을 참고하라.

2부
예배의 신학적 이해

저게 저절로 붉어질 리는 없다.
저 안에 태풍 몇 개
저 안에 천둥 몇 개
저 안에 벼락 몇 개
저게 저 혼자 둥글어질 리는 없다.

저 안에 무서리 내리는 몇 밤
저 안에 땡볕 두어 달
저 안에 초승달 몇 날

−장석주의 시, "대추 한 알" 전문

기독교 예배에 대한 신학적 이해 | 5장

> 예배 가운데서 하나님께서는
> 당신 자신을 우리들에게 주시기를 원하시고
> 우리를 또한 받아들이시기를 원하신다.
> – 장 자크 폰 알멘[1]

 기독교 예배를 신학적으로 어떻게 규정하고 이해할 수 있을까? 그것은 그리 쉬운 일은 아니다. 예배는 그 시대의 문화와 역동적 관계를 갖기 때문에 그것은 시대와 문화적 특성을 고려하여 규정되어야 하고, 모인 공동체의 특성과 관련하여 규정되어야 하기 때문이다. 그래서 기독교 예배가 의미하는 바를 규정하기 위하여 현상적인 방법과 각 시대와 교파, 혹은 문화적 배경에서 예배를 규정한 사람들의 목소리에도 귀를 기울일 필요가 있으며, 그 가운데서 그리스도인들이 예배를 통해 경험한 내용을 표현하기 위하여 사용한 언어학적 측면도 고려될 필요가 있다.[2] 이렇게 예배를 규정하는 것은 역사적, 문화적 상황에서 형성된 수많은 스펙트럼에 대한 이해를 필요로 하는 방대한 작업이다.

 예배는 그리스도의 교회의 핵심이며 중심을 이룬다. 예배는 교회

---

1) Jean-Jacques von Allmen, *Worship: Its Theology and Practice* (New York: Oxford University Press, 1965), 86.
2) 이러한 방식을 따라 예배의 의미를 규명하려고 했던 학자로는 제임스 화이트를 들 수 있다. James White, *Introduction to Christian Worship*, 3rd ed. (Nashville: Abingdon, 2000), 1장 참조.

를 교회되게 하는 중요한 지표이며, 그것은 심장박동과 같이 교회에 새로운 생명력을 부여한다. 또한 교회는 예배를 위해서 존재하며, 그것을 위해 부름 받은 예배 공동체이다. 예배를 위해서 모이는 모임은 교회의 가시적인 행동의 가장 중요한 요소로 자리매김을 해 왔고, 교회 생활에 있어서 가장 중심적 위치를 차지해 왔다. 교회는 예배를 통해 하나님을 영화롭게 하고(glorifying) 즐거워하는(enjoying) 사명을 부여받았다. 예배는 하나님과 세상을 향한 교회의 자기표현이며, 교회와 성도들의 모든 것이 함께 모아져야 하는 집중점으로 역할을 해왔다. 교회는 이러한 사명을 수행할 때 말과 상징을 통한 의식적 행위뿐만 아니라 다양한 악기와 제의적 제스처와 행동 등과 같은 다양한 수단을 통해 자신들의 믿음을 표현한다.[3] 이렇게 기독교의 예배는 다양한 측면에서 관찰하고 이해되어야 한다.

일반적 용어를 통한 이해

예배(禮拜)라는 말은 문자적으로 "엎드려 절하며 예를 표하다"는 뜻을 가진 말로 구약에서는 샤하(שחה)와 아바드(עבד)가 사용되는데 이것은 주로 레위인들의 회막에서의 봉사나 제사장들의 성전제사를 위한 '직무수행'과 연결된 표현이었다. 샤하는 '엎드려 절하다,' 혹은 '경배하다'의 뜻을 가지며(신 26:19) 아바드는 '섬기다, 봉사하다'의 뜻을 가진 말로 영어의 service와 같은 개념이다(출 8:1). 이것은 본래 순종, 섬김, 숭배의 뜻을 가지며 예배자의 내면(마음)과 외면(몸)을 함께 아우르는 말이다. 이것과 관련된 단어가 '종'(에바드)이 있다.

70인역은 이것을 프로스퀴네오(προσκυνέω)와 레이투르기아

---

3) Kevin W. Irwin, *Context and Text: Method in Liturgical Theology* (Collegeville: The Liturgical Press, 1994), 44.

(λειτουργια) 등으로 번역한다. 전자는 존경의 표시로 '엎드리다, 절하다, 입 맞추다'의 뜻을 가진 단어이며(마 4:19, 눅 4:8, 요 4:23, 계 5:14)) 이것은 경의를 표하기 위하여 엎드리는 행위에 강조점을 둔다. 즉 이것은 예배자의 자세가 어떠해야 함을 보여주는 단어인데, 그것은 내적 상태까지 포괄하는 단어이다. 후자는 '공적인 일'이라는 뜻을 가진 단어로 희랍 사회에서는 공적으로 수행하는 일을 의미할 때 사용하였다. 여기에서 liturgy(예전)라는 단어가 등장하는데 이것은 도시나 국가를 위해서 행하는 공적인 일을 지칭하는 말로 일꾼을 뜻하는 말로도 사용되었다(롬 13:6, 15:16). 특별히 이것은 타자의 유익을 위해 수행하는 일을 지칭하는 말이었는데, 이것을 예배를 위한 용어로 사용하면서 하나님께 대한 그리스도인의 공적인 임무뿐만 아니라 모든 그리스도인의 제사장직과도 연결시킨다.

이것은 개인적 헌신의 시간(personal devotions)과 예배를 분명하게 구분하게 한다. 물론 이것은 상호 연관성이 있고 보완적이지만 예배의 구조와 의식, 합의된 시간과 공간, 그리고 정해진 순서 등에 의해서 이루어지는 공예배를 개인 경건의 시간을 갖는 것과 분명하게 구분한다. 이것을 동방교회는 성찬과 연결하여 사용하는데, 예배자가 믿음과 순종으로 하나님께 드리는 봉사의 의미를 가진 개념이다. 세 번째로 많이 사용되는 단어가 '라트레이아'(λατρεια)인데, 이것은 주로 '신을 섬김과 봉사'라는 개념으로 사용된다. 신약성경에서 사용된 실례 가운데 많은 경우가 희생제사와 연결이 되어 있으며(롬 9:4, 히 9:1, 6). 때로는 종교적 의무(요 16:2)와 전인적인 행위로 드리는 희생(롬 12:1)로 사용되기도 한다.

이것을 번역한 worship은 앵글로 색슨어의 weorthscipe에서 유래한 것으로 '가치'(worth)와 '신분'(ship)이라는 단어가 합성된 것이다. '존경을 받을 가치가 있는 자에게 그것을 돌린다'는 의미를 가진 단어이다. 이 영어 단어는 '하나님께 최상의 가치를 돌리는 것'(to ascribe to God supreme worth)을 의미하기 위해 쓰인다. 한편 독일어에서는 Gottesdienst라는 단어를 사용하는데 Gott(God)와 Dienst(service)가 합성된 단어이다. 이것은 다른 사람을 위하여 무엇인가를 섬기는 행위를 나타낼 때 사용하는 단어인데 직역하면 '하나님의 봉사'(God's service)라는 뜻이 된다.

여기에서 예배는 '하나님의 일'(opus Dei)이 된다. 이것은 인간이 하나님을 섬기기 전에 하나님께서 자기를 비어 종의 형체를 가지셔서 인간의 몸을 입으시고 십자가에서 섬겨주신 구속의 은혜를 베푸신 하나님의 섬김을 통하여 예배가 시작된다는 점과 그것에 대한 인간의 응답(Antwort)과 섬김(Dienst des Menschen)을 통해 이룩되는 것이 기독교의 예배라는 점이 강조된다. 즉 '하나님의 섬김을 통한 인간이 하나님께 드리는 섬김'이라는 의미로 이해해 볼 수 있다. 이 단어를 통해 우리는 인간의 필요를 반영할 수밖에 없지만 기독교의 예배는 인간이 단지 하나님을 경배하려는 시도보다 더한 것이라는 사실을 깨닫게 해 준다. 성경의 기록에 근원을 두고 있는 예배는 인간의 필요나 행위와 함께 시작되는 것이 아니라 하나님과 그분이 행하신 일과 함께 시작된다. 그것은 이스라엘에게 먼저 허락하셨고 그리스도 안에서 만인에 허락하신 은혜인데, 화해와 치유의 자리로 초대하시는 하나님께 영광을 올리도록 부르시는 '하나님의 초대'(God's invitation)와 함께 시작된다[4]는 사실을 알려준다.

---

4) William A. Dyrness, *A Primer on Christian Worship: Where We've Been, Where We Are, Where We Can Go* (Grand Rapids: Eeerdmans, 2009), 1~2.

성경적 주제를 통한 이해

예배는 성경의 가장 핵심적인 내용이기 때문에 성경적 관점에서 예배를 살펴본다는 것을 실로 방대한 작업이 아닐 수 없다. 구약성경은 예배에 대한 풍부한 기록들을 담고 있는데[5] 여기에서는 주로 구약성경에 나타나는 주요 예배 주제와 관련하여 살펴보자.

① 가인과 아벨 형제의 예배

구약에서 처음으로 예배가 언급되는 곳은 창 4장이다. 거기에서 우리는 아벨의 예배는 하나님께서 받으셨지만 가인의 예배는 거절하신 것을 읽게 된다. 그 이유는 선명하지 않다. 아벨의 태도와 달리 가인의 태도에서도 어떤 잘못이 있었다고 할 수도 없다. 다만 객관적으로 그들의 예배는 드린 내용물에서 분명한 차이가 있었음을 알 수 있다. 거기에서 우리는 하나님께서 아벨의 예배와 그의 봉헌물을 열납하시고 가인의 것을 거절하신 이유를 찾을 수 있다. 히브리서는 아벨이 믿음으로 "더 나은 제사"(a more excellent sacrifice)를 하나님께 드렸다고 해석한다(히 11:4). 아벨이 당시 하나님께서 그들에게 주신 계시를 신중하게 고려하여 예배를 드렸다면 가인은 그것을 가볍게 여겼다는 이해가 가능해 진다. 하나님께서는 당시 사람들에게 분명한 계시를 주셨을 것이고 아벨은 창 1~3장의 기록에서 나타난 하나님의 방법을 따라 예배를 드렸을 것이다. 벌거벗은 아담과

---

[5] 구약에서의 예배에 대해 살펴보기 위해서는 Jean Danielou, *The Bible and the Liturgy* (Indianapolis: University of Notre Dame Press, 1995); David Peterson, *Engaging with God: A Biblical Theology of Worship* (Downers Grove: InterVarsity-Press, 2002); Timothy M. Pierce, *Enthroned on Our Praise: An Old Testament Theology of Worship* (Nashville: B & H Publishing Group, 2007); Carol Bechtel, *Touching the Altar: The Old Testament and Christian Worship* (Grand Rapids: Eerdmans, 2007); Walter Brueggemann, *Worship in Ancient Israel* (Nashville: Abingdon Press, 2005) 등을 참고하라.

이브를 위해 하나님께서는 동물 가죽옷을 입혀 주셨는데 그것을 위해 동물이 먼저 죽임을 당했다는 사실은 자명해진다. 아벨은 하나님께서 받으심 직한 예배를 드리기 위해 직관을 따라 동물 제사를 취하였고 그의 마음은 오직 하나님께서는 받으실 예배에 초점을 맞추었을 것으로 이해할 수 있다. 하나님이 승인하시는 그런 예배에 한 사람은 온 마음을 두었다면 한 사람을 그렇지 않았다는 사실을 알 수 있다.[6] 여기에서 우리는 하나님께서 인정하시는 예배를 드리려고 해야 한다는 사실을 깨닫게 한다.

② 벧엘의 예배

또 다른 예배의 광경을 벧엘에 서있는 야곱에게서 찾게 된다. 물론 이것은 직접적인 예배의 모습은 아닐지 모르지만 우리는 거기에 중요한 예배의 원리를 발견하게 된다. 아버지와 형을 속이고 장자권을 빼앗은 후 생명의 위협을 느껴 하란으로 도망하던 야곱이 홀로 들판에서 돌베개를 베고 잠을 자다가 꿈속에서 하나님의 사자와 하나님의 말씀을 듣게 된다. 그는 놀라운 하나님의 신비에 눈을 뜨며 거기에도 계시는 하나님을 경험하며 돌베게를 세워 제단을 쌓고 하나님을 향한 결단의 서약을 올려 드린다. 예배는 하나님의 임재 경험과 말씀을 경험함에서 시작된다. 예배는 하나님의 임재(현존) 경험에서 시작되며, 하나님의 신비에 눈을 뜬 사람은 예배자로 서게 된다는 것과 예배자는 하나님의 말씀의 듣고 결단하는 자들이어야 한다는 원리를 알려준다.

---

6) John Calvin, *Calvin's Commentaries*, vol. 1 (Grand Rapids: Baker Book House, 1984), 192~93.

③ 출애굽 사건

족장시대가 끝나고 오랜 노예생활을 하고 있던 이스라엘 백성들에게 출애굽사건은 하나님의 구속사건의 정점을 이루면서 예배사적으로는 중요한 전환점을 이룬다. 미디안 땅에서 불타는 떨기나무를 통해 모세를 부르신 하나님께서는 당신의 현존과 구원계획을 가시화 하신다. 유월절이 제정되고 어린양의 피를 통해 유월절 절기 준수가 명령으로 주어진다. 그러므로 구약에서의 본격적인 예배의 시작이라고 할 수 있는데, 출애굽 이후 하나님께서 절기를 지킬 것을 명령하심으로 하나님께서 행하신 구원의 역사를 기억하고 재현하며 현재화 할 것(anamnesis)을 명령하셨다. 이것은 예배자들로 하여금 오늘 여기에서 하나님의 주권과 현존을 인정하고 그의 백성으로서의 거룩한 삶을 살아가려는 결단을 요청한다. 이스라엘의 예배는 근본적으로 출애굽 사건을 통해서 나타난 하나님의 구원행동과 깊이 연결되어 있었다.

④ 시내산 사건과 십계명

다음으로 출애굽기 19~24장에 나오는 시내산 사건과 십계명을 들 수 있다. 이것은 하나님과 구원받은 이스라엘 백성과의 중요한 공적 만남이었다. 그 만남의 주도권은 하나님이 가지고 계셨으며 초대받은 그들은 그 만남에 참여하였다. 그리고 거기에서 가장 중심을 이루는 것은 하나님의 말씀이었는데 계시의 말씀이 주어지고 언약이 체결된다. 그 후 예배자들은 헌신을 다짐하였고 계약 봉인의식이 따라온다. 거기에서 하나님만을 섬기도록 부름 받은 예배 공동체가 세워진다. 여기에서도 가장 중요한 개념은 하나님의 임재 경험이었다.

그러므로 시내산 계약은 하나님의 이름이 선포되면서 시작된다.[7] 그리고 이스라엘 백성들은 예배공동체로 세움을 받는데, 그들에게 요구되는 것은 '거룩' 이었다. 이것은 본질개념이 아니라 관계개념으로 설정되고 있는데 출애굽의 근본 목적은 참 하나님이신 야웨 이름을 모든 사람에게 알게 하고, 하나님을 잘 섬기게(예배하게) 하는 데 있었다.[8] 그들은 예배를 위하여 구별된 존재이며, 그들 가운데 역사하시는 하나님의 임재(출 25:8)가 예배의 가장 중요한 요소였다. 그러므로 시내산 사건의 가장 핵심적인 요소는 하나님과 택한 백성들의 공적 만남이었다.

이어서 우리는 십계명을 통해서 주시는 하나님의 예배 명령을 생각해 볼 수 있다. 이것은 1~4계명에서 선명하게 나타나는데, 첫 번째 계명에서 하나님만이 예배해야 할 오직 진정한 신이심을 천명하신 후 둘째 계명에서 사람들이 드려야 할 예배의 종류에 대해서 언급하신다. 특히 "세속적인 고안(carnal conceptions)으로 하나님을 드러내기 위해 형상을 만드는 것"[9]을 금하신다. 외면적으로는 이 계명은 우상숭배에 대해 언급한 내용이지만 일부로써 전체를, 특별한 내용을 통해 일반적인 내용을 드러내는 제유법(提喻法)의 형식을 통해 율법의 남은 조항에서도 이러한 인간의 교묘한 재주를 통해 고안하는 모든 가짜 예배를 거부한다. 그분은 어떤 형상이나 장소에 갇힐 수 없는 분이시기 때문에 감각적 지식에 종속시키거나 어떤 외양으로 표상화해서는 안되며 전적으로 그분이 원하시는 예배를 드림을 통해 그분만이 진정한 하나님임을 드러내는 예배가 되어야 한다. 유일신 야웨 하나

---

7) R. E. Webber, *Worship: Old and New* (Grand Rapids: Zondervan Publishing House, 1982), 27~29.
8) 위의 책, 212~213.
9) John Calvin, *Institutes of the Christian Religion*, vol. II (Grand Rapids: Eerdmans, 1989), viii. 이하는 *Institutes*로 표기하고 권, 장, 절로 표기할 것임.

님에 대한 진실한 예배는 우상숭배의 근절과 연관이 있다.

⑤ 성막

이어서 우리는 모세 시대에 있었던 성막에 대해 살펴볼 필요가 있다.[10] 족장시대가 끝날 때까지 예배의 구체적인 틀이 갖추어지지 못하고 있었지만 시내산 계약 체결과 성막건설을 통해 예배는 구체적인 체계를 갖추게 된다. 출애굽기와 레위기에서 구체적인 예전 규정이 제시되는데 그것은 예배의 전혀 새로운 형식이었다. 예배 공동체에 하나님의 이름이 계시되는데[11] 그것은 특별한 축복이요, 은총이었다. 또한 그것은 하나님의 계시의 극치를 이루는 사건이었다.[12] 하나님의 이름 계시가 이스라엘의 구원 사건과 연결될 때 그것은 이스라엘 백성들을 택한 백성으로 삼으시고 예배자로 부르시는 사건으로 바뀐다. 이름 계시와 함께 하나님의 구원 계획이 선명하게 제시되고 그 목적이 구체적으로 언급된다(3:12). 출애굽(구원)의 목적은 야웨 하나님을 섬기는(아바드, 예배하는) 것이었다. 그것은 출애굽 후에 더 구체적으로 나타나는데 시내산에서 하나님과의 계약 체결이 나타나고 그 목적

---

10) 출애굽기에는 장막 외에도 회막, 증거막 등의 이름으로 표현되는데 하나님의 임재가 있는 거룩한 막이라는 뜻으로 성막으로도 칭한다. 흔히 이것들을 서로 구분하여 그 특징을 제시하기도 하는데 이를 위해서는 다음을 참고하라. J. Strong, *The Tabernacle of Israel* (Grand Rapids: Baker Book House, 1952), 9; 서명수, "성막과 법궤의 기능," 『구약논단』, 18집 (2005년 8월); 조남신, "시내산 사건(출 19~24장)에 나타난 예배 이해와 현대적 적용," 『신학논단』, 62집 (2010), 205~38 등을 참고하라.

11) 출애굽기에서 하나님의 이름은 엘 샤다이(전능하신 하나님)에서 야웨로 계시되는데(출 6:2~9) 사람들이 불렀던 이름에서 하나님께서 직접 계시해 주신 이름이 드러난다. 히브리어 יהוה(YHWH)의 기원에 대해서는 정확하게 밝혀지고 있지 않은 사성문자의 표현이다. 이것은 '하야'(היה, be) 동사에서 파생된 것으로 추정된다. 보다 상세한 내용을 위해서는 장영일, "'야웨'(Yahweh)이름의 기원과 의미," 『장신논단』, vol. 12 (1996); C. R. Gianotti, "The Meaning of the Divine Name YHWH," *Bibliotheca Sacra*, vol. 142 (1985) 등을 참고하라.

12) 조남신, "시내산 사건(출 19~24장)에 나타난 예배 이해와 현대적 적용," 210.

이 선명하게 제시된다(출 19:6).

그리고 예배의 공간으로 세울 것을 명령하신 것이 성막이었다. 당시 성막은 주된 예배 장소였는데[13] 하나님께서 이스라엘 백성과의 만남의 장소(출 25:22)와 예배 장소로서 이동식으로 건립하게 하신 것이다. 성막은 보통 정해진 성소가 건립되기 전에 존재하던 형태로, 히브리어 '미쉬칸'을 번역한 것이다. 이것은 출애굽기 25~40장에서 49회 등장하는데 '거주하다'의 동사 '샤칸'에서 유래한 것으로 하나님의 임재와 관련된 단어이며 희생제사, 법궤 등과 같은 제의와 관련이 있다. 이것은 이후 이스라엘의 삶과 예배에 있어서 가장 중심적인 역할을 하는 자리가 된다.[14] 여기에서 가장 중요한 것은 하나님의 현현이었으며 이스라엘은 하나님을 찾는 자들이었다. 그들은 하나님의 계시를 기다리고 있었으며, 그 기다림은 하나님의 현현을 경험함으로서 성취된다.[15] 또한 장막은 하나님께서 친히 디자인하신 것이었으며(출 25:40) 그것은 나중 솔로몬 성전에 대한 것도 마찬가지였다(대상 28:11, 19). 예배 제도를 세우실 때 하나님께서는 친히 명령하신 방식을 따라 예배 받기를 원하셨다는 사실이다.

⑥ 레위기와 예배

이스라엘 백성들이 시내산에 머물렀던 약 9개월 동안 모세를 통해서 주어진 말씀인 레위기는 출애굽하여 하나님의 백성이 된 사람

---

13) H. H. Rowley, *Worship in Ancient Israel: Its Form and Meaning* (London: SPCK, 1967), 51.
14) 이것에 대해서는 배정훈, "출애굽기 33:7~11에 나타난 회막 전승," 『장신논단』, 43집 (2011), 13~34; 서명수, "성막과 법궤의 기능," 『구약논단』, 18집 (2005), 73~83; 정중호, "회막 전승의 역동성과 법궤," 『구약논단』, 18집 (2005), 14~29 등을 참고하라.
15) 배정훈, "출애굽기 33:7~11에 나타난 회막 전승," 19.

들에게 어떻게 예배를 드릴지, 지켜야 할 규칙과 규례는 무엇인지를 상세하게 알려주는 예배의 책이다. 하나님께 드려야 할 예물의 종류, 드려야 할 시기와 절기(성일), 드리는 방법, 드리는 자세 등을 자세하게 기록해 줌으로서 이스라엘에게 명령된 예배의 원리와 예배자가 가져야 할 자세를 잘 보여주는 말씀이다. 성막이 예배의 자리에 대한 것이라면 레위기는 예배를 드리는 자세를 포함하여 구체적인 방법까지 제시한 말씀이다. '하나님의 거룩하심'은 이 모든 것의 바탕을 이루고 있다. 예배자들은 정결하고 거룩해야 했는데 그 이유는 하나님이 거룩하신 분이시기 때문이다.

규정을 어긴 사람은 공동체에서 축출해야 했지만 정결의식과 제사의식을 통해 그들에게 계속해서 기회가 주어지고 있음은 하나님의 공의와 인자하심에 기인한다. 예배의 출발점인 하나님이 누구이신지에 대한 선언이 반복되고(레 22:33, 25:38, 42, 55, 26:13) 이스라엘이 어떤 존재인지에 대한 정체성이 계속해서 언급된다. 그 정체성에 걸맞는 덕목은 그들의 거룩성이었다(레 20:26, 11:44~45, 19:2, 22:32). 예배의 토대인 생명의 희생에 근거를 두었는데 그들을 대신하여 죽임을 당하는 동물희생을 통한 회복이었다. 여기에는 또한 이웃 사랑과 이방인 사랑(레 19:18, 33~34)도 함께 강조되면서 공동체성의 강조가 주어진다.

⑦ 성전

가나안 정착 이후 다윗 왕조가 세워지면서 2대 왕이었던 다윗이 성전 건축을 계획하였고 그의 아들 솔로몬에 의해 세워진 성전은 예배 장소가 고정된 자리에 세워졌다는 의미를 가진다. 그 형식은 성막 때와 마찬가지로 하나님께서 직접 디자인하신 양식을 따라(대상

28:19) 세워지게 되며 규정된 제물을, 규정된 형식을 따라 드려졌다는데 의미가 있다. 성전은 주변 이교문화와 예배로부터의 분명한 분리와 대립의 뜻을 담고 있었으며(신 12) 하나님과의 가시적이고 유형적인 관계가 수립되게 되었다. 성전은 거룩함으로 대표되는 자리(공간), 예식, 사람들(제사장) 등이 분명하게 구별된 장소였다. 율리우스 벨하우젠(Julius. Wellhausen)이 말한 대로 이스라엘의 예배연구에 있어서 중요한 주제는 예배 장소, 예배 제도(의식), 그것을 수행하는 전문 종사자 등인데 그는 이것을 통해 역사적 변천을 따라 진화론적으로 발전되었다고 이해한다.[16] 성전에서 드려지던 예배는 모세를 통해 제정하셨던 성막에서의 예배가 극치를 이루게 되며, 이스라엘의 제의는 더욱 발전하게 된다. 특히 희생제사와 같은 거룩한 예식들이 시행되는데 이것은 시내산의 계약 인준과도 연결이 있으며, 예수 그리스도의 십자가의 대속의 죽음과 연결된다. 백성을 대표하는 중재자로 세워진 제사장 지파는 성별되어야 했고 적합한 의상과 거기에 합당한 삶이 요구되었다(출 28, 29장).

⑧ 회당

바벨론 침공으로 인해 예루살렘 성전이 파괴되고 이스라엘 백성들은 포로로 긴 유배생활을 하게 되면서 성전예배는 중단되게 된다. 일반적으로 회당의 기원은 바벨론 포로기에 이방 땅에서 성전예

---

[16] 벨하우젠은 고대 이스라엘의 예배사를 깊이 연구하였는데 이러한 4가지 주제를 중심으로 연구한다. 로버트 웨버 역시 성전예배가 지니는 의미를 네 가지 주제를 중심으로 설명하는데 하나님의 현존, 거룩한 공간, 거룩한 예식들, 거룩한 직분(제사장) 등이 그것이다. Julius. Wellhausen, *Prolegomena to the History of Ancient Israel* (Berlin: Reimer, 1878); Samuel E. Balentine, *The Torah's Vision of Worship* (Philadelphia: Fortress, 1999), 6; Webber, *Worship: Old and New*, 30~32 등을 참고하라.

배를 계속할 수 없었을 때 자신들의 정체성을 유지하기 위하여 세워진 것으로 알려지고 있다.[17] 성전예배와는 달리 희생 제사를 드릴 수 없었기에 말씀이 중심을 이루었으며, 초기에는 기도처의 형식이 강하였지만 제사장 대신에 랍비가 말씀을 읽고 해석하고 가르치는 것이 중심을 이루었다. 회당예배는 유대인의 신앙과 정체성을 보존하는 중심적인 역할을 감당하는데 신앙 교육과 삶의 중심 역할을 했다. 그 이후 디아스포라 유대인들은 각 지역에 회당을 세우면서 회당예배는 주로 찬양과 기도, 말씀으로 이루어졌다. 말씀 낭독과 해석, 정형화된 기도문을 통한 기도 등이 드려졌는데 회당에서는 적어도 10명 이상이 모여야 했다.

회당 예배는 주로 제의적인 부분과 교육적 부분으로 구분된다. 전자는 주로 유대인들의 신앙고백인 쉐마를 낭송함으로 시작되는데 이것은 신앙의 확인을 위한 것이었다. 그 전후에 한두 개의 찬송이 들어가는데 그 후에 흔히 '쉬모네 에스레' 라는 기도가 이어진다. 본래 18개의 기도문을 담고 있었기에 숫자 18을 뜻하는 히브리어로 불려진 것이다. 이 기도문에는 찬양과 청원, 감사를 담고 있는 기도의 전형으로 '테필라' (Tefilla)로도 불리며, 선 채로 기도하기 때문에 '아미다' 라고 불리기도 한다. 처음 세 기도문에는 하나님을 찬양하는 찬양의 기도가 담겨 있고, 중심부를 이루는 12개의 청원 기도가 이어지며, 3개의 찬양과 감사의 기도로 이어진다.[18] 17번째의 기도가 끝난 후에

---

17) 회당의 기원에 대해서는 다양한 의견이 있지만 이것이 가장 널리 받아들여지고 있는 주장이다. 70인역에 나오는 헬라어 시나고게(συναγωγή)는 히브리어 카할(קהל)을 번역한 것이며, 기독교 이전 시대에는 회당이라는 단어보다 '기도처' 라는 단어가 더 널리 사용되었다. 유대 공동체의 종교의 중심으로 역할을 한 것은 AD 1세기 이후로 보는 것이 일반적이며 AD 70년 제 2성전이 파괴된 이후 회당은 성전의 제의적 기능을 수용하면서 발전한다. 김창선, "안식일과 회당," 『성서마당』 (2008년 여름), 89~93.
18) 유대인들은 이 기도를 하루에 세 번 드렸으며 제사장의 축도(민 6:24~26)가 있은 후

말씀 낭독과 그에 대한 해석(설교)이 주어졌으며, 일상 생활에 말씀을 적용하는 내용이 주어졌다.

성경이 제시하는 예배의 신학적 원리

성경에는 많은 주제를 사용하여 예배의 특성을 규정하고 있음을 알 수 있다. 신구약 성경을 통해 이러한 주제들은 현저하게 드러나기도 하고, 마치 금실과 같이 영롱하게 빛을 발하기도 한다. 이것은 예배 개혁을 위한 지침과 예배를 바로 세워지는 기초와 같은 역할을 한다. 때로는 떠내려가지 않도록 도와주는 닻과 같은 역할을 하기도 하고 나아가야 할 방향성을 제시하는 키와 같은 역할을 한다. 기독교 예배를 예배되게 하는 신학적 기초로 작용할 뿐만 아니라 예배자들이 지속적으로 추구해야 할 지침이 된다는 점에서 중요한 요소인데 그것을 몇 가지로 정리해 보자.

첫째, 예배는 하나님의 구원의 행동에 집중하며 그리스도 중심성을 갖는다. 예배는 하나님께서 직접 창안하셨고 명령하셨다. 그러므로 그것은 철저하게 하나님의 성품과 연결된다. 근본적으로 예배는 하나님께서 수행하신 구원의 사건의 결과이며, 그것에 대한 응답이다. 이런 점에서 기독교 예배는 그리스도 중심적인 원리를 갖는다. 이것은 성삼위 하나님이 예배의 대상이어야 한다는 말과 배치되는 의미가 아니라 하나님의 구원 역사의 완성인 그리스도 사건과 연관 속에서 행해진다는 의미이다.

예배는 예수 그리스도를 "다시 나타내는 것"(re-presentation)이

에 마지막 18번째 기도문이 드려졌다. 흔히 예루살렘 방향으로 향하여 선 채로 이 기도를 드렸으며, 인도자가 대표로 기도하고 회중은 아멘으로 화답했다. 그 전문을 보기 위해서는 위의 책, 94~95를 참고하라.

다. 그리스도의 생애와 죽으심과 부활하심, 그리고 다시 오심을 선포하고 우리 안에서 다시 실행하는 것이다. 악에 대한 그리스도의 승리와 함께 사탄의 역사는 이제 끝나게 된 것과 새 하늘과 새 땅의 약속에 대해 경축한다. 예배는 "예수 그리스도 안에서 성취하신 하나님의 구원의 행동을 경축하는 것"이다.[19] 구약에서의 예배는 하나님의 구속 사역, 특히 출애굽 사건과 깊은 연관을 가졌다면, 신약의 예배는 그리스도 사건을 그 중심축으로 삼고 있다. 하나님의 구속 역사의 완성으로서의 그리스도의 사건-성육신, 탄생, 생애, 죽으심, 그리고 부활하심-은 기독교의 예배의 이유와 내용이 되었다. 그러므로 예배는 그리스도 사건을 경축하는 것(to celebrate)이다. 이것은 예배가 가장 근본적인 원리이며, 말씀의 예전을 통해 그리스도를 선포하고 성찬 예전을 통해 그리스도의 죽으심과 부활하심을 회상한다(recall).[20] 부활하신 예수 그리스도께서 두 제자들을 엠마오의 예배로 초대하셨을 때 주님은 말씀예전과 성찬예전을 배설하신다.[21]

말씀예전인 설교는 그리스도의 사건을 '말하는 것'(telling)이며, 성찬 예전은 그리스도의 사건을 '행하는 것'(acting out)이다. 초대 교회는 예수 그리스도의 부활사건과 함께 시작된 예배 공동체였으며, 그리스도 사건을 말하는 것으로서의 말씀 예전과 행하는 것으로서의 성찬 예전이라는 예배 형식과 구조를 따라 예배 골격을 세워나간다.

---

19) Robert E. Webber, *Blended Worship: Achieving Substance and Relevance in Worship* (Peabody: Hendrickson Publishers, 2000), 39.
20) Robert E. Webber, *Worship Is a Verb: Eight Principles for Transforming Worship* (Peabody: Hendrickson Publishers, 1992), 16.
21) 눅 24장 참조. 이 말씀을 따라 로버트 웨버는 그의 최근의 책에서 예배를 "하나님의 임재 가운데로 나아가는 여정"으로 이해하면서 눅 24장의 골격을 따라 그의 예배 신학적 논의들을 개진하고 있다. Robert Webber, *Worship: Journey into His Presence* (Mansfield: Kingdom Publishing, 1999) 참조.

예배는 그리스도 사건을 통하여 성부 하나님을 찬양하고, 오늘도 구속사역을 완성해 가시는 성령님을 초대하는 행위였다. 이렇게 그리스도 사건은 예배의 성경적, 역사적 기초가 되었으며, 기독교 예배의 핵심이 되었다. 예배는 그리스도께서 우리 가운데 이루신 일들을 말하며(설교), 또한 그것을 행동으로 보여줌(성찬)을 통해 과거의 사건을 현재로 끌어오는 것이기 때문에 언제나 경축의 특성(festivity)을 가진다. 여기에는 경축으로서의 잔치가 가지는 여러 요소들을 포함하는데, "함께 나아오기, 이야기, 상징, 기억, 나눔, 관계 형성, 호의 베풂, 주고받는 요소들"이 그것이다.[22] 이렇게 그리스도 사건과 관련하여 예배에 가장 어울리는 단어는 그의 임재 앞에서 감격에 들떠 올려드리는 경축과 환호일 것이다.

둘째, 기독교 예배는 경이감의 원리를 가진다. 하나님의 영광과 엄위(splendor) 앞에서 부복하고 감격하였던 사도 요한의 예배는 하나님께서 기뻐하셨던 예배의 원형으로 성경은 우리에게 소개한다(계 4장). 언제나 기독교의 예배는 경이감으로 시작되며, 경이감으로 채워져야 하고, 마음속에 경이감을 가득 채워 나갈 수 있어야 한다. 인간 삶에도 경이감이 사라질 때 문제가 되는 것처럼 예배에도 경이감이 사라질 때 예배는 냉랭해 질 수밖에 없다. 조직적으로 잘 구성되어 있고 예배 순서들을 신학적으로 잘 정의하고, 그 내용을 항목별로 정리하여 잘 설명해 준다 할지라도 예배에 있어서 경이감이 사라져 버리면 기독교 예배는 생명력을 상실하게 된다. 기독교의 예배는 천지의 주재가 되시는 하나님을 묵상(contemplation)하는 가운데 경이감(wonder)과 경외감(awe)이 하나님의 나라를 향한 비전을 넓히고 널

---

22) Webber, *Worship Is a Verb*, 23.

리 펼치게 하고, 또한 개념적 설명을 넘어 우리의 이성과 이해의 차원을 훨씬 넘어서는 세계에 대해서 마음을 활짝 열어 가는 "마음의 활동"(exercise of the mind)이다.[23] 이것은 그냥 노력해서 얻어내는 것이 아니고 우리가 하나님의 영광에 취하며 그분의 임재 가운데로 들어가게 될 때에, 정확히 표현하면 하나님의 임재 앞에서 서게 될 때에 주어지는 마음의 상태이다. 기독교의 예배는 언제나 무한의 처소에 계시는 하나님의 엄위(splendor)에 대한 경이감이 지배해야 한다.

셋째, 기독교 예배는 하나님의 에토스(ethos)의 원리 위에 세워진다. 예배자가 먼저 하나님이 어떠한 분이신지에 대한 바른 이해를 가질 때 예배가 시작될 수 있는 원리이다. "너희는 가만히 있어 내가 하나님 됨을 알찌어다"(시 46:10). 시편 기자의 권면은 이러한 원리를 잘 설명해 주는 내용이다. 예배의 시작이 인간 편에 있는 것이 아니고, 하나님의 행하심과 성품에 의해 지배된다. 인간의 열심을 통해가 아니라 하나님의 자기 주심을 통해 예배가 시작되고 완성된다. 예배는 하나님의 사랑의 섬김에 대한 인간의 응답으로 완성된다. 즉 하나님의 에토스에 대한 응답으로서의 인간의 파토스가 나타날 때 거기에서 예배가 시작된다. 이러한 측면을 폴 훈은 "그리스도 예수 안에서 자신을 보여 주신 하나님의 계시와 그에 대한 인간의 응답"이라는 차원으로 설명한다.[24] 그러므로 진정한 예배자들은 시편 기자가 드렸던 고백을 감격 속에서 함께 드리게 된다: "사람이 무엇이관대 주께서 저를 생각하시며, 인자가 무엇이관대 주께서 저를 권고하시나이까?"(시 8:4).

---

23) Wainwright, *Doxology*, 437.
24) Peter Brunner, *Worship in the Name of Jesus* (St. Louis: Concordia, 1968), 125; Paul W. Hoon, *The Integrity of Worship* (Nashville: Abingdon Press, 1971), 77; Saliers, 『거룩한 예배』, 1장.

넷째, 기독교 예배는 구속 역사의 회상 원리를 가진다. 예배는 그리스도께서 한번 예물을 드리심으로 거룩해진 자들을 계속하여 완전케 하시는(히 10:14) "단번에"(에파팍스, ἐφάπαξ)에서 정점을 이룬다. 성육신 하신 그리스도의 생애와 죽음과 영화에 의해 행해진 이 땅에서의 예배와 영광중에 행해진 하늘의 예배를 포함한다. 예수님의 하나님의 계시일 뿐만 아니라 인간을 향해 허락하시는 하나님의 최고의 사랑의 선물을 전달하시는 분이시다. 그러므로 예배는 이러한 그리스도를 통해 허락하시는 구속의 은혜를 말씀과 상징, 그리스도의 신비의 성찬을 통해 가시적으로 나타내는 것이며, 그러한 경축의 행위를 통해 현대인들로 하여금 하나님의 구원의 만남을 갖게 한다. 하늘과 땅에 있는 모든 것의 회상이 그리스도 안에 있으며, 그리스도 안에 있는 모든 것의 회상이 예배 가운데의 중심적인 순서의 하나인 성찬 안에 있다. 여기에서 회상은 과거적인 사건과 현재적인 사건, 그리고 미래적인 사건 속에서 이루어진다.

다섯째, 기독교 예배는 그리스도의 임재와 청원의 원리를 가진다. 주님은 성찬을 제정하시면서 교회의 예배를 시작하셨다. 또한 예배 공동체를 향해 세상 끝 날까지 함께 하시겠다고 약속하셨으며(마 28:20), 두세 사람이 그리스도의 이름으로 모인 예배의 자리에 함께 하시겠다고 약속하셨다(마 18:20). 이렇게 예배 가운데서 그리스도의 임재는 주님이 친히 약속하신 것이며, 이 임재의 약속이 예배를 예배되게 한다. 예배 공동체인 교회나 그 구성원들인 그리스도인들은 이 임재를 그들의 임의대로는 나누는 것이 아니라 경축한다. 다시 말해 교회는 "임재의 제조자"가 아니며, 예배 가운데 그리스도의 임재는 그분의 자유로운 행동이다. 교회는 이것을 유발하는 곳도 아니며 청원하는 곳이다. 그런 점에서 예배는 기도의 성격을 가지며, 청원의 특성을 가진다. 청원(epiclesis)으로서의 예배는 예배자들이 섬기는 주님의 임재가 자기들의 주관에서 되는 것이 아니라는 사실을 깨닫게 한다. 이 기도의 성격에 의해 기독교 예배는 주님의 행동과 자유하심과 다스리심 앞에 문을 열어놓게 된다. 이것은 초대 교회로부터 예배는 예전적 청원(liturgical epiclesis)의 특성을 가지는데, 2세기경부터 사용된 마라나타(Maranatha) 기도와 성찬 기도에서 그러한 특징을 찾을 수 있다. 성령님께서 예배에 강림하셔서 구원의 약속과 기대를 만들어 주시고 그리스도의 실재적 임재와 교통을 확실하게 보증해 주시기를 요청하였던 간구가 마라나타의 기도였으며, 성찬 기도는 성령 임재의 기도(Epiclesis) 뿐만 아니라 그리스도 임재의 청원인 감사의 기도에서도 찾을 수 있다.

여섯째, 기독교 예배는 교회의 자기 드러냄의 원리를 가진다. 예배가 하나님의 현현(God's Epiphany)으로부터 시작된다면 그것을 경이감 속에서 맛본 예배 공동체는 세상 속에 그 하나님과 자신이 경험한 놀라운 현현 경험을 드러내는 교회의 드러냄(church's epiphany)으로 마무리된다. 그러므로 교회는 하나님의 현현 속에 자신을 떨어뜨리는 수직적인 움직임(vertical movement)을 가질 뿐만 아니라 세상을 향해 자신이 경험한 놀라운 하나님 경험을 드러내는 수평적 움직임(horizontal movement)으로 나타나야 한다. 예배에 의해(by), 예배 안에서(in) 교회는 세례 공동체로서의 그 자체를 나타내며 인식하게 된다. 이러한 점에서 교회는 예배를 통해 사도적, 선교적 공동체가 된다. 예배를 통해 교회는 세상과 구별되며, 세상을 향해 증거 할 복음을 지닌 사도공동체로서 자신을 인식하게 된다. 이것은 중세 교회가 '미사'(Missa)라는 개념을 도입한 것도 missio와 관련이 있으며, 해산(dismissal)의 의미를 예배의 마지막 외침으로 사용한 것도 그와 관련이 있다. 이제 하나님을 향한 수직적 움직임을 시작하여 수평적 움직임을 위해 해산해야 할 시간을 지칭하는 의미로 사용하였다.

일곱째, 예배는 종말과 미래 지향의 원리를 가진다. 근본적으로 예배는 종말론적 행동(eschatological act)이며 하나님의 영광을 미리 맛보는 행동이다. 그리스도의 사건을 회상하고 요약하면서 예배자들은 과거에 허락하신 하나님의 놀라운 구속의 행동에 감격하고 찬양할 뿐만 아니라 그 모든 것의 완성으로서의 미래적인 사건에 초점을 맞춘다. 과거에 허락하신 하나님의 구원의 역사를 현재에서 경험하고, 미래의 사건을 오늘 여기에서 경험하게 하며, 그것이 유효하게 한다는 점에서 예배는 종말론적 현상(eschatological phenomenon)이 된다.[25] 기독교 예배와 기도의 핵심에는 언제나 하나님의 뜻과 예수 그리스도 안에서 가시화된 언약의 약속에 대한 간절한 청원의 성격을 가진다. 이것은 성찬상 앞에 함께 모이는 행동의 본질적인 특성과 부활하신 주님을 경축하는 기독교 예배는 아주 초기부터 이렇게 종말론적인 특성 가운데서 행해진다. 기본적으로 예배일인 주일은 "제 8일"로 알려지는데, 이것은 다가오는 하나님의 미래의 시간에 동참하는 것을 전제한다. 교회력, 세례, 성찬, 설교, 기독교 장례식 등은 종말에 대한 특성과 깊은 연관을 가지고 있다.[26] 이렇게 기독교 예배는 본질적으로 "종말론의 예전적 프락시스"(liturgical praxis of eschatology)이다.[27]

---

25) Allmen, *Worship*, 1, 3장 참조.
26) 이에 대한 보다 상세한 내용은 Saliers, 『거룩한 예배』, 3장 참조하라.
27) 위의 책, 93.

6장 하나님의 자기 주심의 선물과 교회의 자기표현

> 사람들이 거룩해지는 것보다
> 하나님을 영화롭게 하는 것이 없으며
> 하나님을 영화롭게 하는 것보다
> 사람들이 거룩하게 되는 것도 없다.
> – 제임스 화이트[1]

하나님의 선물인 예배

흔히 예배는 종교적 의무나 짐으로 생각하기 쉽지만 기독교의 예배는 하나님께서 주신 선물이며, 그러한 인식으로부터 시작된다. 말씀이 육신이 되어 우리 가운데 거하신 성육신사건은 이 선물의 의미를 가장 잘 설명해 주지만 예배는 그리스도인들에게 주신 거룩한 선물이다. '하나님만을 섬기라'(예배하라)는 십계명의 첫 번째와 두 번째 계명 때문에 우리는 종종 예배를 선물로 생각하기보다는 명령이나 율법으로 생각하는 경향이 있다. 그것이 명령이고 계명이라면 예배는 결코 선물이 될 수 없다는 생각 때문이다. 하나님을 섬기도록 명령을 받았다면 예배가 어떻게 선물이 될 수 있을까?

예배는 본질적으로 하나님의 은혜로부터 시작되고, 그것을 인식한 사람들의 반응으로부터 시작된다. 참된 예배에 대해 진술하면서 로마서는 예배자가 인식해야 할 예배의 동기를 '하나님의 자비'에서

---

1) White, *Introduction to Christian Worship*, 29.

찾고 있다(롬 12:1). 그 표현은 하나님께서 우리에게 주신 모든 것을 포함하는데 거기에는 새 생명, 자녀 삼으심, 영원한 사랑, 평화, 기쁨, 위로, 지혜, 소망, 인내, 영광, 화해, 칭의, 성화, 자유 등이 가득 담겨 있다. 이렇게 우리에게 주어진 도무지 믿어지지 않는 선물을 바로 알았을 때 그것은 자연스럽게 찬양과 감사를 올려드리는, 다시 말해 예배를 드리게 하는 요건이 된다.

이러한 특징을 우리는 누가복음 2장에 나오는 예수님의 탄생 내러티브에서도 찾을 수 있다. 예수님의 탄생 소식이 천사들을 통해 들에서 양을 지키던 목자들에게 전해지고 어떻게 나신 메시야를 만날 수 있는지에 대해 제시된다. 하나님께서는 예수님이 태어나신 소식이 전해지기를 원하신 것이 아니라 성육신하신 하나님은 사람들이 그분을 찾을 수 있기를 바라셨고, 경배(예배) 받으시기를 원하셨기 때문에 목자들에게 어떻게 예수님을 발견할 수 있는지 그 방향을 알려주셨다. 하나님께서는 그분에게(임재) 달려와서 이루어진 일(영광)을 발견하고 그것으로 인해 예배하도록 초대하고 계셨다. 목자들은 예배의 명령을 받은 것이 아니라 초대를 받았다. 그런 점에서 보면 예배는 선물이다. 그 밤 그들이 하나님을 예배할 수 있었던 것은 그분의 임재 가운데로 그들을 초대하셨기 때문이다. 하나님은 그의 임재 가운데로 우리를 초대하신 분이시며 그것은 우리 예배의 동인(motivation)으로 작용한다.

또한 우리는 이것과는 반대로 예배를 하나님께 드리는 우리의 선물로 이해하는 경향이 있다. 시간, 예물, 정성을 하나님께 드리는 것으로 이해할 때 예배는 하나님께 올려 드리는 우리의 선물이 된다. 어떤 면에서는 그것이 사실일 수도 있다. 실제로 하나님께서는 우리의 마음의 선물을 원하시며 하나님 중심으로 살아가는 삶, 그분을 향해 올려드리는 삶이라는 선물을 원하시는 것이 사실이다. 이것을 우리는 어떻게 이해해야 할까? 예배가 가지는 이런 이중성을 피터 부르너가 '하나님의 섬김'이라는 의미의 독일어 Gottesdienst를 통해서 설명한 것과 같이,[2] 우리가 하나님을 섬기기 전에 성육신, 십자가, 부활 사건 등을 통한 인간의 구원의 역사를 이루시는 섬김의 은총을 허락해 주셨으며, 이러한 사실을 인식한 인간의 응답으로 드리는 섬김이 예배이다. 그런 점에서 인간이 드리는 것은 하나님께서 우리에게 허락하신 선물에 대한 응답일 뿐이다.

앞서 언급한 대로 목자들은 예수님이 나신 밤에 '예배'라는 선물을 받아 든 사람으로는 최초였다. 당시 가장 낮은 계층에 속했던 사회적 약자였던 그들이 그러한 선물을 받았다는 사실은 예배라는 선물은 모두에게 개방되어 있으며 가능하다는 사실을 알려준다. 목자라는 말은 상당히 목가적으로 들리지만 예수님 당시 1세기에 그들은 사회적으로 그리 평판이 좋지 않았으며 악랄한 거짓말쟁이들로 폄하되었기 때문에 법정에서 그들이 하는 증언은 별로 신빙성이 없을 정도였다. 그들은 목축을 돌보기 위해 가족이나 마을 공동체를 벗어나서 오랜 시간을 보내야 했기 때문에 사회적 국외자들이었으며 종교행사에도 정기적으로 참석이 어려워 종교적 국외자로 간주되기도 했다. 그러한 그들에게 이런 특권이 주어졌다는 사실은 그 사람이 어떤 사람이고, 무엇을 했으며, 어디에 사는 사람이고 어떤 삶의 배경을 가지고 있느냐와 상관없이 예배는 모두에게 주어진 선물이라는 사실을 알려준다

---

2) Brunner, *Worship in the Name of Jesus*, 165~66.

자기 주심 사건의 재현

기독교 신앙은 예수 그리스도 안에서 성육신 하신 하나님의 구원 행동에 초점이 맞추어져 있다. 그 구원 행동의 핵심에는 성육신과 십자가 사건이 위치하는데 그것은 우리로 하여금 예수 그리스도 안에서 나타난 하나님의 사랑을 가시적으로 볼 수 있게 한다. 성육신하신 주님은 우리 가운데 거하시기 때문에(요 1:14) 우리는 오늘 여기, 역사 가운데서 그분의 임재를 구체적으로 경험하게 된다. 이것은 하나님의 자기 주심의 사건을 통해서 이루어진다. 그래서 칼 바르트는 예수 그리스도 안에 나타난 계시사건을 가리켜 "하나님의 자기 주심의 사건이며 자기를 세상에 제시하신 사건"으로 설명한다.[3] 예수 그리스도를 통해서 완성된 하나님의 구속 역사는 이제 우리에게 새롭게 드러나는 계시의 사건이 된다는 점에서 예배는 하나님의 자기 주심의 사건을 재현하는 순간이다. 제임스 화이트는 예배의 한 부분인 성찬을 "인간에 주시는 하나님의 가장 최고의 선물 가운데 하나"이며 하나님의 자기 주심의 사건이라고 규정하는데[4] 이것은 기독교 예배의 기초이기도 하다.

자기 나눔은 인간 삶의 기본이고 다양한 형태로 주어지지만 특별히 하나님의 자기 주심의 사건을 기억하고 응답하며 재현하는 것이 기독교 예배의 핵심이다. 복음의 핵심을 하나님의 자기 주심의 스토리로 되어 있으며 예배는 그 사건의 다시 경험하고 재현(recapitulation)하는 것이다. 사도 요한은 그 복음의 핵심을 명확하게 그렇게 요약한다. "하나님이 세상을 이처럼 사랑하사 독생자를 주셨

---

3) 박형국, "종교를 추구하는 계시," 한국 바르트학회 엮음,『바르트 신학 연구』, 3집 (서울: 신앙과 지성사, 2013), 23.
4) White,『성례전: 하나님의 자기 주심의 선물』, 1장.

으니…"(요 3:16). 이때 개혁자들이 밝히고 있는 대로 '스스로 은폐하시는 하나님'(Deus absconditus)은 성육신 사건을 통해 이제 당신을 드러내시는 '계시의 하나님'(Deus revelatus)으로 우리 가운데 구체적으로 나타나신다. 바로 그러한 장(場)이 되는 예배의 자리는 하나님의 백성 된 사람들에게 하나님의 임재가 구체화 되는 선물로 작용하게 된다.

그런 점에서 성육신과 십자가 사건은 결정체이며 에드워드 스킬레벡스(Edward Schillebeeckx)이 주장한 대로, 예수 그리스도는 "최초의 성례전"(primordial sacrament)이 되어 우리에게 다가오신다. 이제 그분은 세상으로 하여금 하나님의 구속의 은혜를 가시적으로 볼 수 있도록 구체화 하시며, 그것을 새롭게 경험할 수 있도록 만들어 주신다.[5] 그 원천이 되시는 예수 그리스도께서는 예배를 통해 그것을 새롭게 경험하도록 재현을 명령하셨다(고전 11:26). 역사의 한 정점에서 현존하셨던 그분은 성도들이 예배를 통해 이 땅에서 볼 수 있고 받을 수 있는 것을 우리에게 다시 허락하신다. 말씀과 성례전을 통해 하나님의 자기 주심의 역사는 인식할 수 있는 형태로 다시 주어진 우리를 위한 하나님의 사랑의 지속적 징표가 된다.[6]

물론 여기에서 주의해야 할 것은 화체설을 바탕으로 재연, 혹은 극화로서의 예배 신학을 견지했던 중세 교회의 예배신학을 받아들이려는 것이 아니라는 사실이다. 예배를 재연으로 생각했던 이러한 예배 이해는 갈보리에서 드려지는 속죄 제사를 다시 반복하는 것으로 이해하였다. 여기에서는 어디에서 어떻게 예배하느냐가 중요했다. 교

---

5) Edward Schillebeeckx, *Christ the Sacraments of the Encounter with God* (New York: Sheed & Ward, 1963), 15.
6) 위의 책, 45~46.

회력을 따라 정해진 장소인 예배당에서 사제에 의해 집례 되는 미사를 진정한 예배로 이해했으며 예배서를 통해 정확하게 그것을 재연해 낼 때 잘 드려진 예배로 이해했다. 예배를 위한 엄격한 규칙은 언어, 방식, 음악, 순서 등을 통제하며 그것을 따라 잘 진행된 예배가 바른 예배이며, 똑같이 진행된 예배, 재연되는 그 자리에 있음으로 예배 효과가 있다고 이해하였다.

그러나 우리가 주장하는 것은 그러한 예배신학과는 다르다. 예배는 그리스도께서 우리에게 행하신 일을 깊이 기억하며(아남네시스) 주어진 그 선물에 대해 감사하며 응답하는 차원으로서의 재현이다. 기독교의 예배는 예수 그리스도를 통해 나타난 하나님의 자기 주심인 구속 역사에 대한 응답이며, 하나님의 자기 주심의 사건을 재현하는 것이다. 그러므로 예배는 하나님께서 행하신 사건을 생생하게 기억하도록 해주는 은혜의 수단이며, 하나님의 자기 주심이 구체적으로 표현되는 자리이다. 하나님께서는 예배자들에게 말씀을 통해 자기 주심을 들을 수 있게 하시고 성례전을 통해 자기 주심을 듣고 볼 수 있게 하신다. 언어적 차원을 통해 이것을 드러내고 함께 누리게 되며, 행동적 차원을 통해 하나님의 이름으로 서로를 어루만진다.[7] 그러므로 신실한 믿음을 가지고 예배자들이 하나님을 예배할 때 하나님의 자기 주심의 사건은 새롭게 시작되고 경험되게 된다. 이렇게 기독교의 예배는 하나님의 자기 주심의 사건을 인간적 커뮤니케이션이라는 차원과 예전적 상징을 통해 그것을 새롭게 표현한다.

---

7) White, 『성례전: 하나님의 자기주심의 선물』, 42~43.

하나님을 아는 지식과 교회의 자기드림

여기에서 예배자에게 필요한 가장 중요한 요소는 성 삼위 하나님을 바로 알고, 깊이 아는 지식이다. 하나님을 정확하게 알게 될 때 나 자신이 어떤 존재인지를 알게 되며 감사와 감격을 가지고 그분의 존전 앞으로 나아가게 된다. 장 칼뱅은 『기독교 강요』를 하나님을 아는 지식과 연관하여 저술하였다. 하나님을 아는 지식과 인간을 아는 지식의 상호 연관성은 그리스도인의 바른 삶과 예배를 가능하게 하기 때문이다. 그는 구원받은 하나님의 백성들이 하나님을 경외함으로 섬기는 경건의 삶을 지로(指路)하고자 그 책을 쓰게 되었는데[8] 그 모든 것은 하나님을 아는 바른 지식으로부터 기인한다. 그래서 첫 세권은 창조주 하나님, 구원자 예수 그리도, 성령님의 구속 역사에 대해 다룬다. 하나님에 대한 지식은 성경을 통해서 분명하게 갖게 되는데 그것은 성령님의 내적 조명을 통해 가능해 진다. 성경을 통해 인식된 하나님은 삼위일체의 하나님이시며 그분은 온 세상을 창조하시고 섭리하시는 분이시다. 이어서 하나님의 은혜 언약의 성취이신 예수 그리스도의 사역에 대한 언급한 후에 그러한 구속 역사를 우리의 것으로 받아들일 수 있는 것은 성령님의 역사를 통해서 임을 강조한다.

예배는 하나님을 아는 지식으로부터 시작된다. 그 지식으로 인한 '경외와 사랑의 결합'이 바로 예배이며, 우리에게 허락하신 온갖 선을 하나님께로 기인한 것임을 깨닫고 그분께 합당한 영광을 올려드리는 것이다. 그러나 하나님께서 친히 자기 자신을 증거 해 주셔야만 우리는 하나님을 아는 참된 지식을 갖게 된다. 그러한 지식을 갖게 될 때

---

[8] 칼뱅은 이 책을 박해 받고 있는 프랑스의 개신교도(위그노)들을 변호하기 위한 목적도 있었기에 프랑스의 왕 프랑수아 1세에게 헌정하는 형식을 취한다. 그 헌정사에는 "신앙에 열정을 품은 사람들이 참된 경건생활을 이루도록 돕기 위해서"라고 저술 목적을 밝히고 있다.

그것은 신뢰와 경외로 이어지게 되고 결국 하나님은 탐구의 대상이 아니라 찬송(예배)의 대상임을 발견하게 된다. 복된 삶의 최종 목표는 하나님을 아는데 있으며 그 지식은 우리로 하여금 하나님께 예배를 드리도록 자극할 뿐만 아니라 온전한 마음으로 예배하는 것을 배우게 한다.[9)]

기독교 예배를 하나님의 자기 주심의 사건으로 이해할 때 그것은 필연적으로 예배자의 자기드림(self-giving)으로 확대된다. 예배는 하나님의 자기 주심 '과' 성도들의 자기 드림을 포함한다. 이때 그 둘 사이에 존재하는 '과'를 어떻게 해석할 것인가는 실로 중요한 내용이다.[10)] 흔히 교부들은 그것을 상호의존의 관계성으로 표현하였으며, 현대에 들어서는 예배 가운데 나타나는 하나님의 자기 주심은 "교회의 믿음의 실행에 의해 중재"되며 "교회의 믿음의 삶을 통해 실재"하는 것으로 이해한다. 하나님의 자기주심은 예배의 신비적 차원을 드러낸다면 그것을 어떻게 경험하느냐와 관련된 경험의 질은 모인 공동체의 참여의 질에 의존한다. 여기에서 중요한 것은 교회의 참여의 질이다. 그러므로 기독교의 예배는 예배의 자리에서는 하나님 앞에 엎드림으로 나타난다면 예배 후의 삶은 하나님의 대사와 백성들로 사회적 행동과 실천으로 연결될 수밖에 없다.

앞서 살펴본 것처럼 흔히 예배와 관련하여 사용되는 중요한 헬라어 단어 가운데 하나가 프로스쿠네오이다. 이것은 본래 '엎드려 이마를 땅에 대다, 경의를 표하다, 입을 맞추다' 등의 의미를 가진 말로 예배자의 외적 행동만이 아니라 겸손과 사랑, 존경의 마음을 가지는 차

---

9) Calvin, *Institutes*, vol. II, 1.5.1; 1.5.9.
10) 이에 대해서 제임스 화이트의 입장에 대한 로마 가톨릭교회의 입장을 제시한 에드워드 킬마틴(Ewawad J. Kilmartin)의 주장을 살펴보라. White, 『성례전: 하나님의 자기주심의 선물』, 7장 참조.

원, 즉 예배자의 내적 마음 자세와 관련된 표현이다. 마치 고침 받은 한센병 환자가 주님 앞에 나아와 발아래 엎드려 감사를 드렸던 모습(눅 17:15~16)과 예수님을 만나 그 발 앞에 엎드려 눈물로 머리카락으로 주님의 발을 씻기고 입을 맞추었던 모습(요 11:2, 12:1~6)이 이것의 의미를 잘 보여준다. 감사의 마음으로 엎드려 경배한다는 이 말은 70인역의 히브리어 샤하(שחה)를 번역한 것으로 친밀함과 사랑의 관계에서 나오는 최고의 존경의 마음과 관련성이 있다. 요한복음 4장에서 예수님께서 예배에 대해 말씀하실 때 이 단어를 10회 정도 사용하셨다. 이것은 하나님께서 허락하신 은혜에 감격하여 그분과의 친밀한 관계성 속에서 진정한 감사와 존경으로 부복하도록 초청한다. 이것은 하나님의 자기 주심이라는 신비로의 참여를 뜻하는 것이다. 물론 공동행위인 예배 참여뿐만 아니라 개인 행위인 말씀읽기와 기도 생활 등과 같은 하나님과 동행하는 삶으로서의 개인 경건은 하나님의 자기 주심의 신비에 참여할 수 있는 보충적인 방법으로 활용된다.

하나님의 자기 주심의 신비 경험은 하나님과 세상을 위해 자기 드림으로서의 섬김의 삶을 살아갈 수 있는 동인과 힘을 공급받게 된다. 예배는 하나님의 자기 주심의 신비한 사건 앞에서 엎드림의 차원으로 초대한다. 그 신비를 경험한 예배자들은 이제 응답의 차원인 자기 드림으로 확대되게 된다. 예배의 모든 행위는 이 두 가지 사이에서 이루어지는데 예배의 행위는 예배의 자리에서 종결되지 않고 예배자들의 자기 드림은 하나님 나라 속에서 사회적 행동으로 확대되게 된다. 이제 예배자들은 하나님의 통치하심이 그의 삶의 영역뿐만 아니라 사회 속에 온전히 이룩될 수 있도록 보냄을 받는 존재가 된다. 그러므로 기독교의 예배는 필연적으로 삶의 자리와 연결되며 하나님의 공의를 수립하고 실천하는 삶으로 초대받게 된다. 죄악과 미움, 사회적 불평등과 억압, 굴종과 차별 등으로 얼룩진 사회 속에 하나님의 공의와 통치를 선포하고 보여주도록 보냄을 받는다. 세례를 통하여 '왕 같은 제사장'으로 부름 받은 그리스도인들은 이제 예배를 통해 그들은 세상으로 파송을 받는다. 그들은 세상 속에 하나님의 자기 주심의 신비를 보여주는 제사장 사역을 감당하는 존재들이며, 그들의 삶의 영역은 그 책임을 수행하는 자리이다.

화해사역으로 부름 받다

왕 같은 제사장 사역 가운데 하나로 우리는 세상 가운데서 화해 사역을 들 수 있다. 교회의 화해 사역에는 다양한 관점이 작용할 수 있음에도 불구하고 오늘의 시대에는 참 중요한 사역의 하나이다. 본질적으로 기독교 예배는 인종, 성, 계급, 지위 등의 오늘의 사회가 안고 있는 모든 차별을 거부하고, 새로운 정체성을 부여 받는 자리이다. 모든 무례함과 차별을 그리스도의 이름으로 거부하고 하나님의 화해 사역을 펼쳐가는 자리이다. 분열과 갈등, 폭력과 죽음의 상처가 가득한 땅에서 교회와 그리스도인들은 화해의 메시지를 온 세계에 전하고, 우리 시대의 상처와 비극을 싸매는 화해의 사역을 감당하도록 세움을 받았다. 예수 그리스도는 이 땅에 진정한 화해자로 오셨고, 그분의 명령과 위임을 따라 교회와 그리스도인들은 화해의 사역을 감당하는 공동체로 세움 받았다. 고린도후서는 그리스도인들에게는 "화목하게 하는 직분," 즉 화해의 사역(ministry of reconciliation)을 부여받았다고 선언한다(고후 5:18). 그분의 생애와 죽으심, 부활은 인간 세상에 화해라는 축복을 가져온다. 이 세상을 평화와 화해의 자리로 바꾸는 것은 하나님의 비전이며 깨어진 세상에서 그것을 추구한다는 것은 "하나님의 선교이며 그리스도 안에서 하나님의 새로운 창조를 지향

하는 여정"이다.[11]

- 교회, 화해 사역 공동체

분열된 세상에서 화해를 추구하고 세워가는 사역을 위해서 화해 사역과 관련하여 먼저 교회가 가지는 특성부터 이해할 필요가 있다. 첫째, 하나님의 백성들의 공동체인 교회는 본질적으로 하나님의 말씀이 제시하는 가치와 삶의 방식을 추구한다는 점에서 세상의 불의와 폭력에 대한 일종의 '저항의 공동체'이다. 화해는 악과 불의를 용납하지 않으며 그것을 방조하는 행위가 아니다. 교회는 하나님의 공의를 추구하며 하나님의 통치하심을 선포하는 공동체이다. 그런 점에 교회는 사회적, 정치적, 경제적, 민족 간의 불의와 폭력에 대해 저항하는 공동체이며, 그 교회가 수행하는 화해 사역도 결코 수동적이고 소극적인 행위일 수 없다.

찰스 캠벨은 교회와 그리스도인이 가지는 이러한 정체성을 프랑스 작은 마을의 그리스도인 공동체를 통해서 들려준다. 2차 세계 대전 중 독일의 나치에 의해 프랑스가 점령당해 나치 치하에 놓였던 르샹봉(Le Chambon) 마을에서 사역했던 개신교 목사 앙드레 트로메이(André Trocmé)는 어느 주일에 그렇게 설교를 시작했다. "그리스도인들에게는... 쏟아지게 될 폭력에 대해 영적 무기를 통해 저항해야 할 책임이 있습니다." 장 칼뱅의 주장을 따라 신앙을 지켜온 프랑스 개신교도인 위그노(Huguenot)의 후손이었던 그 마을 사람들은 자신들의 생명을 담보로 삼아 바로 그 책임을 성실하게 수행한다. 5천명이 넘는 유대인들에게 피난처를 제공하여 나치의 죽음의 수용소의 학

---

11) Emmanuel Katongole and Chris Rice, *Reconciling All Things*, 안종희 역, 『화해의 제자도』 (서울: IVP, 2013), 13.

살로부터 그들을 구해낸 것이다. 어떻게 그런 일을 수행할 수 있었는지를 물었을 때 그들의 대답은 단순했다. "그들이 도움이 필요했기 때문에 단순히 도왔을 뿐이에요…. 성경을 주린 사람들을 먹이라고 하셨고 병든 자를 찾아보라고 하셨잖아요. 그 일은 아주 당연한 일이지요." 그런 상황에서 손익을 따지지 않았고 윤리적 분석을 시도하지 않으며, 행해야 할 일을 단지 행동에 옮긴 것뿐이라고 대답했다.[12]

특별한 실례이지만 통치자와 권세자들이 폭력을 휘두르고 있는 르 샹봉의 상황은 오늘 교회가 처한 상황과 비슷하다. 그곳은 죽음의 권세와 만나는 그런 자리였고 세상의 지배자가 폭력을 휘두르는 자리였다. 그곳 예배의 자리에서 선포된 트로메이 목사의 설교는 그 자체가 비폭력적 저항의 행위였으며, 예수님께서 보여주신 모범을 따라 주어진 말씀을 교인들은 삶으로 실천하였다. 위험한 일을 당연히 감당해야 할 자연스러운 일로 여겼던 그리스도인의 성품이 형성되게 했다.[13] 그들은 야만에 의해 망가진 세상에 저항하며 아픔과 고통을 품에 안아 함께 살아가는 하나님 나라의 작은 모델을 만들었던 것이다. 이렇게 교회는 억압과 폭력, 사회적 불의에 대해 비폭력적 저항의 공동체이며 하나님의 공의와 평화를 추구하면서 하나님 통치하심을 온전히 세워가는 공동체이다.

둘째, 교회는 화해의 공동체이다. 망가진 세상을 치유하시고 회복시키는 그리스도의 화해의 복음을 통해 화해된 공동체인 교회는 세상 속에서의 화해 사역을 위해 세움 받았다. 그것은 하나님과 화해, 그리고 세상의 화해를 포함한다. 화해라는 개념의 대중화는 그 의미

---

12) Charles Campbell, *The Word before Powers*, 김운용 역, 『실천과 저항의 설교학』 (서울: WPA, 2014), 27~31.
13) 위의 책, 31.

를 모호하게 만들었지만 성경이 말하는 단순히 관계의 회복을 넘어 하나님의 이야기와 통치하심으로 들어가는 개념이다. 그런 점에서 화해는 하나님을 나타내는 것이고 그분의 통치와 다스리심을 전하는 것이며, 삶의 각 영역에서 하나님의 평화를 이루어가는 것이다. 교회가 하나님을 나타내려면 세상의 소금이 되라고 명령하신 주님의 의도를 알아야 하며 큰 것, 높은 것, 위대한 것, 많은 것에만 마음을 빼앗겨서는 안 되고 "가장 연약하고 보잘 것 없는 지체들이 교회의 가장 중요한 존재라는 복음의 근본적 원리를 깨달아야"한다.[14]

셋째, 평화를 위해서 세움 받은 공동체이다. 평화는 성삼위 하나님께 가장 중요한 이슈였다. 창조를 마치신 후 '보시기에 심히 좋았다' 고 하신 것은 하나님의 평화 선언이었다. 부활하신 예수님께서도 제자들을 만나셔서 처음 하신 말씀도 같은 선언이었다. 성령님의 감동으로 된 기록된 말씀이 교회에 전해질 때도 늘 은혜와 평강을 선언하신다. 평화(샬롬)에 관한 성경의 개념은 단순한 "폭력과 갈등의 중단보다 훨씬 더 많은 것을 의미"한다. 그것은 하나님의 통치와 관련된 개념으로 안전과 정의, 진리, 신뢰와 포용, 사랑, 기쁨, 행복, 안녕의 상태이다. 이것은 십자가와 부활 사건을 통해 하늘과 땅이 화해를 이룬 그곳에서 선포된 개념이다. 진정한 화해가 경험된 이후 평화가 선포된 것은 주목할 만한 일이다. 평화는 진실과 정의가 바로 세워지고 화해가 이루어졌을 때 주어지는 평화는 화해의 마지막 상태이다.[15] 교회는 세상을 향하여 평화를 만들어가는 공동체이다. 평화는 하나님에 대해서 알아야 하고, 모든 일과 시간 속에서 하나님의 눈으로 보고 느

---

14) Stanley Hauerwas and Jean Vanier, *Living Gently in a Violent World*, 김진선 역, 『화평케 하는 자는 복이 있나니』 (서울: IVP, 2010).
15) Robert J. Schreiter, *Ministry of Reconciliation*, 임상필 역, 『화해의 사역』(서울: 한국장로교출판사, 2004), 85.

끼며 사랑하는 차원을 포함한다.[16]

예배는 교회가 화해 사역을 이루어가는 중요한 장이다. 본래 예배는 하나님과의 화해를 이룬 하나님의 백성들이 하나님께 영광과 감사를 올려드리는 자리이며, 그렇게 화해된 사람들이 세상 속에서 화해를 위해 살아가도록 새롭게 세움 받고 보냄을 받는 자리이다. 예배를 통해 하나님과의 화해를 이룬 새로운 자기 정체성을 확인한 그리스도인들은 이제 사람과의 관계, 자연과의 관계, 사명과의 관계에 있어 화해를 이루고 삶 속에 그것을 새롭게 수행하기 위해 파송을 받는다. 화해는 단지 개인적인 차원에만 머물지 않는다. 교회는 개인적 차원뿐만 아니라 사회적 차원에서의 화해, 영적 차원에서뿐만 아니라 세상적 차원에서의 화해 사역을 위해 부름을 받았다.

그런 점에서 기독교의 예배는 내세의 축복과 개인의 안녕만을 추구하는 자리가 아니며 세상 속에 공의를 세우고 하나님의 평화의 사절로서 다시 사명을 확인하는 자리요, 보냄을 받는 자리라는 점을 간과해서는 안 된다. 화해는 용서하고 용납하면서 새로운 관계를 만들어간다는 소극적 차원뿐만 아니라 하나님의 창조 세계를 파괴하고, 하나님의 피조물을 억압하고 파괴하는 모든 세력에 저항하고 거부하는 행위로서의 적극적 차원을 포함한다. 화해는 교회의 중요한 사역이면서 또한 예배의 중요한 모티브이며 그 본질 자체이다.

- **화해와 예배의 상관성**

먼저, 예배는 화해를 그 중심 내용으로 한다. 하나님과의 화해를 이룬 자들이 하나님께 나아와 하나님의 자기 주심을 통해서 이룩된

---

16) Hauerwas and Vanier, 『화평케 하는 자는 복이 있나니』, 112.

화해 사건을 기억하고, 경축하고, 감사하고, 재현하는 것이 예배이다. 하나님과의 화해는 예배의 전제 조건일뿐만 아니라 하나님의 사랑과 용서를 통한 인간성의 회복을 계속해서 이루어가야 하는 과정으로 작용한다. 하나님의 형상의 회복으로서의 화해는 예수 그리스도의 십자가와 부활 이야기를 통해서 이룩된다. 그 이야기는 교회로 하여금 '기억의 공동체'가 되게 하며 이제 나아가 세상에 하나님의 평화를 전하는 '희망의 공동체'가 되기 위해 계속해서 일어서게 만든다.

성육신과 십자가, 부활 사건은 하나님의 화해의 중심을 이룬다. 폭력과 억압, 분열과 상처를 만드는 모든 어두움의 세력을 예수 그리스도는 십자가와 부활을 통해 이기셨고, 오늘도 세상 속에서 작용하는 통치자들과 권세들, 영적 실체에 대하여 치유와 화해를 만들어 가시는 하나님의 권능을 선포한다. 자기 주심을 통해 이룩한 이 승리와 화해의 역사는 성찬의 신비(Paschal mystery)를 통해 오늘도 계속해서 경험할 수 있도록 도와준다.

예배를 통해 경험된 화해는 이제 상처를 준 사람이나 상처를 입은 사람이 함께 그리스도 안에서 새로운 피조물이 되게 한다. 예배는 그리스도인들로 하여금 악에 사로잡히지 않은 예전의 상태로 돌아가도록 돕는 것이 아니라 악이 우리에게서 빼앗아간 인간성을 하나님께서 회복시키시는 역사를 경험하게 한다. 예배를 통하여 이룩되는 화해는 아픔과 상처의 기억을 지우는 것이 아니라 하나님의 임재와 그분의 사랑과 승리의 이야기를 통해 기억을 변화시키며, 과거에 붙잡히고 안주하는 것이 아니라 하나님의 새로운 미래로 나아가게 한다. 상처와 아픔의 이야기는 이제 예수 그리스도를 통해 우리 가운데서 이룩하신 새로운 이야기로 나아가게 한다. 예배자들은 교회당에서의 예배를 마치고 삶의 자리에서의 예배와 섬김을 위해 나아갈 때 이전과 전혀 다른 세상을 보는 눈을 갖고 나아갈 수 있어야 하며, "화해는 깨어진 세상을 향한 하나님의 언어"라는 점을 분명히 인식하며 나아갈 수 있어야 한다.[17]

둘째, 화해는 하나님의 일(opus Dei)이다. 화해는 하나님께서 예수 그리스도를 통해 인간 가운데 시작하셨고, 오늘도 계속해서 행하시는 일이다. 그런 점에 화해를 이루어가는 일이 얼마나 복잡하고 어려운 지를 설명하면서 로버트 슈라이터가 화해는 "인간이 이루는 것이 아니라 우리 안에서 하나님이 하시는 일"이라고 한 내용은 이러한 차원을 포함한다.[18] 하나님의 형상으로서의 인간성의 회복은 하나님께서 이루시기를 원하시는 화해의 핵심을 이룬다. 화해는 은혜 경험으로부터 시작된다. 이것은 도저히 용납하고 용서할 수 없는 상황이나 사람에 대해 화해를 이루어가는 열쇠로 작용하기도 한다. 화해를 하나님의 일로 인정할 때 우리는 이 세상에 화해를 이루어가도록 세움 받은 하나님의 도구이며 그리스도의 대사(고후 5:20)가 되고, 우리가 추구하는 것은 우리를 통해 이루어 가시는 하나님의 화해 사역이다. 진정한 화해는 바른 하나님과의 관계를 통해서 이루어지며 실천을 위한 단초가 된다. 이것은 하나님의 진리와 정의를 추구하고 평화를 이루어가는 실천의 근거가 되며, 평화를 만들고 사회적 화해를 위한 노력을 계속하게 해 준다.

셋째, 화해는 예배 가운데서 진정한 돌이킴(회개)과 용서를 추구한다. 기독교 예배는 하나님과 사람 앞에서 잘못(죄)을 행한 사람이나 가해자에게는 회개를 촉구하고, 피해자는 하나님의 용서를 배워 진정한 용서를 이루는 자리가 된다. 예수님께서는 산상수훈이 선포되던

---

17) Katongole and Rice, 『화해의 제자도』, 49.
18) Schreiter, 『화해의 사역』, 33.

자리에 있는 예배자들에게 화해를 촉구하시면서 이러한 차원을 포함시킨다(마 5:23~24). 원한을 품고 있는 형제가 생각나거든 먼저 그를 찾아가 화해한 후에 예배를 드리라는 명령은 잘못에 대한 용서를 구하고 그 삶에서 돌이킴을 명한 것이며 또한 용서의 차원까지 포함한다. 이런 점에서 성경은 회개와 용서를 예배의 전제조건으로 제시하지만 그것은 또한 예배의 결과가 되어야 한다.

넷째, 기독교의 예배는 탄식과 탄원, 세상을 향한 중보의 차원을 포함한다. 예배는 하나님의 임재를 선포하고 경험하는 자리이다. 그러나 세상은 하나님의 부재 현상 때문에 몸을 떠는 자리이다. 거기에서 상처 진 사람들, 방황하던 사람들이 예배의 자리로 나아온다. 그런 점에서 예배는 부재의 자리에서 임재의 자리로 나아가는 행위이며, 탄원과 청원의 자리로 나아감이다. 예배는 하나님과 그분이 행하신 일을 기억하는 자리이다. 그런 점에서 단 샐리어즈는 "기독교 예배의 다양한 부분은 '기도의 장'(schools of prayer)으로 이해할 수 있도록 해 준다"고 주장하면서 "찬양과 감사 가운데서 하나님의 영광을 인식할 수 있는 한, 그리고 하나님의 거룩하심과 그분의 존재의 신비에 적절한 영광과 송축을 하나님께 돌리는 한 우리는 예배를 기도(liturgy as prayer)로 이해할 수 있다"고 주장한다.[19] 따라서 예배는 하나님의 실재(임재)를 찬양하고, 감사하고, 송축하는 행위로 시작하고 끝이 난다. 기도는 하나님께서 우리의 삶 가운데 함께 하시도록 요청하는 것이요 초대하는 것이다. 기도는 우리에게 결핍된 무엇에 대해 도우심을 표현하는 것이며, 하나님의 임재와 현존을 믿고 고백하면서 하나님 부재의 현장에 그분을 초대하는 것이요 탄원하는 것이다. 그래

---

19) Saliers, 『거룩한 예배』, 150. 이에 대한 상세한 내용을 위해서는 2부를 참고하라.

서 데이빗 파워는 "예배로 나아갈 때 그것은 탄식으로 나아가는 것"(when to worship is to lament)이라고 주장한다.[20]

삶의 자리에서 우리는 하나님의 부재 현상(the absence of God)을 계속해서 경험하며 살아간다. 가까운 역사에서만 보더라도 북미 대륙에서의 인디언 학살, 나치에 의한 대학살(Holocaust), 제주 4.3사건,[21] 캄보디아, 르완다, 보스니아, 동티모르 등에서의 대학살,[22] 광주 민주화 항쟁, 세월호 사건 등은 모두 세상 통치자들과 권세들의 악에서 기인된 사건이었다. 이러한 갈등으로 인한 악은 오늘도 북한과

---

20) David N. Power, *Worship: Culture and Theology* (Washington, DC: The Pastoral Press, 1990), 166.
21) 제주 4·3사건은 1947년 3월 경찰 발포사건을 기점으로 하여 1948년 발생한 봉기사태와 1954년까지 제주도에서 발생한 무력충돌과 진압과정에서 양민들이 무고하게 희생당한 사건으로 근대사의 가장 비극적인 사건이다. 1947년 3·1절 기념식에서 기마경관의 말발굽에 어린아이가 치이는 일이 벌어졌고, 이를 본 시위 군중들은 기마경관에게 돌을 던지고 야유를 보내며 경찰서까지 쫓아갔다. 그런데 경찰이 경찰서 습격으로 간주하여 시위대에게 발포해 6명이 사망하고 6명이 중상을 입었다. 미군정 당국은 이 발포사건의 잘못을 시인하면서도 정당방위로 주장하고 사건을 '시위대에 의한 경찰서 습격사건'으로 규정하여 행사 간부와 학생들을 연행하기 시작했다. 남로당은 이런 민심의 흐름을 놓치지 않고 조직적 활동을 전개하기 시작했으며 이승만 정부는 그해 10월, 제주도에 경비사령부를 설치하여 본토의 군 병력을 제주에 증파시켰고, 5km 이상 들어간 중산간 지대를 통행하는 자는 폭도배로 간주해 총살한다는 포고문을 발표했다. 대대적인 강경 토벌작전이 제주 전역을 휩쓸게 되었고, 약 4개월 동안 진압군은 중산간 마을에 불을 지르고 주민들을 집단으로 살상했으며 해안마을에 소개한 주민들까지도 무장대에 협조했다는 이유로 죽였다. 목숨을 부지하기 위해 입산하는 피난민이 더욱 늘었고, 추운 겨울을 한라산 속에서 숨어 다니다 잡히면 사살되거나 형무소로 보내졌다. 삶의 터전을 잃은 중산간마을 주민 2만 명가량이 산으로 들어가 무장대의 일원이 되는 결과를 초래한다. 이에 가족 중 한 명이라도 없는 경우에 도피자 가족으로 분류하여 부모와 형제자매를 대신 죽였고, 재판절차도 없이 주민들이 집단으로 사살되기도 하였다. "제주 4·3특별법"에 의거 조사한 결과에 따르면 사망자만 14,032명에 달한다. 4·3사건을 경험한 유족들의 회고에 따르면, "좌익도 우익도 자기 마음에 안 들면 마구잡이로 죽여 버리는, 완전히 미쳐버린 세상이었다"고 전한다.
22) 1975년 캄보디아에서 일어난 공산혁명의 결과로 그곳은 3년 동안 200만 명 이상이 학살당하는 킬링필드의 현장이 되었으며, 1975년 인도네시아의 동티모르 침공으로 65만 명의 인구 중에 약 20만 명이 학살되었다. 1992년 유고 내전으로 세르비아의 패권을 위해 보스니아인 25만 명이 살육을 당하였고, 1994년 르완다에서는 내전 중에 후투족이 투치족과 후투족 중도파들을 집단 학살한 사건으로 100여 일간 최소 50만 명이 죽임을 당했다. 인권단체는 100만 명에 이르는 것으로 주장한다. 이것들은 민족과 인종, 이념 갈등으로 기인한 사건들이다.

중동 땅에서 뿐만 아니라 세계 각처에서 여전히 자행되고 있다. 이런 악이 계속 자행되고 있지만 텔레비전은 살육의 현장과 전쟁을 마치 스포츠 중계하듯이 생중계하고, 현란한 광고와 함께 보도되는 이러한 소식들을 접하는 우리는 악의 문제를 별것 아닌 것으로 받아들이면서 하나님의 공의와 평화에 대해서는 별로 중요하지 않게 생각하거나 무관심하게 된다. 주일마다 기도 소리가 들려오고 말씀이 선포되고 있음에도 불구하고 매일의 삶 속에서 일어나는 사건은 마치 하나님이 안 계신 것처럼 진행되는 것을 보면서 그리스도인들은 은연중에 실질적 무신론(practical atheism)에 사로잡히게 된다.

이러한 세상의 상황에서 믿음의 선배들은 탄식할 수밖에 없었다. 하나님의 임재 앞에서 우리는 찬양과 감사를 올려드릴 수밖에 없지만, 하나님의 부재를 경험하는 세상의 악과 불의 앞에서 우리는 탄식을 올려드릴 수밖에 없다. 그런 점에 단 샐리어즈는 "탄식은 기독교 예배 가운데 복원되어야 할 요소"라고 주장한다.[23] 기독교의 예배는 불의와 폭력, 억압과 상처로 얼룩진 세상을 향한 탄원의 자리가 될 수밖에 없다. 탄원은 하나님의 대한 초대요, 세상의 회복과 평화에 대한 간구이기도 하다. 교회는 세상을 벗어난 게토가 아니라 세상 속에서 하나님의 선교를 감당해 간다는 점을 인식할 때 기독교 예배는 세상의 모든 일에 대해 참여적이 되고 세상을 위한 중보의 자리가 되어야 한다.

다섯째, 예배는 화해의 실천이라는 공간이 되어야 할 뿐만 아니라 삶 속에서 화해를 이루어가는 새로운 공간을 창출해 주어야 한다. 예배는 화해를 이룰 뿐만 아니라 하나님 앞에서 용서와 화해의 은총

---

23) Saliers, 『거룩한 예배』, 216.

을 누린 사람들이 폭력과 파괴, 분열과 상처로 얼룩진 세상에 새로운 실천의 공간을 제시할 수 있어야 한다. 그래서 예배자들을 단순한 '예배 소비자'가 아니라 화해 사역자로 파송하는 구조가 마련되어야 한다.

실례로 미국 워싱톤 DC에 위치한 세이비어교회(The Church of the Savior)는 작은 교회를 지향하면서 미국 교계를 움직이는 혁신적 교회로 평가를 받고 있는데 철저한 '사회적 섬김'에 그 바탕을 둔다. "영적인 삶을 통해 예수님을 닮아가는 삶 추구, 예수님 중심의 사회적 활동을 통해 지역사회를 섬김, 가난한 자, 버림받은 자, 소외된 자를 섬기는 일에 헌신, 용기와 희생적인 삶을 통해 세상을 변화시키는 일에 대한 헌신"을 목회철학으로 삼고 교인들에게 섬김의 삶을 강조한다. 교인이 되기 위해서는 철저한 교육과 헌신을 통한 입교과정을 거쳐야 하는데 예배가 교회당에서 끝나는 것이 아니라 예배 후의 삶을 강조하는 구조이다. 교회 설립 이래 70년이 다 되어가는 시간 동안 이러한 사역을 계속해서 실천하고 있는데, 7개 분야에서 45가지의 지역사회 섬김 사역을 진행하는데 150명 정도의 교인을 가진 교회가 연간 이 사역을 위해 약 180억 원 이상을 사용할 뿐만 아니라 그러한 화해를 위한 사역과 활동에 참여하는 것은 교인의 의무로 인식되고 있다.[24]

교회는 예배를 통해 하나님의 자기 주심의 신비를 경험하고 자기 드림의 응답을 하게 되며, 이제 파송을 받아 세상을 향해 환대와 사랑을 드러내고, 죽음의 세력에 대해 저항하는 공동체로 나아가게 된

---

24) 유성준, 『미국을 움직이는 작은 공동체 세이비어교회』(서울: 평단문화사, 2005); 『참된 교회를 이끄는 작은 공동체 세이비어교회 실천편』(서울: 평단문화사, 2006) 등을 참고하라.

다.[25] 기본적으로 기독교의 예배는 자기주심의 사건으로 시작되어 자기 드림의 사건으로 확대되는 특성을 가진다.

---

25) 교회가 가지는 이러한 특성을 살펴보기 위해서는 Hans Boersma, *Reappropriating the Atonement Tradition*, 윤성현 역, 『십자가, 폭력인가 환대인가』(서울: CLC, 2014)와 Campbell, 『실천과 저항의 설교학』 등을 참고하라.

종말론적 회상과 경축으로서의 예배 7장

> 우리가 그의 계신 곳으로 들어가서
> 그의 발등상 앞에서 엎드려 예배하리로다
> 주의 제사장들은 의를 옷 입고
> 주의 성도들은 즐거이 외칠지어다.
> 시 132:7, 9

신학적 행동으로서의 예배

예배는 본질적으로 회상과 청원의 신학적 행동이며, 오늘 여기에서 예배를 드리지만 본질적으로 미래를 지향한다는 측면에서 종말론적이다. 단 샐리어즈는 기독교의 진정한 예배는 신학적이며, 특별히 종말론적이라는 독특한 방식을 탐구하는데 있다고 주장한다.[1] 예배에 있어서 가장 중요한 요소는 어떻게, 어떤 규칙을 따라서 예배할 것인가이다. 일반적으로 예배 구성 요소는 소리로 표현되는 부분과 소리가 아닌 요소 등으로 표현되는 부분[2]을 포함하는데, 이것들은 "고유의 논리"(inherent logic)를 통해서 구성되는 본질적인 구조를 취한다.[3] 그러므로 예배는 단순한 기술적, 혹은 연출적 실천이 아니라 "본

---

1) Saliers, 『거룩한 예배』, 25.
2) 여기에서 소리로 표현되는 예배 요소라 함은 찬송, 기도, 성경봉독, 말씀 선포 등을 들 수 있으며, 소리 외적요소로 표현되는 것은 예배 상징, 제스처, 시간과 공간의 언어 등을 들 수 있다. 그동안 개신교의 예배는 주로 음성적 요소에 깊이 관심을 기울이며 국한시켜 왔던 것이 사실이다.
3) Kevin W. Irwin, *Context and Text: Method in Liturgical Theology* (Collegeville: The Liturgical Press, 1994), 44.

질적 실천"이어야 한다는 점에서 신학적 행위라는 특성을 가진다. 예배는 하나님이 제정하신 그 자체의 목적을 가지기 때문에 가능한 한 가장 적합한 방식을 통해 창조주 하나님께 감사를 드리고, 하나님의 선하신 뜻을 이 땅에 구현하기 위해 하나님의 은혜를 구하는 행위여야 한다. 그러므로 기독교의 예배는 인간 중심이 될 수 없으며 반드시 하나님 중심적 특성을 가질 수밖에 없다. 진정한 예배의 목적은 인간의 능력이나 재주를 과시하는데 있지 않고 하나님께서 베푸신 은혜를 받아들이고 예배 가운데서 마땅히 하나님께 올려드려야 할 것을 가장 잘 표현하는데 있다. 그러므로 예배는 본질적으로 신학적 행동이며, 예배를 통해 표현되는 모든 것은 "어떤 근본적이고 근원적인 통찰"[4]을 필요로 한다.

이렇게 교회를 교회 되게 하고, 교회를 바로 세우는 예배는 정해진 규범적 원리를 따라 행해져야 한다는 점에서 일종의 '신학적 행동'이다. 이것은 모든 예배의 행위와 표현은 본질적으로 예배의 신학적 원리를 따라서 통제되어야 한다는 점을 강조하는 말이다. 시대가 바뀌고 문화가 바뀌어도 예배는 변질될 수 없는 원리를 가지며, "오늘의 세계에서 우리의 예배가 어떻게 하면 보다 신실한 기독교 공동체를 형성하고 그것을 이 세상 속에 드러낼 수 있을 것인가?"라는 질문을 토대로 형성된다는 점에서와, 인간학적 관점에서 고려되어야 하는 측면이 있지만 본질적으로 하나님 중심적인 차원을 가져야 한다는 점에서 '신학적'이다.[5]

이런 점에서 기독교의 예배는 늘 '근본적 신학(primary theology),

---

4) Alexander Schmemann, *For the Life of the World: Sacraments and Orthodoxy*, rev. ed. (Crestwood: SVSP, 2000), 173.
5) 위의 책, 14~17.

혹은 '일차적 신학'(first theology)으로 이해되었으며[6] 예배는 신학적 과제를 수행하는 동인으로 인정되었다. 그래서 알렉산더 쉬메만은 "오늘 우리 시대에서 예배의 문제는 그것이 가지는 신학적 의미를 어떻게 복원할 수 있을 것인가와 연결된다"고 주장하였으며,[7] 단 샐리어즈는 기독교 공동체 속에서 계속해서 하나님을 예배하는 것은 "신학의 표현 양식"(a form of theology)이라고 주장한다.[8] 다시 말해 예배는 믿음의 고백과 형태를 결정짓는 요소가 된다. 이렇듯 예배는 신학적인 행위이며, 초대교회 이래 예배는 신학을 형성해 왔고 신학은 예배의 형성에 영향을 주어왔다. 이러한 신학은 교회를 형성하며 지배해 왔다. 존 레이쓰(John H. Leith)도 개혁교회 전통에서 "예배는 신학적이고 윤리적인 확신들을 표현하며(express) 그러한 확신들을 형성한다"(shape)[9]고 주장한다. 여기서 현대 예배학의 중심 주제중의 하나인 lex orandi(기도의 원리), lex credendi(믿음의 원리)가 나온다. 즉 하나님을 어떻게 예배하고 섬기느냐 하는 "기도의 원리"는 무엇을 믿고, 무엇을 고백할 것인지의 "믿음의 원리"를 지배한다.[10] 예

---

6) 이에 대한 보다 상세한 연구를 위해서는 Gordon Lathrop, *Holy Things: A Liturgical Theology* (Minneapolis: Fortress Press, 1993); Irwin, *Context and Text*; Geoffrey Wainwright, *Doxology: The Praise of God in Worship, Doctrine, and Life-A Systematic Theology* (New York: Oxford University Press, 1980); David Fagerberg, *What Is Liturgical Theology?: A Study in Methodology* (Collegeville: Liturgical Press, 1992); Maxwell E. Johnson, *Praying and Believing in Early Christianity: The Interplay between Christian Worship and Doctrine* (Collegeville: Liturgical Press, 2013) 등을 참고하라.
7) Alexander Schmemann, "Liturgy and Theology," *Greek Orthodox Theological Review*, vol. 17, no. 1 (Spring 1972): 100.
8) Saliers, 『거룩한 예배』, 15.
9) John H. Leith, *Introduction to the Reformed Tradition: A Way of Being the Christian Community*, Revised Edition (Atlanta: John Knox Press, 1981), 174..
10) 이러한 예배와 신학의 관계성은 초대 교회로부터 "기도의 원리(lex orandi)는 믿음의 원리(lex credendi)이다"는 명제가 본래적인 공식 서술을 통해 표현되곤 했다. 즉 어떻게 예배하는가 하는 원리가 신학적 원리들(principles)을 결정짓는다는 것이

배는 신학적 행위이며, 신학 역시 그 본질에 있어서 경배와 감사를 올려드리는 것이고 탄원하는 예배 행위 가운데 놓여있다. 그러므로 신학 자체는 "하나님을 향해 올려드리는 자기 반성적 드림(self-critical offering)이며 찬양의 제사이고 하나님을 향해 개방성을 갖는 것"이다.[11]

이런 점에서 예배를 바로 이해하기 위해서 이렇게 예배에서 풍부하게 사용되는 언어와 상징들이 가지는 신학적 가치를 이해해야 하는데, 이것들은 본질적으로 은유적이며 다양한 가치를 지니고 있을 뿐만 아니라 다소 애매모호함도 가지고 있기 때문에 신학적 이해를 필요로 한다. 또한 예배 가운데서 드러나는 하나님의 생생한 신비의 세계로 어떻게 참여할 수 있으며, 누릴 수 있을 것인지에 대한 훈련을 필요로 한다. 그러므로 예배의 모든 표현은 하나님에게로 향해 있고, 하나님과의 관련성 속에서 이루어진다는 점에서 본질적으로 예배는 "일종의 신학적 행동"(an act of theology)이다.[12] 신학적 사고와 예전적 참여는 서로 구분되는 것이 아니며, 그리스도인들이 그들의 모임 가운데서 계속해서 하나님을 예배하는 것은 바로 신학의 형식이다. 하나님을 예배하는 것은 가장 근본적인 "일차적 신학"이다.[13] 이런 점에서 캐빈 어윈은 기독교의 예배가 가장 원천적인 영광을 하나님께 올려드리며 하나님의 영광에 관해 가장 근본적으로 진술한다는 점

다. 이에 대해 보다 자세한 설명은 Irwin, *Context and Text*, Part I/ Chapter 1; Geoffrey Wainwright, *Doxology* 등을 참조하라.
11) Saliers, 『거룩한 예배』, 127.
12) Langford, *Transitions in Worship*, 44
13) 이러한 관점을 우리는 단 샐리어즈와 캐빈 어윈, 제프리 웨인라이트와 고든 래스롭, 그리고 데이빗 패거버그와 같은 학자들의 예배 신학에서 찾을 수 있다. 보다 자세한 내용을 위해서는 Saliers, 『거룩한 예배』; Irwin, *Context and Text*; Wainwright, *Doxology*; Lathrop, *Holy Things*; Fagerburg, *What Is Liturgical Theology?* 등을 참고하라.

에서 가장 "근본적 신학"(orthodoxia prima)이라고 지칭한다. 예배의 경험(experience of liturgy)은 하나님께 직접적으로 아뢰고 그분과의 만남에 가장 중심적인 관심을 기울인다는 점에서 신학의 근본적(primary) 영역이 된다.[14] 그러므로 신학은 예배 가운데서 특별한 참여자의 관점으로부터 하나님께서 인간과 함께 엮어 가시는 전 역사를 어떻게 보았는지를 서술하는 것이며, 신학함은 본질적으로 예전적 방식(liturgical way)으로 이루어져야 한다. 그런 점에서 신학은 본질적으로 영광송(doxology), 즉 예배로 연결되어야 한다.[15] 이러한 신학적 작업은 예배를 통해서 보고, 만지고, 참여함을 통해 공동체의 삶과 연결성을 갖게 되며, 그렇게 예배를 통해 경험한 비전을 세상에 전달하는 것을 그 골격으로 한다.

이런 점에서 예배는 실용주의나 인간의 만족을 위해서 변용될 수 없는 신학적 행위이며, 오늘의 만족과 즐거움을 추구하는 것이 아니라 하나님의 신비의 가장자리에서 그 임재에 갇혀 춤추는 것이 되어야 한다. 그러므로 교회는 예배가 가지는 이러한 특성을 깊이 고려해야 하며, 예배에 도입되는 모든 행위와 순서는 신학적 지배를 받아야 한다. 또한 예배 신학이 제시하는 내용을 따라 교회는 그 삶과 실행을 결정해 나가야 할 것이다.

종말론적 예술로서의 예배

기독교의 예배는 본질적으로 "온 세상을 위한 하나님의 미래를 지향한다"[16]는 점에서 종말론적 특성을 가진다. 예배는 하나님의 세계

---

14) Irwin, *Context and Text*, 45.
15) 이러한 관점은 제프리 웨인라이트에게서 빌려온 것이다. Wainwright, *Doxology*, '서론' 참고.
16) Saliers, 『거룩한 예배』, 15.

와 "종말론적 실재"(eschatological reality)를 바로 여기에서 경험할 수 있도록 현실화(actualize)하며, 현존하는 하나님의 미래를 여기에서 실행하도록 만들어 준다는 점에서 종말론적이다. 예배는 하나님의 영광과 세계를 오늘 여기에서 미리 맛보도록(foretaste) 해주며, 하나님에 대한 약속과 예수 그리스도를 통해서 허락하신 새언약의 축복을 근본적으로 의존하도록 만들어 준다. 이것은 우리의 존재해야 할 차원을 보여주며 나아가야 할 자리를 보게 한다. 이것은 신실하신 하나님의 약속을 통해서 이루어진 '이미'(already)의 차원을 경축하는 것이고, 시간과 공간 속에서 살아가는 존재로서 우리가 이르지 못한 '아직'(not yet)의 차원을 기다린다.

그러므로 기독교의 예배는 하늘과 땅이 잇대어지고 어제와 내일이 오늘 여기에서 춤추는 아름다운 예술인데, 이것이 '이미'와 '아직'의 차원이 함께 "신학적 긴장관계"(theological tension)를 형성하면서 이루어진다는 점에서 예배는 "종말론적 예술"이다.[17] 예배는 어떤 실리나 유용성을 따라서 행해지는 것이 아니라 이런 신학적 토대를 통해서 이룩되는 하나님의 신비이다. 교회는 예배를 통해 하나님의 신비와 미래를 여기에서 미리 맛보고 그것을 세상 가운데 전하고 실현하기 위하여 세상 가운데로 나아간다.

- **회상과 청원을 통한 종말론적 행위로서의 예배**

교회는 회상과 청원의 차원을 통해 종말론적 행위를 예배 가운데 실행한다. 종말론적 행위로서의 기독교 예배는 회상과 청원의 특성을 가진다. 역사 가운데서 보여주신 하나님의 사랑과 행하신 일을 '기억

---

17) 이것은 단 샐리어즈에게서 빌려온 것이다. 상세한 설명을 위해서는 위의 책, 43, 53, 343 을 참고하라.

하는 것'과 아직 주어지지 않았으나 장래 우리에게 주어질 하나님의 영광을 오늘 여기에서 '미리 맛봄'을 통해 하나님이 제시하시는 미래를 받아들이고, 성육신하신 하나님의 신비에 대한 놀라움과 경외감을 가지고 그분의 임재와 영광, 통치하심을 경축함으로 예배는 이루어진다. 이것은 하나님께서 이미 허락하신 은혜를 회상하는 특성을 가지며, 인간의 노력이나 기교를 통해서 이룩되는 것이 아니라 위로부터 주어진다는 점에서 청원의 특성을 가진다.

1) 회상으로서의 예배

현대 문화는 많은 것을 잊고 살아가도록 부추기는 망각의 문화이며, 과거와 미래보다는 현재 눈앞에 드러나는 것에 사로잡혀 살아가도록 만드는 표피적이고 외형적인 것을 중요하게 생각하는 쇼 비즈니스의 특성을 갖는다.[18] 특히 현대 소비주의는 끝없는 불만족에 빠뜨리고 자기만족과 즐거움을 추구하게 만든다. 이스라엘의 역사 가운데서, 그리고 예수 그리스도의 십자가와 부활 사건을 통해서 전부를 내어주신 하나님의 자기 주심의 은혜를 이러한 문화 속에서 회상하면서 산다는 것은 쉽지 않는 일이다. 그래서 예배에서도 하나님의 역사를 회상하는 것으로보다는 청중의 만족도를 높이고 그들을 붙잡아 놓기 위한 관심사로 채워지는 경우가 허다하다. 그러나 기독교의 예배는 본질적으로 '회상'을 바탕으로 한다. 예배는 하나님께서 역사 가운데서 행하신 일을 '회상'하는 것이며, 그것을 통해 공동체와 세상으로 하여금 하나님을 보게 하는 것이다.

---

18) Neil Postmann, *Amusing Ourselves to Death: Public Discourse in the Age of Show Business* (New York: Punguin Books, 1986).

이것은 구약의 히브리 전통과 초대교회 전통에서 아주 중요한 개념이었는데,[19] 특별히 예배 전통과 관련하여 아주 중요한 개념이었다. 이것은 언제나 행동과 결단과 관련이 있었으며, 과거의 사실을 기억함과 관련이 있을 때도 늘 현재적 관점과 연결되어 사용되었다. 이스라엘이 하나님을 기억하는 것은 하나님의 구원 행동과 계명과 관련을 가졌는데 이것은 그들의 종교적 의식(religious practice)에 있어서 "근본적 중요성"(fundamental importance)을 이루었다.[20] 특히 이것은 기독교의 예배 형성에 있어서 중요한 개념이 되었는데, 닐스 다알(Nils A. Dahl)은 "회상은 초기 기독교 예배와 설교, 감사드림과 기도에 있어서 중심적인 위치를 차지했다"고 주장한다.[21] 성찬에서 주님을 회상한다는 것은 단순히 성찬에만 국한되는 것이 아니라 교회의 전체 실행, 즉 세상에서의 말과 행동을 통한 선포와 제반 행동에 대한 결단이 왜 필요한지를 함께 알려주는 행위였다.[22] 이것은 초대교회의 예배 전통에서 성찬 감사기도에서 회상을 토대로 한 감사(anamnetic blessing)와 청원적 도고(epicletic intercession)의 형태로 나타난다. 그러므로 예배는 "하나님을 기억하는 장"(a school for

---

19) 이러한 특성에 대해 살펴보기 위해서는 Bruce T. Morill, *Anamnesis as Dangerous Memory: Political and Liturgical Theology in Dialogue* (Collegeville: The Liturgical Press, 2000); Nils Alstrup Dahl, *Jesus in the Memory of the Early Church* (Minneapolis: Augsburg, 1976); Brevard S. Childs, *Memory and Tradition in Israel* (Chatham, England: W. & J. MacKay, 1962) 등을 참고하라.
20) Morill, *Anamnesis as Dangerous Memory*, 149.
21) Dahl, *Jesus in the Memory of the Early Church*, 21.
22) Morill, *Anamnesis as Dangerous Memory*, 166. 한편 회상의 차원은 성찬 제정사에서 가장 숭요한 내용이 되었는데, "이것을 행하여 나를 기념하라"는 명령에서 '기념'에 해당하는 헬라어, 아남네시스에서 온 개념이다. 우리말의 '기념'이나 영어의 'remembrance'는 정확한 번역은 아니다. 이것은 본래 성찬이 경축하는 그 사건의 재연(reenactment)에 참여하는 사람들의 '의식적(ritual) 되살림'이다. Jean-Jacques von Allmen, *The Lord's Supper* (London: Lutherworth Press, 1969), 24~25.

remembering)이며[23] 하나님께서 우리를 위하여 행하신 일을 기억하면서 장래에 하나님이 어떤 분이 되어주실 것인지에 대해 기억하게 한다. 세례반, 설교단, 성찬 상에 모인 사람들은 공동의 기억을 필요로 하며, 그것을 통해 세상 속에서 하나님의 뜻을 수행할 사명과 힘을 부여 받고 파송 받는다. 그래서 샐리어즈는 "예배를 통해서 하나님을 찾기 원하는 사람들은 자신의 삶을 이와 같은 회상에 대해 개방해야 한다"고 주장하면서 "예수 그리스도를 생생하게 기억하는 것은 기독교 영성의 가장 중요한 과업"이라고 주장한다.[24]

성경적으로나 역사적으로 볼 때 기독교 예배는 하나님께서 역사와 공동체 가운데서 행하신 사건을 회상함으로 과거의 사건을 오늘 여기에서 맛보게 하였으며, 하나님의 통치하심을 통해 장래 허락하실 사건을 오늘 여기에서 끌어당겨 맛보게 만드는 종말론적 행위이다.[25] 회상으로서의 예배는 하나님과 그의 구원의 역사를 기억하며 과거의 사건을 현재화시킨다. 그러므로 이것은 모든 염려와 고통의 문제를 흔들어 놓는 것이 되며, 세상과 사탄의 권세를 향하여 위협이 된다. 이러한 특성 때문에 브루스 모릴은 회상하는 것(anmnesis)을 "위험한 기억"(dangerous memory)이라고 주장하기도 한다.[26] 그래서 예수

---

23) Saliers, 『거룩한 예배』, 61.
24) Saliers, 『예배와 영성』, 17, 25.
25) 그리스도의 부활 이후 하나님의 백성들과 교회는 종말론적 기대 가운데서 살아왔고, 현재로 침노해 들어오는 하나님 나라 가운데 살아간다. 그러므로 '이미'와 '아직'(already but not yet)의 긴장 가운데서 살아왔다. 그러나 예배와 설교 가운데서 이것은 약화되었는데 마르바 돈은 모더니즘의 영향으로 이해한다. 보다 상세한 사항은 Dawn, *A Royal 'Waste' of Time*, 31장을 참고하라.
26) Bruce T. Morill, *Anamnesis as Dangerous Memory: Political and Liturgical Theology in Dialogue* (Collegeville: The Liturgical Press, 2000). 참고. 그는 이것을 조안 메츠(Johann Baptist Metz)의 신학에서 가져온다. Johann B. Metz, *Faith in History and Society: Toward a Political Fundamental Theology*, trans. David Smith (New York: Seabury Press, 1980)을 참고하라.

그리스도께서는 회상을 명하셨으며(고전 11:24), 예배를 통해서 우리는 하나님의 구원의 역사를 재현하면서 구속 완성을 경험하며 그러한 역사를 이 땅에 구현하기 위하여 나아가는 공동체가 된다. 이런 점에서 예배 공동체의 가장 중요한 사명은 하나님과 이 세상이 안고 있는 상처를 기억하지 못하게 하는 망각의 문화와 자기도취의 문화에 대해 저항하는 것이다.

2) 청원과 탄원으로서의 예배

예배는 하나님께서 우리들의 삶과 역사 가운데서 역사하시도록 '청원'하는 것이다. 그래서 기독교의 예배의 핵심에는 "하나님의 선하신 뜻과 그리스도 예수 안에서 구체적으로 나타난 언약의 약속들이 이루어지기를 간구하는 간절한 외침"이 놓여 있다.[27] 예배는 하나님의 임재에 대한 확신을 전제함으로 시작되고 하나님의 이름을 부르고 성령님을 초대함으로 예배가 펼쳐진다. 말씀 선포와 성찬은 하나님의 임재를 새롭게 경험하게 하며 기도는 하나님의 임재와 도우심을 청원한다. 그러므로 교회가 그분을 초대하는 것을 잃어버리게 될 때 교회는 가장 중요한 것을 상실하는 것이다. 그러므로 초대 교회 예전 문서들은 성령초대의 기도(epiclesis)의 정신을 담고 있고,[28] 모든 예배 순서와 표현, 상징, 모인 사람들 가운데 그분을 온전히 모셔 들이는 초대와 청원은 예배의 기초를 이룬다. 이것은 예배가 성령님을 향해 개방되어 있어야 함을 의미하며, 예배는 인간적 차원으로 형성되는 것

---

27) Saliers, 『거룩한 예배』, 89.
28) 이것은 히폴리투스의 "사도전승"과 성 바질의 "이집트 성찬 기도"에도 나타난다. 여러 세기를 통해 다양한 형태로 형성된 초대교회의 성찬 감사기도는 전적으로 성령님의 역사하심에 의존하고 있음을 알 수 있다. R. C. D. Jasper and G. L. Cuming, *Prayers of the Eucharist: Early and Reformed*, 3rd ed. (Collegeville: Liturgical Press, 1990), 참조.

이 아니라 신적 차원에서 결정된다는 사실을 반증한다. 이것은 또한 예배가 하나님을 향한 개방성을 가져야 한다는 사실을 알려주며, 성령 초대의 기도-청원의 차원-가운데로 늘 새롭게 나아가지 못하면 메마른 예배가 될 수밖에 없다는 사실을 알려준다.[29]

그러므로 예배가 가지는 청원으로서의 특성은 하나님의 부재 현상 가운데서의 부르짖는 기도의 차원과 하늘의 차원을 이 땅에 담아 내려는 초대의 차원을 포함한다. 샐리어즈는 이러한 차원을 다음과 같이 주장한다.

> 하나님의 이름을 부르고 성령님을 초대하는 일의 종말론적 차원은 이렇게 우리가 하나님의 약속을 진지하게 받아들이고 있다는 사실을 분명하게 만들어 준다. 또한 이것은 우리 눈에 감추어져 있던 신비를 드러나게 해주며 세상에 대한 바른 시각을 갖게 해준다. 즉, 우리는 하나님을 떠난 '멀리 떨어진' 존재라는 사실을 알려준다. 모든 사람의 마음을 찾고 계시는 하나님의 성령님은 우리 존재 자체가 망각되고 있는 이 세상 한 가운데서 하나님께 우리를 드러낼 수 있게 해줄 수 있는 유일한 능력이 되신다.[30]

청원으로서의 예배는 이제 개인의 차원을 넘어 공동체의 차원으로 나아가게 되면서 탄원(beseeching)의 형태를 취하게 된다. 이것은 기도로서의 예배가 가지는 하나의 특성을 표현해 주는데, 찬양과 감사로 나아가는 사람들은 이제 신실하신 하나님의 임재를 경험하면서 세상을 위한 중보자와 탄원자로 서게 만든다. 그래서 클라우스 베스터만은 예배 가운데 하나님을 찬양하는 순서와 함께 빠질 수 없는 순

---

29) Saliers, 『거룩한 예배』, 6장 참고.
30) 위의 책, 206.

서가 세상을 향한 탄식의 순서라고 규정하면서 찬양과 감사는 세상을 향한 탄식과 함께 주어질 때 그 진정성을 갖게 된다고 주장한다.[31] 그래서 탄원은 개인주의적 성향이 강한 개신교의 예배 가운데서 특별히 강조되고 회복되어야 할 요소 가운데 하나이다. 왜냐하면 진실하게 하나님을 예배하는 것은 "우리가 사는 세상과 우리 자신에 대한 진실과 명확하게 대면하는 것"이 되기 때문이다.[32] 예배자들은 하나님을 만나게 됨으로 사람들은 경축하게 되며 그분의 존재와 일하심에 대해 응답하게 되는데, 하나님께 아뢰고 탄원하는 행위를 통해 하나님께서 받으셔야 할 합당한 영광과 위엄을 그분께 돌려드리는 것이 된다. 그러므로 예배는 "초대하고(epicletic), 기억하는(anamnetic) 본질에 기초를 둔 중요한 찬양의 제사"(a critical sacrifice of praise)가 되며[33] 이것은 세상과 그곳에서의 삶으로 연결되는 윤리적 차원으로 연결된다.

하나님의 은혜를 간절히 기대하는 청원과 세상을 향한 탄원의 기도는 예배가 가져야 할 중요한 기억의 행위(cultic remembering)이며 이것은 의를 행하고 자비를 베푸는 그리스도인의 삶과 윤리로 연결되는 행위이다. 예배 중에 드리는 중보기도(liturgical intercessions)의 하나인 신자의 기도는 전통적으로 성찬 대감사기도(the Great Thanksgiving) 가운데 포함되어 있었으며 이것은 예배 회중들과 온 세상 가운데 성령님께서 임하도록 초대하는 "성령 초대 기도의 확장"

---

31) Claus Westermann, *Praise and Lament in the Psalms* (Atlanta: John Knox Press, 1981), 267.
32) Saliers, 『거룩한 예배』, 216, 219.
33) 이러한 신학적 특성은 칼 바르트와 단 샐리어즈에게서 빌려온 것이다. Karl Barth, *Prayer*, ed. Don E. Saliers (Philadelphia: Westminster Press, 1985); idem, *Ethics*, ed. Dietrich Braun (New York: Seabury Press, 1981); Saliers, 『거룩한 예배』, 4장 등을 참고하라.

이었다.[34] 그러므로 이것은 단순한 감정적 연민에서 비롯된 것이 아니라 예배의 본질을 드러내는 것이며, 세상과의 연대감을 가지고 함께 살아가는 방식을 드러내는 것이다. 그래서 샐리어즈는 이 연대감을 배우기 전까지, 또한 다른 사람의 고통을 기억하고 어루만지기 전까지 우리의 삶과 예배는 불완전한 것이 된다고 주장한다.[35] 세상의 비통함과 고통을 생각하고 이러한 기도를 통해서 어루만져줄 수 없다면 하나님께 올려드리는 찬양과 감사는 적절한 것이 되지 못한다는 의미이다.

- **영광의 찬송으로서의 예배**

종말론적 행위로서의 예배는 이제 영광의 찬송을 올려드리는 것으로 완성된다. 그러므로 예배자들은 예배를 통해 영광을 올려드리는 것에 집중해야 하지만 무엇보다도 바른 찬양, 바른 고백을 필요로 한다. 즉, 하나님께 바르게 찬양을 올려드리는 것(ortho-doxa)에 모든 관심을 집중해야 한다.

'영광'(doxa)은 하나님의 자기 명시를 통해서 드러나는 것이며, 하나님의 본질적 속성과 임재와 관련하여 사용된 개념이었다. 성육신은 초대교회로부터 기독교의 예배는 창세로부터 모든 시간 가운데 존재하시는 하나님의 영광을 함께 나누고, 그 임재를 누림을 목표로 하였다. 그러한 누림은 하나님이 어떤 분이신지를 인식할 수 있도록 만들어 주는 수단이었다. 기독교 예배 가운데 영광의 찬송은 언제나 종말론적 기대 가운데서 드려졌는데, 성육신을 통해 이 땅에 거하심으

---

34) Leonel Mitchell, *Praying Shapes Believing* (Minneapolis: The Winston Press, 1985), 171.
35) Saliers, 『거룩한 예배』, 237-238.

로 하나님의 영광을 가시적으로 볼 수 있게 하셨던 그 은혜에 감격하며 예배자들은 나아간다(요 1:14). 찬양하고, 기도하면서, 그리고 말씀을 들으면서 어떻게 하나님께 영광을 올려드려야 할지를 배우게 되고 장래 새 하늘과 새 땅에서 맛보게 될 그 영광을 바라보며 삶의 자리로 나아간다. 예배자들은 예배를 통해서 삶의 각 영역에서 영광 돌리는 삶(doxological practices)을 형성해 가는 방식을 배워야 한다.

이것은 자신이 주체가 되고 중심이 되어야 한다고 부추기는 소비자중심주의와 즐거움을 추구하는 현대 문화, 개인주의가 추구하는 것과는 전적으로 다른 차원이며[36] 기독교 예배는 이제 하나님의 영광을 추구한다. 특별히 개혁교회 예배 전통은 '오직 하나님께만 영광'(soli Deo gloria)을 그 중심주제로 삼는데, 예배의 궁극적 목적을 하나님께만 영광을 올려드리는 것에 둔다. 그런 점에서 예배의 모든 순서는 하나님의 영광을 드러내는 순서가 되어야 한다.[37] 예배자들은 하나님을 초대하고 탄원하는 예배를 통해 자기 주심의 선물로서의 은혜를 인식하고, 그분의 임재를 인식하면서 하나님께 영광을 올려드리는 것은 예배의 당위성으로 삼는다.

- **종말론적 예술로서의 예배**

기독교 예배는 하나님의 약속을 기억하고 미래의 약속을 기다린다는 점에서 종말론적 특성을 갖는다. 예배는 본질적으로 미래를 향

---

36) 이러한 경향에 대해서는 Christopher Lasch, *The Culture of Narcissism: American Life in an Age of Diminishing Expectations* (New York: Norton, 1978); Rodney Clapp, ed., *The Consuming Passion* 등을 참고하라.

37) 샐리어즈는 하나님의 영광 가운데 참여하는 단계를 예배에 있어 "완전하고 능동적이며, 분명한 의식을 가진 참여," 그리스도의 몸인 교회로서 참여, 하나님이 원하시는 바로 그 삶 가운데 참여하는 단계로 나눈다. 이것은 예배자의 자세, 공동체인 교회의 정기적인 예배에의 참석, 삶의 변형과 그것을 통해 영광을 올려드리는 청지기로서의 삶에 강조를 둔 것이다. Saliers, 『거룩한 예배』, 85.

해 열려있어야 하는 종말론적 프락시스이다. 그러므로 이러한 실행을 위해 갖는 예배의 시간과 입문의식으로서의 입교 예식, 예배의 순서들은 종말론적 특성을 담고 있다.[38] 예배는 과거를 회상함으로 하나님의 역사하심을 여기에서 맛보는 것으로서의 과거의 회상 능력과 미래의 약속을 끌어당겨 여기에서 맛보는 비전 능력으로 구성된다.[39] 이것은 단순히 과거를 기억하는 것 이상이며, 하나님의 약속을 기대하는 것 이상의 차원을 포함한다. 그것은 예배가 하나님의 미래와 사건에 참여하는 것이고 바로 오늘 여기에서의 경험이며, 아직 드러나지 않았고 온전히 다 이해할 수는 없지만 그 신비로 인해 기뻐하고 잔치를 벌이는 경축의 차원을 포함한다.

공적 예배의 목적은 하나님을 영화롭게 하고 그분의 뜻을 따라 우리를 거룩하게 변형시켜 가는 것, 즉 영화(glorification)와 성화(sanctification)에 있다고 할 수 있는데,[40] 우리는 이러한 목적을 위해 예배가 그 자체로 깊은 영성과 미적 자산을 필요로 한다는 사실을 알 수 있다. 즉, 인간 경험의 모든 영역을 어루만지는 예술의 차원이 작

---

38) 예를 들어 주일에 모이는 것 자체가 종말론적 행동으로 이해할 수 있다. 주일은 온 세상을 새롭게 창조하신 첫날이며, "어두움과 모든 삶의 문제를 변화시킨 날"이기 때문이다. 새 창조의 첫날로 표기하기 위하여 "제 8요일"로 표기하는 이유가 바로 이것이다. 전혀 새로운 시작의 첫날이 시작되었으며 우리는 미래의 새로운 시대에 이미 참여하였음을 알려주는 의미를 가진다. 또한 예배의 종말론적 특성을 담고 있는 실행 중에는 세례, 장례, 성찬 등의 실행도 종말론적 특성을 담고 있다. 이러한 특성을 보다 상세하기 살펴보기 위해서 Don E. Saliers, 『거룩한 예배』, 3장을 참고하라.
39) 이것은 흔히 교회력을 설명할 때 헬라어 아남네시스(anamnesis)와 프로렙시스(prolepsis)로 설명하는데 로렌스 스투키는 전자를 "과거를 현재로 끌어오는 것"으로, 후자를 "미래를 현재 안으로 끌고 들어오는 것"으로 설명한다. 이에 대한 보다 자세한 설명을 위해서는 Laurence H. Stookey, *Calendar: Christ's Time for the Church* (Nashville: Abingdon Press, 1996), 1장을 참고하라.
40) 이것은 제 2바티칸 공의회 이후 로마 가톨릭교회가 주장하는 예배 이해이기도 한데, 샐리어즈도 이런 관점을 주장한다. 제임스 화이트는 "인간이 거룩해지는 것보다 하나님을 영화롭게 하는 것이 없고 하나님을 영화롭게 하려는 노력보다 거룩하게 하는 것이 없다"고 주장한다. Saliers, 『거룩한 예배』, 351; White, *Introduction to Christian Worship*, 29.

용한다. 이러한 특성 때문에 샐리어즈는 다음과 같이 주장한다.

> 예배가 사람들의 모든 것을 하나님의 거룩하심으로 앞으로 가져와 오직 하나님께서 허락하시는 미래를 오늘의 자리에서 실재로 경험하도록 만들어 주는 한, 결국 예배는 종말론적 예술이다. 예배는 예술이 필요로 하는 모든 것을 필요로 하는데 즉 예배 형태, 자료, 훈련, 상상력, 그리고 고통과 같은 차원이 그것이다.[41]

이렇게 다양한 미적 차원과 예술적 차원이 서로 조화되면서 어떻게 예배의 아름다움(beauty)을 만들어가고 거룩성(holiness)을 세워가는지를 고려하여야 한다. 기독교 예배는 단순히 아름다움과 유용성만을 고려하는 세속 공연이나 예술과는 달리 거룩성을 향해 그 눈과 귀를 열어놓아야 한다.

그러므로 예배에 도입되는 모든 예술은 그것이 은혜에 온전히 응답할 수 있을 때 그 궁극적 목적을 위해 사용될 수 있다. 예배에는 시간과 공간의 언어, 음성과 시각의 언어, 떡과 포도주 그리고 물과 기름 등의 종교적 상징과 몸동작과 제스처와 같은 신체적 표현 등의 다양한 매체가 사용되지만 이것은 단순히 유용성이나 효용성을 따라서 도입할 수 있는 것이 아니라 반드시 예배 신학에 의해 지배받는 것이 되어야 한다. 이것은 예배자들로 하여금 하나님의 이름으로 말하고, 듣고, 만지며, 참여할 수 있도록 도와준다. 이러한 모든 매체가 예배 신학적 지침을 따라 하나님의 영광과 거룩하심에 이끌렸을 때 아름다움을 만들고 하나님의 미래를 보게 하는 종말론적 예술이 된다.

예배는 근본적으로 신학적 사건이며, 시초가 되는 정통신앙(orthodoxia prima), 즉 일차적 신학으로 작용해 왔다. 예배는 믿음

---

41) Saliers, 『거룩한 예배』, 352.

의 공동체인 교회가 하나님께 아뢰고(address), 하나님과의 영적 대화 가운데로 들어가며, 하나님께 믿음의 고백을 올려드리며, 언어, 준비된 도구, 의식적 몸짓과 행동과 같은 다양한 매개를 통해 그들의 믿음을 상징화함으로 이루어지는 '신학적 행동'(theological act)이다.[42] 예배는 그 진술과 행동이 하나님께(to) 올려드린다는 점에서, 그리고 하나님의 둘레에서(about) 그 모든 것이 만들어진다는 점에서 신학적 행동이다.

예배는 하나님께서 행하시는 일을 회상하는 것이고, 그 하나님께 나아가 간구하고 묵상하고 기도하는 것이다.[43] 하나님을 기억하고 그분의 역사를 회상한다는 것은 언제나 과거의 사건을 현재화할 수 있도록 도와주며, 장래의 사건을 이곳에서 경험하게 만드는 종말론적 특성을 가진다. 이것은 우리의 능력이나 인간적 자원으로 이룩되는 것이 아님으로 예배는 본질적으로 '청원적 차원'을 통해 형성된다. 그러므로 예배는 어떤 실리적 차원이나 실용적 차원에서 제정되어서는 안 된다.[44] 예배의 중심에는 언제나 하나님의 주권에 대한 우리의 인정과 응답이 놓여 있어야 하며, 회상과 청원을 통해 하나님께 나아가 행하신 일에 대한 감격과 하나님의 미래를 예배 가운데서 맛보면서 영광을 올려드리는 신학적 행동이다. 예배의 생명력은 인간적인 도구나 기교에서 비롯되는 것이 아니고 진정으로 교회가 하나님의 선하심에 이끌리며, 성령님께서 그 모든 것을 덮으실 때 이룩된다는 사실을 고백할 수 있어야 한다.

---

42) 위의 책, 44.
43) Brevard S. Childs, *Memory and Tradition in Israel* (London: SCM, 1962), 61.
44) 이런 점에서 샐리어즈는 예배는 "예수 그리스도께서 성육신하신 방식으로 하나님과 인간의 만남의 드라마를 다시 보여주는 비실리적 제정"(nonutilitarian enactment)이 되어야 한다고 주장한다. Saliers, 『거룩한 예배』, 325 참고.

8장 예배와 신학의 상관성 : 예전 연구방법론

> 내 주를 기려 높이 찬양하고
> 그에게 감사 드릴지어다
> 한껏 겸손을 다하여 그를 섬길지어다.
> – 성 프랜치스코, "태양의 찬가" 중에서

하나님의 백성들의 공동체인 교회를 통해서 수행되는 예배(leitourgia)는 교회의 '독특한' 표현이며 교회의 가장 '중심적'인 사역이다. 여기에서 '독특한'이라는 의미는 예배가 교회의 믿음과 삶의 표현이라는 것과 여기에는 분명한 지침과 규범이 있어야 한다는 의미를 포함한다. 그러므로 예배는 신학적 구조(theological structure) 위에 세워져야 하며 일정한 규칙에 의해서 지배를 받아야 한다. 교회의 중심적 사역이라는 점에서 기독교의 예배는 깊은 숙고를 필요로 하며, 또한 그것은 다른 모든 사역에 규범(norm)을 제시한다. 그런 점에서 어떻게 예배해야 하는지를 아는 것은 교회의 가장 중요한 사명이며, 또 그것을 바로 알고 행하는 것은 그리스도인 됨의 가장 기본적인 부분이자 교회의 사명이다. 그러므로 예배의 본질에 대한 탐구는 예배에 대한 신학적 연구와 깊은 관련이 있고, 교회의 역사와 함께 이어져 온 주요 관심사였다.

교회의 역사 가운데서 예배를 새롭게 하려는 예배 개혁은 다양한 시대에서 다양한 형태로 주어졌다.[1] 특별히 종교개혁자들에 의해 예배 개혁이 단행된 이후 개신교 예배는 다양한 흐름으로 발전되었다. 다양한 흐름은 교파를 형성하기도 했고, 강조점에 따라 다양한 예배의 스펙트럼을 형성하였다. 그러나 작금 예배가 교회 성장과 부흥을 위한 수단으로 사용되기도 하고 교회의 전통이나 신학은 도외시 된 채 '실용성'이라는 차원에 의해 지배를 받으면서 혼동을 낳기도 하고 예배의 본질과 정신의 변용이라는 문제를 낳기도 했다. 에이단 카바나(Aidan Kavanagh)의 표현을 빌리면 "예배 공동체의 발판은 혼동의 모퉁이(the edge of chaos)에서 흔들고 있다."[2] 이것은 예배 실행과 신학적 이해 사이에서의 괴리뿐만 아니라 오늘의 사역의 현장에 다양한 형태로 나타나고 있다.[3]

개신교 예배 현장이 안고 있는 이런 괴리현상에 대한 하나의 실마리를 예전신학(liturgical theology) 연구에서 찾을 수 있다. 이것은 교회의 삶과 신학[4]의 영역에서 예전의 중심성을 새롭게 인식할 수 있도록 도와주며, 예전과 신학의 상관성에 대해 숙고하게 할 것이며, 지

---

1) 대표적 흐름으로 종교개혁과 예배복고운동(liturgical movement)을 들 수 있으며, '현대적 예배' 경향도 이 범주에 속한다. 전자가 주로 예배의 본질과 교회의 중심성을 견고히 하려고 했다면 후자는 현대적 문화 속에서 효용성에 주안점을 둔 흐름으로 평가할 수 있다. 전자를 위해서는 John Fenwick, *Worship in Transition: The Liturgical Movement in the Twentieth Century* (New York: Continuum, 1995); 후자를 위해서는 Andy Langford, *Transitions in Worship: Moving from Traditional to Contemporary* (Nashville: Abingdon Press, 1999); Bryan D. Spinks, *The Worship Mall: Contemporary Responses to Contemporary Culture* (New York: Church Publishing, 2011) 등을 참고하라.
2) Aidan Kavanagh, *On Liturgical Theology* (Collegeville: The Liturgical Press, 1992), 75.
3) 이것은 예배의 실행과 예배의 신학적 이해 사이의 단절 현상뿐만 아니라 목회 실천과 신학과의 괴리 현상, 또한 상아탑에서의 신학연구와 현장에서의 목회 실천 사이에서의 괴리 현상을 포함한다.
4) 이것은 교리신학(dogmatic theology)을 지칭하는 말로 사용하였다. 또한 liturgy는 상황에 따라 '예전'이나 '예배'로, theology는 '신학'과 '교리'라는 용어를 병행 사용하였음을 밝힌다.

나친 문화 적응과 실용성 추구는 오히려 '뿌리 없음'과 변질의 문제에 직면케 한다는 점을 인식케 한다. 예배와 신학의 상관성을 살펴보면 우리는 예전신학 연구가 지향해야 할 방향성을 모색할 수 있다. 사실 하나님의 백성들의 공동체인 교회는 예배를 통해 하나님의 임재와 계시를 새롭게 경험하게 되며, 그것은 교회의 신앙으로 형성된다. 개신교 예배는 그들의 다양한 경험만큼이나 다양한 표현들과 신학으로 형성 발전해 왔다.

예전과 신학이 갖는 관계에 대해서는 5세기 신학자인 아퀴테인의 프로스퍼(Prosper of Aquitaine)가 축약적으로 사용한 라틴어 문구가 잘 설명해 준다. Lex orandi, lex credendi, 즉 기도의 법칙은 믿음의 법칙이며(is), 그것을 구성하며(constitutes), 확립한다(establish).[5] 이것은 예배에 대해 묘사하는 패턴(descriptive pattern)이 믿음을 규정하는 규범(prescriptive norm)으로 삼아왔음을 강조한다.[6] 이것은 예배와 신학의 관계뿐만 아니라 예배가 가지는 신학적 측면을 이해하는 한 방법이라고 할 수 있다. 예전신학의 중요한 이슈인 이 주제를 여기에서는 대표적인 학자인 정교회 신학자 알렉산더 쉬메만, 개신교의 대표적 학자인 제프리 웨인라이트, 그리고 가톨릭의 에이단 카바나(Aidan Kavanagh)의 주장을 중심으로 살펴보자.[7]

---

[5] 본래 이것은 Ut legem credendi lex statuat supplicandi라는 표현에서 유래한 것으로, "예배의 법칙(예배)이 믿음의 법칙(신학)을 형성할 수 있다"라는 뜻이다.

[6] Geoffrey Wainwright, *Doxology: The Praise of God in Worship, Doctrine and Life-A Systematic Theology* (New York: Oxford University Pres, 1980), 251.

[7] 여기에서 그들의 예전신학을 연구함에 있어서 이론 전부를 요약하는 것이 목적이 아니며, 평가적(evaluative) 방식보다는 주로 해석적(interpretive) 방식을 취하였음을 밝힌다.

예배와 신학의 상관성

예배와 신학은 어떤 관계성을 가지는가? 예배와 신학의 상관성에 대한 논의는 오랜 역사를 가지고 있다. 교회의 역사 가운데서 이 관계를 어떻게 이해할 것인가와 관련하여 크게 두 진영으로 나누어 설명할 수 있다.[8]

먼저는 교부 유형(patristic type)이다. 교부들은 중심적인 특징 가운데 하나는 그들의 신학적 사유와 그들의 예배 경험(liturgical experience) 사이를 유기적 연결로 이해하였다. 여기에서 "기도의 법칙은 믿음의 법칙을 지배한다"(lex orandi est lex credendi)는 명제가 성립된다.[9] 예전 전통, 즉 예배의 삶(liturgical life)은 신학을 위한 본질적인 영역이며 자명한 준거의 틀로 이해한 것이다. 하나님을 어떻게 섬기는가와 관련된 예배의 법칙은 어떻게 예배하는가를 보여주는데 이것은 무엇을 믿는가를 결정짓는다는 것이다. 이것은 예배가 단지 교회 사역 가운데 하나나 부속물이 아니며, 교회의 정체성을 드러내는 기초이자 가장 최고의 목적을 표현하는 교회의 중심 사역이라는 의미를 담고 있다. 교부들은 예전을 단순히 분석하고 사유하려고 하지 않았다. 그들에게 있어서 예전은 신학적 탐구와 규정하는 대상(object)이 아니었고 "모든 기독교 사상의 살아있는 자원(living source)이며 궁극적인 기준"이었다.[10] 이렇게 모든 신학은 예배로부터 나오며, 예배는 기독교 신학의 '원천'(source)이 된다는 관점이다.

---

8) 이것은 주로 쉬메만의 구분을 따른 것이다. Alexander Schmemann, "Theology and Liturgical Tradition," Massey H. Shepherd, ed., *Worship in Scripture and Tradition* (New York: Oxford University Press, 1963), 167~70.

9) 5세기 프로스퍼(Prosper)는 ut legem credendi statuat lex supplicandi(기도의 규칙이 신앙의 규칙이 되기를)로 제시하고 중세에는 lex credendi legem statuat supplicandi(믿음의 법칙은 기도의 법칙을 세운다)로도 사용된다.

10) Schmemann, "Theology and Liturgical Tradition," 167.

다음으로는 스콜라적 유형(scholastic type)이다.[11] 여기에서 신학과 예배는 유기적으로 연결되어 있지만 신학은 독립적이고 이성적으로 연구하는 지위를 갖는다. 여기에서 신학은 "견실한 범주와 개념들이 지니는 시스템을 탐구하는" 학문(intellectus fidei)이다. 여기에서 예배는 '원천'에서 '대상'(object)으로 바뀐다. 이제 신학의 임무는 주어진 범주에 대해 규명하고 평가하는 것이 된다. 예전은 신학에 '자료'(data)를 제시하게 되며 그러한 자료를 다룸에 있어서 신학은 예배의 상황으로부터 철저히 독립적이며 주도적이다. 그러한 자료의 선택과 분류는 이미 인정된 개념적 구조의 '산물'로 작용할 뿐이다.

이러한 흐름은 비잔틴 신학 이후부터 형성되기 시작하여 스콜라 시대를 거치고 신학 연구가 관념적이 되면서 교회 안에서는 가장 대표적인 흐름으로 자리 잡게 된다. 종교개혁자들은 중세교회에 반기를 들고 초대교회의 예배 전통으로 돌아가기 위해 예배개혁을 시도했지만 결국 중세의 교리와 예배 신학을 다른 교리와 예배 신학으로 대체하면서 개신교 내에서 레이투르기아는 신학적 개념과 해석의 대상으로만 남게 된다. 특히 계몽주의 시대를 지나면서 신학은 합리성과 논리성을 바탕으로 발전해 나가면서 이런 본래의 방향성을 상실한다.

이런 경향을 벗어나려는 흐름의 하나가 '예배복고운동'(liturgical movement)이다.[12] 이것은 교회 역사에서 예배 전통이 가지는 신학적 지위를 회복시키려는 시도였다. 이것의 근본적인 전제는 예배가 신학

---

11) 여기에서 '스콜라적'이라는 말은 단지 정규 학교나 신학의 역사 가운데서 제시된 어떤 신학의 경향을 의미하는 단어라기보다는 서방과 동방교회에 다양한 형태로 존재하는 신학적 구조를 드러내기 위하여 사용된 용어이다.
12) 이것은 19세기 중반 이후 예배 개혁을 위해 일어난 흐름으로 가톨릭과 개신교 진영에서 함께 깊은 영향을 받는다. 이것은 바티칸 공의회와 에큐메니칼 운동에 단초를 제공하였으며 양 진영의 예배 가운데 중요한 변화를 가져온다. 즉 회중의 참여와 모국어 사용, 초기 교회 예전과 삶에 대한 재발견, 예배 전통과 순서에 대한 재발견, 예배서 발간, 성찬 혹은 설교의 재발견 등을 들 수 있다.

적 의미와 믿음의 선언적 특징을 가지고 있을 뿐만 아니라 신학의 생생한 규범(living norm)이 되며, 믿음의 원천인 성경과 교회의 전통은 생생한 실재를 예배 가운데서 발견할 수 있게 한다는 점이다.[13] 실제로 예배복고운동의 주자들은 교부 시대의 본질을 회복하는 것에 주안점을 두면서 스콜라적 이해 유형을 벗어나려고 하는데 그것은 신학이 지녀야 하는 진정한 기독교적 규범을 벗어났다는 판단에서였다. 어쩌면 스콜라적 유형은 개신교 진영의 신학 현장에서 아주 익숙한 이해이며 당연하게 받아들여진 유형이다. 단적으로 예전 전통은 신학 연구에 있어서 아무런 역할을 하지 못하고 예배와 신학은 전혀 다른 영역으로 분리된다. 신학은 예배 상황과 전혀 상관없는 이야기로 가득 채워가고, 예배 역시 신학적 숙고와는 별 상관없이 문화와 목회적 필요에 따라 형성되고 변화를 거듭한다.[14]

그렇다면 예배와 신학은 어떤 관계성을 가져야 할 것이며, 우리는 예배 연구에 있어서 어떤 유형을 선택할 수 있을 것인가? 이러한 상황에서 기독교 예전이 가지고 있는 신학적 의미를 추구하는 예전신학 연구 방법론은 작금에 이르러 예배와 신학의 관계에 깊은 관심을 가지고 연구가 진행되고 있다.[15] 그러나 오늘날 일각에서는 현대적 예배의 새로운 추구와 무분별한 매체와 순서의 도입으로 인해 실용주의 사고에 깊게 사로잡혀 있으며, 신학 연구 역시 예배와는 크게 상관이

---

13) Schmemann, "Theology and Liturgical Tradition," 170.
14) 이것은 가톨릭교회나 동방정교회 예배 현장보다는 개신교 예배 현장에서 두드러지게 나타나고 있다.
15) 이러한 최근 연구경향을 위해서 David W. Fagerberg, *What Is Liturgical Theology?: A Study in Methodology* (Collegeville: The Liturgical Press, 1992); Aidan Kavanagh, *On Liturgical Theology*; Robert Taft, "Liturgy as Theology," *Worship*, 56 (1982): 113~16; Saliers, 『거룩한 예배』; Gordon Lathrop, *Holy Things: A Liturgical Theology* (Minneapolis: Fortress Press, 1993) 등을 참고하라.

없는 다른 진지를 구축해 가고 있다. 이러한 현상을 가리켜 쉬메만은 "예전적 인식의 변질"(metamorphosis of liturgical conscience)이라고 규정한다.[16] 우리 시대의 예배와 신학의 문제점은 예배가 가지는 바른 신학적 의미의 회복과 신학에 있어서의 예전적 차원(liturgical dimension)의 회복에 있다.[17] 이러한 변질의 극복을 위해 여기에서 우리는 이러한 고민과 함께 예전 신학을 개진해 가는 학자들의 주장을 먼저 살펴보자. 이것은 예배의 자리에 대한 이해일 뿐만 아니라 예배와 신학의 관계성에 대한 이해요, 더 나아가서 예배의 신학적 이해에 대한 영역이다. 이것은 크게 두 영역으로 나누어 설명할 수 있지만[18] 여기에서는 네 영역으로 나누어서 설명을 하고자 한다.

- 예배는 신학을 형성하고 규정한다: 에이단 카바나

이것은 주로 로마 가톨릭 진영의 학자들이 주장하는 것으로 예배가 가지는 '형성적 역할'(formative role)을 강조한 것이다. 이것은 교회의 신학적, 교리적 자기표현에 있어서 '기도의 법칙'(lex orandi)이 어떤 역할을 하는가에 중점을 둔 것으로 어떻게 예배하느냐가 교회의 믿음의 법칙을 형성하고 규정한다고 이해한 것이다. 이러한 입장은 중세로부터 시작하여 현대에 이르기까지 가톨릭 진영의 많은 학자들이 이러한 입장을 따르고 있으며 미국 예일대학교 교수였던 에이단

---

16) Schmemann, "Theology and Liturgical Tradition," 170.
17) Thomas Fisch, ed. *Liturgy and Tradition: Theological Reflections of Alexander Schmemann* (Crestwood: St. Vladimir's Seminary Press, 1990), 67.
18) 물론 이러한 관계에 대해서 조금 다르게 설명하기도 한다. 마이클 아운(Michael Aune)은 대략 두 진영으로 나누어서 설명한다. Michael Aune, "Liturgy and Theology: Rethinking the Relationship, Part 1, Setting the Stage," *Worship*, 81, no. 1 (January 2007), 46~68; "Liturgy and Theology: Rethinking the Relationship, Part 1, A Different Starting Place," *Worship*, 81, no. 2 (March 2007), 141~49 참조.

카바나와 레오넬 미첼이 그 주장을 잘 정리하여 제시한다.[19] 이들은 드리는 예배를 볼 때 거기에서 신학과 신앙, 그것을 드리는 교회의 교리를 읽을 수 있다고 주장한다. 예배 가운데서 기도하고 말하고 찬양하는 행위를 통해 먼저 하나님을 경험하게 되고, 이러한 경험은 바로 믿음(신학)을 형성한다는 주장이다.

예배 가운데서 그들은 하나님과의 만남으로 인해 놀라움을 경험하게 되며, 그 경험은 예배 가운데서 선포되는 말씀과 성례전을 통해 신학적 체계를 갖게 되며, 이 경험과 신학적 고백이 융합된 것이 믿음(신학)이라고 이해한다. 이렇게 예배를 통해서 형성된 신앙을 일차적 신학(theologia prima), 즉 원신학이라고 말하며 이러한 신앙이 결합되어 체계적 신학으로 형성된 것을 이차적 신학(theologia secunda)이라고 이해한다.[20] 전자는 후자를 형성하고 지배하며, 영향을 미친다. 칼 바르트가 말한 대로 신학이 초월적이며 절대적인 하나님을 인식하는 것이 불가능하지만 예배 가운데 경험한 하나님의 신비를 기술하는 것이 신학의 임무이다. 신학을 한다는 것은 우리가 하나님의 언어를 말하는 것이 아니라 말씀이 우리에게 말하도록 하는 것이며 영광송, 즉 예배는 신학의 제 1의 자리이다.[21]

그런 점에서 보면 예전신학은 "예배에 있어서 주요 실행 주체

---

19) Aidan Kavanagh, *On Liturgical Theology* (Collegeville: The Liturgical Press, 1984); Leonel L. Mitchell, *Praying Shapes Believing: A Theological Commentary on the Book of Common Prayer* (Harrisburg: Morehouse Publishing, 1985).

20) Kavanagh, *On Liturgical Theology*, 74~76. 이러한 구분을 카바나의 제자인 데이빗 패거버그(David Fagerberg)와 고든 래스롭(Gordon Lathrop)에게서도 찾게 된다. David Fagerberg, *Theologia Prima: What Is Liturgical Theology* (Chicago: Liturgical Publications, Hillenbrand Books, 2004); Gordon Lathrop, *Holy Things: A Liturgical Theology* (Minneapolis: Fortress Press, 1993)을 참고하라.

21) Nathan D. Mitchell, *Meeting Mystery*, 안선희 역, 『예배, 신비를 만나다』 (서울: 바이북스, 2014), 344.

(primary active agent)인 예배 공동체가 행한 것에 기초"를 두며 예배 가운데서 공동체가 무엇을 대면하고 경험하였는가에 기초한다.[22] 예배 가운데 허락하신 말씀과 성찬을 통한 예배의 신비를 경험하고 그것을 통해 변화된 삶을 사는 공동체의 예배가 신학의 원자료가 되며 이것은 신학의 기초가 된다고 이해한다. 그럼으로 예배 가운데서 표현되는 모든 것과 행위 자체는 신학적이며, 그 자체를 바로 보존하는 것은 공동체의 사명이 된다. 여기에서 예배의 신학적 특성이 견고하게 세워질 수 있다.

일반적으로 예배와 신학의 관계성에 대해서 개신교 진영의 학자들은 별개의 것으로 이해하거나 '믿음의 법칙'은 교회의 예전과는 상관없이 독립적으로 습득할 수 있는 것으로 이해하기도 하며 그 이해한 것을 예전 가운데서 그들이 행하는 것에 적용할 수 있는 것으로 이해한다. 그러므로 믿음의 법칙이 가장 주요한 요소가 된다. 여기에서 이론과 실제는 서로 분리된 영역이며, 이론적인 영역이 실제의 영역을 지배하는 것으로 이해하기도 한다. 이러한 입장과는 달리 이 영역에 속한 학자들은 예배의 우선성에 강조점을 두면서 예배 행위와 표현은 가장 원천적인 신학적인 표현이라는 점에서 그 중요성이 더해진다.

- **신학은 예배로부터 나온다: 제프리 웨인라이트**
  예배와 신학의 관계를 중심으로 한 예전신학 연구 가운데[23] 제

---

22) Maxwell E. Johnson, *Praying and Believing in Early Christianity: The Interplay between Christian Worship and Doctrine* (Collgeville: Liturgical Press, 2013), xi.
23) 데이빗 패거버그는 예배와 신학의 상관성을 이해하는 방식을 따른 기존의 예전 연구 방법을 잘 정리해 주었다. 예배의 신학(theology of worship) 연구 방식, 예전으로부터 신학 유추 방식(theology from worship), 유기적 상관성을 따르는 방식 등을 제시하면서 자신의 연구 방법론을 제시한다. 여기에서는 두 번째와 세 번째 방식의 대표자인 웨인라이트와 쉬메만을 논의를 위한 대화상대로 삼았음을 밝힌다. David W.

프리 웨인라이트[24]는 예전신학 연구에 있어서 예배와 신학의 관계를 독특한 방식으로 조명한 학자이다. 그의 대표 저서인 *Doxology*는 본래 조직신학 연구서인데 신학 연구가 어떻게 예전적 방식을 취할 수 있는지를 고찰한다.[25] 그는 이것을 "신학함에 있어서 예전적 방식"(liturgical way of doing theology)이라고 칭한다. 그에게 있어서 예배는 하나님의 계시를 담은 문자화된 예식인데[26] 그것이 하나님을 계시하는 말씀을 담고 있을 때만 예배를 위한 원천이 될 수 있다. 예배에서와 같이 신학 연구에서도 최종 목적은 영광의 찬송이 되어야 하며 예전으로부터 신학의 중요한 내용을 가져올 수 있다고 본다. 패거버거는 이것을 "기독교의 예배라는 실타래로 교회의 삶과 신학(church's life and thought)이라는 옷감을 짜는"작업이라고 평가한다.[27] 이것은 흔히 "예배로부터의 신학"(theology from worship) 연구 방법으로 명명된다. 예배 공동체인 회중들이 믿는 것과 고백하는 것, 즉 신학이 예전 속에 반영되고 영향을 끼칠 수 있다고 이해하면서 개신교적 이해를 바탕으로 한다.[28]

웨인라이트에게 있어서 신학은 지적 행위이며 이성적 작업이다.

Fagerberg, *What Is Liturgical Theology?: A Study in Methodology* (Collegeville: The Liturgical Press, 1992) 참고. 이것의 개정판으로는 David W. Fagerberg, *Theologia Prima: What Is Liturgical Theology?* (Chicago: Liturgy Training Publications, 2004)을 참고하라.

24) 제프리 웨인라이트는 뉴욕 유니온신학대학원에서 교수를 지냈으며, 1983년부터 듀크 대학교 신학부에서 조직신학과 예배학을 가르치다가 2012년 은퇴하였다. 오랜 기간 세계교회협의회(WCC) 신앙과 직제위원회 위원으로 활동했으며, 리마문서(BEM) 편찬을 위한 편집장으로 활동하기도 했다.

25) Geoffrey Wainwright, *Doxology: The Praise of God in Worship, Doctrine and Life-A Systematic Theology* (New York: Oxford University Pres, 1980).

26) 위의 책, 242.

27) Fagerberg, *What Is Liturgical Theology?*, 102.

28) Wainwright, *Doxology*, 218.

그러나 신학의 원천과 자산(resource)은 언제나 이성의 지적 차원보다 훨씬 더 풍부하다고 주장한다. 신학은 인간과 하나님의 세계와 그 존재에 대한 지적 숙고의 차원을 포함하는데, 인간과 함께 하신 하나님의 역사 전반을 특정 참여자의 관점에서 어떻게 볼 것인지를 언급한다. 신학자는 그가 보았고 믿었던 비전을 신앙공동체에 전달하는 존재이다. 한 사람의 그리스도인으로서 신학자는 그러한 비전을 인간 세상에 펼치고 전달함으로 공동체를 섬긴다.

웨인라이트에게 예배는 그러한 비전이 제시되는 명료한 집중점(sharp focus)이며 집중된 표현(concentrated expression)의 자리이다. 그러므로 신학적 탐구는 기독교 공동체의 예배 가운데서 반드시 적절하게 표현되어야 한다. 신학자의 임무는 교리(신학)의 영역과 관련이 있지만 공동체의 비전에 대한 분명한 지적 표현을 제시해야 한다는 점에서 예배와 관련성을 갖게 된다. 그는 "한 개인으로 존재하는 신학자가 보아왔고 믿어왔던 비전을 전달해 주는 것"은 공동체 가운데서 이루어지기 때문에 신학은 개인적 차원을 넘어 공동체성을 견지해야 한다고 주장한다. 예배는 그렇게 믿음 가운데서 형성되고 숙고된 "비전의 수용과 전달의 자리"이다.[29] 비전은 예배 의식을 통해 표현되고 공유하게 되는데, 예전적 방식으로 수행되는 신학은 여기에서 예배의 경험이 신학의 자산이 된다는 점을 인식하게 된다.

이렇게 공동체의 가장 소중한 표현은 기독교 예배 현장에서 이루어진다는 점에서 신학은 예배와 깊은 관련성을 가져야 하며, 반드시 예배에 의해서 형성되고 채색되어야 한다고 그는 주장한다.[30] 이러한 연관성 규명을 위해 그는 예배, 삶, 교리라는 세 영역을 병치시킨

---

29) 위의 책, 3, 10.
30) 위의 책, 1, 3.

다. 그에게 있어서 예배는 교회와 그리스도인의 삶의 모든 것이 의식(ritual)을 통해서 집중되어야 할 집중점(the point of concentration)이다. 사람들은 예배 가운데로 그들의 전 존재를 가지고 나아와 예배 의식을 통해 찬양과 경배를 올려드린다. 예배자들은 예배하면서 하나님 나라의 가치관을 통해 새롭게 된 비전을 가지고 세상으로 나아가야 한다는 점에서 두 번째 영역인 삶과 관련을 갖게 된다. 그들의 나아감은 그들의 전 삶의 영역에서 하나님을 영화롭게 하려는 의도를 가지고 보다 효율적인 삶의 실행(practice)을 위해 세상으로 나아간다.

그에게 있어서 삶의 영역은 윤리적 차원을 포함하는데 이것은 예배의 깊이와 관련된다. 교리(doctrine)는 믿음의 공적인 형식을 제공하는데, 교회가 나아가야 할 방향에 대해 지적 명료성을 제공해준다. 비전의 명료한 표현은 지적이고 사변적이지만 통전적 비전은 예배를 통한 삶과 경험에 깊은 뿌리를 내리고 있다는 점에서 독립적이지 않다. 이러한 요소들은 함께 엮어지면서 위로(upward), 앞으로(forwards) 하나님을 향하여 나아가게 되는데 하나님의 영광(찬양)이라는 하나의 목적을 향하여 나아가게 된다.[31] 그에게 있어서 예배, 신학, 삶은 서로 연결되어 있으며 영광의 찬송을 지향한다는 점에서 공통의 목표를 지향한다.

예배와 신학, 삶이라는 차원을 함께 연결해 주는 연결고리인 비전은 웨인라이트의 예전신학에서 중요한 개념이다. 그의 책, *Doxology*에서 이것은 창조론, 기독론, 성령론, 교회론과 관련하여 제시된다.[32] 기독교 비전은 예배 가운데 의식을 통해 표현되며 신학의

---

31) 위의 책, 8~10.
32) 여기에서는 그의 신학 이론 전반을 다루는 것이 목적이 아니고 또 본 논문의 분량의 제한 때문에 앞의 두 영역(창조론과 기독론)만 고찰하였음을 밝힌다.

풍성한 형성과 채색에 있어 중요한 역할을 한다. 창조론을 통해서 나타나는 기독교 비전은 인간이 하나님의 형상대로 지음을 받은 존재라는 것이다. 이것은 하나님과 교제할 수 있는 가능성을 부여 받은 존재이며 창조 세계를 돌보고 다스릴 제사장적 기능을 수행하도록 부여된 재능(gift)을 사용하도록 사명을 가진 존재이다. 하나님, 지구, 이웃과의 인간적 관계는 기독교 예배 안에서 엮어지고 표현되는데 결국 교리의 차원에서 확증되고 예배 가운데서 경험되게 된다.

예배가 지향하는 하나님과의 교제는 하나님의 기쁨을 경험하게 한다. 상징적으로 예배 가운데서 우리는 하나님과의 교제에 집중하게 되는데 그것은 "그리스도인들을 위한 종교적 언어의 주요 현장"(primary locus)이다. '신학적' 언어는 두 번째 영역에 해당하는데 주요 경험에 대한 숙고의 언어이며, 예배의 언어는 신학자들이 숙고하여 제시한 요점(substance)에 대해 중재하여 전달하는 언어이다. 그러한 요점이 없이는 신학적 담화(talk)는 관계항(referent)을 갖지 못한 셈이 된다. 신학자들이 제시하는 것은 중요한 경험이지만 그것은 신학적 담화(speech)의 요점이다. 예배는 그러한 신학적 요점이 본질적인 것으로 경험되는 자리이다. 그러므로 신학은 이차적 차원(secondary order)에서 작용하게 된다.[33]

이렇게 웨인라이트는 창조론을 통해 신학은 예배로부터 나오며 예배는 신학에 의해서 형성되고 간결하게 정리된다는 관계성을 제시한다. 예배는 신학자들에게 창조주 하나님의 속성을 드러내 보여주며 신학은 그것을 교리로 표현하여 비전에 대해 지적이고 통일성 있게 표현할 수 있도록 도와준다. 예배자들은 하나님의 성품, 인간을 향

---

33) 위의 책, 20~21.

한 그분의 사랑, 하나님의 목적을 성취하시기 위한 그분의 역사하심, 하나님의 부르심에 대한 인간의 응답과 같은 주제는 이제 예배 가운데서 다양한 방식과 '분위기' 가운데서 말과 몸동작 등을 통해 표현된다.[34]

이러한 예전이라는 렌즈를 통해 웨인라이트는 신학의 중요한 교리들인 기독론적 연구와 성령론, 교회론을 통해서도 무엇이 어떻게 표현되고 전달될 수 있는지에 대한 논의를 계속한다. 예배 가운데서 자연스럽게 우리는 예배의 모범이 되시는 예수 그리스도께로 이끌려간다. 창조론은 이제 "창조의 모범적 회복"(paradigmatic restoration of creation)을 제시하는 기독론으로 이어진다.[35] 기독교 예배는 예수 그리스도의 중심성이라는 특징 위에 세워졌다는 사실과 예수님은 예배에 있어서 하나님과 인간 사이의 중보자이시면서 예배의 대상(object)이 되신다.[36] 공동체가 예배할 때 그리스도를 '주'로 고백하고(confess) 초청하며(invoke) 그분께 기도하게 되는데(pray), 이것은 초대교회 예배 예전에서 가장 두드러진 특징이었다. 기독교 예배의 초기의 특징은 기독론적 교리와 사상을 형성하고 발전시키는 데 근본적 관심을 두었다는 점에 웨인라이트는 주안점을 둔다.[37] 그는 기독교 비전에 대한 일관성 있고 지적인 설명인 교리(신학)는 필연적

---

34) 위의 책, 21, 32, 37.
35) 그러한 점에서 그는 1부에서 창조론 다음에 기독론을, 그리고 성령론으로 이어지며, 교회를 통하여 펼쳐진다는 점에서 교회론으로 이어지면서 예배로부터 신학을 개진해 나간다.
36) 위의 책, 46. 물론 현대 기독론에서 논의되는 예수 그리스도의 신성의 문제는 난제이지만 이러한 것을 다루는 예전적 연구 방법론은 하나님과 인간 사이의 중보자로서의 예수님의 역할에 대해서 아는 것은 예배 가운데서 이것을 어떻게 표현할 수 있을 것인가에 관심을 갖게 한다. 이러한 난제들을 다루는 출발점으로 예배의 대상이 되시는 그리스도로 바라보게 한다고 이해한다. 예전적으로 논의되어야 할 사항은 예배의 대상으로서의 그리스도이기 때문이다.
37) 위의 책, 46~48.

으로 기독교의 비전이 가장 놀랍게 집중하여 표현되고 경험되는 자리인 예배로부터 나와야 한다고 주장한다. 예배의 언어는 신학자들이 연구하여 제시한 대의(substance)를 중재한다. 그러한 대의가 없이는 신학적 담화는 관계항이 없는 논의가 되고 만다. 그러므로 신학은 예배로부터 나와야 하며, 신학은 예배에 있어서 구성적인 요소가 된다고 웨인라이트는 주장한다.[38]

웨인라이트는 이어서 교회가 간직해 온 전통적인 예배의 도구들에 대해 그의 논의를 시작한다. 여기에서는 그는 성경, 신조와 찬양, 그리고 믿음의 법칙과 기도의 법칙에 대해서 다루는데 이것들은 그동안 교회 역사 가운데서 기독교의 비전을 전달하였던 도구였다. 이것은 렌즈를 가지고 풍부한 조직신학의 주제를 살펴본 후에 이제는 렌즈 자체를 살펴보는 것과 같다.

성경은 예배 가운데서 하나님의 말씀의 성례전을 위해 사용된다. 성경이 가지는 모든 것의 기초로서의 특성은 예배에 대한 역사적이고 사도적인 진실성(veracity)을 제공해 준다. 성경의 예전적 사용은 예수 그리스도를 증언한 모든 증인들에 의해 기록된 기록들을 하나로 묶어 준다. 웨인라이트는 예배가 성경에 대한 "해석학적 연속체"(hermeneutical continuum)[39]로서 작용하게 된다고 이해한다. 이렇게 예배 가운데서 성경이 어떻게 사용되었고, 성경 자체가 어떻게 예배를 세워왔는지를 살펴보면서 그는 교리와 예전을 "상관적 규범"이라고 규정한다.

신조와 찬양은 두 번째로 다루는데 기독교의 비전을 전하는 가장 근본적인 도구가 성경이었다면 신조는 그 다음으로 중요한 요소이

---

38) Fagerberg, *What Is Liturgical Theology?*, 112~13.
39) Wainwright, *Doxology*, 175.

기 때문이다. 신조가 믿음의 고백이라면 찬양은 "노래로 드려지는 고백"(a sung confession)이다. 신조는 바른 가르침을 제시하고 바른 고백을 갖게 할 뿐만 아니라 바른 정체성을 형성하는데 중요한 도구이다. 그것은 처음 세례의 자리에서 고백한 이래 계속해서 예배 가운데서 그것은 신앙고백을 통해서 계속해서 회상하는 특성을 가진다. 이렇게 그리스도인들은 예배에서 교리를 초보적이면서 개괄적인 신앙고백으로 사용해 왔다. 교리는 신앙의 신념을 명백하게 표현하는 첫 번째 언어이며, 교리적 언어를 이해할 수 있는 가장 유용한 형태는 찬양이다.[40] 찬양은 성경과 전통, 이성과 경험에 근원을 이루는 말씀의 상호작용 안에서 교리적이며, 은혜 가운데서 그리스도인의 신앙 성장을 돕는다.

웨인라이트는 계속해서 lex orandi와 lex credendi를 다룬다. 어떻게 하나님을 예배하는가와 관련이 있는 기도의 법칙과 어떻게 믿는가, 즉 교리와 신학과 관련이 믿음의 법칙은 그동안 서로 분리되어 있었고, 각자의 영역에서 각자의 방법으로 논의되었으니 웨인라이트는 이 두 가지가 "신학함을 위한 예전적 방식"을 이루는 중요한 요소로 작용한다고 주장한다. 그동안 예전 가운데서 고백되고 경험되는 '기본적인 신앙'(basic faith)과 이성적이고 지적인 추구인 '신학'의 갈라섬은 실제적 현상으로 작용하였다. 그러나 그는 "예배는 신학에 영향을 미치고, 신학은 예배에 영향을 미친다"는 명제로 단절 현상을 넘어서야 한다고 주장한다.[41]

---

40) 위의 책, 121.
41) 위의 책, 218. 이것은 교황 피오 12세(Pius XII)가 보낸 회칙인 *Mediator Dei*에서 예전이 신학적 논증의 원천(source)가 된다는 점을 강조하면서 사용한 경구도 이와 같은 의미이다. "기도의 법칙이 믿음의 법칙을 구성하게 하라"(legem credendi lex statuat supplicanti). 그러나 이것은 "우리의 믿음의 법칙이 우리의 기도의 법칙을 구성해야 한다"(lex credendi legem statuat supplicanti)로도 해석이 가능해진다.

이렇게 '예배로부터 신학을 연구하는 방법'을 통하여 웨인라이트는 하나의 예전신학 연구 방법론뿐만 아니라 예배와 신학의 상관성을 명료하게 정립한다. 그는 조직신학 연구의 일반적인 방식인 스콜라적 이해 유형을 벗어나 교부적 이해 유형을 따라 예배의 중심적 위치와 기능을 분명하게 제시한다. 그에게 있어서 예배와 신학은 상호 연관성을 가지고 서로의 토대가 되는 병립적인 관계를 형성하지만[42] 예배는 신학이 숙고하여야 할 중심 주제를 언제나 제공한다고 이해한다. 그리스도인들은 찬양하기 위해 예배 가운데 모이며 그 예배로부터 하나님 나라의 가치에 대한 새로운 비전을 가지고 그들의 삶의 전 영역을 통해 하나님께 영광을 올려드리기 위해 삶의 자리로 나아간다.[43] 따라서 예배는 교리 형성과 연구에 공헌하며 교리 연구인 신학의 최종 목적 역시 영광의 찬송(doxology)이 되어야 하고, 그 연구에 녹아들어가야 한다.

동방정교회의 경우, "신학자는 기도하는 사람이다"와 같이 신학은 "예배를 지향하는"(worshipful) 특성을 가져야 한다고 그는 주장한다. 교리(신학)는 예배의 경험을 통하여 묘사되어야 하며, 예배의 목적 위에 세워져야 한다. 이렇게 신학은 예배에 대해 숙고일 뿐만 아니라 예배에서 기인되어야 한다. 한편 '믿음의 법칙' 는 구조적으로 예배 공동체를 바르게 함과 개선과 갱신이 필요한지를 판단하게 되며 '기도의 법칙'을 보존해 간다. 이렇게 웨인라이트는 예전신학은 신학과 예배의 최종 목적을 영광의 찬송에 두며 "신학함에 있어서 예전적 관점"을 통한 신학과 예배의 통합적 방법을 활용한다. 그러한 통합적

---

42) 그는 이것을 초기 교회에서 예배가 성경의 형성에 영향을 끼쳤지만 또한 성경이 예배의 형성과 발전에도 영향을 끼쳤다는 점을 들어 설명한다.
43) Wainwright, Doxology, 8.

인식을 위해 "예배로부터의 신학"이라는 방법론적 틀과 영광의 찬송이라는 신학 연구의 목적을 수립한다.

• 종말론적 예전신학-알렉산더 쉬메만

알렉산더 쉬메만[44]은 예전 신학 연구에 있어서 동방정교회의 입장을 대변하면서 새로운 관점을 제시한다.[45] 그는 서방교회 안에 존재하는 신학 연구와 예전의 경험 사이의 결렬 현상은 아주 오랜 만성병으로 규정하면서 예전신학은 "예배가 가지는 신학적 의미의 해설"(elucidation)의 임무를 수행해야 한다고 주장한다.[46]

> 만약 예전신학이 교회의 공적 행위(public act)인 예배의 이해로부터 나와야 한다면 그것의 최종 목표는 이러한 행위와 교회 사이에 존재하는 연결고리(connection)를 명확하게 하고 설명하기 위한 것이 되어야 한다. 즉 교회가 어떻게 이러한 행위 가운데서 어떻게 자신을 표현할 수 있고 온전케 할 수 있

---

44) 1921년 러시아에서 태어난 쉬메만은 프랑스로 이민하여 그곳에서 대학교육을 받았고, 1946년 정교회 사제로 서품을 받았다. 1951년에 뉴욕의 정교회 신학교의 초청을 받아 교수가 되었으며, 1962년부터 1983년 세상을 떠나기까지 그 학교의 학장직을 맡았다. 그의 설교는 30년 이상 러시아 '리버티 라디오'의 전파를 탔으며 구소련 전역에서 수많은 사람들이 그의 설교를 청취하였고 나중 서방으로 망명한 알렉산더 솔제니친도 그의 설교의 애청자였다. 예전 연구와 관련한 저서로는 *For the Life of the World: Sacraments and Orthodoxy*, rev. ed. (Crestwood: SVSP, 2000); *Of Water and the Spirit: A Liturgical Study of Baptism* (Crestwood: SVSP, 1974); *Introduction to Liturgical Theology* (Portland: The American Orthodox Press, 1966); *The Eucharist: Sacrament of the Kingdom* (New York: Oxford University Press, 1988) 등이 있다.
45) 쉬메만은 예전신학(liturgical theology)과 예전의 신학(theology of liturgy)을 구분하면서 전자를 레이투르기아로 나타나는 교회의 믿음(신학)에 대한 연구 영역으로 규정한다. 이것은 예전이 "신학적 사고의 기본적인 자원(source)"이 되어야 한다는 입장이라면 후자는 예전을 신학의 '대상'(object)으로 이해하면서 "예전의 본질과 기능에 대해 신학적으로 명시"하는 것에 초점을 맞춘다. Schmemann, "Theology and Liturgical Tradition," 11~12.
46) Alexander Schmemann, "Liturgical Theology: Its Task and Method," *St. Vladimir's Theological Quarterly*, vol. 4, no. 4 (1957): 16.

는지를 설명하는 것이 되어야 한다.[47]

뿐만 아니라 예전 신학은 "교회의 예전 전통이라는 자신만의 독특한 주제와 함께 수행되는 독립적인 신학 훈련"이며 다른 신학 훈련과는 구분되면서도 조화가 되고, 그러면서도 독특한 그 자체만의 방식을 필요로 한다고 그는 주장한다.[48]

쉬메만의 예전신학을 이해하기 위해 우리는 먼저 예배와 신학의 관계성을 고찰할 필요가 있다. 신학이 연구의 '대상'(object)인 예전에 대해 깊은 관심을 가질 때, 그리고 자료의 '원천'(source)으로서 예전을 이용할 수 있을 때 예전적(liturgical)이 될 수 있다. 이렇게 두 요소가 서로 다른 영역에 서있지만 교차점에서 함께 연결될 때 외면에서 연결되게 되며 두 요소는 유기적인 관계를 가진다. 그는 이런 유기적이고 조화로운 특성을 드러내기 위하여 '예전신학'(liturgical theology)이라는 용어를 사용한다. 기독교 초기에 예전과 신학은 따로 구분된 영역이었다. 주로 예전이 신학을 위한 자료나 연구 대상이 되어 왔다. 그러나 쉬메만에게 있어서 예전은 더 이상 신학적 대화를 위한 대상이나 신학을 위한 주제가 아니다. 예전과 신학은 우선권이나 권위의 문제가 아니라고 이해하면서 다음과 같이 주장한다.

> Lex orandi est lex credendi라는 관용 표현은 신학이 오직 교회 안에서만 '가능하다'는 의미에 지나지 않는다. 그 교회는 성례전적 레이뚜르기아에서 인정되는 것처럼 그리스도 안에서 새롭게 된 새 생명의 열매이며 이 레이뚜르기아에 참여하는 것 자체인 교회의 종말론적 완성에 대한 증언이다. 예전과 신학의 관계성에 대한 문제는 교부들에게 그랬던 것처

---

47) Schmemann, *Introduction to Liturgical Theology*, 14.
48) 위의 책, 16.

럼 우선순위나 권위의 문제가 아니다. 예전 전통은 단지 '권위' 나 신학의 자리(locus theologicus)로 작용하는 것이 아니다. 오히려 그것은 신학을 위한 존재론적 조건(ontological condition)이며, 케리그마와 하나님의 말씀을 적절하게 이해할 수 있게 해주는 조건이 된다. 그것은 레이뚜르기아에서 표현되고 삶으로 살아내는 요소로 작용하게 되는데 그런 점에서 그것은 신학의 원천으로 작용하게 된다.[49]

이렇게 쉬메만에게 있어서 예전과 신학은 구분되는 것이 아니라 예전신학의 유기적 용어로서 함께 조화를 이룬다. 예전은 교회가 간직하고 있는 믿음과 생명에 대한 독특한 표현이요, 신학적 사고를 위한 기본적인 '원천'이 되어야 하며 뛰어난 '신학의 자리'이다.[50] 쉬메만은 예전과 신학은 따로 구분되어서는 안 되며 만약 그리한다면 왜곡의 현상이 일어나게 된다. 그래서 패거버그는 "예전이 신학적이라는 의미가 이해되기까지는 그것을 제대로 이해한 것이 아니며 예전과 신학이 어떤 영역으로부터 나와 하나를 섬기는 것으로 이해할 때 왜곡이 일어나는 것"이라고 주장한다.[51]

여기에서 예전신학자의 임무는 예전을 신학 안에 주입하는 것이 아니라 지금까지 존재해 왔던 전제된 이분법을 거부하는 것이다. 쉬메만에게 있어서 예전신학이 수행해야 할 것은 예전을 연구의 대상으로 생각하거나 웨인라이트와 같이 신학 연구의 원천으로 생각하는 것이 아니라 예전이 신학을 위한 존재론적 조건이 된다고 이해한다. 이것은 마치 아기가 자궁에서 분리되면 살 수 없는 것처럼 신학은 예전으로부터 분리될 수도 없고 예전 안에서 예전으로서 연구되어야 하며

---

49) Schmemann, "Theology and Liturgical Tradition," 175.
50) 위의 책, 166.
51) Fagerberg, *What Is Liturgical Theology?*, 148.

결코 그것을 떠나서는 존재할 수 없음과 같다.

쉬메만은 예배와 신학 연구에 이러한 존재론적 상관성이 상실될 때 위기현상을 경험하게 된다고 주장하는데 오늘의 현장이 그러한 분열과 단절에서부터 위기를 경험하고 있다고 본다. "건강하지 못한 다원주의"에 의해 신학은 고통을 받고 있으며 '진정한' 교회의 모습과 단절된 채 예배 현장 역시 위기를 경험하고 있다는 것이다. 신학은 교회로부터 단절되어 있고, 교회의 삶과 필요에 적절히 응답하지 못하고 있다. 예배의 현장 역시 lex orandi 위에 적절히 세워지지 않고 있으며 때론 거기에서 벗어나 전적으로 다른 동기에 이끌려가고 있다. 교회의 모든 사역 가운데서 중심이 되어야 할 예배가 그렇지 못할 뿐만 아니라 교회의 다른 사역들과 연결성을 상실하면서 얻은 결과이다. 신학이 온전히 교회를 이끌고 가지 못하고 예배가 개인적 관심사와 선호도에 이끌려 나아감으로부터 위기가 양산되고 있다고 이해한다.[52] 예배와 신학이 그 본질적 차원에서 교회 가운데서 제대로 작용을 하지 못하게 된다면 그것은 전적으로 서로 분리되었기 때문이며 lex credendi가 lex orandi로부터 분리되었기 때문이라고 주장한다.

쉬메만에게 있어서 예전신학은 종말론적 차원에 깊게 뿌리를 둔다. 그의 신학에서 종말론은 교회의 모든 신학과 삶을 관통하는 요소로 작용하는데 그것은 단순한 신학적 교리라기보다는 믿음과 신학의 차원과 관련된 내용이다. 종말론은 내부로부터 교회의 전체 신학과 삶에 스며들어 있으며 방향성을 불어넣어준다. 그러므로 모든 기독교의 신학은 종말론적이 되어야 하며 삶의 모든 경험들도 그러해야 한다고 그는 주장한다. 종말론에 신학과 예배가 적절하게 뿌리를 두지

---

52) Schmemann, "Liturgy and Theology," 50~51.

않으면 신학과 예배는 결별 현상이 일어나게 되며, lex orandi는 lex credendi를 구축해야 한다는 기본적 사실과 기독교 예배의 독특한 기능이 모든 신학적 사고 안에 작용하게 된다는 사실을 신학자들은 잊어버리게 된다.[53]

쉬메만은 기독교의 종말론 역시 예배의 차원을 상실했고, 그러한 상실은 신학에서 "예전적 인식의 변형"이 일어나기 때문에 회복이 필요하다고 주장한다. 초기 교부시대에는 자연적으로, 존재론적으로 인식하고 있던 그런 종말론적 차원은 예전 가운데서도 잊어버리고 있다는 것이다.[54] 그것은 교회의 삶에 있어서 핵심이 되어야 하며 떠남, 버림, 세상을 부인함, 그리고 종말론적 자세로 돌아가는 것과 같은 리듬 가운데서 살아가는 것이 그리스도의 삶의 핵심이 되어야 한다.[55]

여기에서는 예배와 성찬 이해에 있어서 종말론적 특성과 어떤 신학적 이해를 제시하는가에 대해서만 간단히 살펴 보자. 이런 종말론적 특성이 상실된 예배는 제의와 제도로 변질된다. 문화적 필요나 공동체의 의식 때문에 레이뚜르기아는 이제 일종의 종교적 의식(cult)으로 변환되고 만다. 그러나 쉬메만은 예배가 종교적 의식의 상태로 남아있어서는 안 되며 예수 그리스도를 통해 오신 하나님과 오고 있는 하나님 나라를 대망하도록 교회와 세상을 준비시키는 레이뚜르기아가 되어야 한다고 주장한다.[56] 고대 이스라엘의 예배는 오시는 메시야

---

53) 위의 책, 95.
54) Schmemann, "Theology and Liturgical Tradition," 175, 177.
55) Chmemann, "Liturgy and Eschatology," 95.
56) 제의(cult)로서의 레이뚜르기아는 순서, 형식, 연속성 등으로 축소되면서 의식적 형식(ritual form)이 되었지만 예전은 제의의 형식으로 표현되나 단순한 제의가 아니라고 그는 주장한다. 물론 이러한 이해는 이분법적이고 명칭에 지나친 의미를 부여한 것으로도 볼 수 있지만 그는 왕 같은 제사장이 된 하나님의 백성들의 모임인 교회 안에서는 성과 속의 구분이 사라졌기 때문으로 설명한다. 이와 다른 관점을 살펴보기 위해서는 Kavangh, *On Liturgical Theology*, 100~103을 참고하라.

를 대망하고 준비시키는 공동의 행위였으며, 초대교회 역시 이런 종말론 위에 교회의 예배를 세웠다. 그러므로 예전적 경험과 증언은 "하늘과 땅이 영광으로 가득하네"라는 찬송으로 요약할 수 있으며, 그것은 기독교 예배 가운데서 회복되어야 할 신앙적 고백이며 세상을 향한 본질적인 기독교 비전이며 신학의 의제(agenda)이다.[57]

한편 이러한 종말론적 이해는 그의 창조와 구속에 대한 이해와 깊이 연결되어 있다. 예배 공동체가 공유하고 세상에 전달해야 할 신학적 의제이기도 한 "믿음의 근본적인 환호"(fundamental acclamation of faith)를 세 가지로 제시한다. 첫째, 하나님은 세상을 창조하셨고 우리는 그의 피조물이다. 피조 세계 가운데 존재하는 모든 것은 하나님의 선물이며 그분을 알고 그분과의 온전한 교제와 연합을 위해 주어진다. 세상은 하나님의 현현과 드러나심, 임재와 능력의 통로가 되며, 세상 가운데서 인간은 "성찬의 우주적 제사장"(priest of the comic sacrament)이 된다.[58] 인간은 하나님께 감사를 올려드리고 온 세상을 하나님께 봉헌하는 행위를 통해 세상을 그분과 연합시키며 세상을 이런 성찬(eucharist)으로 채우면서 하나님과 사귐과 교제의 삶으로 변화시킨다.

둘째, 세상은 타락했다. 이것은 첫 번째와 긴밀하게 연결되는데 세상은 전적으로 타락하였고 이 세상의 왕국을 건설하였다. 모든 것은 선하게 창조함을 받았지만 완전히 타락했다. 이것은 인간의 제사장직 상실로 이어진다. 세상은 하나님과의 연합을 돕는 매체에서 죽음의 매체로 변질된다. 상실한 인간은 하나님의 생명의 성찬상이었던 세상은 이제 죽음의 식탁이 된다. 사람들은 성찬을 통해 허락하시는

---

57) Schmemann, "Liturgy and Eschatology," 97.
58) Schmemann, *For the Life of the World*, 25.

생명을 상실하였으며, "인간의 생명을 영원한 생명으로 변형시켜주는 능력"을 상실했을 뿐만 아니라 세상을 위한 제사장이 되기를 중단하면서 세상의 종이 되고 말았다.[59)]

셋째, 모든 것은 구속함을 받았다. 예수 그리스도의 성육신과 십자가, 부활과 승천하심을 통하여 구속함을 받았고, 오순절 성령강림으로 인해 세상은 그 구원 소식을 온전히 듣게 되었다. 쉬메만은 이 차원을 "근본적 환호"로 표현하는데[60)] 그의 예배와 성찬 이해에서 가장 중요한 관점인 감사와 기쁨이다. 완전한 제사장이신 그리스도를 통해 인간은 피조세계를 위한 우주적 성찬의 사제로 다시 회복되고 세상은 허락하신 성찬을 통해 하나님과의 교제의 성찬이 회복된다. 이렇게 성찬은 사귐(communion)의 매체가 된다. 그에게 있어서 성찬은 하나님 나라의 성찬의 회복이 일어나는 곳이며 세상을 그 본질에로 초대하여 회복시킨다.

이제 교회는 그리스도 안에서 그분의 제사장직에 참여하여 세상을 하나님께 올려드리며(anaphora), 세상에 그 본래의 이름을 부여하며(naming), 하나님과의 교제(communion)로 나아가게 한다.[61)] 인간은 이러한 기쁨과 환호를 세상에 전달하는 제사장으로 창조되었으나 타락은 정체성뿐만 아니라 기능조차도 상실하게 만든다. 타락한 세상에 예수 그리스도를 통하여 회복되면서 하나님의 임재와 그의 나라를 경험하게 되는데 이것은 세상의 가장 큰 기쁨의 소식이었다. 기독교의 예배(성찬)는 예수 그리스도를 통하여 허락된 기쁨을 노래하고 감사를 올려드리는 교회의 행위이며, 성찬은 사람뿐만 아니라 자리(세

---

59) 위의 책, 17.
60) Schmemann, "Liturgy and Eschatology," 98.
61) Schmemann, *For the Life of the World*, 11.

상)의 변화까지 가져온다.[62]

쉬메만은 성찬의 장을 교회 내로 국한시키지 않고 창조세계와 인간의 삶으로 확대한다. 그리스도를 통해서 회복된 새 피조물인 인간은 예배와 성찬상에서 허락되는 그 환호와 기쁨을 안고 세상을 향해 나아간다. 쉬메만은 성찬 제정사를 인간을 포함한 모든 피조세계를 그 본질과 소명에로 나아가게 만드는 자유케 하는 행위로 이해하면서 세상을 하나님의 영광을 드러내는 도구로 바꾸시는 예수 그리스도의 치유와 재창조의 행위로 이해한다. 이 제정사를 통해 떡에 참여하는 피조세계는 하나님의 도구로서의 자신의 본질이 다시 확인되고 현현(epiphany)을 경험한다. 이때 성찬은 옛것에 감추어 있던 본질을 드러내고 구현하며 종말론적으로 새롭게 하는 행위가 된다. 이렇게 성찬은 독특하고 특별한 실재가 되는데 "그리스도에 의해서 재정되었다는 점에서 그것은 특별하며, 보이지 않은 은혜를 볼 수 있게 하는 징표가 된다는 본질적 차원에서 특별하며 은혜의 원인(causae gratiae)이 된다"는 점에서 그러하다.[63]

이렇게 쉬메만은 성찬의 성물에서 무엇이 일어나는가에 관심을 가졌던 중세의 성찬 이해에 대해 전혀 새로운 이해를 제시한다. 성찬상에서 교회(회중)는 이제 옛 시간과 세계, 실재가 새롭게 되면서 이미 시작된, 그러나 장차 우주적으로 완성될 하나님 나라의 성체(sacrament)가 되어 세상으로 나아가게 된다. 교회는 그 독특한 은혜를 맛보면서 세상으로부터 도피가 아니라 그 기쁨을 전하기 위하여 세상을 향해 나아가는 '여정'의 시작이다. 그래서 쉬메만은 성찬을 종말론적 관점에서 하나님의 기쁨과 임재 가운데로의 '들어

---

62) Schmemann, "Liturgy and Eschatology," 108.
63) 위의 책.

감'(entrance)과 세상에로의 '나아감'의 여정으로 새롭게 해석한다. 성찬은 이렇게 교회의 본질이 새롭게 되고 현현되는 하나님 나라의 성체로 변화의 자리이다.[64] 진정한 본질의 회복과 현현이라는 관점에서 쉬메만은 교회와 세계, 하나님 나라를 하나로 품고 묶어준다. 이것들은 상징으로 작용하나 이제 세상 가운데서 "다가오는 세계의 성체"(sacrament)가 되게 하며 성찬은 교회와 세계가 가지는 이러한 성례적 특성(sacramentality)을 온전케 하는 자리가 된다. 이런 점에서 성찬은 하나님 나라의 차원으로 나아가는 교회의 행진(procession)이며 여정(journey)이다.[65]

이렇게 쉬메만에게 있어서 레이투르기아는 종말론적 공동체 안에서 하나님의 현존이며 하나님 나라와 그것을 위해 세움 받은 교회의 정체성을 명백하게 하는 곳이다. 교회뿐만 아니라 세상을 새롭게 하는 우주적 속죄 사건을 경험하면서 놀라운 환호와 기쁨을 누리고 그것을 증언하는 사건이다. 신학이 해야 할 일은 이러한 비전을 제시하는 것인데 예전 전통과의 존재론적 상관성 속에서 이것을 구체화시키고 예전 가운데 풍성하게 만드는 역할을 한다. 이런 점에서 쉬메만은 교회의 정체성을 종말론적인 차원에서 이해하면서 그리스도 안에서 주어진 선물인 하나님과의 새로운 관계를 강화하고 공포함으로 세상으로 하여금 하나님의 영광을 보게 해야 한다는 점에서 예전과 신학의 관계를 조망한다. 예전과 신학은 세상과 교회가 그리스도의 말씀을 온전히 보고 누릴 수 있게 하는 존재론적 필수조건이다. 이런 점에서 예전신학은 예전적 전통과 경험에 근거하여 교회의 예배가 이러한 그리스도교의 비전을 보여줄 뿐만 아니라 세상을 하나님의 재창

---

64) Schmemann, *For the Life of the World*, 25, 42, 151.
65) 위의 책, 25, 27.

조의 사역 앞에 세우는 것이 되어야 한다고 쉬메만은 이해한다.

Lex Orandi, Lex Credendi, Lex Vivendi

종교개혁 이래 개신교회 일각에서는 예배를 새롭게 하려는 많은 노력과 연구가 주어졌다. 이러한 노력은 신학의 학문적 연구와 제시에 많은 도움을 받아온 것이 사실이다. 또한 오늘의 다양한 문화사회적 환경의 변화는 예배 환경의 급격한 변화를 초래하였다. 여기에서 간과할 수 없는 것은 한국교회 예배 현장과 신학 연구에 대한 반성이다. lex orandi lex credendi는 기독교 역사 가운데서 아주 오랜 논제였고 분명한 금언(maxim)으로 자리 잡아 왔지만 한국교회 예배 현장에서는 이것은 별로 중요한 관심사가 되지 못했던 것을 부인할 수 없다. 부부가 결별하거나 분방하게 되면 가정과 자녀가 망가지듯이 예배와 신학의 '결별,' 혹은 '분방'은 양 영역의 많은 문제점을 양산했을 뿐만 아니라 작금의 교회의 정체성의 위기와 방향성의 상실로 이어지게 했다. 단적으로 말해 그동안 한국교회 신학과 예배에 대한 연구는 다분히 '스콜라적 유형'을 취해 왔다. 교회의 예배 현장은 신학으로부터 유리되어 '실용성'(effectiveness)이라는 괴물에 붙들렸고 소비자 중심주의라는 밧줄에 묶이게 되면서 레이뚜르기아의 본질의 상실뿐만 아니라 세상에 비전 제시의 약화로 이어졌다. 신학 연구 역시 이성의 상아탑 감옥에 갇히면서 교회를 새롭게 하고 세우는 비전 제시의 사명을 제대로 수행하지 못하고 있다.

그렇다면 lex orandi lex credendi의 상관성이라는 관점에서 예전신학 연구 방법론을 제시한 웨인라이트와 쉬메만의 주장에서 찾게 되는 오늘의 예배현장을 위한 해법의 단초는 무엇인가? 상관성이라는 관점에서 예배와 신학 연구는 어떤 특징을 가져야 할 것인가?

첫째, 기독교의 예배는 철저히 신학적이어야 한다. 우리가 예배하는 방식(lex orandi)은 믿는 방식(lex credendi)을 지배해 왔지만 역으로도 작용해 왔음을 살펴보았다. 예배가 정확하게 신학적이어야 한다는 말은 새로운 표현은 아니지만 이것은 현대 실용주의 정신에 물든 기독교 예배 현장을 고려하면 간과할 수 없는 내용이다. 예배는 하나님의 계시의 사건이 지속적으로 일어나기 때문에게 신학적 특성을 잃어버리게 되면 변질되게 된다.

둘째, 신학은 예배와 연관성 속에서 행해져야 한다. 이것은 웨인라이트와 쉬메만의 주장에서 충분히 살펴본 내용으로 신학의 기능은 교회와 관련이 있고, 그 비전을 새롭게 하는 기능을 수행한다. 이는 쉬메만이 예전을 "신학의 존재론적 필요조건"이라고 주장한 이유가 거기에 있으며 예배로부터의 신학으로 수행되어야 한다고 한 웨인라이트의 주장이 그것을 함의한다. 신학의 최종 목적은 영광송이 되어야 한다는 그의 주장은 신학이 추구하고 나아가야 하는 괘도(trajectory)를 말해주는 것이라면, 예배가 신학과의 상관성을 잃어버리게 되면 그 존재 자체와 부요를 잃어버리게 된다는 쉬메만의 주장에도 귀를 기울일 필요가 있다. 교회가 마땅히 수행해야 하는 레이뚜르기아는 신학적 구조 가운데서 수행된다. 샐리어즈는 신학의 형식으로 표현되는 예배가 어떻게 생명력을 가질 수 있고 풍부하게 하는지를 잘 보여준다. 이것은 예배를 수행하는 것이나 신학함에 있어서 성령을 향하여 지속적으로 개방되어 있도록 일깨워 줄 뿐만 아니라 예배가 가지는 그 풍성한 자원을 향하여 개방적이게 하며, 자신이 수행해야 할 공적 사역(leitourgia)에 대한 바른 인식을 갖게 한다.[66]

---

66) Saliers, 『거룩한 예배』를 참고하라.

셋째, 예전신학은 이러한 상관성을 지속적으로 예배와 신학의 연구에 제공해 주어야 한다. 앞서 살펴 본대로 예전신학은 lex orandi 뿐만 아니라 예배 공동체에 의해서 마땅히 수행되어야 할 lex credendi를 다룬다. 예배는 교회가 행동을 통해서 그의 믿음을 표현하는 것이며 그것은 바로 교회가 믿는 것의 기초를 이룬다. 예전신학은 예전과 신학이 가지는 본질과 그 목표를 분명히 제시해 주어야 하며, 신앙공동체가 하나님과의 만남을 통해 신학적 조정(theological adjustment)을 가질 수 있도록 해야 한다. 웨인라이트의 주장은 교회의 예전 전통을 벗어나 상아탑에 안주하면서 스콜라적 유형에 사로잡혀있는 현대 신학의 흐름에 대해 분명한 방향성과 목적을 제시한다.

상징적 훈련으로서의 예전과 신학의 존재론적 상관성을 고찰한 쉬메만은 이 두 진영의 존재론적 필요조건이 무엇인지를 명확하게 제시해 준다. 그는 "가장 탁월한 신학의 자리"가 무엇인지를 확인시켜 주면서도 그것은 단지 권위의 문제가 아니라 그것이 존재해야 하는 필요조건으로 이해할 수 있는 여유를 제공해 준다. 카바나가 규정하는 것처럼 예전은 "교회가 하나님의 실재적 임재의 조건 아래 교회와 세상 가운데서 하나님께 대한 믿음을 수행하는 곳"이며[67] 예전신학은 이렇게 그 본질과 목표가 무엇인지를 지속적으로 깨우치는 것이 되어야 한다. 또한 기독교 신학과 그리스도인의 삶이 바른 자리(right home)를 찾아가도록 예전의 기본원리(grammar)를 계속해서 확대해 나가는 것이 되어야 한다.[68]

넷째, 예전신학은 이제 예배와 신학의 관계성 차원을 넘어서 lex vivendi(삶의 법칙)의 차원으로 나아갈 수 있어야 한다. 오늘 한국교

---

67) Kavanagh, *On Liturgical Theology*, 8.
68) Fagerberg, *Theologia Prima*, 2.

회의 가장 큰 문제 가운데 하나는 실천(praxis)의 부재에서 비롯되고 있음을 알 수 있다. 그동안 교회는 이론과 교리에 사로잡히고, 예배현장은 주정주의와 수많은 프로그램에 사로잡히면서 삶의 실천으로 이어지지 못하여 많은 문제가 생겨나고 있다. 이런 점에서 예배와 신학, 삶을 연결시키면서 그 최종적인 목적을 영광의 찬송이 되게 하는 것에 두었던 웨인라이트나 세상을 위한 제사장의 개념과 하나님의 임재에로 들어감과 성체가 되어 세상으로 나아감으로 설명하면서 성찬을 교회의 행진으로 설명한 쉬메만의 종말론적 성찬론은 이러한 특성을 잘 설명해 준다. 슐라이에르마허 이후 이론신학과 응용(실천)신학으로 분류한 것은 자칫 신학연구에 있어서 이론과 실천을 별개의 것으로 이해하는 이분법적 구조로 사로잡힐 수 있는 여지를 만들어 버렸다. 예전신학은 예배와 신학의 상관성을 넘어 이제는 삶으로서의 예배, 삶으로 살아내는 신학에 강조점을 두어야 한다. 이제 예전신학은 이론의 행동화가 아니라 존재와 행위를 포괄하는 "실천적 지혜"(practical wisdom)[69]를 제공하는 것이 되어야 한다.

그동안 한국교회 예배 현장에서는 예배와 신학의 연구는 서로 다른 영역처럼 이해되었고, 교회의 삶과 실천에 있어서 예배와 신학의 상호 관련성은 결여되어 왔던 것이 사실이다. 예배와 신학의 상관성에 대한 이해의 결여는 그 각 영역의 빈곤과 황폐화를 가져올 수밖에 없다. 기독교의 역사 가운데서 예배는 "신학적 사고의 가장 기본적인 자원이며 일종의 뛰어난 신학의 자리"로 인식되기도 했고 이제 그 패러다임을 넘어 존재론적 필요조건으로 인식되기도 한다. 이러한 주장은 작금의 한국교회를 위한 예배와 신학 연구에 있어서 새로

---

69) James Fowler, *Faith Development and Pastoral Care* (Philadelphia: Fortress, 1986), 17.

운 통찰과 방향성을 제공해 준다. 예전신학 연구에 있어서 예배와 신학은 각기 다른 영역에서 유추되어 나오며 각 영역을 위한 논증을 제시한다. 예전은 신학을 반영하는 자리가 될 뿐만 아니라 신학적 설명(articulation)을 위한 규범으로서 역할을 하게 된다. 이것은 신학에 대한 신학적 설명을 담아주며 예배에 대한 바른 비전과 방향성을 신앙공동체에 제공한다.

이것은 마치 상황과 해석된 이론, 숙고(reflection), 행동(action) 사이의 상관관계의 비평적 규명이 실천신학의 하나의 과제가 되는 것과 같이[70] 예전신학 역시 이런 상관성을 바탕으로 이루어져야 한다. 신학이 하나의 원리(grammar)와 같고 실제로 그러하다면 이제 "학습 신학(leaning theology)은 그 자체로 최종 목표가 아니다"는 사실을 인지해야 한다.[71] 뿐만 아니라 교회는 lex orandi lex credendi의 상관성의 차원을 넘어 lex vivendi의 차원으로까지 확대되어야 한다. 오늘 예배와 관련한 한국교회의 문제는 이 상관성의 차원과 나아감의 차원의 결여에서부터 시작된다.

기독교의 예배는 결코 예배하는 자리에서 끝나지 않고 삶으로 이어져야 하며, 예배는 교회 성장을 위한 도구도 아니고, 인간에게 만족과 즐거움을 주는 도구도 아니다. 그러므로 신학과 깊은 연관성 속에서 바른 모습을 추구하지 않게 되면 그것은 변질되어 이미 예배가 아니게 된다. 신학 역시 최종목적은 영광의 찬송이 되어야 함을 잊어버리고 그 방향성을 상실하는 순간 그것은 교회를 세우는 학문이 아니라 자기만족에 빠지는 상아탑의 학문으로 묶이게 된다. 예배와 신학

---

70) David Tracy, "Foundations of Practical Theology," Don S. Browning, ed., *Practical Theology* (San Francisco: Harper and Row, 1983); Don S. Browning, *A Fundamental Practical Theology* (Minneapolis: Fortress, 1991), 참고.
71) Fagerberg, *Theologia Prima*, 4.

은 "분리할 수 없는 변증적 관계"(inseparable dialectic)[72]와 상관성을 잃지 않아야 한다. 그러나 이 두 요소의 관계에서 끝나는 것이 아니라 이것은 삶에로 나아가야 한다. 이제 예배는 그리스도인들과 교회의 삶을 지배하는 '삶의 원리'를 지배하는 것이 되어야 한다. 여기에서 우리는 orthodoxia, "바른 예배의 삶"(a life of "right worship")을 추구해야 한다. 카바나가 주장한 대로 "거룩한 예배에서 교회 가운데서 넘쳐났던 것이 그리스도인들의 매일의 삶의 모든 영역에 침투되어야 하고"[73] 이제 예배는 삶을 지배하는 중요한 원리와 내용이 되어야 한다. 그렇다. "우리는 예배하고, 그렇게 믿으며, 그래서 우리는 그렇게 살아간다"(lex orandi lex credendi lex vivendi).

---

72) Kavanagh, *On Liturgical Theology*, 177.
73) 위의 책.

3부
예배의 역사적 이해

나 하나 꽃 피어
풀밭이 달라지겠느냐고
말하지 말아라
네가 꽃 피고 나도 꽃 피면
결국 온통
꽃밭이 되는 것 아니겠느냐

나 하나 물들어
산이 달라지겠느냐고도
말하지 말아라
내가 물들고 너도 물들면
결국 온 산이 활활
타오르는 것 아니겠느냐

-조동화의 시, "나 하나 꽃피어" 전문

9장 초기 교회의 예배

> 지극히 높으시고 영광 가운데 계신 하나님
> 제 마음의 어둠을 밝혀주십시오.
> 올바른 믿음과 확실한 소망, 그리고 완전한 사랑을 주십시오.
> 깊은 겸손과 바른 감각, 그리고 이해력을 주십시오.
> 그래야 항상 주님의 거룩하고 참되신 명령을 수행할 수 있겠나이다.
> — 김기석[1]

급변하는 시대 속에서 아주 오래 전에 어떻게 예배가 드려졌는지에 대해 왜 우리는 관심을 기울여야 하는가? 그것에 대해 한두 가지로 대답하기는 쉽지 않다. 그러나 역사는 오늘날 우리가 직면한 문제를 어떻게 다룰 수 있을 것인지에 대해 소중한 조언을 제시해 준다. 과거를 연구하지 않고서는 오늘의 문제와 미래의 문제를 적절하게 평가하거나 풀어갈 수 없다.[2] 그래서 박영규는 역사를 연구한 한 책에서 그렇게 말한다. "조선의 역사는 결코 과거가 아닌 오늘을 사는 우리의 삶 속에 이어지고 있는 현재의 역사이다. 조선왕조의 흐름과 역사를 올바르게 이해해야 오늘과 미래를 읽을 수 있다."[3] 이것은 예배의 연구에서도 마찬가지로 적용된다. 예배의 역사에 대한 연구는 과거로부터 유산으로 물려받아 소유하고 있는 것을 바로 인식할 수 있고, 우리

---

1) 김기석, 『흔들리며 걷는 길』 (서울: 포이에마, 2014), 94.
2) Josef A. Jungmann, *The Early Liturgy: To the Time of Gregory the Great* (Notre Dame: University of Notre Dame Press, 1959), 1.
3) 박영규, 『조선왕조실록』, 1권 (도서출판 들녘, 1996), 1

가 어디에 서있는 지를 알려주기 때문에 중요하다. "역사는 과거와 현재의 끊임없는 대화"라고 에드워드 카가 규정한 것처럼[4] 우리는 여기에서 예배의 역사와의 작은 대화를 시작하려고 한다. 과거와 현재는 서로 연결되어 있기 때문이며, 우리는 어디에 서있었고 어떻게 서야 할지를 과거와 대화하기 위해서이다.

1세기 교회의 예배

기독교의 예배는 어떻게 형성되고 발전했는가? 기독교는 처음 로마 제국이 통치하던 영역에서 시작되고 성장했다. 초기 기독교는 심한 박해로 부터 시작되었으나 지중해 연안의 세계가 가지고 있었던 종교적, 도덕적 열망은 기독교 수용에 큰 역할을 하였으며 제국 내의 종교와 도시국가의 종교들이 생명력을 상실하면서 몰락하기 시작하였고, 높은 도덕적 표준과 이를 실천할 수 있는 힘을 제공해 줄 종교를 기대하고 있었다.[5] 이런 기대에 부응할 수 있는 종교로 기독교가 부상하게 된 것은 다른 종교와는 비교할 수 없는 고차원적 도덕 표준과 실천, 사람을 중요하게 생각하는 사상과 교회가 가진 공동체성에서 찾을 수 있다. 앞서 살펴 본대로 예배(liturgy)라는 용어는 본래 '공적 봉사' 라는 의미를 가지고 있었지만 초기 기독교 예배는 공적으로 행해지던 사건은 아니었다. 초기에 기독교는 세상 가운데 종교로서 인식되지 못하였다. 그들은 신전을 가진 것도 아니고 성전이나 신상을 가진 것도 아니며 희생제사가 있었던 것도 아니다. 그들은 공적으로 축

---

4) 에드워드 카는 역사 연구의 과제는 "단지 사실을 그대로 보여주는 것" 이라고 이해한 독일의 역사학자인 에로폴트 폰 랑케의 실증사학에 반기를 든 것으로 "사실을 말하는 것이 아니라 역사는 말을 걸 때에만 말을 한다"면서 "역사란 역사와 그의 사실들의 지속적인 상호작용의 과정이며 현재와 과거의 끊임없는 대화" 라고 주장한다. Edward H. Carr, *What Is History?*, 김택현 역, 『역사란 무엇인가』 (서울: 까치, 2015), 참고.
5) 이형기, 『세계교회사』, 1권 (서울: 한국장로교출판사, 2001), 73쪽.

제를 가지지도 않았고 춤이나 음악 연주, 종교적 순례도 가질 수 없었다. 그들의 가장 중심적인 종교 의식(ritual)은 '말씀과 음식을 함께 나누는 것'이었는데 그것의 원천과 형식은 유대교로부터 물려받은 것이었다.[6] 그것을 그들은 설교라고 했고 주님의 만찬(Lord's Supper), 혹은 성찬(eucharist)이라고 불렀으며, 세례를 통해 기독교에 입문한 사람들에게만 그 성찬을 허락하였다.

예수님의 부활 승천 사건과 함께 시작된 기독교 예배는 새롭게 생성된 것이 아니라 그 뿌리를 유대교에 두고 있었다. 예수님과 제자들은 유대인이었다. 그들이 전한 하나님과 믿음의 세계는 갑자기 생성된 것이 아니라 이스라엘의 역사와 함께 한다. 물론 예수님이 전한 메시지는 당시 유대교 전통 사회에서는 혁명적이었지만 기독교 예배는 유대교적 배경으로부터 깊은 영향을 받으면서 시작되었고 이미 존재하던 유대교 의식에 그 바탕을 두었다. 예수님의 승천 후, 초기 그리스도인들은 관습을 따라 성전과 회당 예배에 참석하였으며 그곳에서 드리던 예배 형식에 영향을 받았고 회심자들의 입회와 교육에 대한 것도 그 전통을 따라 시행하였다. 예수님께서 제자들과 가지신 최후의 만찬도 유대교의 전통에서 비롯된 것이고, 제자들이 복음을 전하기 시작할 때 회당과 연결하여 복음을 전하였으며 따로 모이기 시작했을 때도 회당에서 행하던 방식을 따라 예배를 드렸다.

그러나 시간이 가면서 그리스도인들은 유대인들의 전통과는 달리 주(週)의 '첫날'을 예배일로 삼아 모이기 시작했는데, 그날은 그리스도의 부활의 날이자 성령이 강림하신 날이었다. 그들은 이 날을 '첫날'이라는 용어로 사용하면서 창조 내러티브에서 제시된 창조 사건

---

6) Frank C. Senn, *Christian Liturgy: Catholic and Evangelical* (Minneapolis: Fortress Press, 1997), 53.

과 연속선상에서 동일한 창조의 개념으로 이해하였다. 그들은 주일을 새로운 창조가 시작되는 첫날로 이해하면서 새로운 시작(아르케)을 보고 있었다. 예배는 모두에게 개방되지 않았으며 새로운 사람이나 방문자, 구도자, 개종자들은 기존의 그리스도인 후원자의 보증을 받아야만 예배에 참석할 수 있었다. 초기 기독교 예배는 로마 제국의 영역에 공적인 종교로서 들어가지는 않았으며 거룩한 식사인 성찬은 세례를 받고 입교한 사람에게만 참여할 자격을 부여하였다.

1세기, 초기 교회의 예배를 이해하는데 가장 중요한 자료는 역시 신약성경이다. 그러나 신약성경이 제시하는 예배에 대한 자료와 정보는 일면 풍부하면서도 빈약하다. 예배에 대한 많은 언급을 하고 있지만 어떤 예배 순서가 사용되었는지, 처음 회중들은 예배에 대해 어떤 관점을 가지고 있었는지 분명한 정보를 제시하지 않기 때문이다. 그러나 신약성경은 초기 그리스도들과 그들의 믿음 생활, 그리고 예배를 통해 드렸던 그들의 표현(expression)에 대해서는 풍부한 자료를 제공한다. 그들은 함께 모여 공동으로 기도를 드렸고 함께 떡을 나누었으며 그들이 올려드린 찬송에 대해서도 많은 기록을 제시한다.[7] 신약이 기록되고 수집되던 몇 십 년 동안에 기독교 예배의 기초가 놓여졌다. 사도들과 그 후계자들이 세웠던 교회와 예배의 형태는 기독교 예배를 새롭게 하려는 사람들의 권위의 준거를 마련해 주었다.[8] 이때의 예배의 가장 중요한 자원은 역시 신약성경과 초기에 남아있는 문

---

7) 대표적인 것으로서 마리아 찬가(Magnificat, 눅1:46~55), 사가랴의 찬가(Benedictus, 눅 1:68~79), 시므온의 노래(Nunc Dimittis, 눅 2:29~32), 비움의 찬송(Kenosis hymn, 빌 2:5~11) 등을 들 수 있다.
8) James F. White, *A Brief History of Christian Worship* (Nashville: Abingdon Press, 1993), 13.

헌들이다.[9]

　사도들이 활동하던 시기에는 유대교와 교류가 있었고 성전과 회당예배에 함께 참석하면서 주일을 따로 지켰기 때문에 예전의 관점에서 명확한 정착을 이루었던 시기가 아니었다. 예수 그리스도의 십자가와 부활 사건은 유대교의 예배 의식뿐만 아니라 교리적 가르침에 있어서 뚜렷한 변화가 일어나던 시기였다. 사도행전과 서신서에서 발견하게 되는 자료들은 그들이 초기에는 안식일에 유대교 예배 행사에 참석하면서 주일에 따로 모여 예배를 드리기 시작했음을 알 수 있다. 유대 그리스도인들은 한동안 회당과 성전 예배에 참석하였지만 1세기가 끝나가는 무렵에는 완전히 다른 날로 지키기 시작한다. 그렇게 초기 교회에서는 기독교 예배의 새로운 정신이 움트오기 시작하는데 예배의 장소뿐만 아니라 예배를 위해 선택된 시간에 있어서 커다란 변화가 일어나게 된 것이다.

　복음서 기자들은 예수님께서 부활하신 날이 안식 후 첫날이었음을 강조한다. 예수 그리스도의 부활 사건은 세상이 창조될 때부터 감추었던 복음의 신비의 핵심에 해당하는 것이었으며(롬 16:25), 초대교회 그리스도에게는 생각과 삶 전부를 흔들어 놓았던 획기적 사건이었기에 주님이 부활하신 날에 그것을 기념하고 경축하는 날과 예배일로 정하였다. 부활 사건은 "믿는 자들의 공동체인 교회의 예배뿐만 아니라 그들의 시간 인식마저도 바꾸어 놓을 정도로 강력한 사건"이었다. 그리스도 안에서 이룩된 새로운 창조의 사건이야말로 자신들의 정체성을 새롭게 발견하는 중요한 사건이었다. 그래서 교회는 아주

---

[9] 1~3세기의 기독교의 예배를 알려주는 중요한 문헌으로는 '열두 사도 교훈집'으로 알려진 "디다케"와 "플리니의 편지"(The Letter of Pliny), 클레멘트의 "첫 번째 편지," 안디옥의 감독이었던 "이그나티우스의 일곱 편지," 순교자 저스틴의 "변증록" 등을 들 수 있다.

초기부터 주님께서 부활하신 주의 날에 함께 예배를 위해서 모이기 시작했고(행 20:7) 이날은 신앙생활의 핵심에 해당하는 날이었다. 신약성경은 이것을 '주의 날'(계 1:10) '안식 후 첫날'(행 20:7), 매 주일의 첫날"(고전 16:2) 등으로 표시한다.[10] 초대교회 교인들에게 주일은 새 창조의 역사가 시작되었음을 공표하는 날이었다.

2세기 이후에는 초대교회의 예배에 대한 정보를 알려주는 다양한 문헌들이 전해져 온다. 물론 이것들은 예배에 관한 책들은 아니고 대부분이 교회생활을 규정하는 규정집이지만 이 시기의 소중한 예배에 관한 정보를 제시해 준다. 아래 도표에서 보는 바와 같이 이것들은 내용에 있어서 연결되어 있다.[11]

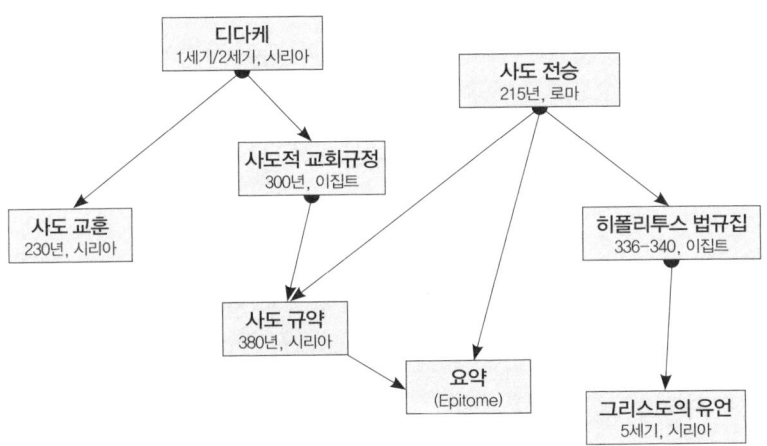

교회 규정집은 예배에 대한 방향, 지침, 예배문(texts)을 제시해 주고 있기 때문 주요 예전 자료로 사용되고 있다. '디다케'(The

---

10) 이것에 대해 보다 상세한 내용은 16장을 참고하라.
11) Paul Bradshaw, "Ancient Church Orders," in *Fountain of Life*, ed. Gerard Austin (Washington, DC: The Pastoral Press, 1991), 7.

Didache)는 1세기 말, 혹은 2세기 초의 문서로 시리아에서 기록된 것이며 총 16장으로 되어 있다. '사도교훈,' 혹은 '디다스칼리아'(Didascalia Apostolorum)는 230년, 시리아에서 기록되어 있으며 교회의 질서에 대한 내용이 총 26장으로 구성되어 있다. '이집트 교회 규정'(Apostolic Church Order)는 300년 경 이집트에서 만들어진 문서로 교회 운영에 관한 규정을 담고 있는데 히폴리투스(Hippolytus)의 저작으로 밝혀지고 있다. 이것은 초대 교회 예배에 대한 귀중한 사료다. '사도전승'(Apostolic Tradition)은 215년 로마에서 쓰인 문헌으로 로마가톨릭 교회는 이것을 전례의 주요 근거로 삼고 있다. '사도규약'(Apostolic Constitutions)은 4세기 시리아에서 만들어진 교회법전으로 헬라어로 된 문헌이다. 1~6장은 디다스칼리아의 내용과 같다. 7장은 디다케의 내용을 담고 있으며, 8장은 성찬 대감사기도를 포함하여 안디옥에서 드린 성찬예전을 그대로 담고 있다.

'그리스도의 유언'(Testamentum Domini)는 본래 이름이 Testamentum Domini nostiri Jesus Christi(우리 주 예수 그리스도의 유언)이다. 이것은 예수님께서 사도들에게 남기신 말씀을 중심으로 지침을 제시하는데 '사도전승'의 내용을 보다 공교하게 정리한 것으로 시리아에서 만들어진 것이다. 그 외에도 4세기 중반(339~363년) 이집트의 트무이(Thmuis) 주교였던 '세라피온 기도서'(Euchologion)가 전해져 온다. 여기에 성찬감사기도 전문이 담겨 있으며 세례 예식에 사용되는 기도문과 세라피온의 기도문 약 30여 개와 예전 거행 지침 등을 포함한다.[12] 이러한 문서에서 이야기하는 예배와 관련된 내용을 좀 더 구체적으로 살펴보자.

---

12) Senn, *Christian Liturgy*, 11~12.

먼저 예배일에 대해서 1세기 말의 문서인 『디다케』는 떡을 떼며 감사를 드리기 위해 매 주님의 날에 함께 모인 사실을 언급하고 있고, 『바나바의 서신서』에서도 주의 첫날이기도 하고 창조의 제 8요일인 주일에 함께 기뻐하며 예배할 것을 권면하면서 주일은 "죽은 자들로부터 예수님께서 부활하신 날이기 때문에 새로운 세계의 시작"이라고 규정한다. "진정으로 예수님을 부활하신 여덟 번째 날을 기쁨으로 경축하는 것"이 주일에 해야 할 일이라고 적고 있다.[13] 초대교회는 초기부터 예수 그리스도의 부활과 어두움을 빛으로 바꾸신 변형의 사건을 경축하기 위해 함께, 공적으로 주일에 모였다.

초기 교회의 예배를 알려주는 가장 초기의 문서들 중에 『디다케』는 그 기원이나 저자, 저작 연대에 대해서는 정확히 알려지지 않고 있지만, AD 100년 전후에 유대 그리스도인 공동체가 융성하였던 지역에서 기록된 문서로 추정하는데 가장 유력한 곳은 시리아 안디옥으로 추정한다.[14] 가장 오래된 교회 규정집(church order)으로 도덕적 교훈, 교회의 예배와 입교, 교회 생활의 규칙 등을 담고 있다. 또한 교회 일꾼들에 대한 훈련의 내용을 담고 있다. 이것은 총 16장으로 구성되어 있는데 1~6장은 생명의 길과 죽음의 길에 대해 설명하는 교리적인 내용이 제시되고 있고 7장에서는 세례에 대한 지침, 8장은 금식에 대해, 9~10장은 성찬에 대해, 11장은 사도들과 선지들에 대해, 12장

---

13) *Didache* 14:1 in *Early Christian Fathers*, vol. I, trans. Cyril C. Richardson (Philadelphia: Westminster Press, 1963), 178; *The Epistle of Barnabas*, 15, in *Early Christian Writings: The Apostolic Fathers* (Baltimore: Penguin Books, 1968), 215.
14) 당시 그리스도인 공동체가 융성했던 곳은 팔레스틴과 시리아 지방의 안디옥, 이집트의 알렉산드리아 등의 세 곳이었는데 대부분의 학자들은 가장 유력한 곳으로 안디옥을 든다. 그러나 바울에 대해서 언급이 없는 점, 알렉산드리아의 클레멘트가 "거룩한 책들"의 목록에 "디다케"를 포함시키고 있고, 아타나시우스가 그것을 교리 지침서로 사용하고 있다는 것 때문에 알렉산드리아로 보는 견해도 있다. Senn, *Christian Liturgy*, 62 참고.

은 친절을 베푸는 것에 대해, 13장은 선지자들에 대한 물질적 후원에 대해, 14장은 죄의 고백과 화해에 대해, 15장은 감독과 집사의 선출에 대해, 16장은 마지막 권고가 나온다.

여기에서 초대 교회의 예배생활을 보여주는 내용을 중심으로 정리해 보자. 7장은 먼저 세례 준비자에 대해서 공적인 교육을 강조하면서 시작한다. 수세자는 기도와 선행을 실천하고 매주 수요일과 금요일에는 교회 공동체의 모범에 따라 금식으로 준비해야 했는데 죽음의 길에 가깝게 살고 있던 옛 방식인 죽음의 길에서 벗어나 생명의 길로 들어서는 준비를 해야 한다고 권고한다. 세례자는 집례자와 공동체의 일원들과 함께 세례식 하루나 이틀 전부터 함께 금식을 하며 준비하도록 권하고 있다. 세례는 삼위 하나님의 이름으로 베풀며 흐르는 물, 즉 '살아있는 물'(생수)로 세례를 베풀 것을 권한다. 흐르는 물이 없으면 다른 물에서 가능하고 찬물에서 할 수 없거든 따뜻한 물을 사용해도 상관없다고 하며, 충분히 잠길 수 있는 물이 없으면 성부와 성자와 성령의 이름으로 머리에 세 번 붓는 관수례를 인정할 뿐만 아니라 어떤 정해진 형식보다는 의미에 강조점을 두고 있음을 알 수 있다. 강조하는 것은 수세자와 집례자, 그리고 교인들의 금식이 강조되고 있다는 점이다.

8장에서는 위선자들과 같이 금식이나 기도하는 것을 금하고 있다. 복음서에서 명령하신대로 기도하되 주의 기도를 매일 세 번 씩 드릴 것은 권하고 있다. 9, 10, 14장은 성찬에 대한 지침을 제시한다. 세례를 받은 사람은 매주일 주님의 식탁에서 참여하게 되는데 먼저는 빵과 잔에 대한 감사의 기도를 드렸다.[15] 이것은 유대인들의 키두

---

15) 이 기도문의 일부는 나중에 『사도전승』의 성찬 전통에 그대로 수용되고 있으며 4세기 이집트에서 기록된 세라피온 아나포라(Anaphora of Serapion)에 축약해서 실리

쉬 축복기도에서 사용한 것에 영향을 받은 것으로 보이며, 죄를 고백한 다음 받을 것과 세례를 받지 않은 사람들에게는 허락해서는 안 된다는 지침이 제시된다. 또한 성찬을 받은 후에도 감사의 기도를 올려 드리라고 권한다. 성찬을 예수님을 통해서 허락하시는 영원한 생명을 위한 영적인 음식과 음료(10:2)로 규정하고 있다. 이렇게 디다케는 초대교회의 예배가 어떻게 형성되고 드려졌는지를 비교적 상세하게 알려준다.

개략적으로 1세기가 끝나기 전에 교회는 주님이 부활하신 주일을 공식 예배일로 확정하였으며 예배는 정해진 곳에서 공적으로 모였던 것을 알 수 있다. 매 주일은 부활하신 주님을 기억하고 부활을 경축하는 공식적인 예배일이었다(계 1:10, 고전 16:1, 행 20:7~12). 주일은 당시 이스라엘에서 일하는 날이었기 때문에 아주 이른 아침에 모이거나 저녁 늦게 모였던 것으로 보인다. 아마도 초기에는 아침에는 기도모임으로 갖고 저녁에 함께 모여 애찬, 혹은 성찬을 가졌던 것으로 보인다. 부활의 아침에 주님께서 제자들과 성찬을 나눈 것으로 이해하여 주일 오전에 성찬을 행하는 것은 가장 일반적 형태로 자리 잡게 된다.[16] 주일 예배는 구약의 말씀을 읽고 주님의 행적에 대해 구전으로 전해지는 말씀을 전하는 말씀예전과 성찬예전이 기본 골격을 이루고 있었다. 유대교의 전통과 습관을 따라 개인적으로, 혹은 공적으로 하루에 세 번 기도시간을 가졌다.

이 시기에 성찬은 본래 그 이름이 가지고 있는 것처럼 감사드림(eucharist)의 메타포가 가장 중요한 의미였다. "디다케"가 보여주

고 있다.

16) Herman A. J. Wegeman, *Christian Worship in East and West: A Study Guide to Liturgical History*, tans. Gordon W. Lathrop (New York: Pueblo Publishing Co., 1985), 27.

는 성찬의 의미도 그러한 특징을 강조하는데 이것은 하나님께서 이스라엘 역사 가운데서 행하신 구원의 역사에 대한 기념, 혹은 회상(commemoration)의 관점이 강했다. 이것은 유대교의 감사의 기도인 '베라카'(berakah)에서 유래한 것으로 이해하며, 축복과 아남네시스, 영광송의 형태를 취하였다. 이것은 예수님 당시의 유대인들이 사용하였던 식탁기도였던 것으로 추정되는데 "찬양하며 기억과 감사하는 행위"(acts of praiseful remembrance and thanksgiving)였다.[17] 기본적으로 베라카는 아남네시스 기도였는데 과거와 현재가 함께 엮어지면서 과거에 역사하셨던 그 하나님에 대한 신뢰를 가지고 미래를 끌어 당겨 함께 맛보는 행위였으며, 영광송(doxology)으로 연결되는 기도였다. 또한 떡과 잔에 참여하는 사람들 사이의 깊은 교제(communion)의 의미가 강했다. 이러한 성찬의 은유에 있어서 그리스도의 임재는 가장 핵심적인 요소였다. 그것은 명시적이지 않았고 성령의 역사를 통해 경험될 수 있는 것으로 이해했다.[18]

이 기간에 세례는 공동체에 입문하고 그리스도인 되는 보편적 표징이었으며 성찬에 참여할 수 있는, 다시 말해 교회의 예배에 온전히 참여할 수 있는 자격을 이루는 것으로 이해했다. 가장 초기의 세례 의식문도 "주 예수의 이름으로"(행 2:38, 19:5) 행하였던 것이 1세기 후반에는 삼위 하나님의 이름으로 행한 것으로 정착된다(디다케 7:1, 마 28:19). 세례는 아마도 지역 교회가 위임한 사람이 베풀 수 있었으며 신약성경에는 아주 다양한 세례의 은유(baptismal metaphor)가 나타나는데 인침, 그리스도로 옷 입는 것, 왕 같은 제사장이 되는 것, 그리스도와의 연합(롬 6:3), 그리스도의 몸인 교회에의 참여

---

17) Wegeman, *Christian Worship in East and West*, 21.
18) White, *A Brief History of Christian Worship*, 29~30.

(incorporation, 고전 12:13), 성령의 선물과 죄의 용서(행 2:38), 새로운 탄생(요 3:5, 딛 3:5) 등이 대표적인 것이다. 또한 이때부터 주기도문으로 하루 세 번 기도하는 매일 기도(Daily Prayer) 전통이 시작되고 있음을 알 수 있다.[19]

2~3세기의 예배

이 시기의 예배를 살펴볼 수 있는 자료는 더 풍부하게 전해져 온다. 가장 대표적인 자료로는 저스틴 마터(Justin Martyr, 100~162)의 "변증록"과 히폴리투스의 "사도전승"(Apostolic Tradition)을 들 수 있다. 저스틴은 사마리아 지방의 로마 식민지였던 프라비아 네이폴리스에서 출생하였고 로마 등지에서 철학을 공부했다. 그는 기독교에 대해 철학적으로 공부한 다음 진리를 깨닫고 에베소에서 세례를 받는다. 로마의 안토니오 피우스 황제 시대(138~161)에 로마에서 복음을 전하다가 순교한다. 기독교인들이 비밀리에 모여서 아기를 죽이고 살과 피를 나눠 먹는다는 유언비어에 대해 로마의 황제와 원로원에 기독교를 변증하기 위하여 그는 두 권의 변증록을 썼다.[20] 그것은

---

19) 교회는 그 이후 이러한 전통을 따라 성무일과(divine office)로 발전시킨다. 특히 교회 공인 이후 수도원 전통에서는 다양한 기도 규칙을 만들었고, 교회 전통에서는 아침기도(matins), 저녁기도(vespers) 등을 발전시켰다. Paul Bradshaw, *The Search for the Origins of Christian Worship: Sources and Methods for the Study of Early Liturgy* (New York: Oxford University Press, 1992), 189~90.
20) 이것은 황제에게 보내기 위해 쓴 것이며 총 68장으로 되어있다. 1권은 그렇게 시작된다. "원로원과 로마의 모든 사람들로부터 부당한 미움과 박해를 당하고 있는 사람들 중의 한 사람인 프리스쿠스의 아들인 저스틴은 안토니우스 피우스 황제와, 철학자이며 가장 훌륭한 그의 아들 마르쿠스 아우렐리우스께, 저들 모두를 대표하여 우리의 주장과 요구를 이렇게 전합니다." 46장에 "150년 전에 귀리노 총독 치하에서 그리스도는 태어나셨다"는 표현을 쓰고 있어 대략적인 연대를 추정할 수 있다. 제 2 변증록은 161년경에 기록되었는데 총 15장으로 되어 있고 로마의 집정관이었던 율리우스 루스티쿠스의 부당한 박해로 순교한 세 사람의 처형에 대해 항의하기 위해 썼다. '트리포와의 대화' 는 유대인을 향한 최초의 변증록인데 135년경에 에베소에서 유대교 랍비 트리포와 가졌던 대화를 토대로 하여 155년에 편집한 것이다. 이것은 142장으

외부 세계에 그들이 이해하는 방식과 편견을 바꾸기 위한 방법을 따라 복음을 전하기 위한 목적으로 구성되었다. '변증록 1권'은 155년 경에 기록된 것인데 세 부분으로 나눌 수 있다. 1~20장은 그리스도인들에 대한 미움과 편견은 근거 없는 것이기 때문에 잘 조사하여 억울함을 풀어줄 것을 호소한다. 21~60장에서는 기독교의 가르침의 우월성을 이교도의 사상과 비교하면서 교리의 합리성을 역설한다. 61~68장은 기독교의 예배와 윤리적 가르침에 대해서 소개하면서 그 우월성을 강조하면서 그리스도인들은 부도덕하지 않으며 무고하게 박해를 받고 있으며 그것을 부당한 일임을 강조한다. 마지막 부분은 교회의 믿음과 예배 실행을 비교적 상세히 소개하고 있어 이 시기의 예배를 연구하는데 소중한 자료이다. 61~67장까지 마지막 7장은 기독교 예배에 대한 기술을 담고 있는데 그 중 네 장(61~64장)은 세례에 대해, 두 장(65~66장)은 성찬에 대해, 한 장(67장)은 주일 준수에 대해 기록한다. 여기에서도 주로 예배에 대한 근원이나 신비를 밝히는 것보다는 단순한 기술에 치중하고 있음을 알 수 있다.

"변증록"에 의하면 주님의 날에 도시와 주변 마을에 사는 사람들은 '한 곳'에 함께 모였는데 교인을 수용 가능한 넉넉한 공간을 가진 교인의 집에서 모였던 것은 확실하다. 박해 상황이었기에 그들은 반듯한 교회 건물은 갖지 못하였으며, '교회'(에클레시아)라는 명칭은 그것이 본래 가지는 의미처럼 하나님께 예배를 드리기 위해서 모인 그리스도인의 공적인 모임을 의미하는 용어로 사용하였다. 주일 예배는 감독(bishop)과 부제(deacons)의 공적 참석으로 인해 다른 모임과

로 되어 있으며 대표적인 변증록 가운데 하나이다. 원문을 보기 위해서는 Adolf M. Ritter, *Alte Kirche-Kirchen und Theologiegeschichte in Quellen*, vol. I, 공성철 역, 『고대 교회: 교회와 신학의 역사 원전』(서울: 한국신학연구소, 2006)을 참고하라.

구별하였다. 또한 그들은 로마에서 살고 있었지만 저스틴 당시의 회중들의 모국어였던 헬라어로 예배를 드렸다.

주일예배는 말씀예전과 성찬예전으로 구성되었는데 말씀예전은 세례를 준비하는 교인들에게까지 허락되었다. 성경이 봉독되고 설교가 주어졌으며 그 후에는 시편 찬송이 이어졌는지는 명료하지 않지만 회당 예배 전통에 따르면 성경봉독과 설교 전후에 시편 찬송이 따라왔다. 설교는 감독이 맡았으며, 그는 사도적 전승을 물려받은 사람으로 믿음을 가르치는 선생으로 인정받았다. 감독의 설교가 끝나면 모두가 일어나 공동 기도를 드렸는데 흔히 그것은 연도(litany) 형식으로 드려졌다. 설교 후에 세례 받지 않은 사람은 해산했는지에 대해서는 자세히 언급하지 않지만 성찬이 세례를 받은 사람에게만 주어진다는 내용이 언급되고 있어 그것을 추정할 수 있다. 성찬은 평화의 인사(kiss of peace)로부터 시작했다. 이것은 저스틴이 처음 언급하는데 인간관계의 온전성을 위한 평화와 화해의 뜻을 담은 인사였고 고대의 상징적 행동이었다.[21] 이것은 유대교 전승일 뿐만 아니라 부활의 아침 예수님께서 제자들에게 행하신 것에 근거를 둔다. 부제가 빵과 포도주를 준비한 다음 감독은 성삼위 하나님께 찬양과 영광을 드리는 감사의 기도가 드리고, 회중은 아멘으로 화답한다.

세례를 준비하는 사람은 일정한 교리교육의 기간을 가졌는데 가르치고 말하는 것이 진리임을 납득하고 믿으며 그것을 따라 살기로 다짐하고, 과거의 지은 죄를 위해 금식하면서 기도하도록 했으며 그것을 가르치고 준비시키는 사람도 함께 금식했다(61장). 그것은 단지 교리에 대한 지적 교육만이 아니라 새로운 삶에로의 결단과 습관

---

21) Bard Thompson, ed., *Liturgies of the Western Church* (Philadelphia: Fortress Press, 1961), 5.

을 훈련하는 것이었다. 함께 금식하고 기도하면서 온 교우들이 한 사람을 세우는 일에 전력했음을 보여준다. 초대교회의 세례 교육은 철저했고 "세례 받기에 합당하다고 판단"되었을 때에만 물이 있는 곳으로 그를 인도하여 세례식을 거행했는데 이는 초대교회가 아주 엄격한 심사를 통해 세례를 베풀었음을 알려준다. 박해기에 신앙을 갖는다는 것을 죽음을 각오한 일이었기 때문이다. 1세기에 이어 세례도 성삼위 하나님의 이름으로 베풀었으며, 당시에 그 이름 안으로 온전히 들어가 완전히 예속되며 통합된다는 의미가 있었다. 그것은 전혀 다른 새로운 존재로의 탄생을 의미했다. 수세 후에 그는 형제들의 공동체 가운데로 인도되었고 회중들은 그를 환영하며 그를 위해 함께 기도를 드렸다. 기도 후에 그들은 사랑의 인사를 함께 나눈 후에 그를 성찬의 자리로 인도해 들인다.

저스틴은 떡과 포도주를 언급하면서 포도주에 물을 탄 것을 언급한다(65장). 그것은 십자가상에 달리 예수님의 옆구리에서 나온 물과 피를 상징한 것이다(요 19:34). 긴 성찬 감사 기도를 드린 후 성체를 받게 되는데 성부와 성령의 이름을 통하여 온 우주의 아버지이신 하나님께 찬양과 영광을 올려드렸다. 기도와 감사로 성찬을 마무리 할 때 회중들은 '아멘'으로 화답한다. 예배에 참석하지 못한 사람들을 위해 그들을 성체를 집으로 가지고 가 전달하였다. 66장에서는 성찬에 대해 더 상세하게 설명하는데 그리스도인들은 그것을 $E\dot{v}\chi\alpha\rho$ $-\iota\sigma\tau\acute{\iota}\alpha$(Eucharist)라고 부르며 교회가 가르치는 것을 믿고 순종하는 사람과 세례를 통해 죄를 씻음 받아 거듭 난 사람을 제외하고는 누구에게도 허락되지 않는다고 강조한다. 이것은 일반식사가 아니라 예수 그리스도께서 행하신 방식대로 행하며 그리스도의 살과 피를 받는 것이라고 이해한다.

그 외에도 2세기의 예배에 대해서는 이그나티우스가 쓴 서신 중에 "서머나 교회에 보낸 편지"나 112년경에 소아시아 비두니아 로마 지방 장관이었던 플리니(Pliny the Younger)가 "트라얀 황제에게 보낸 보고서" 가운데서 일부 기록을 찾아볼 수 있다. 전자는 감독만이 성찬을 집 례할 수 있다는 사실을 알려주며(8장), 후자는 주일에 대한 묘사와 연도 형식의 찬양과 기도를 드렸다는 점, 성찬에 대한 묘사 등이 나온다. 특별히 그들은 주일 새벽에 모였다는 점과 저녁에 다시 모여 예배했다는 사실을 전해 준다. 또한 200년경의 자료로 알려진 북아프리카의 터툴리안의 "세례에 관하여"에서 성례전에 첫 번째 규정들을 발견한다.

3세기 초반의 문서인 "사도전승"(Apostolic Tradition)은 215년 경 로마교회의 신학자였던 히폴리투스가 기록하였다.[22] 이것은 디다케와 함께 당시 교회의 신학, 예배, 그리스도인들의 생활 전반에 걸친 규범을 제시하는 중요한 역사적 자료이다. 이것은 초기부터 당시까지 교회가 행하고 있는 예배와 그리스도인의 삶에 대한 규범을 정리한 것이라는 점에서 중요성을 더해 주는데, 교회의 직제와 예배에 관한 문헌 중에 가장 오래된 문헌으로 동서방교회 예전 형성에 깊은 영향을 끼쳤다. 이것은 총 43장으로 구성되어 있는데 1장은 머리말, 43장은 맺는말이고 본문은 3부분으로 구성되어 있다. 서론에서는 확고한 신앙과 전통에 머물기 위하여 지금까지 전해져 내려오는 신앙의 전승을 이어받아 잘 지켜야 한다는 충고를 담고 있다. 첫 부분(2~14장)에

---

[22] 최근 연구에는 히폴리투스 저작설에 의문이 제기되고 있지만 1551년 로마에서 발견된 대리석상에 저서 목록이 새겨져 있었는데 대부분 그의 저작과 일치하였기 때문에 가장 보편적으로 받아들여지고 있다. 원본은 헬라어로 기록되었는데 현재는 라틴어와 콥틱어 번역본만 전해져 오고 있다. Paul Bradsaw, "Hippolytus Revisited: The Identity of the So-called Apostolic Tradition," *Liturgy*, 16 (2000); Maxwell E. Johnson, "Apostolic Tradition," ed. Geoffrey Wainwright and Karen B. W. Tucker, *The Oxford History of Christian Worship* (New York: Oxford University Press, 2006) 등을 참고하라.

서는 주로 교회의 직제에 대해서 언급하면서 성찬과 두 가지 봉헌에 대한 언급(4~6장)이 삽입된 형식을 취하고 있다. 2부(15~21장)는 신앙공동체에 들어오는 입교과정에 대한 규정을 담고 있다. 여기에는 교리교육에 대한 것(17~19장), 수세자 선발과 준비(20장), 세례, 견신례 등을 통한 교회에 입교하고 온전한 그리스도인이 되는 과정(21장) 등을 담고 있다. 3부(22~42장)에는 그리스도인의 생활을 위한 제 규정을 수록하는데 금식과 봉헌, 애찬, 기도생활 및 영적인 생활 등을 다루고 있다.

이 시기에 교인이 되고 성찬에 참여할 수 있는 자격을 얻는 것은 엄격한 선발(16장)[23]을 걸쳐 이루어졌으며, 원칙적으로 3년간의 교리교육을 받으며 준비하게 했다. 교육 후에 세례 받을 날이 일주일 정도 남았을 때 그들은 심사 과정을 거쳐야 했는데, 교육 기간 동안 전향적으로 발전하였는지에 대해서 심사하였으며 후견인의 책임 있는 증언도 청취했다. 모든 과정을 마친 수세자는 금요일에는 금식하고, 토요일에는 해가 진 시간부터 시작되는 부활절 전야 철야기도회에 참석해 감독이 집례 하는 축귀예식에 참여하였으며 주님이 부활하신 주일 새벽, 수탉이 우는 시간에 세례를 받았다. 세례자는 사탄과 모든 미신 행위에 대해 공적 포기선언(renunciation)을 해야 했고, 집례자는 그에게 '축귀를 위한 기름'(oil of exorcism)을 온 몸에 발라 주었다. 그리고 세례는 세 번의 침수로 진행되는데 매번 차례로 성삼위 하나님께 대한 신앙고백과 안수, 침수 등으로 순으로 진행되었다. 사도신경에서 고백하는 내용과 같은 성삼위 하나님에 대한 질문을 묻고 '믿습

---

[23] 믿음을 가지려는 동기에 대한 질문을 받았고 교회로 인도한 후견인의 증언이 있어야 했다. 후보자의 직업, 신분, 윤리적 삶 등에 대해 심사가 이루어졌는데 윤리적으로 문제가 되는 직업이나 미신과 관계되는 직업을 가진 사람은 제외되었다.

니다'라고 답할 때 침수를 하게 했다. 세례를 받고 물에 올라온 수세자에게는 감사의 기름(oil of thanksgiving)이 부어졌다. 그리고 그는 회중들의 공동체로 인도되었다. 회중 가운데 들어온 그에게 주교는 안수하였고 이마에 십자 표시를 하면서 기름을 발랐다. 평화의 입맞춤과 함께 그를 위해 기도한다. 세례를 집례 할 수 있는 사람은 일반적으로 감독, 혹은 주교(bishop), 장로(presbyter),[24] 부제(deacon) 등이었다. 분병 시에 감독은 "이것은 하늘의 떡이신 예수 그리스도의 몸입니다"라고 확인시켜 주었다.

이렇게 예배와 입교 절차에 대한 정보뿐만 아니라 '사도전승'은 성찬과 관련된 중요한 정보와 자료를 제공한다. 무엇보다도 성문화된 성찬 예식문을 제시하는데 이것은 현재 로마 가톨릭교회의 미사경본의 두 번째 기도문으로 사용한다. 이것은 현대에 사용하는 성찬 대감사 기도의 원형을 보여주는데 수르숨 코다(인사), 서송, 봉헌, 아남네시스, 에피클레시스(성령초대의 기도) 등을 포함한다. 히폴리투스가 감독 임직 예식 자료로 제시한 것인데 부제가 감독에게 봉헌물을 전달하며 그는 봉헌물 위에 안수하고 다음과 같이 수르숨 코다로부터 시작되는 성찬감사기도(eucharistia)를 드릴 것을 제안한다. 그 예문 한 가지를 살펴보면 다음과 같다.

주님께서 여러분과 함께
또 목사님(감독)[25]과도 함께
여러분의 마음을 드높이

---

24) 오늘날의 장로직과는 다른 것으로 주교가 그 지역을 대표하는 목회자였다면 장로는 지역교회에서 목회자 직을 수행하는 지역교회의 대표 정도로 이해할 수 있는 직분이었다.
25) 원문에는 your spirit(당신의 영혼)으로 되어 있다.

주님께 마음을 높이 듭니다.
주님께 감사를 드립시다.
그것은 마땅하고 옳은 일입니다.

오 하나님, 사랑하시는 아들 예수 그리스도를 마지막 때에 구원자와 구속자로, 그리고 하나님의 뜻을 전하는 사자로 우리에게 보내주심에 감사를 드리나이다. 그분은 주님의 불가분의 말씀이시며, 그 말씀을 통하여 온 세상을 창조하셨으며, 그로 인하여 기뻐하였나이다. 주님께서 하늘로부터 그를 동정녀의 태중에 보내셔서 수태케 하셨고 육체를 입으셨으며 성령으로 잉태되어 동정녀에게서 출생하게 하심으로 하나님의 독생자이심을 온 땅에 나타내셨나이다. 주님의 뜻을 성취하시고 주를 위하여 거룩한 백성을 얻게 하시려고 고난을 당하실 때 두 손을 뻗으셔서 하나님을 믿는 모든 사람들을 고통으로부터 풀어 주셨나이다. 그리스도께서는 자의로 십자가의 고난을 당하시기 위하여 배반을 당하심으로 죽음을 멸하시고 사탄의 사슬을 끊어 버리셨으며 지옥을 멸하시고 의인들에게 비추시며 계약을 세워 부활을 나타내셨나이다.

주께서는 떡을 드시고 하나님께 감사를 드리시며 말씀하셨나이다. "받아먹으라. 이는 너희를 위하여 찢기는 나의 몸이다." 이어 잔을 드시고 같은 모양으로 말씀하셨나이다. "이는 너희를 위하여 흘릴 내 피니 이를 행할 때마다 나를 기억하라."

그러므로 우리는 그분의 죽음과 부활을 기억하면서 이 떡과 잔을 봉헌합니다. 우리로 하여금 주님의 보좌 앞에 합당한 자로 설 수 있게 하시고 섬길 수 있게 해 주심에 감사를 드리나이다.

구하오니 주님의 거룩한 교회가 드리는 봉헌물에 성령님을 보내주옵소서. 주님의 거룩한 신비에 참여하는 모든 자들에게도 허락하셔서 진리 가운데서 믿음이 더 강해지게 하시고 성령으로 충만하여 하나가 되게 하옵소서.

하나님의 성자 예수 그리스도를 통하여 주님께 찬양과 영광을 돌리나이다. 또한 성자를 통하여 성령과 함께 성부 하나님께 거룩한 교회 안에서 지금부터 영원까지 세세토록 찬양과 영광을 올려드리나이다.

아멘.[26]

성찬 대감사기도는 인사, 아남네시스, 성찬 제정사, 에피클레시스(성령초대의 기도), 영광송 등의 요소가 함께 담겨있고 하나님의 창조와 구속 역사를 기억하며 드린 기도인데, 특히 예수 그리스도의 십자가의 사건을 회상하고 재현하는 의미를 담고 있었다. 성체 분할은 떡을 나누면서는 "이는 하늘의 떡이신 예수 그리스도의 몸입니다," 잔을 나누면서는 "이는 우리 주 예수 그리스도의 보혈입니다"라고 언급하도록 하며 회중들은 '아멘'으로 받도록 하였다. 성체로는 떡, 포도주, 물, 우유(젖)와 꿀이 사용되었는데 물은 내적 세례를, 우유와 꿀은 약속의 뜻을 의미하는 것이었다. 성찬식에서 우유와 젖을 사용하던 것은 잠시 사용되다가 사라졌고 대신에 포도주에 물을 섞는 것이 도입되었다. 북아프리카의 감독이었던 키프리안은 그의 서신(253년)에서 물과 포도주를 섞는 것을 그리스도와 사람들의 연합으로 설명한다.[27] 이렇게 2~3세기의 예배는 박해 상황 가운데서 그 형태가 결정되고 그 내용이 더욱 풍성해지고 있음을 알 수 있다.

---

[26] 이 성찬감사기도는 Jasper and Cumming, *Prayers of the Eucharist*, 34~35. 각 섹션은 성찬 대감사기도는 여러 내용이 함께 결합된 특성을 따라번역하면서 임의로 나눈 것이다.

[27] White, *A Brief History of Christian Worship*, 57.

4~5세기의 예배

4세기에 들어서면서 기독교는 새로운 세기를 맞는다. 박해자들은 동방과 서방에서의 기독교의 부흥을 막지 못했고, 극심한 박해와 억압도 그리스도인들을 가두지 못했다. 313년 콘스탄틴 대제의 기독교 공인과 380년 데오도시우스 대제(Theodocius the Great)의 로마 국교 결정 후에 많은 변화가 일어난다. 첫 300년 동안 그들은 개인 집에서 은밀하게 모여 비밀스럽게 예배를 드렸지만 기독교가 공인되면서 예배당이 세워지기 시작했고, 숨어서 예배하던 도시의 한복판에 바실리카식 예배당이 세워지게 되었다. 초기 교회는 실로 험하고 먼 길을 힘차게 달려왔고, 박해하던 제국은 이제 큰 재정 후원자가 되었다. 웅장한 예배당 건물이 세워지고 예배 형식은 점점 화려해지기 시작했으며 이방문화에 복음이 전해지면서 그 영역도 점점 넓어지기 시작한다.

이 시기에 기독교 예배에는 극적 변화가 일어나게 된다. 그레코 로마 세계의 문화적 유산을 흡수하면서 건축, 예술, 의상, 시민 생활과 관계된 일, 축제, 언어, 철학 등을 받아들이면서 근본적인 변화가 일어난다.[28] 가장 커다란 변화는 예배 공간과 건축물의 변화였다. 공인 직후 처음에는 가정 교회로 그대로 남아 있는 경우도 있었지만 급속한 교인수 증가로 인해 새로운 예배 공간을 필요로 했다. 콘스탄틴 대제와 그의 후계자들은 로마와 콘스탄티노플, 그리고 성지의 예루살렘과 베들레헴 등지에 웅장한 예배당 건물을 세운다. 대표적인 교회당은 바실리카 형식을 취하는데 본래 이것은 헬라어로 "왕의 공간"(hall of king), 즉 왕궁을 뜻하는 말이었다. 로마인들에게 직사각

---

28) William H. Willimon, *Word, Water, Wine and Bread: How Worship Has Changed over the Year* (Valley Forge: Judson Press, 1980), 39~40.

형의 건물은 황실의 음악당이나 법원, 비즈니스 사무실 등의 시민 공공의 목적으로 사용되었다. 이것은 로마제국의 영광과 권세를 상징하였다. 그리스도인들은 이러한 건물 형태를 예배당 형식으로 받아들인다. 본래 로마의 바실리카 형식은 두개의 반원형(double-apse) 공간을 가진 형태였지만 기독교 건물에서는 하나의 반원형의 형태만 취하였다. 한쪽의 반원형 공간에는 예배단을 만들고 생략한 반대쪽은 입구로 만드는 변형 형태를 취하였다. 예배단은 회중으로부터 옮겨져 반원형 공간에 위치시키면서 회중으로부터 멀어지게 되었고, 성찬상이 중심을 이루고 그곳은 성소(sanctuary)라고 명명했다. 세례를 위한 공간과 순교자들을 기념하기 위한 유품 보관소나 기념교회도 이때 세워진다.[29]

또한 다양한 지역에서 다양한 문화적 영향을 받으며 예배를 드려왔기 때문에 예배 순서의 고정화가 필연적인 일로 대두되고, 유동적인 예배 순서는 점점 예배 언어의 통일도 필요로 했다. 당시 예배 언어는 주로 시리아어와 헬라어였다. 콥틱어와 아람어는 부분적으로 사용되고 있었지만 결국 로마 제국의 언어인 라틴어로 통일을 꾀하게 되었다.[30] 이방신에게 예배를 드리면서 요란하게 행해지던 것을 피하여 예배 음악도 주로 단선율이나 단순한 멜로디의 곡이 사용되었는데 시편 교송은 정기적으로 사용되었다.

여러 상징과 표식들이 예배에 많이 도입되었다. 제국의 법정과 왕실에서 행해지던 경축 순서로부터 기독교 예배는 역시 많은 영향을

---

29) Edward Foley, *From Age to Age: How Christians Have Celebrated the Eucharist* (Chicago: Liturgical Training Publications, 1991), 45~47.
30) 이것은 동로마와 서로마로 나뉘게 된 이유의 중의 하나였다. 동로마는 헬라어를 고수하면서 비잔틴을 중심으로 한 동방교회가 되었고, 서로마는 라틴어를 예배 언어로 수용하면서 로마를 중심으로 한 서방교회를 이룬다. 물론 나중에 동방정교회는 언어 자율성 정책을 취하면서 그 지역의 언어를 사용하게 했다.

받는데 황제가 가장 높은 자리에 자리 잡듯이 교회에서는 감독(주교)의 자리는 가장 높은 곳에 놓이게 되었고 그것은 당연한 특권이 되었으며, 교인들과 다른 성직자들은 주교직에 앉아있는 사람에게 경의를 표하였다. 또한 로마의 관습을 받아 들여 4세기 이후에는 입당행진시에 십자가와 주교가 드는 지팡이(crosier), 촛대 등이 사용되었다. 먼저 기능적이고 미학적인 요소들이 예전에 먼저 도입되고 거기에 신학적인 의미를 부여하는 형식으로 진행되었다. 친밀한 인사법인 입맞춤도 예배에 도입되는데 제단, 성경책이나 예배서, 새로 세례 받은 사람, 동료 그리스도인들과 예배 시간에 평화의 인사와 함께 입맞춤의 인사도 도입된다. 성직자의 스톨도 도입되는데 이것은 로마 국가에서 공적인 업무를 수행하는 관리의 권한을 나타내는 표식이었다.

교회가 세상과 새로운 관계를 갖게 되면서 신앙에 입문하는 예식인 세례에도 많은 변화가 있었다. 그 중에서 세례 준비 기간과 기독교 입문 예식이 둘로 분리된 것이다. 이것은 모두 개종자의 많은 유입과 교인의 증가 때문에 주어진 현상이었다. 세례 준비를 위한 교육 기간을 3년으로 규정했던 앞 세기에 비해 그것이 실질적이지 못하게 되자 4세기경에는 세례 교육 기간이 몇 주간으로 조정된다.

성인 세례가 중심을 이루지만 점점 유아세례자들이 많아 지면서 부모나 대부모에 대해 대리 세례 문답이 이루어진다. 이 기간에도 세례는 부활절 전 철야기도와 연관이 있었으며 성령강림절도 세례식을 거행하였다. 세상의 빛과 소금이라는 말씀을 따라 세례식에서 소금과 촛불이 수세자에게 상징적으로 주어지기도 했으며, 지역에서는 세례의 기억과 갱신을 위해 회중들에게 종종 물을 뿌리기도 했다. 이 시기에 견신례(confirmation)가 세례와 구분된 기독교 입문예식으로 처음으로 언급되기 시작했으며, 견신례는 이단으로 정죄된 주교에게서 세례를 받았거나 믿음을 벗어나 배교한 후에 돌아와 복원되기를 원하는 사람의 머리에 공적인 자리에서 손을 얹어 행했던 의식이었다. 개종자들이 많아지면서 세례를 지역 교회의 목회자에게서 받은 후에 나중 그곳을 방문한 주교에게서 세례의 확증을 받는 방식으로 견신례를 시행하였다. 이렇게 하여 이 시기에 본래 하나이던 기독교 입문예식이 세례와 견신례로 구분되어 행해지기 시작했다.[31]

4~5세기에 행해지던 세례를 정리하면 세례 받기를 원하는 사람은 40일 전에 미리 신청을 해야 했으며, 준비기간에 수세자는 축귀예식(exorcism)을 반복적으로 시행해야 했다. 준비기간 동안(보통 사순절 기간)에 매일 있던 세례 교육에 참여해야 했으며 이 기간에 성경, 부활, 믿음 생활 등에 대해 가르침을 받았다. 후반부에는 주로 신조에 대한 교육을 받았고 어떤 지역에서는 주님의 기도에 대해서도 교육을 받았다. 이때 세례식은 세례당(baptistery)에서 시작되었다.

4세기 이후부터는 세례를 마친 다음에도 세례가 가지는 신비를 가르치고 세례 후의 삶을 가르치는 소위 세례 이후의 교육인 미스타고지(mystagogy)가 활발하게 진행되었다. 박해 시기에는 세례는 하나님의 백성들의 공동체인 교회를 확실하게 세워나가는 방식이었기 때문에 철저한 세례 전 교육을 통해 세례자를 세웠다. 이것은 그 혹독한 박해기에 순교를 당하면서도 믿음을 지켜 나가는 원동력이 되었지만 박해 시기가 지난 다음에는 그러한 신앙 영성을 어떻게 계속 유지하게 만들 것인가가 큰 관건이었기 때문이다. 기독교 공인 후 시리아 교회에는 세례 후의 삶의 실천을 위해 강한 금욕주의적 경향이 등장하기도 한다. 독신자로 살면서 금욕주의를 실천하며 세례 후의 삶을

---

31) Willimon, *Word, Water, Wine and Bread*, 44~45.

실천하는 그룹도 생겨났으며, 이러한 은둔 금욕주의 형태는 이집트에서 먼저 일어났다.[32]

이때 행해지던 세례의식은 대략 다음과 같은 순서로 진행되었다. 먼저 세례식은 감독이 수세자의 콧구멍과 귀를 만지면서 아람어와 라틴어로 '에바다'(막 7:34)를 반복해서 외치면서 시작되었다. 그 후 온몸에 주어질 도유와 침수를 위해 옷이 벗겨졌는데[33] 이것은 그리스도께서 모든 것을 내려놓고 성육신하신 것을 상징하였으며 옛사람을 벗어버린다는 의미와 주님의 낙원에 순순한 몸으로 들어간다는 의미를 담았다. 이어서 세례 전에 전신에 올리브유를 바르는 도유(anointing)가 진행되었는데 이것은 '축귀의 도유'(anointing of exorcism)로 불려졌다. 이것은 그동안 그를 지배했던 사탄을 축출하고 죄의 흔적들을 제거하며 그리스도의 새 기름을 받는 것으로 이해되었다. 그리고 사탄을 거부하는 순서가 진행되었는데 동방에서는 수세자들이 어둠의 권세가 지배하는

---

[32] 그런 독신자를 '이히디야' 혹은 공동체를 이루면서 독신을 실천하는 사람은 브나이(언약의 아들들), 브나트 크야먀(언약의 딸들)이라고 불렀다. Robert Murray, *Symbols of Church and Kingdom: A Study in Early Syriac Tradition* (London: T & T Clark International, 2004), 13~15; 김정, 『초대교회 예배사』(서울: CLC, 2014), 175~77을 참고하라. 물론 이런 금욕주의적 경향이 이때 형성된 것은 아니다. 기독교 공인 후 교회를 빠져 나와 광야로 들어가 금욕주의 삶을 살았던 동방지역의 수도원도 초기에 이런 금욕주의적 은둔을 추구하는 것으로부터 시작하였다. 대표적인 은둔적 금욕주의자로는 이집트의 안토니를 들 수 있으며, 그의 후대였던 파코미우스(Pachomius)를 들 수 있다. 그들은 그룹을 형성하면서 수도원을 형성하였고, 그들 나름대로의 규칙을 세워 실천한다. 박해시대에는 '순교'를 최고의 영적 가치로 여겼다면 그 이후에는 '금욕'을 최고의 가치로 여긴 분위기에서 비롯되었다. 당시에 금욕적 삶을 사는 사람을 살아있는 순교자로 이해되었고, 금욕적 삶은 독특한 순교의 형태로 이해되었는데, "영광의 순교"로 이해를 하였다. 교회와 분리된 수도원은 3세기 이후에 나타난다. 또한 4, 5세기경에 사막에서 생활하는 여성금욕주의자들도 이집트와 시리아 지역에 많이 있었다. 이들을 '영적 어머니'란 뜻의 '암마스'로 불리기도 했는데 '사막의 어머니'(desert mother)로 불리기도 했다. William M. Johnston, ed., *Encyclopedia of Monasticism*, vol. 1, 2 (Chicago: Fitzroy Dearborn Publishers, 2000)을 참고하라.

[33] '디다스칼리아'(Didascalia)에서는 3세기 이전 시리아 예전에서 여성 세례자들을 위하여 여자 부제가 참여하여 주관하였다고 전한다.

방향이라고 생각했던 서쪽을 향하여 "사탄아, 이제 나는 너를 거부한다"라고 외치기도 했다. 다른 문헌에는 "나는 사탄과 그의 모든 졸개들을 거부한다"라는 문구를 사용하기도 했다. 서방에서는 문답식으로 진행되기도 했다.[34] 그리고 그는 이제 동쪽으로 돌아서서 주님만을 온전히 섬길 것을 서약하였는데 종종 직접 선언하기도 했다.

그것을 크리소스톰은 "오 그리스도여, 저는 주님만을 섬기겠습니다"라는 선언문을 담아 전해 준다. 세례수를 축복하는 순서가 주어진 후에 침수 순서를 갖는다. 이 시기에는 욕조와 같은 형태의 세례정을 사용하였는데 그것은 그렇게 깊이 않았지만 온 몸이 완전히 잠길 수 있는 정도의 크기였다. 세례정은 초기에는 직사각형과 십자가 모양이 사용된 것으로 남아 있으며, 5세기에는 팔각형의 세례정이 가장 일반적으로 사용되었다. 이것은 부활의 날인 '여덟째 날'을 상징하였다. 수세자는 물에 세 번 침수하였는데 이것은 성삼위 하나님의 이름과 연관이 있었는데, 서방에서는 문답식으로 믿음의 고백을 하는 형식이 계속 사용되었다. 세례 후에는 머리에 '감사의 기름'이 부어졌다. 이때 십자성호가 이마에 그어졌으며 이것은 이제 그가 왕 같은 제사장이 되었음과 영원한 생명을 얻게 되었음을 의미했다.

감독은 바로 세례정에서 올라온 수세자의 발을 씻겼는데 이것은 예수님께서 최후의 만찬 이전에 본을 보이신 것을 따른 것으로 동방과 서방에서 동시에 행해졌다. 그 후 수세자에게는 흰옷이 입혀졌는데 그것은 순수의 표징이었으며 결혼식 옷을 상징하는 것이었다. 암브로시스는 이것은 변화산의 주님의 변모와 연결해서 설명한다. 새로 세례를 받은 사람은 부활주일 한 주간동안 흰옷을 입었으며 부활주일

---

34) "당신은 사탄을 거부하십니까?"라고 집례자가 물으면 수세자는 "나는 사탄을 거부합니다"라고 답변했다.

이후 첫 번째 주일인 백의(白衣)의 주일(Low Sunday)에는 그는 일상복으로 갈아입음으로 새로 세례를 받은 사람임을 알렸다.

그 이후 성령의 은사를 구하는 순서가 행해졌는데 이것은 아주 다양한 형태로 행해졌고, 나중 서방교회에서 이것은 견신례의 한 순서로 포함되었다. 터툴리안에 따르면 견신례는 손을 얹어 안수하며 축복하는 형식으로 행해졌으며 '사도전승'에는 감독이 머리에 기름을 붓고 안수하는 형태를 취하였다. 동방교회에서는 이것이 계속 행해지지 않았다. 이렇게 행해진 세례의식은 흰옷을 입고 촛불을 든 수세자가 회중들 가운데로 인도되면서 마무리된다. 그리고 그들은 회중들 가운데 참여하여 첫 성찬을 받게 된다.[35] 이 시기의 성찬예전은 계속해서 주일 예배의 중심을 이루었는데 앞 세기의 특성을 그대로 이어갔으며 다만 성찬의식을 위한 예문과 신학적 해석이 다양하게 제시된다.

또한 이 시기에 다양한 지역에서 다양한 예전 형식들이 발전한다. 지역별로 이것은 그곳의 문화적 특징을 수용하면서 일정한 특징을 가진 군(群, family)을 이루게 되는데 인접한 다른 군과는 영향을 주고받기도 하고 흡수되기도 했다. 이것은 당시의 대도시이자 신앙의 중심지인 그 지역의 특성을 따라 예배 군이 형성되는데, 동방지역에서는 알렉산드리아, 안디옥, 예루살렘과 콘스탄노플이 있었다면, 서방지역으로는 로마, 밀라노와 같은 지역이 있었다. 기독교가 공인이었던 4세기부터 시작되어 7세기경에는 그 형성이 마무리되고 별다른 변화가 없이 진행된다.

---

35) Cheslyn Jones, et al., *The Study of Liturgy*, rev. ed. (London: SPCK, 1992), 134~41.

예전 계열들

기독교는 1세기가 지나면서 예루살렘으로 시작하여 당시의 로마 제국의 여러 지역으로 확대되어 갔고, 각 지역의 특성을 따라 예전의 형태가 발전해 간다. 지중해를 중심으로 동쪽으로는 시리아 지역, 서쪽으로는 스페인과 영국, 북쪽으로는 다뉴브강과 라인강 유역으로, 사하라 사막을 넘어 이집트에서 스페인의 남단 항구도시인 지브롤터(Gibraltar)까지 북아프리카 지역으로 확대되어 간다.

① 시리아 군

안디옥, 콘스탄티노플, 예루살렘, 페르시아 등지에서 사용되었던 예전 군으로 야고보 예전, 안디옥 예전, 클레멘스 예전, 바질 예전 등이 여기에 속한다. 동시리아의 중심지는 에데사(Edessa)였고 서시리아는 헬라 도시였던 안디옥이 중심을 이루며 예루살렘과 콘스탄티노플까지 연결된다.[36] 여기에서 예루살렘의 첫 번째 감독이자 예수님의 형제였던 야고보의 이름을 딴 '야고보 예전'이 원형으로 여겨졌다. 이것은 5세기경의 것으로 추정되는데 안디옥과 예루살렘에서 사용된 예전에 영향을 미친다. '안디옥 예전'은 폭넓게 영향을 끼치는데 초기 기독교의 가장 방대한 교회규정집인 '사도헌장'(Apostolic Constitution)[37]이 이 예전에 대해 상세하게 소개한다. 2권과 8권에

---

36) 초기 시리아 기독교의 대표적인 도시는 에데사와 니시비스(Nisibis)였지만 4세기 중엽 니시비스가 페르시아에 의해 점령되면서 에데사가 동시리아 기독교의 중심지가 되었다. 안디옥은 시리아의 헬라도시로서 로마 사회에서는 동방 지역의 수도와 같이 여겨지던 곳이며, 초기 기독교 선교와 그리스도인의 삶의 중심지였다. 이곳의 교회는 451년 칼케돈 회의 이후에 둘로 분리된다. 언어 역시 동시리아는 시리아어를, 서시리아는 헬라어를 주로 사용하였다.

37) 380년경에 시리아에서 작성된 것으로 8권으로 구성되어 있으며, 정식 이름은 "클레멘트를 통한 거룩한 사도들의 법령"(Ordinances of the Holy Apostles through Clement)이다. "사도들의 가르침"(Didascalia Apostolorum), "디다케," "사도전승" 등을 의존하여 작성되었고, 안디옥 예전의 특징을 잘 보여준다. 1~6권에서는 "디다

나오는 예전은 시리아 지역에서 사용되던 완벽한 예전 형태를 보여준다. 클레멘스 예전은 4회의 성경봉독과 인사, 설교, 기도, 평화의 인사, 수르숨 코다와 상투스 등으로 이어지는 성찬기도, 제정사, 예수님의 죽음과 부활, 승천, 재림 등을 기억하는 아남네시스로 이어진다.

동 시리아 교회예전과 "아다이와 마리 예전"(liturgy of St. Addai and Mari)[38]도 여기에 속하는데 3세기경에 로마와 페르시아 변방지역인 에데사에서 만들어진 것으로 추정한다. 이것은 나중 인디아와 중국에까지 전달된 것으로 알려진다. 여기에는 성찬감사기도가 실려 있는데 도입 대화, 삼성송, 중보기도 등으로 이어진다. 성찬 제정사는 빠져있지만 아남네시스와 에피클레시스(성령초대기도), 영광송 등이 포함되어 있다. 콘스탄티노플을 중심으로 한 비잔틴 예전에는 "바질 예전"과 "크리스소스톰 예전"을 들 수 있다. 소아시아 가이샤랴의 감독이었던 바질(330~379)에 의해 만들어진 "바질 예전"은 처음 고정된 형태로 제시되었는데 동방정교회가 현재까지 사순절과 성탄절 자정예배와 주현절 예배에서 사용하는 예전이다. 크리소스톰 예전은 바질 예전의 축약된 형태인데 정교회에서 전반적으로 가장 널리 사용되어온 예전이다. 이것은 서 시리아 예전의 구조의 신학을 그대로 반영하는데 성령의 역사를 통한 축성(consecration)을 강조한다. 이것은 다소 현란하고 시적이며, 언어적 표현이 장황하게 표현되는 특성을 가지지만 언어 표현은 신플라톤주의의 신비적인 용어와 당시 로마제

스칼리아, 우리 주님의 열두 사화와 거룩한 제자들의 공교회 교회"를 다루고 있으며, 7권은 디다케의 내용을 개정한 내용을 담고 있으며, 8권은 이집트의 교회 규정을 다루고 있다. 8권의 5~15장에서 클레멘스의 예전을 다루고 있다. 특히 2권과 8권은 당시의 예배 규정에 대한 풍부한 정보를 제공해준다.

38) 아다이는 도마의 제자로 알려지고 있으며 마리는 아다이의 제자였다. 이 예전의 원문을 보기 위해서는 Jasper and Cuming, *Prayers of the Eucharist*, 41~44를 참고하라.

국주의의 법정에서 사용되던 수사학적 표현이 많이 사용된 것으로 평가를 받고 있다.[39] 네스토리안 예전으로 알려져 있는 페르시안 예전은 예루살렘의 바질 예전으로부터 나온 것들이다.

4세기 기독교 공인 이후 예루살렘은 동서방으로부터 많은 순례자들이 찾았던 곳이었기에 그곳에서 드려졌던 예전은 동서방 각 지역에 소개되는 효과를 낳는다. 안디옥에서 사용되던 예수님의 형제 야고보의 이름을 딴 '야고보 예전'은 예루살렘의 중심 예전이 되었으며, 4세기 이후의 문헌으로 전해져 오고 있다. 가장 대표적인 자료로는 예루살렘의 시릴(Cyril of Jerusalem)의 세례 이후 성례전 교육이었던 미스타고지 교리문답(Mystagogic Catecheses)를 들 수 있다. 예전은 평화의 인사로부터 시작되었으며 성찬감사기도는 서송(Preface)에 이어 삼성송으로 마무리 되었다. 그리고 주기도문이 이어졌다.[40]

② 알렉산드리아 군

알렉산드리아는 이집트의 중요한 도시면서 초기 기독교 선교와 삶의 중요한 지역이었다. 이곳에서는 주로 헬라어가 사용되었다. 이곳은 클레멘트와 오리겐과 같은 많은 기독교 변증가를 낳았으며 니케아 공의회의 중심인물이었던 아타나시우스가 4세기경 이곳의 감독으로 있었다. 북아프리카 지역은 로마교회와 밀접하게 연결되어 있어 같은 계열을 형성하는 것으로 이해하기도 한다. 여기에 속한 그룹으로는 알렉산드리아 예전, 마가 예전, 곱틱 예전, 에티오피안 예전 등

---

39) White, *A Brief History of Christian Worship*, 59.
40) 시리아군의 예배 순서를 살펴보기 위해서는 Senn, *Christian Liturgy*, 117~20을 참고하라.

을 들 수 있다. 이곳은 7세기에 무슬림 지역이 되면서 이 지역의 교회들이 약화되었기 때문에 그 특징을 알아내는데 한계가 있다. 알렉산드리아 계열의 초기 전통은 단성론을 표방하는 콥틱교회에 의해서 유지된다. 5세기경 이곳은 기독론 논쟁으로 인해 깊은 분쟁을 경험했고 이곳은 단성론자로 이단선고를 받으면서 콥틱교회라는 이름으로 독자적인 길을 걷는다.[41] 칼케돈 공의회는 알렉산드리아 총대주교 디오스코루스(Dioscorus)와 알렉산드리아 학파의 대변자였던 에우티케스(Eutyches)를 이단으로 정죄하여 파면하고 이집트 출신이면서 친 비잔틴 계열인 프로테리우스(Proterius)를 임명하는데, 여기에는 비잔틴 교회와 로마교회가 기독교의 중심이 이집트로 기울어지는 것을 우려한 정치적 계산도 깔려 있었다. 이에 반발하여 폭동이 일어났고, 이집트 교회는 독립된 입장을 취하면서 독자적인 길을 걸어간다. 이단 정죄와 이슬람의 박해에도 불구하고 오랫동안 그들의 신앙을 철저하게 지켜왔으며 초대교회 당시의 예전과 신앙의 면모를 그대로 지켜갔다.[42] 3세기 중엽에 번역된 콥틱어 성경, 사막교부들의 여러 수도원 문

---

41) 마가가 이곳에 와서 복음을 전하여 세운 교회로부터 시작하여 급속하게 복음이 전파되어 이집트는 기독교 국가가 되었다. 그곳은 로마, 안디옥과 함께 기독교의 중심지가 되었으며 교리문답학교가 있어 철저한 신앙교육을 통해 그리스도인들을 세워갔고, 디오클레티안 황제 때는 극심한 박해가 일어났다. 엄청난 박해가 일어났던 284년을 콥틱력의 원년으로 삼았을 정도였다. 이곳은 니케아 공의회에서의 기독론 논쟁에서도 중요한 지역이었지만 451년 칼케돈 공의회에서의 단성론(monophysitism) 논쟁의 중심에 있었다. 단성론은 "신성과 인성이 완전히 결합해 하나의 성(性)"을 이룬다는 주장으로, 공의회는 예수 그리스도의 신성과 인성은 공존하는 것이지 서로 혼합된 것이 아니라고 결정하면서 이것을 이단으로 규정한다. 칼케돈 공의회는 알렉산드리아와 콘스탄티노플의 신학적 분열을 가져왔으며 비록 소수이기는 하지만 콥틱교회는 현대까지도 그 신앙과 정신을 유지해가고 있다. 당시 누비아(Nubia, 현재의 수단 지역)와 에디오피아는 단성론을 주장하는 독립 기독교 왕국을 유지했다.
42) 아이가 태어나면 유아세례를 주고 콥틱어 이름을 지어주며 팔목에 십자가 모양의 일종의 문신을 새겨주었다. 부활절 전에는 40일동안 단식을 행하였으며 수도원 운동을 통해 그들의 신앙의 순수성을 유지해 갔다. 초기 수도원 운동을 대표하는 안토니우스와 공동생활을 하는 수도원 운동을 시작하여 공동계율을 제정하여 운동을 강화했던 파코미우스를 들 수 있다. 이곳에서 시작한 수도원 운동이 훗날 서방교회와 동방교회

서, 나그함마디 문서⁴³⁾ 등이 전해져 오고 있다. 그들은 주로 마가 예전을 중심으로 사용하는데 그것은 에티오피아에서 사용된 예전이기도 하다.⁴⁴⁾

이 계열의 중심적인 특성은 아나포라(anaphora)를 들 수 있는데 다른 지역의 예전과 확연히 구분될 수 있는 마가의 아나포라를 사용하였다. 특징적인 것은 아나포라를 시작하면서 중보기도를 드렸고, 삼성송과 연결하여 에피클레시스(성령초대의 기도)를 위치시킨다. 수르숨 코다, 첫 번 봉헌(소입당), 중보기도, 삼성송, 에피클레시스, 성찬 제정사, 아남네시스, 두 번째 봉헌(대입당), 두 번째 에피클레시스, 영광송으로 이어졌다. 지금의 정교회 전통이 이것을 잘 보존하고 있는데 소입당과 대입당이 주어진 다음에 두 번째의 에피클레시스가 드려졌던 것이 주요 특징이다. 4세기 중엽 트무이(Thmuis)의 주교였던 세라피온이 만든 예배서(Euchologium)가 전해져 오는데 여기에는 이러한 기도문들을 담고 있다. 세라피온은 아타나시우스의 친구이자 적극적인 지지자였으며 간략한 아나포라에 성령을 네 차례나 언급할 만큼 성령의 중요성을 인식하고 있었다.

③ 로마 계열

로마 지역의 예전은 점차 적으로 서방지역에서 가장 두드러진 예전이 된다. 여기에는 갈리칸 예배의식과 로마 의식이 있었는데, 전자는 다채롭고 화려하였으며 회중의 참여가 많았는데, 로마 이외의 유

로 퍼져 나갔다.
43) 이것은 일종의 영지주의적 문서로 도마복음서, 야고보의 편지, 요한 외경 등이 포함되는 일종의 묵시문학에 해당한다.
44) 13세기경에 이탈리아 남부에서 작성된 마가예전이 현재까지는 가장 오래된 사본으로 남아있다. 예전의 개략적인 내용을 보기 위해서는 Senn, *Christian Liturgy*, 133~34를 참고하라.

럽 전역(특히 프랑스와 독일 지역)에서 널리 사용되고 있었으나 차츰 로마의식이 강해지면서 약화되기 시작하였고 10세기가 지나가면서 서방교회 예전은 로마의식으로 통일되게 된다. 이러한 비로마 계열은 지역의 문화와 민족성이 많이 담기게 되었는데 스페인과 포르투갈을 중심의 '모자레빅(Mozarabic) 예전'이나 아일랜드 지역의 '켈트 예전'도 이 계열에 속한다. 로마예전은 중세로 접어들면서 성찬에 훨씬 더 강조점을 두게 되었으며, 시각적 요소에 많은 관심을 기울이게 되었다. 동방의 예전과 갈리칸 의식의 수사적 텍스트와 화려한 의식과 비교하여 로마 의식은 기본적으로 소박함(soberness)과 분명한 이해력(sense)를 바탕으로 발전해 간다.[45]

이렇게 각 지역으로 교회가 확대되어가면서 예배의 형식이 그 나름대로의 특징을 가지면서 형성,발전되게 된다. 차츰 이러한 특징은 동방교회와 서방교회로 양분된다. 4세기 이후 동방교회에서는 실용적 측면보다는 신비적 측면이 더 강화되는데 이때 성소막이 생겨나면서 성소와 회중석을 분리하였고 그러한 분리로 인해 양쪽을 연결하는 부제의 역할이 더욱 중요해 졌다. 4세기 이후에 복음서가 들어오는 소입당과 성물이 들어오는 대입당이 도입된다. 삼성송과 함께 소입당이 이루어졌는데 성경봉독은 강단에 배치된 것을 사용하였으나 복음서 봉독은 소입당 시에 들어온 성경을 사용하였다. 성소막의 중앙문을 통해 성찬대로 가서 그곳에서 봉독이 이루어졌는데 그때 문은 열려있었다. 성물 봉헌 순서인 대입당은 사제가 성작을, 부제가 성반을 머리 위로 들고 입당하였다. 중앙문을 통해 들어간 후에는 문을 닫았으며 그 안에서 정해진 의식을 통해 집례자와 봉사자에 의해 진행되

---

45) Senn, *Christian Liturgy*, 139.

었다. 분병 방식도 4세기 이후 변화가 있었는데 초기에는 떡과 잔을 분리하여 나누어 분배하다가 떡을 포도주에 적시어 숟가락으로 떠서 주었다. 점점 많은 상징들이 사용되면서 거기에 대한 의미가 새롭게 부여되었다.

중세 교회의 예배 10장

주를 찬양하고 주를 송축하며 주께 감사드리며
주의 다스리심 속에서 주를 예배함이 마땅하고 옳은 일입니다.
– 알렉산더 쉬메만[1]

중세를 어떻게 구분할 것인가에 대한 주장들은 다양하다. 대략 마지막 라틴교부이자 첫 번째 교황[2]인 그레고리가 활동을 마감했던 600년경부터 종교개혁이 일어났던 1500년 초까지의 기간을 중세로 설정하는 것은 가장 일반적인 이해이다.[3] 거의 1천 년에 해당하는 긴 기간이고, 다양한 지역으로 교회가 확대되어 간 시기인 만큼 이 시기의 예배를 단적으로 규정하기는 쉽지 않다. 각 시대와 지역은 그 나름대로의 특징을 가지고 발전되어 왔기 때문이다.

---

1) Schmemann, *For the Life of the World*, 118.
2) 본래 '교황'(pope)이라는 말은 '아버지'를 뜻하는 말로 초기에는 존경받는 중요한 감독을 가르치는 말로 사용되었다. 실제로 그레고리(540~604)도 로마의 감독이었다. 이 용어를 현대적 의미로 최초로 사용한 사람은 5세기의 인물인 레오 대제(Leo the Great)였다.
3) Philip Schaff, *History of Christian Church*, vol. 4, 이길상 역, 『중세시대: 그레고리우스 1세부터 그레고리우스 7세까지』, 교회사 전집 4 (서울: 크리스챤 다이제스트, 2004), 19. 일반적으로 긴 시간이기 때문에 중세를 구분하여 이해하는 경향들도 있다. 예를 들어 제임스 화이트는 인물을 중심으로 그레고리 1세가 세상을 떠난 604년부터 그레고리 7세가 사망한 1085년까지를 중세 초기로, 그 이후부터 루터의 종교개혁이 시작된 1517년까지를 중세 후기로 구분한다. 윌리엄 맥스웰은 우세했던 예배의식을 중심으로 구분하는데 500~900년은 로마의식과 갈리칸 의식이 병존하던 시기로, 900~1520년은 로마의식이 절대 우위를 차지한 시기로 구분한다. 여기에서 1520년은 루터가 초기 예배의식을 제시한 때를 기점으로 삼은 것이다. White, *A Brief History of Christian Worship*, 100; William D. Maxwell, *A History of Christian Worship* (Grand Rapis: Baker Book House, 1982), 68~69 등을 참고하라.

예배학적 관점에서 흔히 중세시대를 가리켜 '암흑의 시대'(a dark age)라고 명명하지만 이 시기는 서구에 근대 세계의 초석이 놓인 기간이며 중세 초기는 예배에 있어서도 예배의 통일성을 갖게 된 기간이기도 한다. 조셉 융만(Josef A. Jungmann)은 이 시기에 "교회에서의 삶은 성육신의 계속으로 인식되었고, 새로운 인간, 새로운 국가, 새로운 문화가 교회에 의해서 계속적으로 수립되게 되었으며, 그리스도의 신비한 몸으로 세워지게 되었다"고 주장한다.[4] 윌리엄 윌리몬은 이때 지어진 거대한 고딕 교회당의 건물은 이 시기가 "믿음의 시대"였음을 증언한다고 주장하면서 교회가 그 시대의 세계에 평화를 만들어 갔을 뿐만 아니라 그 시대를 정복하는데 성공했다고 주장한다.[5] 중세 시대는 예배의 관점에서 보면 예전의 광범위한 발전의 시간이었던 것은 분명하지만 그 발전의 많은 부분이 오히려 예배의 침체를 가져온 결과를 야기한다. 새로운 부요함은 누렸지만 초대교회가 가졌던 과거의 역동성(vitality)의 많은 부분을 상실하게 되었고, 불가피하게 예배 개혁의 거대한 운동이 일어날 수밖에 없었던 혼조를 경험했던 기간이었다.

중세 기독교의 역사가 펼쳐진 중심 무대는 유럽이었다. 중세는 지리적으로도 많은 변화가 일어나는데 민족들의 대규모 이동이 있었다. 옛 로마 땅에 다시 새로운 질서가 자리 잡게 되는데 그것은 그 땅에 게르만 민족들이 이주해 와 여러 지역에 정착하면서 서서히 일어난다.[6] 민족의 약한 기반을 든든히 하기 위하여 그들은 기독교를 받아

---

4) Josef A. Jungmann, *The Early Liturgy to the Time of Gregory the Great* (Nortre Dame: University of Nortre Dame Press, 1959), 164.
5) Willimon, *Word, Water, Wine and Bread*, 51.
6) 그들은 종족별로 땅을 나누어가졌는데 고트족은 이탈리아와 스페인을, 프랑크족은 프랑스를, 앵글로 색슨족은 잉글랜드를, 반달족은 북아프리카 지역을 차지하였다. 김기

들였고 그 문화를 익히려고 했다. 그들의 이동은 결국 로마제국을 무너뜨리는데 결정적 역할을 한다.

소위 '이교 야만민족'으로 넘쳐나고 있었고 이슬람의 확장으로 기독교 문화가 꽃 피우던 북아프리카와 스페인 등의 많은 지역이 점령되면서 기독교의 상징인 십자가가 내려지고 이슬람의 상징인 초승달로 덮이게 되었다. 그리고 기독교는 주로 동쪽과 북쪽으로 확대되었다. 1054년에 로마가 동서로 분열되면서 각 지역에서 나름대로의 발전을 거듭한다. 초대 교회는 문화적으로 발달된 민족들, 즉 로마나 헬라 세계의 문명과 접하면서 그 기초를 닦아 갔다면 중세교회는 초기에 소위 야만족이라는 문화의 터 위에 세워가야 했다. 거친 삼림지대와 황량한 들판을 가로질러 달리면서 복음을 전하고 글을 가르쳤으며, 문화 사회적 토대를 놓기도 했다. 중세 시대 교회의 중심권은 지중해 연안에서부터 대륙으로 서서히 옮겨지게 된다.

예배 연구라는 관점에서 보면 중세는 실로 복합적인 시기이다. 긴 시간과 다양한 지역만큼이나 예배가 다양하게 발전되어 왔으면서도 통일성을 이루어간 시기이기 때문이다. 예배 연구에 있어서 중세는 많은 문제점들도 야기하지만 개신교는 로마 가톨릭교회와 함께 예배의 유산을 공유하고 있다는 점에서 그 중요성을 가지고 있으며, 종교개혁자들은 중세교회가 가지고 있던 예배의식에 많은 개혁을 단행하지만 현대 개신교 예배보다는 훨씬 더 많이 중세의 유산을 토대로 하고 있을 뿐만 아니라 공통점을 유지하고 있었다는 점에서 관심을 가져야 하는 시대이기도 하다. 혹자는 개신교의 역사를 16세기로부터 시작한 것으로 생각하기도 하면서 중세 예배의 역사는 다 로마

홍, 『이야기 교회사』, 164~65.

가톨릭교회의 것으로 매도하기도 하지만 예배의 관점에서 중세의 역사에 많은 어두움이 있다고 하더라고 그것을 우리가 공유하고 있다는 점으로 출발해야 한다. 그래서 제임스 화이트는 중세시대는 개신교 예배 연구에 있어서 "엄청나게 중요성을 가진 기간"(a period of enormous importance)이라고 주장하면서 16세기 종교개혁자들은 많은 방식에서 현대교회보다는 중세교회와 더 가까웠다고 주장한다.[7] 중세는 예배학적으로 볼 때 고대 교회를 계승하여 발전한 시기이고 개신교의 등장을 준비하는 시기였다. 그렇다면 이러한 긴 중세 시대의 예배와 영적 순례에 대한 그림을 어떻게 그릴 수 있을까? 먼저 시대적 상황부터 간략하게 고찰해 보자.

혼돈에서 새로운 질서의 세계로

앞서 언급한 대로 1000년이 넘는 시간을 한두 마디로 정리한다는 것은 쉽지 않은 일이나 기독교 선교의 관점에서 보면 중세는 '혼돈에서 새로운 질서가 수립되던 시기'였다. 도시의 출현과 함께 많이 인구의 이동이 있었고, 북유럽 국가들의 침입으로 인한 전쟁이 잦았던 시대였으며 많은 변화가 일어난 시기였다. 회교도들의 침입으로 북아프리카 지역과 예루살렘 성지가 점령된 것도 큰 사건이었다. 민족들의 이동과 민족들의 갈등으로 인한 크고 작은 전쟁으로 인해 중세 초기 유럽은 깊은 혼돈과 어두움 가운데 있었다. 사실 이러한 민족의 대이동은 중세 기독교와 문화의 역사의 흐름을 돌려놓았는데 초기에는 파괴와 약탈, 잦은 전쟁으로 혼란이 야기되었지만 그들이 신앙을 받아들이면서 카오스의 세계는 코스모스의 세계로 바뀐 셈이다.

---

7) White, *A Brief History of Christian Worship*, 76.

중세 초기, 가장 획기적인 사건은 두각을 나타내기 시작한 게르만 민족의 이동이었다. 거대한 해일과 같이 밀려왔던 이들의 이동은 파도와 같이 그 땅을 덮어갔다. 북유럽 연안에서 살던 게르만족(서고트족)이 중국의 훈족(흉노)에게 쫓겨 다뉴브 강을 건너 로마로 이주해 와 제국 내에 국가를 건설하였고, 결국 서로마는 고트족의 일격으로 멸망에 이르게 된다. 이들은 단일 민족이었다기보다는 여러 독립된 부족들의 연합이었는데, 그들은 로마제국의 여러 지역으로 이동하면서 로마의 행정조직을 위협했다. 6세기 초반에는 서고트족은 이탈리아와 갈리아 지방을 거쳐 오늘의 스페인 지역에 왕국을 건설하였고, 동고트족은 이탈리아 북서 지방에 왕국을 건설한다. 반달족은 서북 아프리카 지역에 왕국을 건설하였고, 프랑크족은 지금의 프랑스 지역에 왕국을 건설한다. 북해의 스칸디나비아 지역에 거주하던 앵글로색슨족은 켈트 족을 밀어내면서 지금의 영국 지역에 왕국을 건설한다. 서고트족은 기독교를 받아들이면서 로마 사회와 공존하는 방식을 취하였다면 반달족은 학살과 파괴라는 잔혹한 방식을 통해 영토를 확장했고, 동고트족은 로마 민족과 대립하는 방식을 취한다.

이렇게 게르만 민족의 이동은 중세 유럽사회의 큰 혼란을 야기하면서 새로운 판도를 형성하게 되었는데 이 영향으로 유럽의 국가의 지형이 바뀌게 되었다. 그들은 가는 곳마다 제도와 시설을 무너뜨렸지만 자신들이 정복한 그 지방의 라틴종교를 받아들였고 그것이 제공하는 교육과 그 제도를 받아 들였다. 이때 교회는 프랑크왕국과 서고트족의 왕국을 개종시키는 일에 주력하였고 그 왕국들의 개종과 함께 힘을 받으면서 교황 레오 1세는 모든 교회는 교황의 지휘를 받아야 한다는 수위권을 주장하게 된다. 여러 부족을 하나로 통합하여 강력한 민족을 형성한 프랑크 왕국의 클로비스가 496년에 부족과 함께 집단 세례를 받으면서 게르만 민족의 복음화의 중요한 기틀이 된다. 프랑크인들은 게르만의 한 종족으로서 라인강을 넘어 프랑스로 들어온 민족이었고 그 부족의 영웅이었던 클로비스는 여러 부족들을 하나로 통합하여 강력한 민족을 형성한 왕이었다. 그리스도인 공주와 결혼한 그는 전쟁에 나가면서 승리하면 개종하겠다고 약속했고 AD 498년 성탄절, 그는 레미지우스(Remigius) 주교에게서 귀족들과 함께 세례를 받았다. 그 후 대부분의 부족들이 집단으로 신앙을 받아들이고 세례를 받았다.[8]

그 이후 계속해서 북유럽 지역에 복음이 전해지면서 많은 민족들이 기독교 신앙을 받아들이게 되었다. 중세는 그레고리 1세 때부터 그레고리 7세에 이르는 기간(590~1073년)은 북유럽의 민족들에게 복음이 전해지던 선교의 시기였다. 대부분 그곳에 파송된 선교사들은 문자를 만들고, 학문과 법, 예술과 농경의 토대를 쌓았고 기독교 신앙과 문명을 이식하는데 최고의 공로자들이었다. 그곳에 새로운 문명이 전해지고 그곳이 이슬람 종교가 약진하면서 그 지역을 넓혀갔던 시기이기도 한다. 그래서 기독교 세계는 지중해에서 서유럽 내륙 지역으로 서서히 그 활동영역을 이동한 시기였으며, 이슬람과 바이킹 족의 출현과 함께 내륙국가의 출현이 불가피해 지면서 신성로마제국이 세워지고 봉건제도가 출현하게 된다. 샤를마뉴 대제를 낳은 카롤링 왕조의 시작과 함께 문예 부흥이 일어나게 되면서 차츰 고대 문명과의 단절이라는 현상을 가져온다. 유럽 특유의 봉건제도를 만들어 내면서 유럽을 신성로마 제국이라는 거대한 울타리 안에 머물게 했다.[9] 중앙

---

[8] 이것이 민족이 집단으로 기독교를 받아들인 중세의 집단 회심의 시작이었는데, 중세 기독교는 군주가 신앙을 갖게 되면서 군주의 명령을 따라 강제로 신앙을 받아들이는 방식이 취해지면서 개인의 회심이 없는 집단적 세례라는 폐단을 초래하게 되었다.
[9] 김기홍, 『이야기 교회사』, 173~81.

집권 제도를 견지했던 로마제국과는 달리 신성로마제국은 영주들에 의해서 다스리는 봉건제도를 도입하면서 샤를마뉴 대제가 죽자 힘을 모으기가 어려웠고 점차 와해되면서 지역별로 여러 왕국들이 세워진다.

여러 가지 변화가 있었지만 봉건제도를 통해 안정되어가던 서유럽의 국가는 이슬람에 의해 점령된 성지 회복이라 미명하에 십자군 전쟁을 일으킨다. 11세기 종말 의식이 팽배하면서 예루살렘에서 재림하시는 주를 맞이 하기 위해 적그리스도를 멸하고 천년왕국을 앞당기자고 외치면서 십자군에 참여하는 자는 어떤 죄도 용서 받는다는 교황(우르바누스 2세)의 설교에 고무된 사람들이 신앙적 열광 상태에서 1096년 전쟁에 돌입하여 1년 뒤에 니케아와 안디옥을 점령하고 예루살렘에 당도한다. 그 성을 점령하여 피로 물들인 후에 결국 5년만에 그 목적을 이룬 후 1차 십자군은 그곳에 예루살렘 왕국을 세웠으며 1187년까지 유지된다. 예루살렘 성이 함락된 후 2차 십자군이 결성되었고, 그 이후에도 계속되어 6차까지 진행되는 동안 동방의 문물이 서방으로 유입되었고, 지중해 연안의 도시들이 발전하면서 무역이 성행하고 상공업이 발전하면서 봉건사회가 흔들리는 결과까지 가져왔다.[10]

수도원 운동

예배와 관련하여 중세교회를 이해하는데 중요한 요소 가운데 하나가 수도원 운동이다. 제국과의 유착으로 인해 교회는 많은 타락 양상을 드러내게 되었고 이에 대한 반향으로서 초대교회 영성과 헌신을

---

10) 위의 책, 24, 25장 참고.

회복하는 방안으로 시작된 것이 수도원 운동이었다. 이것은 중세사회와 교회를 개혁하는데 결정적인 역할을 했으며 북유럽 지역 복음화에 결정적인 역할을 수행하였을 뿐만 아니라 고대의 지적 자산들인 성경, 교부들의 저작 등이 필사를 통해 보존, 확대하는데 큰 역할을 수행한다. 또한 예배와 설교 활성화에도 영향을 미친다. 초기 수도원 운동은 이집트와 동방 지역의 여러 곳에서 활성화 되는데 서방 지역에서는 개인 은둔생활보다는 공동생활을 추구하는 수도원 운동으로 발달하였으며 기존 교회 세력과도 친화적인 관계를 유지하면서 발전한다. 그들은 국가와 종교의 타락한 권력에 대한 항거로 금욕 생활을 하면서 자신의 육체를 훈련하면서 독신생활, 금식, 복종 등을 삶의 중심 덕목으로 삼았다.

중세 시대에 들어서 조직적으로 시작된 서방 수도원 운동은 누르시아 출신의 수도사 베네딕트로부터였다. 그가 세운 베네딕트 수도원은 극단적인 금욕주의 보다는 질서와 규범을 통한 훈련에 강조를 두면서 노동과 명상, 봉사와 선교에 주력하게 된다. 그가 작성한 "규율집"은 수도원의 조직과 생활 규칙을 담은 것으로 예배와 노동에 대한 규칙은 담고 있다.[11] 그것은 단순하였지만 중세 수도원의 운동의 기틀 형성에 공헌하는데 복종, 노동, 기도생활, 성경 낭송 등을 강조한다. 성경 필사와 연구 등이 강조되서 학문적 중심지로 자리매김을 해 간다.

---

11) 베네딕트는 갑바도기아 교부 바질과 카시안을 연구하여 초대교회 교사의 규율에서 많은 내용을 가져왔다. 이것은 9세기 초반 아켄 회의에서 서방 수도원의 모든 수도자들을 위한 공식 규율로 결정될 만큼 영향력이 있었다. 규율의 중심 주제는 복종이었으며 여기에는 매일의 일과를 세부분으로 나누어 제시한다. 4시간 정도의 예배, 기도, 명상을 위한 시간, 6~7시간 정도의 지식 습득과 노동을 위한 시간, 3~5시간 정도의 연구와 독서, 휴식 등의 시간으로 배정한다. 가난, 순결, 청빈, 정숙, 복종이 중요한 덕목이었으며 수도원에 입문하면 종신으로 머물도록 하는 영속성의 원리가 적용되었다. 하루 8번의 예배(낮 7회, 밤 1회)가 드려졌고, 새벽 2시에 첫 기도를 드렸다. Benedict of Nursia, *Rule of St. Benedict*, 권혁일 외 역, 『베네딕트의 규칙서』(서울: 한국고등신학연구원, 2011)을 참고하라.

이렇게 시작된 수도원은 시간이 지나면서 재정적으로 비대해졌고 부패와 타락의 조짐을 보이게 된다. 수도원 부패의 가장 큰 이유는 재산과 권력에 대한 탐욕이었다.[12] 자연히 수도원 자체의 개혁 운동이 일어나게 되는데 클뤼니 수도원과 시토 수도원, 13세기에 일어나 탁발 수도원 운동 등을 들 수 있다. 먼저 프랑스 클뤼니를 중심으로 수도원 개혁 운동이 일어났는데 엄격한 수도원 규칙을 준수하면서 교회 개혁에 중점을 둔다. 이것은 본래 교황청의 타락에 대한 반작용으로 시작되었는데 수도사들의 독신생활 등 엄숙한 생활을 강조하였다. 사회와 교회와 협력 및 중재의 역할을 수행하는데 교회 회의에도 적극 참여했고, 이 수도원 출신 가운데 여러 명의 주교와 교황도 배출한다.[13] 개인 재산 소유는 금하였지만 수도원 재산이 늘어나면서 타락의 길로 걸어가게 된다.

11세기 중세 유럽을 지배하였던 클뤼니 수도원의 타락과 변질을 보면서 개혁운동이 이어갔던 것이 시토 수도원이다. 베네딕트 규율을 문자적으로 준수하려고 하면서 단순하고 엄격한 삶을 실천한다. 사도적 삶을 강조하면서 가난과 검소함을 실천하였고, 엄격한 금욕을 강조하였다. 이 수도원의 가장 대표적인 인물이 12세기의 신비 설교자였던 클레르보의 버나드였다. 12세기가 지나가면서 전혀 새로운 수도원 운동이 일어났는데 바로 탁발 수도회(The Mendicant Order)였다. 절대 빈곤의 실천의 일환으로 구걸을 통해 식사를 해결했기 때문에 탁발 수도사들이라는 이름이 붙었다. 이들은 한곳에 머물지 않고 계속해서 이동하면서 전도하고 설교를 했기 때문에 붙여진 이름이었

---

12) 이 수도원 개혁 운동의 시작도 수도원의 축적된 거대한 재산 문제와 관련이 있었지만 그 개혁 운동의 실패도 역시 그것과 관련이 있었다. Gonzalez, *The Story of Christianity*, vol. 1 (San Francisco: Harper & Row, 1984), 4장 참조.

13) 이 수도원 출신으로 교황이 된 사람은 그레고리 7세, 우르반 2세, 파스칼 2세 등이 있다.

다. 처음 그들은 이단자를 개종시키려는 목적으로 시작하였는데[14] 나중 이것은 13세기 수도원 운동을 주도했던 프란시스 수도회와 도미니칸 수도회로 발전한다.

이렇게 중세의 수도원 운동은 당시 부패한 교회의 개혁뿐만 아니라 예배의 부흥에 일조를 한다. 그들은 기도와 공동예배를 강조했고, 순명과 청빈의 삶, 설교와 말씀의 실천, 성경 연구와 학문 연구, 노동과 전도 등을 강조하면서 개혁과 사회 변혁, 예배의 영성을 새롭게 하는데 일조한다. 그들은 성경과 고전에 대한 연구와 필사본을 만들어 보존하고 확산하는 일에 큰 역할을 하였다. 제임스 화이트는 이들이 중세시대 예배의 주도권을 쥐고 있었을 뿐만 아니라 학문 연구의 등불을 밝혔다고 평가한다.[15] 예배가 수도원 생활에 중심을 이루었기에 수도원 운동은 예배 의식, 건축, 예배 음악, 예배서 발간, 성무일과, 예배의 중앙집권화 등을 이루는데 지대한 역할을 하였다. 그들은 예배와 영성을 가르치기 위하여 학교를 설립하면서 교육을 주도하기도 했다. 예배와 관련하여 가장 큰 공헌으로 윌리엄 윌리몬은 성무일과(Divine Office)를 들고 있는데, 그것은 회당예배로부터 유래되어 초대교회에서 주일을 제외한 평일에 드려졌던 말씀 중심의 예배에 뿌리를 두고 있는 일종의 성찬이 없는 예배(noneucharistic service)였다.[16]

동방교회 예배

중세의 중요한 사건 가운데 하나가 동서방 교회의 분열이었고,

---

14) 김기홍, 『이야기 교회사』 (서울: 두란노, 1994), 191.
15) White, *A Brief History of Christian Worship*, 77.
16) Willimon, *Word, Water, Wine and Bread*, 52~53. 윌리몬은 이것을 "저교회 예배"(Law Mass)의 기원으로 이해한다.

중세교회의 예배는 동서방으로 나누어서 살펴보는 것이 이해하기가 쉬울 것 같다. 4세기 말 효율적인 통치를 위해 로마가 동서로 분할된 이래 서유럽 지역(신성로마제국)의 교회와 동로마 제국(비잔틴 제국) 간의 관계는 계속해서 악화되어 가는데, 지배권과 관련된 정치적 문제, 교회의 수위권 문제, 필리오케 논쟁[17] 등의 교리 문제, 성상과 예배 의식적 문제 등으로 대립하다가 결국 1054년에 동서 교회는 분열을 맞게 된다. 이러한 복합적 요인들이 작용하면서 생겨난 분열은 수위권 문제로 서로를 파문하면서 촉발되었고, 이어졌던 십자군 운동은 동서방의 분열을 가속한다. 결국 서유럽을 중심으로 한 서방교회와 지중해 동부를 중심으로 한 동방교회로 나누어지게 된다. 13세기 이후 몇 차례의 공의회를 통해 동서방교회의 연합과 일치를 위한 시도들이 있었지만 정치적 음모와 술수로 인해 수포로 돌아가고 말았으며 15세기 이슬람에 의한 비잔틴 제국의 멸망으로 무산되고 만다.[18]

이러한 정치적 분열 이전부터 동 서방 교회는 지역적 특성을 반영하면서 도시를 중심으로 발전하는데, 동방에서는 주로 알렉산드리아, 안디옥, 콘스탄티노플, 예루살렘이 그 중심을 이루었다면 서방은 로마와 밀라노가 중심을 이룬다. 비잔틴 문화를 반영한 동방의 예전은 예루살렘의 주교이자 주님의 형제였던 야고보 예전, 가이사랴의 주교였던 바질 예전(the liturgy of Basil the Great), 콘스탄티노플의 대주교였던 요한 크리소스톰 예전이 규범적으로 활용되었으며, 이것들은 그리스와 슬로보니아 교회의 표준 예식으로 활용된다.[19]

---

17) 서방교회는 성령님이 성부와 성자에게서 나온다고 주장하는 반면 동방교회는 성부에게서만 나온다고 주장한다.
18) 보다 상세한 내용을 위해 Schaff, 『중세시대: 그레고리우스 1세부터 그레고리우스 7세까지』, 5장을 참고하라.
19) 그 중에서도 크리소스톰 예전이 정규적으로 사용되었다. Gordon S. Wakefield, *An*

동방교회는 시간이 갈수록 보다 심미적이고 정교하고 공교한 특징을 나타내면서 의식과 신학이 발전해 간다. 그것은 하늘과 땅이 잇대어지는 신비를 강조하는 예배 신학을 형성하게 되면서 예배 의식뿐만 아니라 예배 공간에도 많은 미학적 요소들이 도입된다.[20] 예배당 안의 모든 것들에 의미가 부여되었고 심미적인 특성이 강한 헬라 문화를 반영하면서 상징과 성화 등이 도입되었으며, 지상을 상징하는 회중석과 천국을 상징하는 제단이 성소막(sanctuary screen)을 통해

Outline of Christian Worship (Edinburgh: T & T Clark, 1998), 47. 동방정교회는 스스로를 정통교회라고 주장하는데 니케아 공의회(325년)로부터 2차 니케아 공의회(789년)까지 일곱 차례의 고대 에큐메니칼 공의회에서 결정한 사항과 교회의 전통을 원형 그대로 보존해 온 유일한 교회임을 강조하기 위해 '정통'이라는 이름을 넣어 '정교회'라고 부른다.

20) 비잔틴 양식의 예배당이 원형 돔을 사용한 것이 그 대표적인 예라고 할 수 있는데 여기에는 이러한 예배 신학이 담겨 있다. 예배 공간은 하늘과 땅이 만나는 접촉점이며, 반구의 천정은 예배자들을 하늘이 덮고 있는 것을 이미지화 한다. 이러한 특성을 가장 잘 보여주는 것으로는 터키 이스탄불(콘스탄티노플)의 하기아 소피아 성당(Hagia Sophia)을 들 수 있다. 537년 유스티니아누스 대제에 의해 복원된 이 성당의 돔은 직경이 31.87m이며 40개 창문을 통해 빛을 내부로 비추는 형태로 취하고 있고, 광대한 예배당 실내 공간은 모두 그 빛 아래 놓이게 되어 있다. 천상의 그 빛은 지상의 모든 피조물을 거대한 중앙 돔의 천정에는 준엄한 모습을 한 판토크라토르(우주의 지배자)의 이미지를 차용하고 있으며, 그 아래 둘레에는 천사장과 천사들, 예언자들과 사도들과 복음서 기자들이 위치하며, 벽에는 성인들을 위치시켜 천상을 이미지화 하였다. '테오토코스'(Theotokos, 성모 마리아)는 날개부의 반쪽 돔 높은 곳에 그려져 있다. 키에프(Kiev) 루시(러시아)의 블라디미르(Vladimir) 1세가 보낸 사자들이 이곳을 방문하여 예배를 드린 다음에 이것이 참된 종교라는 확신을 갖게 되었는데 다음과 같이 보고한다. "우리는 하늘에 있는지, 땅에 서있는지 알 수가 없었습니다. 그곳에는 지상에 있는 것과는 비교할 수 없는 수려함과 아름다움이 있었습니다. 우리는 그것을 대공께 다 묘사할 수가 없습니다. 오직 우리가 아는 것은 그들 사이에 하나님이 거하시며 그들의 예배는 모든 곳의 예배를 능가한다는 점입니다. 우리는 그 아름다움을 결코 잊을 수가 없습니다." Timothy Ware, *The Orthodox Church* (Baltimore: Penguin, 1963), 269. 이곳은 오스만 제국에 의해 동로마제국이 점령당한 후 이슬람 사원인 모스크로 바뀌었고, 돔은 회칠이 되었지만 터키 공화국 수립 후 박물관으로 바뀌었다가 그것이 복원되고 있다. 이덕형, 『비잔티움, 빛의 모자이크』(서울: 성균관대학교 출판부, 2006); E. Baldwin Smith, *Dome: A Study in the History of Ideas* (Princeton: Princeton Univ Press, 1985); Louis Bouyer, *Liturgy and Architecture* (Notre Dame: University of Notre Dame Press, 1967); Richard Stemp, *The Secret Language of Churches and Cathedrals: Decoding the Sacred Symbolism of Christianity's Holy Buildings* (London: Duncan Baird Publishers, 2010) 등을 참고하라.

분리되었다. 성상이 그려져 있는 성상벽(iconostasis)이 설치되고 '거룩한 문'으로 지칭되는 중앙문을 포함하여 세 개의 문이 설치되었다. 특별한 경우가 아니고서는 평신도가 성상벽 뒤로 들어가는 것을 허락되지 않았으며, 사제들은 제단에서 거룩한 문으로부터 나와 복음서를 봉독하고 성찬 배찬이 이루어진다. 영원과 잇대어진다는 신비적인 특성이 강조되었고 점점 회중은 수동적인 존재로 바뀌게 되었다.

말씀 예전은 주교와 예배자들이 복음서를 낭송하기 위하여 성경을 머리 위로 들고 삼성송(Trisagion)을 부르면서 입당하는 소입당으로부터 시작하는데 구약의 말씀, 서신서, 복음서 등이 낭독되었는데 그 중간에 응답의 시편송이 드려졌다. 설교 후에 교리문답을 공부하는 가운데 있는 사람들은 퇴장을 하였다. 대입당은 예수 그리스도의 십자가와 부활을 향한 행진을 상징하였는데 사제는 성작을 들고, 부제는 성별된 빵이 담긴 큰 접시를 들고 입장한 후에 평화의 인사와 함께 니케아신조를 통한 신앙고백, 봉헌기도가 드려졌고, 수르슴 코다, 삼성송과 성찬 제정사가 낭독된 다음에 성령임재를 위한 기도가 드려졌다. 중보기도와 평화의 인사가 드려진 다음에 성찬에 참여하게 되는데 떡을 포도주에 적신 다음에 숟가락으로 떠서 입에 넣어주는 방식이 도입된다.

입교를 위한 예식인 세례는 시리아 전통의 영향을 많이 받는데, 부활절과 주현절을 세례를 위한 적당한 시간으로 간주하였다. 수세자를 위한 기도, 축귀, 사탄에 대한 거부,[21] 니케아신조를 통한 문답형의 신앙고백, 세례를 위한 기도 등으로 이루어졌다. 거룩한 세례는 물을 성별하는 기도로부터 시작하여 세례 전에 수세자의 이마와 가슴 등에

---

21) 수세자는 서쪽을 향하여 두 손을 들고 사탄을 거부한다고 세 번 외쳤다.

향유를 바름, 세례반에서 세 번 성삼위 하나님의 이름으로 세 번 물에 잠김, 시편 31편 낭독과 함께 옷을 입힘 등으로 순서로 진행되었다.[22] 유아세례도 동일하게 행해졌고 동일한 효능을 가진다고 보았기 때문에 따로 견신례가 행해지지 않았다.[23] 출생 후 8일째 되는 날에 아이의 이름을 짓는 예식이 주어졌고, 세 번의 축귀와 부모가 대신하는 사단의 거부가 행해짐으로 세례 예비자가 되었다. 기독교화 된 세계 속에서 유아에게 세례를 베푸는 자연스러운 현상이 되었고 유아세례를 받은 유아들에게는 성찬에서 포도주를 받는 것을 허락하였다.[24]

서방교회 예배

서방교회는 주로 로마를 중심으로 이루어진다. 유럽지역에서 11세기까지는 갈리칸 예전이 우세하였지만 9세기 이후에는 샤를마뉴 대제의 영향으로 로마의식이 중심을 이루게 되면서 계속해서 발전되다가 1570년 이후 고정된 예식으로 자리를 잡는다. 교황 그레고리 1세는 예전 전반을 개선하여 오늘날 서방교회가 지니고 있는 형태로 발전시키는데, 특히 성찬과 연옥 교리를 발전시키면서 그것을 미사와 연결시킨다.[25]

---

22) Jardine Grisbrooke, "The Byzantine Rite," Cheslyn Jones, et al., eds., *The Study of Liturgy*, 153. 정교회 세례에 대해서는 Alexander Schmemann, *Of Water and the Spirit: A Liturgical Study of Baptism* (Crestwood: St. Vladimir's Seminary Press, 1974)을 참고하라.
23) 오늘날 정교회에서 견진성사는 유아세례를 받은 직후에 사제가 성유를 어린아이의 몸에 바르고 십자 표시를 함으로 행해지고 있으며, 타종교로 갔다가 다시 돌아온 경우와 개신교나 로마 가톨릭 교인이 정교회 신자가 되고자 할 때 견진성사를 행한다.
24) White, *A Brief History of Christian Worship*, 79~80.
25) 흔히 마지막 교부요, 첫 번째 교황으로 명명되는 그레고리 1세는 베네딕트 수도원 출신으로 중세시대를 새롭게 연 인물로 평가를 받는다. 그는 성찬은 "하늘과 땅, 영원과 시간의 화해를 구현하며, 단절 없는 하나의 사귐을 이루고 있는 살아있는 자들과 신앙을 가지고 죽은 자들을 위한 영적 유익으로 충만하다"고 주장하면서 사제가 "피 없는 제사"인 미사를 하나님께 바칠 때 "하늘이 열리고 천사들이 임하며 보이는 세계

5세기 중반의 로마의식은 아주 단순하였지만 갈수록 복잡성을 띠게 되었고 정교화 되면서 많은 부분에서 신비적이고 상징적 의미를 담아가기 시작한다. 중세 후기에는 전적으로 성찬에 강조점을 두면서 미사의 중심 부분이 되어 갔다. 예배 언어는 라틴어만 사용하게 되었지만 특정분야의 언어로 국한되면서 회중들은 예배 언어 자체를 이해하지 못하게 되었고 전반적으로 예전은 점점 신비적 특성을 띠게 된다. 미사는 성직자들의 전유물이 되면서 이러한 신비적인 특성은 이제 화체설과 같이 미사에서 기적이 일어난다는 강조를 만들게 되며, 화체설이 등장했을 때는 마술적인 성격으로 예배가 변질되게 된다.[26] 예배에서 이러한 신비의 강조는 점점 미신적으로 변질되어 갔다고 보는 것이 더 정확할 것이다. 시간이 갈수록 미사는 꾸밈이 많아지고 사람들로 멀어져 가면서 성직자와 회중의 자리를 갈라놓았고, 성직자들에 의해 "수행되는 신비"를 회중들은 멀리에서 바라보는 관객으로 전환이 되기 시작했다. 예배는 수평적이라기보다는 수직적(vertical) 특성을 지니게 되었다.[27]

　　이러한 신비적 특성을 가장 잘 담아낸 것이 화체설(transubst-antiation)이었다. 그리스도의 약속과 임재 경험 등을 토대로 성찬이 행해질 때마다 그리스도께서 임재하신다고 교회는 확신해 왔는데, 초기에는 성체와 관련하여 언제, 어떻게, 어디에 임하게 되는지에 대해서는 깊은 숙고가 없었다. 그러나 4세기 초부터 그리스도께서 '언

　　와 보이지 않는 세계가 연합된다"고 주장한다. 이렇게 성찬을 주님의 희생의 반복으로 이해하여 화체설 교리의 단초를 마련하였고, 성례전 중심의 예배로 나아가게 하는 데 역할을 한다. 그는 연옥교리를 발전시켜 미사와 연결하여 죽은 자를 위한 미사가 서방교회에서 시작되게 한다. Schaff, 『중세시대: 그레고리우스 1세부터 그레고리우스 7세까지』, 359~60.

26) 위의 책, 360.
27) Wakefield, *An Outline of Christian Worship*, 61.

제' 임재하시는 지에 대한 관심이 증대되기 시작하는데 바로 그 때를 '축성의 순간'(the moment of consecration)으로 규정한다. 중세로 들어오면서 이 부분에 대한 좀 더 정교한 이해를 갖게 되는데 사제가 "이것은 주님의 몸이니…"(Hoc est corpus meum)이라고 축성할 때 이루어진다고 이해하게 된다. 이러한 이해는 사제를 공동체의 예배를 인도하는 집례자(celebrant)로보다는 임재의 '제조자'(confector)로 이해하게 되면서 타락의 여지를 만들게 된다. 또한 성찬을 예수 그리스도의 수난과 십자가에 달리심에 초점을 맞추게 되는 결과를 낳는다.

9세기 이후로는 그리스도께서 빵과 포도주 안에 '어떻게'(how) 실재하시는지에 깊은 관심을 기울이게 된다. 이것에 대한 이론을 정립한 것은 9세기 중반 파스카시우스 라드베르투수(Paschasisus Radbertus)였다. 그는 화체설이라는 용어를 사용하지는 않았지만 사제가 축성한 다음에는 성찬에는 오직 그리스도의 살과 피 외에는 아무 것도 존재하지 않는다고 주장한다. 축성의 순간에 일어나는 이러한 기적적인 변화는 성령의 능력으로 일어난다고 주장하는데 십자가에서 고난을 당하신 주님의 몸과 동일하다고 주장한다. 이에 대한 여러 차례 논쟁이 있었지만 1215년에 있었던 제 4차 라테란 종교회에서 화체설이 정식 교리로 채택된다. 이것은 성찬에 대한 것뿐만 아니라 중세 예배 전반에 결정적인 영향을 끼치게 된다. 화체설은 이제 성찬을 받는 행위 자체를 보다 거룩하고 놀라운 형태로 만들어가기 시작했고, 병재설이라는 새로운 교리를 만들어 평신도들에게는 잔을 주지 않고 오직 빵만 받게 했다. 일상의 빵은 사용할 수 없고 "거룩한 손으로 만들어진 순수하고 흰 웨이퍼(wafer)"만 사용할 수 있게 되었

다.[28]

또한 중세교회는 많은 성사를 만들어 내는데, "영혼을 위한 모든 은혜와 주된 양식의 통로"로 이해하면서 세례와 성찬 외에 견진성사, 고해성사, 혼인성사, 성품성사, 병자성사 등의 7성사를 주장한다. 성사는 그 거행 자체로서 은총을 받게 된다는 사효론(ex opere operato)적 입장을 견지한다. 그중에서도 세례, 견진, 성품 성사는 말소할 수 없는 특성을 가진다고 이해한다.[29] 견진(confirmation)의 경우 주교에게서 받는 것이었는데 세례를 통해 받는 은혜를 증거 시키고 악과 싸울 수 있는 힘을 제공하는 것으로 이해한다. 또한 431년에 에베소 공의회 이후에 수많은 성모 마리아 관련 축일들이 생겨났고, 그것과 함께 수많은 축일들과 성인 숭배 사상이 확산되게 된다. 이러한 성인 숭배 사상은 중세 예배를 타락하게 만든 주요 원인 중의 하나로 작용하게 되었다. 장엄한 미사에 맞추어 설교가 이루어지면서 성서정과가 개발되었고, 십자군 운동 시에 설교가 모병을 위한 수단으로 사용되기도 했다. 그러나 차츰 설교는 약화되기 시작했고, 미사를 설명하는 간단한 설교(prone) 형태로 자리 잡기 시작한다.

중세 시대에는 유럽에 있는 교회에서의 예전적 경축(celebra-tion)과 그 형식, 예전적 경건(liturgical piety)에 있어서 깊은 변화가 일어난 시기였다. 웅장하고 장엄한 대성당과 대수도원의 성당은 조형미 넘치는 석재 조각 예술품들이 세워지고 벽에는 수려한 프레스코화(fresco)가 설치되었으며, 유리창은 형형색색의 스테인드글

---

28) Willimon, *Word, Water, Wine and Bread*, 55~57. 병재설은 성찬의 빵에는 예수 그리스도의 살과 피가 함께 존재한다는 교리로, 이것을 바탕으로 중세교회는 빵만 받아도 잔을 함께 받는 효과가 있다고 주장하면서 평신도들에게는 빵만 받게 하였는데 그것은 축성된 성혈을 흘릴 수 있다는 것에 대한 두려움에서 기인하였다.
29) Schaff, 『중세시대: 그레고리우스 1세부터 그레고리우스 7세까지』, 396~98.

라스가 은은한 천상의 멋을 연출하였다. 웅장한 오르간과 다성음악의 찬양대가 천상의 화음을 담아내는 교회 음악을 만들어 냈다. 점점 예배는 하늘의 기적과 신비를 연출하는 한편의 드라마와 같이 변형되고 있었다. 그러나 이러한 발전이 중세 예배의 화려함과 장엄함(splendor)을 만들고 있는 것처럼 보였지만 비성경적이고 미신적인 요소로 가득한 예배로 변질되어 가게 되었다.

이렇게 중세시대는 예전적으로 많은 발전을 이루기도 했지만 예배와 교회의 제도가 세속화 되고 타락해 가면서 예배가 황폐화 되었던 시간이었다. 중세 초기에 개인의 경건보다는 하나님께 경건한 드림(offering)의 예배에 주력한다. 수도원 운동의 영향도 있었지만 예배가 내면적이고 감정적인 영성(introspective and affective spirituality)에 더 중점을 두게 되었고[30] 점차 많은 타락 양상을 만들어가기 시작했다. 수많은 화상과 성상이 만들어지고 개인의 번영과 복을 비는 대상이 된다. 점차 예배 공동체는 붕괴되기 시작했고 중세시대 예배는 웅장하고 공교한 예배가 만들어지기도 하지만 그것이 파편화(fragmentation)와 황폐함(deteriorization)이 갈수록 심화되었다. 윌리엄 윌리몬의 주장처럼 "개혁은 절실하게 필요했고 그 개혁의 시간은 의외로 빨리 당도하였다."[31]

---

30) Senn, *Christian Liturgy*, 211.
31) Willimon, *Word, Water, Wine and Bread*, 60.

종교개혁기의 예배 11장

> 여기 제가 서있습니다.
> 저는 다른 것을 할 수 없습니다.
> 하나님, 저를 도와주소서. 아멘!
> Hier stehe ich,
> Ich kann nicht anders
> Gott helfe mir, Amen!
> – 마틴 루터[1]

종교개혁 전야

하나님의 말씀을 벗어난 중세교회의 타락은 극에 달했고, 수도원 운동과 스콜라 철학의 퇴조는 새로운 경건을 필요로 했으며 교회와 예배를 새롭게 하려는 개혁은 필연적인 것이었다. 그런 점에서 보면 '종교개혁'이라는 우리 말 표현은 그렇게 적절한 용어는 아니다. 그것은 종교를 개혁하려는 것이 아니었고 교회와 예배를 새롭게 세우려는 개혁이었기 때문이다. 그것은 혁명이 아니었고 과거로의 회귀도 아니었다. 오류와 타락에 대해서는 파괴적이었고 진리에 대해서는 생산적이고 긍정적이었다. 진리를 고수한다는 점에서는 보수적이었고, 제도를 새롭게 해간다는 점에서는 진보적인 운동이었다. 1천년 동안 하나의 제도와 의식으로 견고한 성처럼 서있던 중세의 껍질을 깨뜨리

---

[1] 1521년 4월, 보름스 제국의회에서 루터가 고백한 기도문이자 스파이어 프로테스탄트 기념교회(The Protestant Memorial Church in Speyer) 입구에 새겨진 루터의 기도문.

고 복음과 말씀 위에 교회를 새롭게 세우는 전혀 다른 길을 활짝 열었던 중요한 운동이었으며 그것은 종결된 것이라기보다는 여전히 진행 중인 운동이다.[2]

교황제도와 교회, 그리고 성직자들의 타락과 세속화, 사변화 된 신학, 미신화 된 예배 의식 등은 개혁의 절대적 필연성 앞에 서있게 했다. 윌리엄 맥스웰이 종교개혁은 필연적이었다고 주장한 것처럼[3] 예배 현장은 미신적 요소로 가득하고 라틴어로 진행되는 예배에서 회중은 관람객으로, 예배는 구경거리로 전락해 있었으며, 설교자들은 라틴어로 된 성경을 읽지 못해 말씀에 무지했고 설교는 퇴락하였다. 면죄부 판매와 성직매매 등은 성경적 가르침을 통해서 보면 도저히 용인될 수 없었지만 그것은 당연한 것처럼 받아들여지고 있었다.

종교개혁이라는 대문이 활짝 열리기 전에 이러한 문제점들에 대한 인식은 여러 지역에서 다양한 형태로 주어졌고 목숨을 걸고 개혁을 시도했던 종교개혁 이전의 개혁자들이 있었다. 그들은 당시 교회의 가르침보다는 성경의 가르침에 온 마음을 두었고, 타락한 종교를 벗어나 하나님과의 내면적이면서 신비적 만남에 중점을 두기도 했으며, 위대한 선각자들의 용기있는 결단과 행동을 통해 타락한 교회를 새롭게 해 보려는 노력은 다양하게 일어났지만 거대한 종교 권력에 의해서 좌절되고는 했다.[4] 그러나 종교개혁을 위한 토대도 차분하게

---

2) Philip Schaff, *History of the Christian Church*, 박종숙 역, 『독일종교개혁』, 교회사전집 7권 (서울: 크리스챤다이제스트사, 2004), 16~17.
3) Maxwell, 『예배의 발전과 그 형태』, 102.
4) 이러한 흐름에 대해서는 김운용, "유명론 시대와 종교개혁 직전 시대의 '종교개혁 선구자'들의 설교에 대한 연구-토마스 아 켐피스, 존 위클리프, 얀 후스, 기롤라모 사보나롤라를 중심으로,"『교회와 신학』, 79집(2014): 328~55를 참고하라. 중세 말기에 나타난 신비주의 운동은 라인강을 따라 독일과 네덜란드가 그 중심을 이루는데 가장 대표적인 사람으로는 독일의 마이스터 에크하르트(Meister Echhart)와 그의 사상에 영향을 받은 제자이자 당대 최고의 탁발 설교자였던 요하네스 타울러(Johannes

준비되고 있었다. 르네상스 인문주의 운동과 봉건 영주들의 독립과 봉건제도의 붕괴, 구텐베르크의 인쇄기 발명과 함께 이어진 인쇄술의 발달, 과학기술의 발달 등은 종교개혁을 위한 좋은 토양으로 작용하였다.[5]

종교개혁의 시작

마틴 루터가 1517년 10월 31일, 비텐베르크 성(城) 교회 정문에 95개조 반박문이 부착하면서 종교개혁의 봉화는 높이 올려졌다. 그 핵심은 면죄부와 당시 교회의 잘못된 관습에 대한 것이었지만 루터의 개혁은 당시 중세 교회의 관습을 반박하면서 그 심장부를 겨눈 것이었으며 당시 예배에 관련한 교리와 시스템을 전면 거부한 것이었다.[6] 이것은 루터 자신도 상상하지 못했던 거대한 사건이 되었고 그것은 단지 종교만이 아니라 정치, 경제, 사회, 문화 등의 영역에서 유럽은 중세의 문을 닫고 근세의 문을 활짝 여는 계기가 되었다.

당시 교회 타락의 가장 큰 요인 중의 하나인 공덕 사상으로부터 시작된 면죄부 판매였고 16세기 초, 그것은 절정에 달해 있었다. 면죄부 교리는 스콜라 신학의 공덕 사상에서 기인하였는데 마리아나 성자

Tauler)에 의해서 널리 확산된다. 그는 내적 헌신과 깊은 기도에 힘썼던 '하나님의 친구들'(Friend of God)이라는 공동체의 지도자로 활약한다. 이것을 삶에 적용하여 실제화 한 것은 네덜란드의 헤리뜨 흐로우뜨(Gerrit Groote)와 '공동생활 형제단'(the Brethren of the Common Life)을 통해서 였다. 에크하르트에 대해서는 Meister Eckhart, *Meister Eckhart, Teacher and Preacher*, ed. Bernard McGinn (New York: Paulist Press, 1986)을, 타울러와 그의 설교를 보기 위해서는 Johannes Tauler, *Sermons*, trans. Maria Shrady (New York: Paulist, 1991)와 번역서로는 엄성옥 역,『완덕에의 길』(서울: 은성, 2000)을 참고하라. 흐로우뜨와 형제단에 대해서는 본인의 위의 논문을 참고하라.

5) 보다 상세한 내용을 위해서는 Thomas M. Lindsay, *A History of the Reformation*, 이형기, 차종순 역,『종교개혁사』, 1권 (서울: 한국장로교출판사, 2003), 1부를 참고하라.

6) Senn, *Christian Liturgy*, 267.

들이 행한 공덕으로 그들은 구원을 받을 수 있고 그 공덕은 다른 사람에게도 나눠줄 수 있다고 주장한다. 이것은 그 이전부터 있었던 제도였고 특히 십자군 전쟁에 참여할 군인의 모병 수단으로 적극 활용되었지만 차츰 교황청의 재정 보충의 수단으로 사용되면서 문제가 되었다. 당시 교황청의 베드로성당 증축을 위해 막대한 자금이 필요했고 그 자금 조달을 위해 사용된 것이 면죄부 판매였다. 당시의 교황 레오 10세는 푸거(Fugger) 가문에 면죄부 판매 권한을 8년 동안 부여하였고 판매액의 일부가 그 가문으로 돌아가도록 되어 있었기 때문에 수단과 방법을 가리지 않게 되었다. 독일 전역의 면죄부 판매 책임자로 임명된 도미니칸 수도사였던 요한 테첼(Johann Tetzel)은 마치 만병통치약을 파는 약장수처럼 유럽 전역을 순회하면서 "하늘 문이 열리노라"는 설교를 통해 면죄부는 모든 죄로부터 완전한 용서를 보장해 주며, 일정한 돈을 지불할 경우 그 영향력은 연옥에 있는 영혼에까지 미치게 된다고 선전을 하였다. 테첼은 독일 전역을 돌면서 그의 유창한 설교를 통해 사람들에게 면죄부를 사도록 독려했다. 다음은 그의 면죄부 설교문 샘플의 일부이다.

...너희 사제들이여, 귀족들이여, 상인들이여, 아내들이여, 처녀들이여, 너희 결혼한 사람들이여, 젊은 사람들이여, 나이든 사람들이여! 면죄부야말로 하나님께서 우리에게 주신 가장 고귀하고 소중한 선물입니다. 나는 여러분이 전에 범한 죄나 앞으로 범하려고 하는 죄까지도 다 용서받을 수 있다는 내용이 담긴 인(印)이 쳐진 문서를 여러분에게 드리려고 합니다. 비록 어떤 사람이 하나님의 거룩한 어머니인 동정녀 마리아와 잠자리를 같이 했다 할지라고 면죄부를 산 돈이 헌금궤에 들어가는 순간 용서를 받게 할 수 있는 권한과 은총을 교황님께서 나에게 허락해 주셨습니다. 우리 하나님이신

주님께서는 더 이상 당신이 통치하지 않고 모든 권세를 교황님께 다 주셨습니다.

교회의 깃발에 들어있는 면죄부의 붉은 십자가와 교황님의 옷자락을 잡는 마음으로 구입하는 면죄부는 그리스도의 십자가보다 속죄하는 능력이 더 강력합니다. 만약 성 베드로가 지금 여기에 서있다 할지라도 그 역시도 내가 지금 가지고 있는 것보다 더 큰 은혜와 권한을 가지고 있지 않습니다. 그래서 저는 천국에 있는 성 베드로가 서있는 자리와도 바꾸지 않을 것입니다. 왜냐하면 저는 베드로가 설교를 통해서 구원한 사람보다 더 많은 사람을 지금 구원하고 있기 때문입니다. 이 면죄부가 사하지 못할 죄는 더 이상 없습니다. 여러분은 아셔야 합니다. 죄를 용서받기 위하여 연보 궤에 동전이 떨어지는 소리가 들릴 때 여러분이 지은 모든 죄로부터 완전하게 용서를 받을 수 있습니다. 더 놀라운 사실은 이 면죄부는 산 자의 죄뿐 아니라 죽은 자의 죄도 사할 수 있다는 것입니다.

여러분의 부모와 친구들이 지금 저 지옥 바닥에서 "우리가 엄청난 심판과 고통으로 죽을 지경입니다. 나에게 자비를 베풀어 주소서." 애타게 울부짖고 있는 소리가 여러분은 들리지 않습니까? "네가 나를 위해 지금 작은 헌금만 해준다면 내가 여기에서 풀려날 수 있게 된다." 여러분의 아버지가 아들에게, 여러분의 어머니가 딸들에게 지금 하고 있는 말을 들을 수 있게 여러분의 귀를 여십시오. "내가 너를 낳았고 양육하였으며, 너에게 유산까지 남겨주었는데, 너는 어찌 그리 잔인하고 인색할 수 있느냐? 작은 돈만 내면 되는데 왜 뜨거운 불 속에서 우리를 건져내려고 하지 않느냐? 우리를 구해다오. 어서 면죄부를 사서 여기서 벗어날 수 있게 해 다오." 울부짖는 소리가 들리지 않습니까?

여러분은 지금 여러분의 부모를 구해낼 수 있습니다. 여러분의 동전이 고통 가운데 있는 부모를 구해낼 수 있습니다. 동전이 궤 속에 떨어지는 소리가 들리면 그들의 영혼은 연옥에서 벗어나 천국으로 올라갈 것입니다. 여러분은 저들의 영혼을 천국으로 인도하기를 원치 않으십니까?[7]

루터는 이런 설교가 비텐베르크 인근에서까지 행해지고 그 악함에 대해서 들었을 때 여러 차례 거기에 현혹되지 않도록 설교와 강의를 했지만 이런 면죄부 판매로부터 교회와 성도들을 보호하기 위하여 스승 슈타우피츠의 자문을 받아 그것에 대한 비판하면서 반박하는 조항을 작성하였다. 라틴어로 3부를 작성하여 하나는 교회 문에 걸었고, 하나는 면죄부 판매를 중지해 줄 것을 요청하는 편지와 함께 책임자인 주교(알브레이트)와 브란데부르크 감독에게 한부씩을 보냈다. 이것을 처음 발표했을 때 루터는 공개 토론을 하기 원하였고 "진리에 대한 사랑과 열정에서, 그리고 면죄부 판매의 부당성을 밝게 드러내려는 열망에서" 시작한 것이었다.[8] 그는 면죄부의 부당성을 1516년부터 학생들에게 계속 가르쳤지만 그것이 별로 효력을 발생할 수 없다는 생각에서 학문적 토론을 요구한 것이었다. 그것은 순식간에 독일과 유럽 전역으로 퍼져나갔다. 인쇄술의 발달로 그것이 문서로 인쇄되어 빠르게 배포된 덕분이었다.

테젤은 95개 조항에 반박하는 106개 조항의 반론을 제시하였지만 엉성하였고 루터는 "면죄부와 하나님의 은총"이라는 설교로 그에 대한 답을 제시하였다. 교황청은 사절을 보내어 '로마 교황은 오류를

---

7) 이 설교문은 다음의 두 책에 나온 설교문의 중요 부분을 중심으로 제시한 것임을 밝힌다. Johann Tetzel, "The Text of a Sermon on Indulgences," in Hans J. Hillerbrand, *The Reformation* (London: SCM, 1964), 41~46; Martin Luther, *Luther's Works: Sermons 1*, vol. 51, ed. H. J. Grimm (Philadelphia: Fortress Press, 1986).
8) 이것은 95개 반박문의 서문에 나오는 내용이며, 95개 항목 중 21, 27, 33, 66, 67항이 면죄부의 부당성과 사기성을 지적하고 있다.

범할 수 없다'며 루터를 비난하자 그의 신랄한 응수가 시작되었고, 학문적 토론은 이루어지지 않고 루터를 훈계하여 철회하도록 하려 했지만 그가 응하지 않자 이단자로 처리하여 이것을 간단히 해결하려고 했다. 그렇게 시작된 교회 개혁의 불씨가 큰 불이 되어 타오르기 시작할 줄은 루터 자신도 예측하지 못했던 바였다. 그렇게 시작된 개혁의 불꽃이 각 도시에서 예배 개혁과 관련하여 어떻게 타올랐는지를 좀 더 자세하게 살펴보자.

비텐베르크의 마틴 루터

3년 동안의 논쟁 후에 1520년, 루터는 종교개혁의 3대 논문[9]이라 칭해지는 논문들을 발표한다. 그 중의 하나인 『교회의 바벨론 포로에 관한 서론』은 1520년 10월에 출간되었는데, 여기에서 루터는 당시 교회의 7성례를 부인하고 잘못된 성례전 교리에 대해 지적한다. 로마 가톨릭 교회가 이것들을 교인을 통제하고 감금시키는 수단으로 사용하면서 모든 것을 사제의 권한 하에 두려는 반성경적 제도라고 공격한다. 로마 교황청을 오늘의 바벨론으로 비유하면서 '바벨론 포로'는 교회와 성례를 포함한 예배를 감금하고 있다는 것이다. 그는 여기에서 평신도들에게도 떡과 잔을 함께 분배하는 이종 성찬을 주장하면서 성례는 사제에게 속한 것이 아니고 모든 사람에게 속한 것이며, 평신도에게 이 두 가지가 모두 주어져야 한다는 사실을 부정하는 것은 불

---

[9] 이것들은 흔히 "위대한 종교개혁 논문"으로 평가받고 있는데 이것들은 1520년 한 해 동안에 모두 작성하였다. 그의 종교개혁 사상의 중심 내용이 이 세 논문 속에 들어 있는데, 만인제사장설에 대해 독일어로 쓴 "독일 귀족에게 고함"과 믿음으로만 의롭게 된다는 내용을 독일어와 라틴어로 기록한 "그리스도인의 자유에 대하여," 그리고 "교회의 바벨로 포로"는 교회 안에 존재하는 미신들에 대해 비판한 내용을 담고 있다. 이것들의 원문을 보기 위해서는 Martin Luther, *Martin Luther's Three Treatises*, 지원용 역, 『마틴 루터의 종교개혁 3대 논문』(서울: 컨콜디아사, 1993)을 참고하라.

경과 폭압의 행위라고 주장한다. 또한 화체설 교리와 미사 희생이론과 같은 잘못된 가르침에 대해서도 공격한다. 성례를 하나님께서 주시는 은혜를 나누는 수단으로 이해하면서 이것이 말씀과 합해질 때 가능해진다고 주장한다. 오직 그리스도께서 친히 제정하시고 명하신 것만 성례라고 주장하면서 세례와 성찬만을 인정하였고, 고해성사는 세례로 나아가게 하는 수단으로 인정하였다.

초기 루터는 면죄부, 화체설, 이종성찬 등과 같은 교리 개혁에 집중하였고 그 후에는 성경적 가르침을 따라 예배 개혁에 몰두한다. '영과 진리로 예배하라'(요 4:24)와 "모든 것을 품위 있게 하고 질서 있게 하라"(고전 14:40)는 말씀이 루터의 예배 개혁의 토대가 되었다. 그들은 세련된 형태로 예배의 자리에 들어와 있는 온갖 우상과 미신적인 요소들을 제거하고, 공예배에서 모국어 사용을 시행한다. 필립 샤프는 이러한 예배 개혁을 '철거와 재건'이라는 용어로 설명하는데 "신약성경에서 확인할 수 있는 데까지 초대교회의 예배를 되살리고 성경을 더욱 풍성하게 읽고 복음의 핵심 교리들을 설교하고, 성찬을 원래의 단순한 형태로 복원하고, 성찬 때 떡과 포도주를 모두 분배하고, 라틴어 예배를 회중이 알아듣고 유익을 얻을 수 있는 자국어로 바꾼 것" 등을 포함한다.[10] 성찬은 매주 시행하였으며 설교를 예배에 있어서 가장 중요한 부분으로 생각했다.

1521년부터 빵과 포도주를 함께 주는 성찬을 시행하였고[11] 바르트부르그에서 성경을 독일어로 번역하기 시작하여 1522년에 신약이, 그리고 1534년에 전체 성경이 번역되어 나오면서 모국어 성경

---

10) Schaff, 『독일종교개혁』, 393~94.
11) 1521년 성탄절에 비텐베르크에서 안트레아스 칼슈타트(Andreas Karlstadt)가 처음으로 성직자 예복을 벗고 독일어로 떡과 포도주를 나누는 이종성찬을 집례 하는데 그는 제정의 말씀을 제외하고 모든 미사전문을 생략하였다.

을 예배에서 사용하게 된다. 루터의 개혁 정신을 따라 나름대로의 독일어 예배서가 출간되는데, 가장 오래된 것으로는 1522년 예식서이다. 1523년 가을, 루터는 "미사와 성찬 규정"(Fomula Missae et Communionis)을 발간하는데 그것은 라틴 미사에 대한 "상세한 해설서"(a detailed commentary)였다.[12] 라틴어로 발간된 이 예배서에서 루터는 초대교회 예배의 단순함으로 돌아가야 한다는 주장을 반영하였고, 비교적 미사 개혁에 있어서 보수적인 특성을 나타낸다. 하나님의 약속에 근거한 믿음으로부터 벗어나 하나님의 은혜를 얻어내기 위한 수단으로 예배를 드린다는 중세의 미사 이해에 반대하면서 '인간이 하나님께 드리는 선물로서의 예배'(Mass as a sacrificium)보다는 '인간에게 주시는 하나님의 선물로서의 예배'(Mass as testamentum)를 강조하였다.[13]

    그는 당시의 미사가 화체설에 바탕을 둔 대속적 희생(propitiatory sacrifice)의 반복으로 본 성찬 이해는 반대하였지만 예배 순서는 당시 미사 순서의 대부분을 그대로 받아 들였다. 성찬 예전에서 수르슴 코다, 인사(Preface), 성찬 제정사 등을 제외하고는 거의 모든 순서를 생략했다. 그 후에 삼성송과 감사기도(Benedictus)가 따라왔고 성작을 들어 올리는 거양성체로 이어졌다. 거양성체 후에는 주님의 기도와 평화의 인사가 주어졌다. 떡과 잔이 분배될 때는 '하나님의 어린양'(Agnus Dei)과 시편송을 불렀고, 성찬 후에는 아론의 강복선언이 주어진다.[14] 성찬은 한 세기 전에 얀 후스와 그의 추종자들이 감행

---

12) Senn, *Christian Liturgy*, 275.
13) Willimon, *Word, Water, Wine and Bread*, 63. Senn, *Christian Liturgy*, 269.
14) Maxwell, 『예배의 발전과 그 형태』, 108.

하였던 이종성찬으로 행해졌다.[15]

　2년 후인 1525년 가을, 선제후의 승인을 받아 새로운 예배 순서를 도입하는데 1526년 초에 새로운 예배서를 발간한다. 앞서 발간된 미사규정과 별로 큰 변화는 없었지만, 흔히 "독일 미사"(Deuche Messe)로 명명된 이 예배서에서 예배 개혁의 생각들이 좀 더 구체적으로 나타난다. 회중을 바라보며 성찬을 집례 하도록 했고 성찬 제정사를 제외한 성찬 전문(Canon)을 생략하였으며 다양한 독일어 찬송과 시편송, 얀 후스의 찬송 등이 사용되었다. 예배 전통에 대해 보수적인 입장을 견지하였던 루터는 이 예배서에서 주로 당시의 미사의 상당부분을 그대로 받아들이면서 예배에 있어서 모국어 사용, 설교, 찬송 등을 강조하였다. 성경과 설교를 통해 예배 훈련되어야 한다는 사실이 강조되었고, 중세 교회의 선행, 공적, 희생(sacrificium)으로서의 예배를 거부하고, 예배를 하나님의 일(opus Dei)로 이해하면서 당시의 예배에서 부정적인 부분을 정화하려는 입장을 견지한다. 루터는 매주일 예배에서 성찬을 가졌고, 그의 추종자들은 라이프치히와 드레스덴에서 매주일 성찬을 행하였다. 그는 로마가톨릭교회의 화체설을 강하게 거부하였음에도 불구하고 그의 성찬 이해는 그것과 유사점을 가지고 있었다. 그리스도께서 성찬상의 떡과 포도주 안에(in), 그것들과 함께(with), 그것들 아래(under) 현존하신다는 공재설을 주장한다.

---

15) 나중 종교개혁으로 인한 로마가톨릭교회의 일종의 개혁의 시도였던 트렌트공의회에서 평신도들이 잔을 받을 수 있도록 황제가 압력을 넣었고, 많은 교황들도 거기에 동의했지만 결국 종전의 입장을 바꾸지 않았다.

취리히의 훌드리히 츠빙글리

루터보다 7주 늦게 1484년 새해 아침에 출생한 훌드리히 츠빙글리(Huldrych Zwingli)는 1506년 콘스탄츠에서 사제로 안수를 받고 글라루스와 아인지델른에서 목회를 했다. 성경 연구와 에라스무스의 연구에 몰두하였던 그는 면죄부의 오류를 인식하였고, 그의 독자적인 연구를 통해 종교개혁의 확신은 더욱 견고해 졌다. 1519년, 스위스 취리히의 그로스뮌스터 교회의 청빙을 받아 그의 35번째 생일날 그곳에서 사역을 시작한다. 그곳은 당시 13개 길드의 책임자들로 구성된 시의회에 의해 민주적 헌법을 따라 다스려지고 있던 도시였기에 츠빙글리와 같은 개혁자들이 활동하기 적합한 토대를 가지고 있었다. 그곳은 스위스 종교개혁의 시발점이 되었다. 그는 마태복음으로부터 시작하여 성경 전체를 이어서 설교하는 방식(lectio continua)을 따라 설교 사역에 전념하는데 원천으로부터 그리스도를 설교하여 "청중의 가슴속에 순전한 그리스도를 집어넣는" 것을 설교 사역의 목표로 정하였고, 성경을 "기독교 신앙과 실천의 유일한 규범"으로 간주하였다.[16] 그가 성경 전체를 설교하려고 하였던 것도 그런 생각에서 비롯되었다.

루터의 종교개혁이 온 교회를 흔들면서 그의 확신은 더 굳건해 지는데, 취리히에서 사역을 시작한지 3년이 되던 해, 1522년에 있었던 사순절 육식 금지 조항을 어긴 사람들 처벌 문제로 인해 그는 종교개혁 전면에 나서게 된다.[17] 1523년 공개논쟁에서 시의회가 츠빙글

---

16) Philip Schaff, *History of the Christian Church*, 박경수 역, 『스위스 종교개혁』, 교회사전집, 8권 (서울: 크리스챤 다이제스트, 2004), 56.
17) 1522년 츠빙글리는 사순절 기간에 육식을 금하는 것은 아무런 성경적 근거가 없다는 사실을 설교하였고, 몇몇 사람들이 이러한 자유를 실제로 행동에 옮겨 사순절 기간에 돼지고기로 된 소시지를 먹었다. 이로 인해 공개적인 분쟁이 일어나게 되었고 츠빙글리는 일상어였던 독일어로 이를 반박하는 소책자를 출판한다.

의 손을 들어줌으로 취리히는 스위스 종교개혁의 중심지가 된다. 영주들의 지지 속에서 이루어진 독일에서의 종교개혁과는 달리 시민들의 지지 속에서 1524년에는 시내의 교회들에서 미사에 사용되었던 성화, 유물, 십자가 고상, 제단, 초, 조각상, 기타 장식물이 제거되었고 벽에 그려진 그림을 지우기 위해 하얀 칠이 덧입혀졌다. 심지어는 오르간도 치워졌고 라틴어로 찬송하던 성가대의 찬양도 폐지되었으며 대신 시편 찬송과 회중찬송으로 대체되었다. 우상숭배의 대상이 되었던 모든 것들은 예배당에서 제거됨으로 취리히에서 미사는 사라지고 복음 설교가 중심을 이루는 개혁교회 예배가 드려지게 되었다.

1525년 4월 고난주간에 그로스뮌스터교회에서 단순하고 소박하면서도 엄숙한 성찬예배가 드려진다. 제단이 있던 자리에 놓인 성찬상에 참여자들은 둘러앉았고, 경건한 마음으로 기도하고 제정의 말씀과 권면이 주어진 후에 무릎을 꿇은 채로 나무로 된 접시와 컵에 담긴 떡과 포도주를 받았다.[18] 츠빙글리의 성찬이해에 근거하여 그리스도의 대속의 죽음을 기념하고 그분과 영적 교제를 나누는 것에 초점이 맞추어졌다.[19] 성찬기도인 미사전문(Canon)을 성경적 근거가 부족한 비복음적인 요소가 가득하고 희생제사의 개념이 들어간 부적절한 것이라고 판단하여 폐지하였다. 츠빙글리의 개혁이 과격하게 진행된 것으로 알고 있지만 흔히 그는 예배기원과 삼성송 등의 당시 미사의 많은 부분을 그대로 보존하였다. 니케아신조를 노래의 형태로 드려질 때 성물을 준비했고, 창조의 섭리와 구속에 대한 감사, 그리스도의 수난을 기억하는 아남네시스, 하나님의 자비를 구하는 기도와 주

---

18) 츠빙글리는 로마가톨릭교회의 화려한 성찬기 사용에 반대하여 나무로 만든 성찬기를 사용한다.
19) Schaff, 『스위스종교개혁』, 75~77.

님이 베푸신 은혜의 향연에서 영적 교제가 이루어지기를 간구하는 내용의 기도를 성찬감사기도로 올려드린다. 그리고 성찬 제정사(부제가 낭독)와 함께 성찬 참여가 있었고, 성찬을 받을 때 악기 연주나 찬양을 부르는 대신에 침묵 가운데 받는 것을 선호하였으며, 성찬 후에는 시므온 찬가나 시편찬양(시 113편)이 드려졌고 성찬 후 기도로 마무리 하였다.

1525년 봄, 독일어로 발간된 예식서에는 성찬을 어떻게 집례 해야 하는지에 구체적인 지침을 주고 있지만 강제성을 가진 규정보다는 각 교회는 스스로 모든 것을 결정하여 시행하도록 여지를 제공한다.[20] 성찬을 그리스도의 죽으심을 영적인 방법으로 기념하는 것으로 이해하였고, 부제에 의해서 성찬을 받거나 직접 목재 쟁반에 담긴 빵을 자기 손으로 집게 하였으며, 성찬을 받을 때 아멘으로 응답하게 하였다. 1535년 예전에서 츠빙글리는 성찬을 '위대하고 거룩한 신비'로 인식하면서 단순성과 정숙함을 강조하였다. 결국 묵상, 친교, 감사드림, 도덕적 진지함은 츠빙글리의 성찬 신학의 핵심을 이룬다.[21] 그는 성찬의 효과가 성찬 그 자체에 의해서라기보다는 그 가운데 함께 하시는 그리스도의 임재와 그로 인한 회중의 마음의 변화에서 찾는다.

츠빙글리는 성찬을 부활절, 성령강림절, 가을철, 성탄절에 1년에 4차례 거행하도록 했으며, 성찬식을 준비하는 경건한 시간을 가질 것을 강조하였다. 그렇게 함으로서 예배에서 성찬이 빠진 모국어로 드리는 설교 중심의 예배가 츠빙글리의 예배 개혁의 기초를 이룬다. 설교자 교육과 성경 연구를 위해서 1525년부터 프로페자이(prophezei)

---

20) Maxwell, 『예배의 발전과 그 형태』, 116~17. 그 원문을 위해서는 Thompson, ed., *Liturgies of the Western Church*, 149~55를 참고하라.
21) Thompson, ed., *Liturgies of the Western Church*, 145~46.

를 시작하는데, 취리히에서의 종교개혁은 로마 가톨릭과 개신교 급진주의자들의 공격을 함께 받았기 때문에 결국 진정한 승리는 하나님의 말씀에 대한 바른 연구를 통해서 가능하다고 보았다. 이렇게 인문주의와 에라스무스의 영향을 깊게 받았던 츠빙글리는 합리성을 기반으로 그의 종교개혁을 수행한다. 교부들의 글을 읽으면서 신플라톤주의 경향과 계몽된 신학을 토대로 예배개혁을 단행하는데, 성찬을 영적 실재에 대한 단순한 상징으로 이해하면서 그리스도의 살과 피를 기념하는 것으로 이해한 것도 이를 반영한다.

스트라스부르의 마틴 부처

도시국가였던 스트라스부르(Strasbourg)는 도미니칸 수도사였던 마틴 부처(Martin Bucer)가 종교개혁 활동을 펼치던 곳이며 제네바에서 쫓겨난 장 칼뱅이 부처의 초청을 받아 잠시 머물며 사역하던 곳이기도 하다. 1524년 디볼트 슈바르츠(Diebold Schwarz)가 루터보다 2년 앞서 독일어 미사를 거행하면서 예배서를 발간한 곳이기도 하다.[22] 하이델베르크에서 공부하면서 에라스무스와 루터에게서 깊은 영향을 받은 부처는 그들은 진정한 교회 개혁의 선구자이며 희망이라고 생각한다. 1518년, 하이델베르그 어거스틴 수도원에서 자신의 입장을 피력하기 위해 토론회에 참석한 루터를 처음 만났고, 그의 십자가 신학은 부처의 마음을 완전히 사로잡아 버렸다. 그는 루터를 "신학자들 가운데 가장 진지하고, 그리스도인들 가운데서 가장 강력한 존경하는 아버지(신부)"라고 불렀고, 그때부터 루터의 저작을 집중적으

---

22) 나중 부처가 창조적으로 그것을 여러 차례 개정하여 사용하였고 칼뱅도 그것을 활용한다. John H. Leith, *Introduction to the Reformed Tradition*, rev. ed. (Atlanta: John Knox Press, 1981), 181.

로 연구하기 시작한다. 1520년에 교회개혁의 대열에 서고자 몸담고 있던 도미니칸 수도원을 떠나 세속 사제로 활동하다가 1522년 수녀 출신인 엘리자벳 질버아이젠(Elisabeth Silbereisen)과 결혼함으로 사제의 합법적 결혼이라는 선례를 남겼다.

결혼 문제로 인하여 스파이어(Speier) 대주교로부터 파문을 당하여 사역하던 바이센부르크(Weissenburg)를 떠나야 했기 때문에 그는 고향이자 당시 독일 남부의 종교개혁 중심지가 였던 스트라스부르로 간다. 출교를 당한 몸이기 때문에 사역지를 찾을 수 없었던 그는 시의회로부터 매일 한 시간씩 설교하도록 허락을 받아 사역을 시작하였고, 나중 성 아우렐리아(St. Aurelia)교회의 목사가 되어 호소력 있고 강력한 설교사역을 통해 그곳의 가장 대표적인 개혁가로 활동하게 된다.

그는 그곳에서 예배 개혁뿐만 아니라 도시 전체의 개혁도 단행한다. 수도원을 철폐하고 그 재산을 교육과 가난한 자의 구제에 사용하였으며, 교구마다 학교를 세우고[23] 청소년 신앙교육에도 관심을 가지고 교리교육을 위한 교재도 만들어 낸다. 도시의 모든 교회를 교화적으로 감독하기 위한 감독회(Kirchenpfleger)도 세워서 예배와 성례 참여와 그리스도인으로의 바른 삶을 살도록 감독하는 임무를 수행하였을 뿐만 아니라 교구의 중요한 치리기구가 된다.[24] 그는 열정을 가

---

23) 1535년 당시 그곳에 여자 아이들을 위한 학교 2곳과 남자 아이들 교육을 위한 학교 6곳, 라틴어학교 2곳이 있었다. 나중에는 목회자 양성을 위한 아카데미도 세우는데 칼뱅도 이곳에서 3년을 가르쳤으며 이것이 나중 스트라스부르대학이 되었다.
24) 교구 감독관은 21명으로 구성되었는데, 7개 교구에서 3명씩 배정했으며, 그 3명은 관료, 300인의 위원회, 교구민 가운데서 선출했다. 이들은 모두 평신도들이었는데 교구민들에 대한 치리권이 부여되었다. 교구목사는 훈계하고 지도할 수는 있었으나 치리권은 감독회에 있었다. 이것은 1534년에 교회규례로 결정되어 시행된다. 나중 칼뱅은 이 제도를 제네바에 도입한다. Jean Rott, "The Strasbourg Kirchenpfleger and Parish Discipline: Theory and Practice," in *Martin Bucer: Reforming Church and Community*, ed. D. F. Wright (Cambridge: Cambridge University Press,

진 활동가였고 연구가였으며 관용의 도시 스트라스부르에서 그는 하나 된 개신교를 만들려고 노력했다. 1529년에 있었던 마르부르크 회의에서 루터와 츠빙글리의 성찬론에 대한 이견을 좁혀 화해시키고자 하였으며, 1539년부터 있었던 가톨릭과 개신교 사이에 있었던 회담에도 관여하였다.

부처는 멜랑흐톤과 함께 프로테스탄트의 나눠진 두 파의 일치를 위해서 뿐만 아니라 가톨릭과의 분열을 치유하려는 희망을 가지고 활동하였다. 그래서 그는 가톨릭 지도자들과도 여러 차례 만나 타협을 하지만 제국의회가 내놓은 타협안은 자신의 것보다 훨씬 퇴보한 것이었고 스트라스부르 시의회가 그것을 받아들이는 것에 열렬히 반대한다. 1548년 5월, 아우구스브르크 제국의회는 독일의 가톨릭과 프로테스탄트 사이에 임시 신조 협정이었던 '아우스부르크 임시안'(Augsburg Interim)을 통과시키는데, 이것은 신성로마제국 황제 카를 5세가 중심 역할을 하여 가톨릭교회의 다음 공의회가 열릴 때까지 양 교회 사이에 존재하는 차이점에 대해서는 논의를 유보하기로 한 결정이었다. 26개 조항으로 된 이 협정은 성직자의 결혼과 평신도의 이종성찬은 허락하지만 모든 예배의식과 교리에서는 주로 가톨릭의 입장이 크게 반영된 것이었다.

1546년에 일어난 슈말칼덴 전쟁에서 패배한 프로테스탄트 진영은 이것을 받아들일 수밖에 없었으나 부처는 그것을 과감하게 반대하고 나선다.[25] 결국 부처는 그 일로 인해 추방을 당하게 되고 그 도시

1994)를 참고하라.
25) 1548년 12월 라이프치히 제국의회에서 프로테스탄트 교리를 지지하는 라이프치히 임시 신조 협정을 채택한다. 나중 1555년 2월, 아우크스부르크 제국의회에서 평화협정을 체결하는데, 제국의 시민은 종교적 이유 때문에 다른 시민들과 전쟁을 벌여서는 안 된다는 등의 규정을 담고 있었다.

에서의 25년의 활기차게 진행되었던 그의 개혁활동을 접어야 했다. 1549년 4월, 캔터베리 대주교였던 토마스 크랜머의 초청으로 부처는 영국으로 건너가 캠브리지 대학의 왕립교수로 2년을 가르치다가 1551년, 병으로 세상을 떠나 한 지역교회의 묘지에 묻힌다.[26] 스트라스부르에서의 그의 개혁의 열정은 그렇게 꺾이는 것 같았지만 개혁의 불길은 제네바에서 더욱 힘차게 치솟아 오른다.[27]

예배 개혁과 관련하여 부처는 중요한 저작들을 남기는데 그 첫 번째 자료는 1524년에 출판한 "기초와 동기"(*Grund und Ursache*)를 들 수 있다. 이것은 총 11장으로 구성된 일종의 예배 지침서였는데 성례전, 절기들, 예배 의식, 찬송, 기도 등에 대한 지침을 담고 있다. 처음 7장은 성찬에 대해, 마지막 4장은 세례, 교회력, 성상, 찬송과 기도 등에 대한 지침을 담고 있다. 여기에서 그는 희생제사에 근거를 둔 가톨릭 미사를 거부하면서 성체를 높이 드는 행위, 성직자들의 요란한 복장과 복잡한 예배 의식 등을 반대한다. 예배로 모인 회중들은 함께 모여 그들의 죄를 고백하고 용서를 구하게 되며, 믿음으로 나아가는 자들에게 허락하시는 용서의 말씀이 선포되고, 회중들의 시편송과 찬양을 통해 경배와 찬양을 올려드리며, 그후에는 목회자의 짧은 기도가 드려지고, 사도들을 통해 기록된 복음서의 말씀이 봉독된 후 짧은 해설이 추가된다. 그 후 회중들은 다시 찬송을 함께 올려드리며, 십계명이 낭송되고, 복음서 낭독과 설교로 이어지며, 신앙고백과 목회자의 도시를 위한 기도와 그리스도의 죽으심을 기억하며 믿음 위에 굳

---

[26] 부처의 생애와 사역에 대한 보다 상세한 내용을 위해서는 Martin Greschat, *Martin Bucer: A Reformer and His Times*, tran. Stephen E. Buckwalter (Louisville: John Knox Press, 2004)를 참고하라

[27] 부처는 예배와 교회 개혁에 있어 중요한 영향력을 칼뱅에게 끼치지만 후반에는 부처 역시 칼뱅에게 많은 영향을 받았다. 부처와 칼뱅의 관계에 대해서는 최윤배, "마틴 부처와 쟝 칼뱅의 상호관계," 『서울장신논단』, 9집 (2001): 96~111을 참고하라.

게 서서 믿음과 사랑이 증강되기를 위한 회중을 위한 목회기도로 이어진다. 그리고 성찬으로 이어지는데 간단한 권면 후에 성찬 제정에 대한 공관 복음서의 말씀과 바울을 통해서 전해진 성찬제정의 말씀(고전11)이 읽혀지고, 집례자는 떡과 포도주를 분할 한 후에 성찬에 참여한다. 성찬 후에 회중들은 함께 찬양을 올려드리며, 강복선언이 있은 후 그들은 평화 가운데서 삶의 자리로 나아가게 된다. 예배 인도에 대한 지침 외에 성찬을 위한 지침에서는 그것이 오직 주일에만 행해져야 한다고 권고하고 있다.[28]

여기에 나타나는 부처의 예배 갱신의 원칙은 몇가지로 나타나는데, 먼저는 예배 가운데서 성경이 선명하면서도 명백하게 선포되어야 한다는 것이며, 둘째 원칙은 예배에 사용되는 성상과 같은 물질적이고 조직적인 물건이 아니라 성령의 역사하심(activity)에 최고의 우선순위를 두어야 하며, 셋째는 회중들의 자유함에 강조를 둔다. 늘 반복되는 순서에 묶어 두지 않고 자유로움을 강조한 것은 로마 가톨릭교회의 굳어진 예전을 비판한 것이었지만 그것은 성경의 역사하심에 민감한 예배가 되어야 한다는 주장이었다. 넷째 원칙은 사랑의 공동체인 교회 이해를 바탕으로 한 것으로 회중들의 삶과 사역은 사랑의 계명에 의해 진행되어야 한다는 점이다.[29]

이것을 바탕으로 부처는 여기에서 제시된 내용을 구체적으로 예배서의 형식으로 묶어내는데 스트라스부르 안에 있는 교회들의 예배를 통일하기 위한 노력의 일환으로 1537년과 1539년에 예배서를 출판한다.[30] 이것은 죄의 고백으로부터 시작되며, 용서의 선언이 뒤따르

---

28) Thomson, ed., *Lituries of the Western Church*, 161~62.
29) 위의 책, 162~63.
30) 이 두 예배서는 이것들은 근소한 차이만 있을 뿐 거의 유사하다. 나중 제네바에서 스트라스부르에 온 칼뱅이 이것을 거의 그대로 사용하였고 존 낙스가 칼뱅이 사용하던

고, 시편송 후에 예배 전체를 위해 성령의 조명을 구하는 기도가 드려지고, 또 한번의 시편송이 드려진 후 성경봉독과 설교로 이어진다. 설교 후에는 성찬으로 이어지는데 사도신조, 찬양, 중보기도, 성찬 감사기도, 주기도, 성찬에 대한 설명과 권면, 성찬 제정사, 분병분잔, 성찬 후 기도와 아론의 축도 등으로 이어진다. 성찬을 받을 때는 앞으로 나와 무릎을 꿇고 받게 하였으며 부처는 성찬을 그리스도의 영적인 실재 임재의 자리로 이해하였다.[31]

부처의 또 다른 저작으로는 영국 에드워드 6세의 예배개혁을 도우며 그에게 헌정하기 위하여 세상을 떠나기 1년 전인 1550년에 출판한 "그리스도 왕국론"(*De Reno Christi*)을 들 수 있다.[32] 그는 여기에서 기독교 예배에는 말씀과 성찬이 있어야 하며 그리스도의 치리, 기도와 시편 찬송가와 같은 예배 형식들의 규정과 배열이 필요하다는 사실을 강조한다. 이것들은 신앙의 참된 구축을 위해 정당하고 질서있게 시행되고 교류되어야 한다고 주장한다. 또한 성례전은 그리스도께서 직접 제정하시고 명령하신 성찬과 세례 두 가지가 있으며 사도들의 전통을 따라 집례되어야 한다고 주장한다.[33]

스트라스부르 예배 개혁은 모든 시간과 장소에서 찬양을 받으셔야 할 주님께 성별된 시간에 경건하게 드려져야 한다고 강조한다. 그가 제시한 스트라스부르 예전은 말씀예전과 성찬예전을 골격으로 하

것을 그대로 사용하였기 때문에 이 예배서는 개혁교회 예배 형성에 중심적인 역할을 한다.

31) 부처의 스트라스부르 예전의 구체적인 내용과 설명을 참고하기 위해서는 Thomson, ed., *Lituries of the Western Church*, 167~79를 참고하라. 또한 부처의 예배신학을 살펴보기 위해서는 Gerrit Jan van de Poll, *Matin Bucer's Liturgical Ideas* (Assen: Van Gorcum, 1954)를 참고하라.

32) 이것은 두란노에서 발간한 기독교 고전 총서 17권에 실려 있다. 이은선, 최윤배 역, 『멜란히톤과 부처』, 기독교공전총서 17 (서울: 두란노 아카데미, 2011)을 참고하라.

33) 위의 책, 316~17, 336.

고 있으며 개혁의 중심지에서 드려졌던 예배의 형식을 구체적으로 보여준다. 매주 성찬을 가졌고 설교는 한 시간 정도 진행되었다. 1539년 이후에는 매주 성찬을 기본 구조로 하였지만 작은 교구 교회에서는 한 달에 한번을 갖기도 했다. 죄의 고백과 사죄의 선언이 주어진 다음, 입례송(Introit), 키리에 일레이손(자비송), 시편송 혹은 영광송, 기도문(collect), 혹은 회중기도, 알렐루야, 성경봉독, 설교 등으로 이어졌고, 성찬예전은 신앙고백, 성물 준비와 권면, 예비기원, 수르숨 코다, 삼성송, 성찬기도, 성찬 제정사, 주기도, 하나님의 어린양(Agnus Dei) 등이 드려졌다.[34] 니케아신조 대신에 사도신조를 사용하였으며 로마가톨릭교회가 즐겨 사용하였던 사도의 축도 대신에 아론의 축도를 사용한다. 독일어 운율 시편송을 많이 사용하였고 미사, 사제, 제단이라는 용어 대신에 주의 만찬, 목사, 성찬상이라는 용어로 바꾸어 사용한다. 성서정과에 따라 여러 본문을 사용하던 것도 하나의 본문을 읽고 설교하도록 하였으며 성찬식도 회중을 바라보면서 집례 하도록 하였고 라틴어 이름으로 되어 있던 예배 순서도 독일어로 개명하여 사용하였다. 예배는 간소화하여 설교가 중심이 되게 했고 거양성체도 없앴다.[35] 부처는 교회의 직제에도 깊은 관심을 가졌는데, 말씀의 사역자인 목사, 교사, 장로, 집사 등의 4중직을 주장하였고 치리의 중요성도 강조한다.[36]

교회를 바로 세우고 하나님께서 친히 통치하시는 그리스도의 왕

---

34) Maxwell, 『예배의 발전과 그 형태』, 116~17.
35) Leith, *Introduction to the Reformed Tradition*, 126.
36) 최윤배, 『잊혀진 개혁자 마틴 부처』(서울: 대한기독교서회, 2012), 421. 나중 칼뱅은 이것을 제네바 교회개혁에 적용한다. 부처의 직제론에 대한 것을 상세히 보기 위해서는 Martin Bucer, *Von der Waren Seelsorge und dem Rechten Hirtendienst*, 최윤배 역, 『참된 목회학』(용인: 킹덤북스, 2014)을 참고하라.

국을 세우는 것에 그의 예배 개혁의 초점이 맞추어져 있었다. 오랜 시간 열정적으로 교회와 예배 개혁을 위해 헌신했던 자리에서 쫓겨나 다른 나라에서 생의 마지막을 맞고 그 땅에 묻혀야 했으며 죽어서도 피의 여왕에 의해 수모를 겪어야 했던 생애였지만 그의 개혁정신은 그의 후예들을 통해 아름답게 꽃을 피우고 결실을 맺게 된다.

제네바의 장 칼뱅

제네바에서의 장 칼뱅의 개혁 활동은 전반기(1536~38)와 후반기(1541~64)로 나눌 수 있는데 그 중간에 스트라스부르에서 약 3년 동안의 사역이 이루어진다. 제네바에서 칼뱅의 개혁의 가장 중요한 초점은 "성경이 요구하는 바를 진지하게 받아들이는 교회를 설립하는 것"이었다. 그는 여기에서 개혁된 교회를 위한 목회의 신학적 토대를 쌓았는데 그는 초대교회 교부들로부터 그 영향을 받았다.[37] 1536년 1차 사역을 시작하였을 때 그의 사역은 하나님의 말씀을 설교하는 것과 혼란 가운데 있는 교회의 질서와 직제를 바로 세우는 데에 초점을 맞추었다. 1537년, 시의회에 제출한 "제네바의 교회 조직과 그 예배에 관한 조문"에는 성찬 시행 건과 도시를 교구로 분할하는 건, 시민의 도덕성 감독, 종교 교육의 시행, 교리문답과 신조의 채택 건 등의 내용이 담겨있었다.

칼뱅은 성찬은 자주 거행되고 거기에 참여하여야 하며, 거룩하고 특별한 경건을 가지고 참석해야 한다고 주장한다. 성찬은 교회로 모일 때마다 거행되어야 하며 적어도 매주일 한번은 시행되어야 한다고 주장함으로 매주일 성찬 시행을 강조한다. 당시 가톨릭교회가 1년에 두세

---

37) 특히 이레니우스와 터툴리안, 어거스틴과 암브로시스 등이 칼뱅의 신학 형성에 지대한 영향을 끼쳤다.

번 밖에 거행하지 않았던 상황적 특성과 사람들의 무지 때문에 그런 혁명적인 주장이 반대에 부딪힘으로 매달 시행으로 양보하였지만 그의 본래의 생각과 주장은 매주 성찬을 시행하는 것이었다. 교회를 완전하게 잘 유지하기 위한 훈련과 하나님의 거룩한 말씀에 복종하기를 원치 않는 사람들을 교정할 수 있는 치리의 필요성도 강조한다.

제네바 시의회는 분명한 예배, 삶, 사회개혁이라는 강한 특성을 가진 이 제안을 1537년에 승인하지만 실제로 그것을 실행하는 데에는 많은 어려움이 있었고, 반대파들이 실권을 잡으면서 추방명령이 내려져 그는 제네바에서의 1차 사역을 접고 스트라스부르로 건너가 3년 동안 그곳에서 사역하게 된다. 1541년 제네바의 초청으로 다시 돌아온 칼뱅은 교회의 질서를 세우는 일에 열정을 쏟는다. 이것을 위해 그는 하나님의 말씀의 선포인 설교에 더욱 주력하게 된다. 교회법규와 요리문답을 만들고, 목회자 계속 교육을 위한 '성경연구모임'(congrégation)을 시작하였으며 목회자 양성 기관으로 제네바 아카데미를 세운다.[38]

16세기 종교개혁의 중심에는 예배개혁이 자리했는데[39] 칼뱅에게 있어서 참된 예배의 회복은 참된 교회로 나아가는 지름길이며 교회는 예배를 위해서 부름 받았고 바르게 예배할 때 교회는 언제나 새롭게

---

38) 제네바의 Congrégation은 목회자 계속 교육을 위한 성경연구 모임이었다는 점에서 Prophezei(취리히), Christliche Übung(스트라스부르), Classis(도산), Prophesying(잉글랜드 청교도)과 같은 성격을 지닌 모임이었다. 목회자(설교자) 재교육이라는 점에는 같았지만 Prophezei가 학문적 성격이 강했다면 Congrégation은 목회적 특성과 설교자 재교육이라는 관점이 강했다. Erik A. de Boer, "The Congrégation: An In-Service Theological Training Center for Preachers to the People of Geneva," *Calvin and the Company of Pastors* (Grand Rapids: Calvin Studies Society, 2004)를 참고하라.

39) Elsie A. McKee, "Context, Contours, Contents: Toward a Description of the Classical Reformed Teaching on Worship," *The Princeton Seminary Bulletin*, 16/2 (1995): 173.

될 수 있다고 보았다. 그는 참된 예배를 개혁의 표지로 생각했다. 예배개혁이라는 측면에서 보면 루터는 최소한의 개혁을 시도하였다면 취리히의 츠빙글리는 그보다 더 적극적이고 진보적인 개혁을, 칼뱅은 그 중간의 길(via media)을 걸었던 예배 개혁자였다. 제네바에서 추방당한 후 마틴 부처의 초청을 받아 간 스트라스부르에서 목회하면서 칼뱅은 예배와 교회 치리에 관한 한 부처에게서 많은 것을 배웠고 그가 작성한 예배모범을 거의 그대로 사용하였다.

제네바로 돌아와 1542년에 그의 예배모범을 펴내는데 "초대교회 예배 전통에 따른 성찬의 집례 요령과 그 기도문"이라는 제목이었다. 이것은 부처의 예배 모범에서 많은 것을 가져왔지만 그의 예배의 기준은 언제나 성경에 있었고 바질, 어거스틴, 크리소스톰과 같은 교부들의 주장을 고려한 것이었다. 칼뱅은 예배 예전을 최대로 단순화했고 그 골격을 말씀예전과 성찬예전으로 구성하는데 이것은 성경의 원리와 초대교회와 교부시대의 예배와 일치되게 하기 위함이었다. 말씀예전은 "예배의 부름, 죄의 고백, 속죄를 위한 기도, 시편송, 성령의 조명을 구하는 기도, 성경봉독, 설교" 등으로 구성되었고, 성찬예전은 "구제를 위한 헌금, 중보기도, 주기도문, 성물준비, 사도신경, 제정의 말씀, 권면, 성찬기도, 성체분할, 분병분잔, 성찬참여, 성찬 후 기도, 강복선언" 등으로 구성되었다.[40]

칼뱅은 예배의 구성 요소를 결정하면서 말씀 선포, 성례, 기도, 교제(구제)로 이해한다. 그 근거를 사도행전 2장 42절에서 찾는데 그것은 초대교회가 드렸던 예배의 구성 요소를 알려준다고 생각했다. 사도의 가르침은 말씀의 선포로, 서로 교제하는 것은 성도의 교제와

---

40) Bard Thompson, ed., *Liturgies of the Western Church*, 183~224 참고.

세상을 향한 구제로, 떡을 뗀다는 것은 성례전으로, 기도한다는 것은 기도와 찬양으로 이해한다.[41] 1542년 발행한 "제네바 시편찬송" 서문에도 이 네 가지 요소를 언급하는데 칼뱅은 설교를 개혁된 교회의 예배의 중심에 위치시킨다. 당시 화체설의 신비를 재연하려는 미사에는 설교는 거의 죽어 있었고 하나님의 말씀은 숨겨져 있었다. 그는 하나님의 말씀의 선포인 설교를 예배에 있어서 중요한 요소로 부각시켰으며, 설교는 하나님의 행위이며 강단은 하나님의 보좌라고 주장하면서 거기에서 하나님께서 우리 영혼을 통치하신다고 이해하였다.[42]

칼뱅은 잘못된 예배 이해를 통해 미신적 심성을 조장하는 가톨릭교회의 미사의 문제점을 지적하면서 그것은 "사탄의 교묘한 전략"이라고 주장한다. 교회당에서 성상 등의 종교적 상징물을 제거되었고 예배당 한 가운데에는 강대상이 세워졌다. 하나님께 진정한 예배를 드리는 것을 포기하느니 차라리 죽음을 택하는 편이 나으며 그러한 우상숭배로 가득한 미사를 제네바에서 계속하느니 불비와 같은 대포가 도시에 떨어지는 편이 낫다고 한 그의 주장에서[43] 우리는 그의 바른 예배에 대한 열망을 읽을 수 있다. 또한 성찬은 자주 시행하도록 제정되었다고 주장하면서 그렇게 하여 그리스도의 고난을 기억하고 믿음을 유지하고 강건케 하며, 하나님께 감사의 찬송을 올려드리고, 그의 선하심을 선포하며, 성도들 상호간의 사랑의 증진해야 한다고 주장한다.[44] 이러한 특성을 따라 그는 무엇보다도 말씀과 성찬 예전이

---

41) Calvin, *Institutes*, vol. II, 4.17.44.
42) John Calvin, *Sermons on the Epistles to Timothy and Titus* (Edinburgh: The Banner of Truth Trust, 1983), 522~23.
43) Herman J. Selderhuis, *John Calvin: A Pilgrim's Life*, 조숭희 역, 『칼빈』 (서울: 대성닷컴, 2009), 343.
44) Calvin, *Institutes*, vol. II, 4.17.44.

균형 있게 시행되는 예배의 개혁을 주도해 간다.

예배개혁에는 교회 제도의 정비를 필요로 했다. 그래서 칼뱅은 먼저 교회 직제와 성례에 대한 지침을 제시한다. 그에게 있어서 바른 교회의 두 가지 표지는 말씀의 바른 선포와 들려짐이 하나였다면 그리스도께서 제정하신대로 성례전이 바로 시행되는 것이라고 이해하면서 교회의 성례를 예수님께서 직접 제정하시고 명령하신 것만 성례로 인정한다는 원칙을 따라 7성례 중에서 두 가지, 즉 세례와 성찬만으로 제한한다. 그는 연례적으로 성찬을 행하는 것은 사탄의 공작이라고 생각하였고 매주 성찬 시행이라는 원칙을 가지고 있었지만 제네바의 관료들의 완고함 때문에 관철시키지 못한다.

스코틀랜드의 존 낙스

스코틀랜드에서의 종교개혁은 당시의 복잡한 역사적 상황과 깊은 연관을 가지고 진행된다. 영국과 갈등 가운데 지내던 스코틀랜드는 제임스 4세가 영국의 헨리 7세의 공주와 결혼하면서 가까운 관계가 된다. 영국은 헨리 8세가 로마 교황청과 결별하고 개신교로 전향하였고 스코틀랜드는 가톨릭 신앙을 견지하고 있었다. 그러나 후스와 루터의 사상이 전해지면서 개신교 사상이 들어오고 점점 개신교도들이 많아지게 되면서 박해가 일어난다. 제임스 5세의 사망 후 후계자(메리 스튜어트)의 결혼 문제로 갈등을 빚으면서, 개신교도들이 세인트 앤드류스 성을 점령하게 된다. 이때 낙스도 전면에 나서면서 본격적으로 개신교 지도자로 면모를 나타낸다.

가톨릭교회의 사제였던 낙스는 세인트 앤드루스대학에서 공부하면서 스콜라철학의 영향을 받았고, 조지 위셔트에게서 영향을 받아 개혁사상을 접하였고 제네바에서 활동하던 중에는 장 칼뱅에게서 깊은 영향을 받았다. 개신교와 가톨릭과 세력 싸움에서 개신교도들이 잠시 점령했던 세인트 앤드류 성 전투에서 프랑스군에게 붙잡혀 19개월 동안 갤리선의 노 젓는 노예로 보내면서 혹독한 연단을 경험하기도 했다.

영국 정부의 주선으로 풀려나 영국에서 잠시 목회를 하기도 했고 크랜머가 주도했던 "예배서"(Book of Common Prayer) 작업에도 참여한다. 1553년, 흔히 피의 여왕으로 알려진 메리 튜더[45]가 왕위에 오른 후 가톨릭으로의 복귀를 시도하면서 개신교에 대한 대대적인 박해를 시작하였고 많은 사람들이 학살을 당하게 된다. 1554년 낙스는 다른 신도들과 함께 박해를 피해 프랑크푸르트로 간다. 그곳에서 망명자들을 위한 목회를 시작하는데, 여러 지역에서 몰려온 망명자들의 종교적 배경에 따라 예배서에 대한 상당한 입장 차이로 어려움을 겪으면서 결국 그는 제네바로 옮겨 간다. 그는 그곳에서 칼뱅을 포함하여 많은 개혁자들과 교류하였고 연구와 집필에 힘쓰면서 영어권 사람들을 위한 목회를 감당한다. 목회하는 동안 그는 주로 칼뱅이 작성한 예배서를 중심으로 예배사역을 펼친다.

1559년, 스코틀랜드 의회로 부터 고국으로 돌아와 일해 달라고 요청을 받고 낙스는 위험을 무릅쓰고 자기의 조국으로 돌아가 에든버러의 세인트 자일스(St. Giles)교회에서 사역을 시작한다. 교회종교전쟁에서 승리함으로 스코틀랜드에는 칼뱅주의 신앙노선을 따르는 스코틀랜드 개혁교회가 합법적으로 자리를 잡게 되었다. 교회의 치리체

---

[45] 헨리 8세가 죽고 난 다음 그의 아들 에드워드 6세가 12세의 어린 나이에 왕이 되었지만 오래 살지 못하고 헨리 8세와 캐서린 사이에서 낳은 딸이었던 메리가 왕위를 계승하게 된다. 그녀는 어머니가 스페인 공주였기 때문에 자신도 가톨릭교도라는 정체성을 가지고 있었고, 가톨릭 신자로 양육되었다. 스페인의 왕 필립 2세와 결혼하였고 헨리 8세에게 어머니가 버림을 받았다는 억울함과 가톨릭에 대한 그의 충성의 마음이 개신교를 탄압하는 여행이 되게 한다.

계로서 장로교 체제가 확립되었다. 낙스의 신학과 예배개혁은 전적으로 그의 모범을 따르고 있어 칼뱅의 충실한 제자로 평가를 받는다. 낙스는 타협하지 않는 강인함으로 스코틀랜드 땅에서 종교개혁의 틀을 세우면서 교리와 예배, 교회 정치의 체계를 확립한다. 그는 동료들과 함께 교회 개혁을 위해 '훈련서'(Book of Discipline, 1561)와 '공동예배서(Book of Common Order, 1564),[46] '스코틀랜드 신앙고백'(Scots Confession, 1560)[47] 등을 작성한다. 예배서는 1564년 개혁교회 총회에서 승인된 이후 1645년 웨스트민스터 예배 모범이 나오기까지 중심적인 예배서로 활용된다.[48]

낙스는 주로 스트라스부르와 제네바에서 시행되던 예배의 형태를 받아들여 스코틀랜드에서 시행한다. 전체적인 예배의 골격은 말씀의 예전과 성찬예전이라는 두 기둥으로 구성되며, 성찬예전은 제네바에서와 같이 월 1회로 규정하지만 회중들이 필요하다고 생각할 때 자주 시행할 것을 권장한다. 그러나 이후에 년 4회로 줄어들면서 비정기적 예전으로 자리를 잡아가는데 가장 큰 이유는 집례 할 목회자의

---

46) 권징조례는 "제 1 훈련서"(The First Book of Discipline), 혹은 "교회의 정치와 훈련에 관한 첫 번째 책"이라고도 불려졌다. 예배서에는 이 명칭 외에도 "The Forme of Prayers," 혹은 "Order of Geneva," "낙스 예배서"(Knox's Liturgy)로도 불려졌다. 여기에는 예배서, 시편송, 요리문답 등이 담겨 있었다. 여기에는 "깊은 연구를 통해 유명하고 경건한 사람 장 칼뱅이 인정한"이라는 문구가 표제에 들어가 있다. 이것의 원문을 보기 위해서는 Thompson, ed., *Liturgies of the Western Church*, 295~305를 참고하라.
47) 6명의 스코틀랜드 종교개혁자들을 중심으로 작성한 이 신앙고백은 의회의 승인을 얻어 1647년에 웨스트민스터 신앙고백서(Westminster Confession)가 채택되기 전까지 스코틀랜드 개혁 교회의 중심적인 신앙고백서였다. 1580년 가톨릭의 트렌트 공의회 결정을 반박하기 위해 작성된 것이 있어 흔히 제 1 스코틀랜드 신앙고백이라고 불리기도 한다. "스코틀랜드 개신교도들이 믿고 고백하는 신앙과 교리의 고백"이라는 표제가 붙어 있었다.
48) 영국에서는 1547년 어린 나이에 왕위에 오른 에드워드 6세 치하에서 캔터베리 대주교였던 토마스 크랜머를 중심으로 1548년과 1552년에 "제 1, 2 예배서와 성례전 집례서"가 출간되어 영국국교회의 중심 예배서로 활용된다. 이것에 대한 상세한 내용을 위해서는 Thompson, ed., *Liturgies of the Western Church*, 227~84를 참고하라.

부족 때문이었다. 말씀예전에는 죄의 고백과 용서를 위한 기도, 시편송이 들어가고 성경봉독 전에 성령의 임재를 구하는 기도가 들어가 있다. 성찬예전에는 중보기도와 주기도, 신앙고백이 들어갔고, 성찬 제정사와 권면, 성찬 감사기도가 들어가는데 창조와 구속에 대한 감사 기도와 아남네시스와 영광송이 들어갔다. 성찬분할 후에 분병 분잔이 이루어지는데 성찬은 앉아서 받았으며, 나중에는 장로들이 회중석으로 가지고 가 배찬하는 방식을 취한다. 배찬 중에는 마음과 중심이 온전히 주님의 죽으심에 집중할 수 있도록 주님의 수난사를 중심으로 성경이 봉독되었다. 성찬 후에는 감사기도가 드려지고 시편송(103편)이 드려진 후에 강복선언이 주어진다.

그 외에도 평신도와 지도자 교육이 강조되었는데 교구에 학교를 세웠고 세인트 앤드류스, 글라스고우, 에버딘대학 등이 세워졌으며, 그 이후에 에든버러대학이 세워졌다. 또한 '훈련서'에는 교회 행정체계에 대한 소개가 나오는데 지역교회의 당회와 총회로 구성하였고 1560년에 총회가 처음으로 에든버러에서 모였는데 회원은 42명이었다.

이렇게 종교개혁은 그 신학과 실행에 있어서 개신교 예배의 개혁이라는 거대한 운동을 일으킨다. 여기에서 언급한 것 외에도 여러 지역에서 다양한 흐름으로 전개되고 발전해 나간다. 보헤미아 지역의 모라비아 형제단(Unitas Fratrum), 재세례파, 데지데리우스 에라스무스(Desiderius Erasmus)와 조지 위젤(George Witzel)을 중심으로 한 인문주의자들의 개혁 등이 개신교 진영에서 일어나고, 종교개혁으로 인해 로마가톨릭교회 안에서 일어난 자체 개혁의 흐름이었던 트렌트 공의회 등은 교회와 예배를 새롭게 하려는 흐름으로 작용하면서 새로운 시대를 맞게 된다.

종교개혁 이후 개신교 예배 | 12장

> 어둠 속으로 가져오신 당신의 촛불, 밝고 따뜻하게 타오르게 하시며
> 생명의 빛 칠흑 같은 밤에도 빛을 발하니 우리로 다시 하나 되게 하소서.
> 우리 가운데 깊은 고요가 임하며 보이지 않는 주님 나라 확장되어 갈 때
> 모든 주님의 자녀, 목소리 높여 찬양하는 그 우렁찬 소리 듣게 하소서.
> – 디트리히 본회퍼[1]

종교개혁은 기독교 예배가 새롭게 되는데 있어 하나의 분수령과 같았다. 새로운 교회가 형성되고, 예배의 신학이 형성되어 이전과는 전혀 다른 형태의 예배가 드려지는 교회가 태동한다. 종교개혁 이후 개신교 예배는 지역과 교파의 특성과 지역에 따라 다양한 형태로 발전을 거듭한다. 그래서 제임스 화이트는 종교개혁이 일어난 16세기 이후 3세기를 "전체 기독교 예배 역사 가운데서 풍성하고 긍정적인 공헌을 한 가장 생생한 기간"이라고 규정한다.[2]

청교도 시대와 예배

청교도는 16세기와 17세기에 성경에서 그 원형을 찾아, 그것을 따라 살려고 한 복음주의를 지향한 그리스도인 그룹을 지칭하는 용어

---

1) 이것은 디트리히 본회퍼가 1944년에 쓴 마지막 시, "Von guten Mächten"의 마지막 부분이다. 독일 음악가인 지그프리트 피에츠가 이 시를 중심으로 "확신"이라는 제목의 찬양을 만들었다.
2) White, *A Brief History of Christian Worship*, 142.

인데 이것은 아주 다양한 의미로 사용되었다.[3] 일반적으로는 영국 국교회의 미온적이고 절충하는 예배 개혁에 대해 불만을 가지고 내부적으로 더 심도있게 교회와 예배를 개혁하려는 태도를 가지고 영국의 왕실 중심의 개혁 경향과 가톨릭적인 요소를 모두 철폐하려는 태도를 가진 분리주의자들을 지칭하는 용어로 사용된다. 나중에는 성경을 더 철저하게 지키고 실천하면서 낭비와 사치를 배격하고 도덕적 순수성을 지키려고 했던 그룹을 지칭하는 용어로도 사용된다. 이들은 신대륙 아메리카로 이주하면서 뉴잉글랜드 지역에서 꽃을 피운다. 칼뱅주의 계열과 루터주의 계열, 영국 국교회에 속한 사람들이 있었지만 나중에는 장로교회와 회중파(조합교회파)로 분리된다. 개인 종교체험에 강조를 두면서 일체의 형식을 거부하는 급진적 분리주의자들인 퀘이커 교도들이 있었고, 회중교회 가운데는 재세례파가 있었다. 다소의 차이들은 있지만 이들은 성경과 성령을 통한 개인적 경험을 통해 살아계신 하나님과의 개인적 만남에 기초한 영성을 강조하였다.

헨리 8세 재위 기간에 그의 결혼 문제와 관련하여 로마 가톨릭으로부터 분리된 영국 국교회(성공회)가 태동한다. 앞에서 언급한 것처럼 그의 아들 에드워드 6세가 재위하던 6년 어간에 이러한 흐름은 많은 발전을 거둔다. 그러나 헨리 8세의 첫 번째 부인인 캐서린의 딸, 메리 튜더가 여왕이 된 후 로마 가톨릭으로 복귀를 시도하면서 많은 개신교도들이 순교를 당하거나 유럽 대륙으로 망명한다.[4] 영국이 개신교도들은 1558년, 메리 여왕이 죽은 후에 엘리자베스 여왕의 등극을

---

3) 초기에 이 말은 까다로운 사람들, 혹은 지옥 불에 떨어질 사람들이라고 조롱하기 위해 사용되었지만 청교도 자신들은 온전한 개혁을 이루는 자들이라는 뜻으로 자랑스럽게 사용하였다. 장로교도리는 의미로도 사용되기도 했다.

4) 5년의 재위 기간 동안 780여명의 개혁자들이 8개국으로 피신을 했고, 288명이 순교를 당한다. James F. White, *Protestant Worship: Tradition in Transition*, 김석한 역, 『개신교 예배』(서울: 기독교 문서선교회, 1997), 215.

크게 환영하지만 그의 타협적이고 소극적인 자세에 대해 실망하게 된다. 그때 영국 사회에는 국교회의 교회 정치를 장로제도로 바꾸기 위해 의회를 설득하려고 노력하면서 "지체 없는 개혁"을 요구했던 급진적 그룹이 형성되는데 이들을 흔히 분리주의자라고 칭한다. 이들은 하나님의 계약을 바탕으로 한 자발적 회중을 결성하게 되는데 영국 국교회라는 토양에서 개혁교회 전통의 영향을 받아 자라기 시작하였고 청교도라는 이름으로 불린다. 이들은 훨씬 좌측으로 나아간 일종의 종교개혁의 "2차적 변동"이었다.[5]

엘리자베스 여왕 이후 등극한 제임스 1세가 왕위에 오르자 청교도들은 깊은 기대를 갖지만 그들에 대한 탄압은 여전했다. 타협하거나 다른 나라로 떠나는 수밖에는 없는 상황이었다. 이어서 왕위에 오른 찰스 1세는 교회에 대한 왕권 통치를 분명히 하기 위해 주교 제도를 더 견고케 하려고 했으며, 영국 국교회가 사용하는 예배서를 따라 장로교인 스코틀랜드 교회도 예배할 것을 요구하였다. 당연히 저항에 부딪히게 된다. 스코틀랜드 교회는 1638년 글라스고우에서 소집된 총회에서 예배서 사용과 주교 제도를 거부하였고 찰스 1세는 스코틀랜드를 진압하기 위해 군대를 일으켰지만 패배한다. 그리고 스코틀랜드 교회의 요구를 받아들여 장기의회를 소집하지만 왕을 지지하는 왕당파와 왕의 독단을 비판하는 의회파 사이에 1642년 전쟁이 일어나 약 7년동안 계속된다. 올리버 크롬웰의 지휘 하에 의회파가 승리하게 된다. 의회파 대부분은 청교도들이었는데 승리 후에 의견 차이를 보이면서 다시 장로파와 독립파로 분열되었고, 권력에 대한 욕구까지 작용하면서 서로 대립하기에 이른다. 왕의 군대가 다시 일어나 전쟁

---

[5] 재세례파나 퀘이커는 이것으로부터 더 좌측으로 나아간 3차 변동이라고 할 수 있다. White, 『개신교 예배』, 198.

을 일으켰을 때 크롬웰은 그들을 물리쳤고 장로파를 몰아내고 의회를 장악한 다음, 찰스 1세를 처형한 후에 공화정을 수립한다. 그러나 정권을 잡은 크롬웰은 과도한 금욕주의적인 독재를 감행함으로 국민들의 원성을 사게 되는데 그가 세상을 떠난 후 영국은 다시 왕정으로 돌아감으로 청교도 혁명은 끝나게 된다.

한편 찰스 1세가 소집한 의회는 교회 정치와 규례를 개혁하기 위해 1643년 6월, 웨스트민스터 회의를 소집하여 웨스트민스터 예배 모범을 내놓았게 된다. 거기에 만족하지 못한 청교도들은 더욱 급진적인 형태를 취하게 되면서 찰스 2세 때는 이상적인 교회 모습을 찾지 못하게 되자 신대륙으로의 이주를 감행하게 된다. 그들은 하나님의 말씀에 기초한 거룩한 나라(계약 공동체)를 세우려는 소망을 가졌고 공화정 실시를 꿈꾼다. 미국에서 시작된 초기 청교도의 이러한 신앙생활과 예배에 대해서 상세하게 소개한 사람은 보스턴의 설교자였던 존 카튼(John Cotton)이었다. 그는 신대륙에서의 초창기 청교도들의 예배와 신앙생활에 대해서 비교적 상세한 안내를 해 준다.[6]

물론 일관된 모습이나 통일된 내용을 살펴보기는 어렵지만 청교도들의 최고의 관심은 예배를 얼마나 잘 개혁하느냐에 있었다. 그들의 중심 관심사는 가톨릭의 오염된 예배의 잔재들을 떨어내고 오직 주님께서 명하신 것만 도입하여 시행하는 데 있었다.[7] 그래서 호톤 데이비스는 청교도들이 성경의 칼을 사용하여 수세기 동안 형성된 예

---

6) 존 카튼은 신대륙에서 청교도들이 드렸던 예배에 대한 기록으로 *The Way of the Churches in New England* (London, 1645)를 저술했다. 청교도들의 예배를 종합적으로 정리한 내용을 살펴보기 위해서는 Horton Davies, *Worship of the English Puritans*, 김석한 역, 『청교도 예배』(서울: 기독교문서선교회, 1999), 2~3장; White, 『개신교 예배』, 7장을 참고하라.

7) Walter H. Frere, *Puritan Manifestoes: A Study of the Origin of the Puritan Revolt* (London: SPCK, 1954), 8.

배 전통에서 수많은 의식을 도려내었다고 평가한다.[8] 청교도 예배신학은 기본적으로 칼뱅주의에 그 바탕을 두지만 그것보다 한층 더 과격한 경향을 띠면서 공동예배서의 사용을 전면 거부한다. 그들은 예배서를 교황의 거름더미에서 선택적으로 취한 불완전함과 혐오로 가득한 책이라고 폄하하였고, 성서정과 등을 이용하여 성경을 구분하여 읽는 것, 서로 주고받으면서 진행하는 화답형식으로 예배가 진행되는 것을 강하게 반대하였고, 예배서에 있는 기도문을 주절주절 읽어내려 가는 것을 반대하면서 즉흥 기도를 주장한다. 성찬은 무릎을 꿇고 받아서는 안 되며, 그리스도의 죽음의 선포이지 부활의 선포가 아니라고 주장하면서 부활절은 성찬식을 갖기에 부적절하다고 주장한다.[9]

전적 타락이라는 칼뱅주의 교리를 바탕으로 청교도 예배는 인간의 회개에 깊은 강조를 두었다. 당시 가톨릭의 모든 의식을 거부했는데 축일을 지키는 것, 세례 시에 십자 성호를 긋는 행위, 결혼식에 반지를 주는 행위, 성찬식에서 무릎을 꿇는 행위, 주일에 안식일 개념을 가미하여 안식일을 철저하게 준수하도록 오락과 일을 금지했고, 심지어는 주말에는 산책하는 것까지 금하였다. 공중 기도서에서 미리 작성된 기도문을 낭독하는 것을 반대하였고, 자유롭게 즉석에서 드리는 즉흥기도로 고착되기 시작했다. 성직자의 의상 역시 성경이 언급하지 않은 인간이 고안한 것이라면서 거부하였다.

청교도 예배에서 가장 중요한 것은 설교였다. 설교는 성령의 조명에 의해 신탁의 말씀을 해석하여 들려줌으로 그리스도인의 마음에 믿음을 불러일으키는 사역이라고 생각해기 때문이다. 성서일과도 폐지하였고 성경 전체를 순서대로 설교하는 주석식 설교 방식을 선호하

---

8) Davies, 『청교도 예배』, 59.
9) Wakefield, *An Outline of Christian Worship*, 106.

였다. 성경은 구원에 필요한 모든 사항과 교회에서의 믿음생활과 삶에서의 덕성 함양에 있어서 유일한 권위이며 모든 것의 기준이라고 믿었기 때문에 그들은 열심히 성경을 연구했고, 정기적인 연구 모임을 가졌으며 목회자들 사이에서는 주중 모임을 통해 성경 연구가 활성화 되었다. 그들에게 있어서 성경은 유일한 예배의 표준이었다. 어떤 전통이나 권위에 근거한 의식도 성경에 담겨 있지 않으면 교회에 존재할 필요가 없다고 이해했다. 성자 축일은 말할 것도 없고 매주일이 부활주일이고 성탄절이라면서 대부분의 교회력도 폐지하였으며, 교회당 안에 십자가를 거는 것, 스테인드글라스를 설치하는 것도 금지하였다.

청교도들은 세례와 성찬을 "복음적인 성례"로 이해하면서 그것을 "언약의 봉인"(seals of the covenant)으로, 그리고 세례는 "입회의 성례"로, 성찬은 "계속적인 양육의 성례"로 이해하였다.[10] 떡을 뗌과 잔에 부은 포도주를 받는 것은 그리스도의 몸과 보혈을 받는 것으로 이해했으며 초기에는 성찬은 매월 행해졌다. 나중으로 갈수록 횟수에 대한 원칙은 사라졌고, 목회자는 "횟수를 변경할 자유를 소유한다"고 이해했다.[11] 앉아서 받고, 복음서의 기록대로 그리스도의 모범을 따라 떡과 포도주의 구별된 축복, 집례는 안수 받은 목사로 제한했고 회개와 믿음이 성찬을 받는 조건으로 이해되었다. 세례는 "영적 의미를 갖고 있는 외적인 표적"으로 이해했으며, 물로 씻음을 통해 "은혜의 공동체로 들어가는 입회식"으로 이해했다. 세례자를 위한 보증인(대부와 대모)은 폐지되었으며, 중생한 그리스도인과 "영적으로 홀

---

10) Davies, 『청교도 예배』, 189, 198.
11) 이것은 청교도 시대의 지도자였던 카튼 매더의 용어이다. Cotton Mather, *Ratio Disciplinae Fratrum Nov-Anglorum* (Boston, 1726), 95. Davies, 『청교도 예배』, 304에서 재인용.

류한 사람"에게 제한하였고 세례는 절대로 다시 반복되지 않는 것으로 이해했다.[12]

공적예배에서 오직 목사의 음성만 들려져야 하기 때문에 '아멘' 외에는 허용하지 않았고, 교독이나 교송 형식의 기도문도 용납하지 않음으로 청중의 참여를 극소화하는 문제를 야기한다. 성육신이나 복음서의 사건보다는 사도행전과 바울 서신을 중심으로 한 성령 안에서의 삶에 강조를 두었기 때문에 그리스도 중심의 교회력을 외면하는 결과를 낳았다. 청교도 예배에서는 오르간이나 여타의 악기 사용은 성경에 근거가 없다는 이유로 금지되었고 주로 시편 찬송들이 사용되었다. 나중에는 회중교회 계통의 청교도의 후예인 아이작 와츠 등을 중심으로 새로운 찬송이 많이 보급되었고 부흥기를 거치면서 이러한 찬송을 중요한 예배의 자원의 활용되었다. 단순함과 순수함(plainness and purity)이 예배의 기준이 됨에 따라 찬송이나 예배당 건축, 예배 장식, 성직자의 복식, 예배 순서 등이 극히 단순화되었다.[13] 이것은 전적으로 하나님의 말씀의 선포인 설교에만 집중하기 위해서였다. 이렇게 청교도 예배는 성경이 하나님을 예배하는 일에 있어서 모든 것을 다 제시한다고 보았기 때문에 성경적 원리를 따라 사람이 만들어 낸 것이라고 판단되는 모든 예배 요소와 예배 행위를 제거하였고 의식이 많이 사용될수록 진리와 멀어진다고 주장하면서 예배를 극단적으로 단순화하는 문제점을 야기한다.

웨스트민스터 예배 모범

웨스트민스터 총회에 대해서는 앞서 간단히 언급했지만 청교

---

12) Davies, 『청교도 예배』, 190~97.
13) 위의 책, 63.

도 신학을 바탕으로 한 예배 모범과 지침서에 대해 좀 더 살펴볼 필요가 있다. 크롬웰이 이끈 의회파가 찰스 왕의 군대를 물리치고 승리함으로 스코틀랜드 교회의 청원을 따라 웨스트민스터 회의가 소집되었다.[14] 1645년, 새로운 예배모범과 신조 등이 영국과 스코틀랜드 의회를 통과하고 교회의 총회에서 채택되면서 그것은 장로교회의 중심예전과 신앙고백으로 자리 잡게 된다. "영국, 스코틀랜드, 아일랜드 세 나라 전체의 공적예배를 위한 규칙서"라는 예배 모범의 부칙이 보여주는 대로 예배의 본질적인 요소에 있어서 일치를 꾀하려는데 그 목표가 있었다. 영국 청교도, 스코틀랜드의 장로교 청교도들, 독립주의자들 사이의 의견 일치가 어려워 약 70회 이상의 토론을 걸쳐 문서가 나오게 되었다.

영국 국교회에서는 "공동기도서"가 마치 우상과 같이 예배에서 사용되고 있어 폐지하기로 결정하고, 장로교 예배 원칙을 따라 "웨스트민스터 예배모범"을 내놓게 된다. 예배의 중요성과 그것에 임하는 자세, 그리고 예배하는 방식을 구체적으로 규정하였지만 정해진 형식이나 반드시 사용해야 하는 예배문(text)을 제시하지 않고 말 그대로 지침(directory)만을 제시하였다. 이것은 예배서에서 예배 지침서(directory)로 전환하는 최초의 시도였던 셈이다. 그래서 단순한 예배 순서나 예배에서 사용할 수 있는 예배문을 제시하는데 초점을 두지 않고 다양한 내용의 예배 지침들을 제시하는데, 회중의 모임과 공중예배를 드리는 태도, 성경봉독, 설교 전 기도, 말씀의 설교, 설교 후 기

---

14) 이 총회의 목적은 하나님의 말씀에 적합한 교회정치 체계 수립과 교회의 평화 보존, 교회의 일치 추구에 있었다. 1643년 7월 1일, 웨스트민스터교회 예배당에서 열렸으며, 목회자 121명, 평신도 30명 등 모두 151명이었으며 장로교 계통의 청교도들의 숫자가 가장 많았다. W. M. Hetherington, *History of the Westminster Assembly of Divines* (Edinburgh: Johnston and Hunter, 1941), 97.

도, 성례 집례, 주의 날을 거룩하게 지키는 법 등에 대해 지침을 제시하고, 목회와 관련하여 혼인식 집례, 환자 심방, 장례식, 공적 감사일을 지키는 일 등에 대한 지침을 제시하고, 부록으로 공적예배의 날과 장소에 대한 지침을 제시한다.

예배 순서는 기본적으로 칼뱅의 제네바 예배서를 크게 벗어나지 않고 있으며 예배와 관련하여 아주 구체적인 지침을 제시한다. 예컨대 온전한 주일 성수를 강조하였고, 성상이나 무덤 참배를 금하고 있으며, 예배에 참석한 특별한 인물에 대한 경의를 표하는 것도 금지하였다. 참회를 강조하여 죄의 고백을 먼저 드린 후 예배에 임하도록 하였으며, 세례는 공예배에서 시행하되 세례를 받은 회중들은 그 시간에 받은 세례를 되새길 것을 강조한다. 기록된 기도문보다는 즉흥기도를 강조하였고 설교를 위한 성경본문은 연속적으로 읽어가면서 설교하도록 권장하고 있으며 일상생활에서의 성경읽기도 강조한다. 설교 전 기도에 대한 지침도 제시하며 설교에 대한 강조가 이루어진다. 성찬은 자주 갖는 것을 원칙으로 하고 있으며 성찬 제정의 말씀을 읽도록 권장한다. 성찬감사기도에는 창조의 섭리에 대한 감사, 구속에 대한 감사, 말씀과 성찬에 대한 감사, 아남네시스, 성령초대의 기도(Epiclesis) 등의 내용이 포함되었다. 성찬은 앉아서 받는 것이 아니라 성찬상 앞으로 12명씩 나와서 받도록 권하고 있다. 성찬을 받은 후에는 성찬에 합당한 삶을 살도록 간단한 권면의 순서가 들어갔다. 성찬 후에는 시편송(103편)이 드려졌다. 주로 찬송은 시편 찬송이 사용되었고 악기 사용은 금지된다.[15]

---

15) Thomas Leishman, ed., *Westminster Directory*, 정장복 역, 『웨스트민스터 예배모범: 장로교 예배의 뿌리』(서울: WPA, 2002); Richard A. Muller and Rowland S. Ward, *Scripture and Worship: Biblical Interpretation and the Directory for Public Worship*, 곽계일 역, 『웨스트민스터 총회의 실천: 성경해석과 예배모범』(서

미국 부흥기와 변방예배 전통

미국의 부흥기와 변방에서 드렸던 예배 형식은 독특한 특징을 지니면서 진행되었고 그 이후 다른 지역의 개신교 예배 형성에도 많은 영향을 끼쳤다. 신대륙에 이주한 사람들은 골든 러시 바람과 함께 서부로 대거 이동하면서 인구 분산이 이루어졌다. 대각성 운동을 중심으로 한 신대륙에서의 부흥운동은 이러한 상황적 분위기도 함께 담고 있다. 청교도와 개혁주의 전통, 복음 전도에 중점을 두었던 설교 전통을 만들어 낸 감리교 전통까지 어울 어지면서 새로운 예배 전통을 낳는다. 이것을 제임스 화이트는 '변방예배 전통'(frontier tradition)이라고 칭한다.[16] 이것은 주로 불신자들을 전도하기 위해 집회 형식으로 드려졌던 예배 형식으로 미국의 대각성기로부터 시작되었다고 보는 것이 일반적이다.

이때는 주로 대형 야외집회 형식을 취하였는데 사람을 만날 수 있는 다른 사회적 프로그램을 겸하였기 때문에 초창기에는 사람들과의 만남의 자리였다. 그곳은 초기에는 성례도 겸하여 진행되는 경우가 많이 있었지만 점점 약화되기 시작했고 주로 사람들의 회심에 초점을 맞추어 진행되었다. 특히 찰스 피니에 의해서 주도되었던 "새로운 방식들"은 북미 지역 예배에 많은 영향을 주었다. 피니는 '새로운 방법'(New measure)을 집회 가운데 도입하여 영혼 구원의 효율성을 꾀하게 된다. 그는 성경이 언급하는 방식을 따라 예배한다는 청교도의 입장과도 다르게 성경이 예배하는 모든 방식을 언급하는 깃은 아니라고 생각했다.

이러한 부흥기와 변방예배는 주로 말씀 중심의 예배를 드리게 되

울: 개혁주의 신학사, 2014) 등을 참고하라.
16) White, 『개신교 예배』, 10장 참고.

는데 설교를 듣기 위한 준비 단계와 설교, 그리고 설교를 드리는 사람이 결단하도록 하는 초청과 결단이라는 형식이 중심을 이루게 된다. 또한 인간의 감정을 고양시켜 결단을 하도록 하기 위해 여러 기재들이 활용되기도 했다. 찬송을 부르거나 설교 중에도 찬송가 함께 연결하여 회중들이 능동적으로 참여하도록 유도하였다. 부흥기는 미국 교회에 깊은 영향을 끼쳤기 때문에 그동안의 예배전통은 미국화 되거나 그것을 모두 삼키어 버리는 "블랙홀"과 같이 작용하였다.[17]

신앙은 주로 개인적 결단을 통한 회심에 초점을 맞추어졌고, 삶의 변화와 금주, 금연, 여성의 권익, 노예제도 폐지 등 사회적 변화(개혁)와도 연관을 가진다. 회심의 단계에 이르게 하는데는 설교와 찬송이 중심을 이루었기 때문에 회중이 함께 부를 수 있는 찬송이 많이 나왔고[18] 반복적으로 찬송하면서 결단을 촉구하기도 했다. 교회 음악은 단순히 하나님께 찬양을 올려드리는 차원을 넘어서 회심과 결단을 위한 중요한 도구로 인식되었다. 찬양은 모두가 일체감을 갖도록 하였으며, 하나의 목표를 향하여 나갈 수 있도록 역할을 했다.

결신자들에게 세례를 베풀기 위하여 야영장 부근에 교회가 세워지기도 했고, 마차를 끌고 함께 와 예배하던 자리에 목재 교회당이 세워지기도 했다. 주일 예배는 설교가 중심을 이루었고 주일저녁은 좀 더 자유롭게 찬양과 기도에 강조점을 두는 예배가 드려졌으며, 주중에는 기도회로 이어졌다. 교회력은 축소되어 성탄절과 부활절만 지켜졌고 매년 특별 부흥회가 열리기 시작했다.

---

17) 위의 책, 306.
18) 페니 크로스비가 대표적인 찬송 작곡자였는데 '고통의 멍에 벗으려고 주께로 갑니다,' '예수로 나의 구주 삼고,' '저 죽어가는 자 다 구원하고'와 같은 찬송이 대표적인 곡이다.

현대 교회의 예배

20세기를 전후하여 현대교회 예배 현장에는 많은 변화들이 일어난다. 그것은 예배의 신학뿐만 아니라 패턴의 변화까지 동반하는데, 개신교 진영뿐만 아니라 로마 가톨릭에서도 많은 변화가 일어난 시기였다. 개신교에서는 예전연구의 중심이 자연스럽게 유럽에서 북미로 옮기어 갔으며 예배 연구에 있어서 학문적 성숙과 에큐메니칼 정신에 따른 연합의 흐름들이 형성된다. 그 흐름들을 몇 가지로 정리해 보자.

① 예배복고운동

초대교회 예배 전통을 따라 예배를 새롭게 하려는 개혁자들의 처음 주장과는 달리 개신교 예배는 설교 중심의 경향을 갖게 되었고, 성찬을 포함하여 예전적인 요소가 많이 상실되게 되었다. 19세기 중반부터 본래적인 예배의 특성과 본질에 대해 관심을 기울이기 시작하였던 움직임이 예배복고운동(Liturgical Movement)이다. 찰스 베어드(Charles Baird)가 *The Presbyterian Liturgies*를 발간하면서 이런 관심을 촉발하게 되었는데[19] 교단을 초월하여 예배에 대한 깊은 관심을 기울이게 되었고, 이것은 가톨릭 진영에까지 영향을 끼친다. 베어드는 종교개혁 당시의 예배에 대해 관심을 기울이면서 장로교가 잃어버린 예전 전통에 대한 주의를 환기시킨다. 이것은 미국뿐만 아니라 다양한 지역에서 예배 의식의 회복에 관심을 기울이게 되었으며, 교단별로 속속 예배서가 발간되기 시작한다. 대부분의 개신교 진영에

---

19) Charles W. Baird, *The Presbyterian Liturgies: Historical Sketches* (Grand Rapids: Baker Book House, 1986, 1957), 참고.

서 소홀히 여겨지고 있던 성찬의 회복에 관심을 기울이게 했으며, 교회력과 거기에 맞추어 말씀이 선포되도록 하기 위한 성서정과에도 관심을 기울이게 되었다. 뿐만 아니라 그동안 개신교 예배가 주로 개인주의적 차원에 초점을 맞추었던 것에 비해 공동체에 대한 관심을 부각시켰고 자국어 사용과 초기교회 예배 전통으로의 회귀, 다른 예배 전통에 대한 관심과 존중, 회중의 참여에 강조점, 성찬의 회복, 말씀의 선포와 사회적 참여 등에 강조를 두는 등의 특징을 가지고 제시된다.[20]

예배복고운동은 중세교회가 왜곡하고 그것을 개혁하기 위해 나선 종교개혁운동을 통한 분열 배후에 놓여진 성경과 초기 교회가 제시하는 예전적 예배의 기준들(norms)을 회복하려는 운동이었는데, 모든 시간과 장소에서 기독교 예전에 있어서 가장 근본적인 요소로 작용해 왔던 그 기준을 회복하려고 했다. 그러나 초대교회가 시행했던 그 예배를 오늘에 그대로 부활시키는 것에 중점을 두지 않았고, 교회의 사역과 예배가 생생하게 진행될 수 있도록 예배 형식과 표현에 있어서 근본(fundamentals)이 무엇인지를 재진술하는 것에 초점을 맞추었던 운동이다.[21]

② 오순절 전통의 형성

20세기 초에 발원하여 발전된 오순절 예배 전통은 다양한 분파와 흐름이 있고, 지역과 인종적 배경을 바탕으로 다양하게 발전해 왔

---

20) John R. K. Fenwick, Brian D. Spinks, *Worship in Transition: The Liturgical Movement in the Twentieth Century* (New York: Continuum, 1995), 5~12. Paul F. Bradshaw and Brian D. Spinks, eds., *Liturgy in Dialogue* (London: SPCK, 1994)도 참고하라.
21) J. G. Davies, ed., *A New Dictionary of Liturgy and Worship* (London: SCM, 1986), 314.

기 때문에 예배와 경건의 형태에 대해 일반화하여 설명하기는 쉽지 않다. 무엇보다 오순절 전통은 예배에서 성령의 인도하심에 강조점을 둔다. 주로 하나님의 임재의 경험과 성령의 은사 체험에 중요한 강조점을 두면서 현대 예배에 활기를 불어넣었다. 오순절 예배 전통은 예배 인도자가 정해진 순서나 규칙보다는 성령의 임재와 인도하심에 민감할 것을 요청하며, 신령과 진정으로 예배해야 한다는 예수님의 요청(요 4:24)을 실천하는 것으로 이해한다. 그래서 예배는 성삼위 하나님과의 영적 교통이며, 예수 그리스도를 통해 나타난 하나님의 사랑에 대한 인격적인 응답으로 이해한다. 성령 임재의 통상적 증거는 방언으로 이해하여 기도, 찬양 등에 방언 활용을 강조하고, 예배 중에 치유사역을 중요하게 여긴다. 또한 종말론적 특성이 중요한 요소로 자리 잡는데 천년 왕국에 대한 강한 소망을 중심으로 한다. 오순절 예배 전통에서는 "예배 자체가 그 나라를 맛보는 것이며 또한 그 나라가 임함을 촉진시키는 수단"으로 이해되었다.[22] 또한 예배 가운데 기도를 중요하게 여기며 예배를 풍성하게 만드는 가장 중요한 요소로 인식한다. 이렇게 오순절 예배 전통은 한국교회 뿐만 아니라 제 3 세계 교회의 예배에 있어서 중요한 변화를 일으키는데 일조한다.

③ 로마 가톨릭의 제 2차 바티칸 공의회

11차례 투표 끝에 77세 고령에 교황에 선출된 요한 23세는 교회가 얼마나 세상과 소통이 단절되어 있는지를 인식하면서 1962년 공의회를 소집한다.[23] 이 공의회(1962~65)는 트렌트 공의회(1545~63) 이후 400년 동안 가톨릭교회가 고수해 온 노선을 바꾸는 역사적인 회

---

22) White, 『개신교 예배』, 343.
23) 그는 공의회의 끝을 보지 못하고 1963년에 세상을 떠난다.

의가 되는데 가장 중심을 이루었던 것은 예배(전례)에 대한 대개혁이었다. 무엇보다도 이 공의회 2차 회기에서 내놓은 『거룩한 전례에 관한 헌장』(Constitution on the Sacred Liturgy)[24]은 트렌트 공의회 이후 그동안 경직되었던 가톨릭 예전에 새 바람을 일으킨다. 이것은 가톨릭 전통을 계승하면서 새로운 시대에 걸맞은 예배 개혁을 단행한다. 무엇보다도 자국어 예배를 발전시켰고, 설교의 중요성을 인식하면서 예배 가운데 회복하였다. 예배는 교회의 거룩한 사건이며 회중의 적극적 참여를 요구한다고 이해했으며, 교회의 모든 활동이 지향하는 정점이요 교회의 모든 능력의 원천으로 이해하였다. 이것은 개신교 예배 연구에도 많은 영향을 주는데 예배의 본래의 모습과 예배의식, 교회력, 성찬 등에 대한 깊은 관심을 기울이게 만드는 역할을 한다.

④ 리마 예전

1982년, 세계교회협의회 산하의 '신앙과 직제 위원회' 총회가 남미 페루의 수도 리마(Lima)에서 모였다.[25] 그 총회는 소위 BEM 문서로 알려진 리마문서를 채택한다.[26] 1975년 나이로비 대회에서 결의하

---

24) 그 내용을 보기 위해서는 The Second Vatican Council, *Constitution on the Sacred Liturgy* (Collegeville: Liturgical Press, 1963)를 참고하라.

25) 그 첫 회의는 1927년에 스위스 로잔에서 열렸으며, 두 번째 총회는 1937년 에든버러에서 열렸는데 그리스도를 중심으로 한 교회의 이해에 합의를 이뤘고, 세 번째 총회는 1952년 룬트에서 열렸으며 그리스도를 중심으로 모든 교회가 돌고 있다는 점을 강조하면서 교회론적 합의가 이루어졌다. 네 번째 총회는 1963년 몬트리올에서 열렸으며, 구원하시는 그리스도의 사역과 교회의 교역은 한 주님과 한 세례에 있다는 합의를 이끌어 낸다. 이를 토대로 1974년에 떼제 공동체의 수사였던 맥스 뚜르앙(Max Thurian)의 주도하에 소위 "아크라 문서"(One Baptism, One Eucharist and a Mutually Recognized Ministry, Faith and Order Paper, No.73)를 내놓게 되는데 이것이 그 골격을 이룬다.

26) 여기에서 합의하여 내놓은 세례, 성찬, 직제에 대한 구체적인 내용을 보기 위해서는 WCC, *Baptism, Eucharist and Ministry*, Faith and Order Paper, No.111, 이형

여 140여개 회원 교단의 의견 수렴 과정을 걸쳐 준비된 문서였다. 이것은 무엇보다도 성례전과 교회 직제에 대한 신학적 공감대를 형성하여 이루어진 문서로 1983년, 캐나다 밴쿠버에서 열린 제 6차 세계 교회협의회 총회가 이 문서에 따라 성찬식을 거행하였다. 이것은 리마문서를 따라 제시된 예전으로 소위 리마 예전(Lima Liturgy)으로 칭해진다. 리마문서는 개신교와 로마 가톨릭, 정교회가 수렴을 통한 공동 합의를 통해 이루어진 교회일치의 문서라는 점에 그 중요성과 의미가 있다. 신학적 관점 때문에 분열되었던 교회가 그리스도 안에서 가시적인 일치를 추구한 현대 교회의 예배 개혁을 이룬다. 특히 성찬과 관련하여 그동안 논점이 되었던 성찬에 그리스도께 어떻게 임하는가와 관련이 있었는데 그러한 관점을 뛰어 넘어 "나를 기념하라"(눅 22:19)는 명령에 대한 재해석과 공감대의 형성으로 합의를 이루게 된다.[27] 과거의 사건을 현재로 끌어와 새롭게 경험하는 아남네시스의 관점은 성찬에 대한 새로운 해석을 제시하였다. 리마예전은 개회예전, 말씀의 예전, 성찬예전 등 3부로 구성되었고 총 35개의 순서들로 구성된다. 이것은 그동안 다양한 예배 전통의 입장과 유산들을 수렴 및 반영한 것은 가치가 있는 일로 볼 수 있다.

⑤ **현대적 예배**

앞서 언급하였듯이 1990년대 이후 개신교회를 중심으로 형성되게 된 현대적 예배 경향은 회중을 중요하게 생각힌다. 여기에는 구도자 중심 예배로부터 경배와 찬양 중심의 예배 등에 이르기까지 다양

기 역, 『BEM 문서: 세례 성만찬 직제』 (서울: 한국장로교 출판사, 1993)를 참고하라.
27) 물론 개신교뿐만 아니라 가톨릭 진영의 보수적 입장을 가진 그룹에서는 이것을 수용하지 않고 비판하고 있음이 사실이다.

한 형태로 발전한다. 예전 중심의 예배나 전통적인 예배가 현대 문화에 다소 무관심하였다면 20세기 중반 이후 나타난 이러한 경향은 새로운 문화적 상황과 의사소통 수단, 예배 환경과 악기 등의 혁신적 변화를 만들어 낸다. 그것은 회중들에게 다가가기 위한 노력의 일환이었으며 그들의 삶의 상처와 아픔, 고민의 문제들에 관심을 기울이면서 터치하는 경향을 보인다. 계몽주의 이후에 형성에 예배 경향이 주로 이성적이고 지성적 차원에 강조를 둔다면 이것은 주로 감성적인 차원에 더 강조점을 둔다.

현대적 예배에서 중심을 차지하는 것은 찬양이었다. 예배에서는 새로운 찬양곡들이 계속 보급되며, 다양한 악기들이 널리 활용된다. 그래서 이러한 예배에는 찬양과 말씀이라는 두 기둥이 중심을 이루는 경향이 두드러진다. 찬양이 예배의 중요한 부분이 되면서 '워십,' '워십리더' 라는 말은 찬양, 찬양 인도자를 지칭하는 말로 대체적으로 사용되기도 했다. 예배 연구를 경배와 찬양을 은혜롭게 인도하기 위한 것 정도로 인식되기도 한다. 그러나 예배는 찬양 이상의 것이며 예배학은 찬양하는 회중을 어떻게 이끌 것인가에 국한되지 않고 "그것 이상의 것"임을 알아야 한다.[28]

현대적 예배에서는 회중 참석자가 중요해 진다. 그들은 다양한 예배 콘텐츠의 소비자이며 그들을 만족시키고 감동시키는 것은 예배 사역의 중요한 목표이다. 그래서 예배에는 당연히 많은 기재와 도구, 다양한 예술 장르가 사용된다. 이러한 경향에는 찬양과 경배, 구도자에 민감한 예배, 찬양 중심의 예배, 전통적 경향과 현대적 경향을 통합하거나 양 진영을 아우르는 움직임인 통합적 예배(blended

---

28) Robert E. Webber, *Worship Leader Partnership*, 가진수 역, 『예배란 무엇인가?』 (서울: 워십리더, 2014), 24.

worship), 혹은 컨버전스 운동(convergence movement)의 경향, 이 머징예배 경향 등으로 발전되고 있다.

다양한 예배 스펙트럼

현대 개신교의 예배는 다양한 흐름으로 발전되면서 형성되었다. 하나님을 예배한다는 하나의 목적과 보다 성경적이고 바른 예배를 드리겠다는 생각으로 예배 개혁을 시도하였지만 그 결과는 프리즘을 통해 나타나는 다양한 색깔만큼이나 다양하게 나타나고 있다. 이러한 예배의 경향들이 다양한 교파를 형성하기도 한다. 그래서 제임스 화이트가 개신교 예배는 "거대한 현상"(a vast phenomenon)이라고 지칭한 것은 옳다.[29] 중도의 자리를 견지하고 있는 개혁교회 예배 전통을 기준으로 보면 같은 자리에 감리교 예배가 자리 잡고 있고, 예전적 전통에 가까운 우측에는 루터교와 성공회가 위치하고, 비예전적 전통에 가까운 좌측에는 가까이에서 멀리의 순으로 기록하면 청교도, 오순절, 재세례파, 퀘이커 예배 등이 위치한다. 이것들은 문화적, 인종적, 지역적, 신학적 차이를 통해서 나름의 스타일을 만들어 내고, 거기에 맞추어 새로운 예배 이해를 형성하면서 발전해 왔다.

---

29) White, 『개신교 예배』, 21.

18세기 이후 형성된 개신교 교파 예배 13장

> 기독교의 예배는 초기부터
> 문화적 표현을 받아들이면서 다양한 형태로 진행되었다.
> 문화적 표현과 사람들의 존재 방식을 고려한 예배는
> 특정한 시간과 장소에서 사람들의
> 충분하고, 지각적이며, 적극적인 참여가 가능하게 한다.
> —루스 덕[1]

종교개혁 이후 개신교회는 많은 교파와 예배 경향, 혹은 전통을 양산해 낸다. 마치 그것은 거대한 물줄기를 형성하면서 다양한 지류를 만들어 냈다. 앞서 역사 부분에서 많은 부분이 언급된 영국 국교회와 루터교, 개혁교회 등은 제외하고 여기에서는 18세기 이후에 나타난 경향들인 감리교, 침례교와 군소 교단의 예배를 중심으로 살펴보고자 한다.

감리교 예배

16세기에 종교개혁이 일어나면서 개신교의 대부분의 예배 전통들이 형성된 반면에 감리교 예배 전통은 그 보다 훨씬 뒤인 18세기에 일어났다. 영국 국교회의 신앙 전통에 반대하면서 청교도 운동에 영향을 받아 사회 전반의 개혁과 성화를 부르짖으면서 시작된 경건주

---

[1] Ruth C. Duck, *Worship for the Whole People of God: Vital Worship for the 21st Century* (Louisville: Westminster John Knox Press, 2013), 35.

의적 감리교 운동은 존 웨슬리와 그의 동생 찰스 웨슬리를 중심으로 일어난 영국의 옥스퍼드대학의 홀리 클럽(Holy Club)을 중심으로부터 자연스럽게 시작되었다. 초기에는 신앙적 의무를 수행함에 있어서 규칙적이고 조직적인 특성을 비아냥거리는 표현으로 '격식주의자'(methodist)라는 말이 사용되었는데 그것을 교파 이름으로 그대로 사용한다. 그의 추종자들은 주로 성경연구과 기도생활, 그리고 거리의 빈민들과 약자들에게 복음을 전하는 일에 주력하였다. 이렇게 시작된 운동은 하나의 교파와 예배 전통을 이루었다.[2] 또한 감리교회 예배는 영국에서 신대륙 미국으로 건너가면서 개척자들의 경험과 그곳에서의 환경에 영향을 받으면서 많은 발전과 변형을 이루었으며 다른 예배 전통의 배경이 되기도 했고, 20세기 이후로는 다른 교단 예배와도 융합하는 형태로 발전하였다.[3] 여기에서는 먼저 감리교 예배 전통에 대한 역사적 발전 과정을 살펴보고 감리교 예배가 가지는 특징을 중심으로 살펴 보자.

감리교는 계몽주의가 성행하던 시대에 이성적이고 합리적인 추구하는 문화에 대응하는 분위기 가운데서 태동한다. 당시 영국 사회는 경직된 예배 의식을 가지고 있었고 사회는 타락의 일로를 걷고 있었다. 홀리 클럽을 중심으로 한 경건한 젊은 그리스도인들은 이들에게 대해 하나님의 말씀과 경건한 삶을 전하고자 하는 열망으로부터 그 흐름이 시작되었다. 그러나 초기 감리교 예배의 특징은 철저히 전통적 관점에 바탕을 두면서 필요를 따라 정립해 갔다. 그래서 제임스

---

[2] 감리교 예배 전통뿐만 아니라 여러 예배 전통을 파생시키는데 구세군, 나사렛교회, 비오순절 계열 교회들이 그것이다

[3] 여기에는 캐나다 연합교회(The United Church of Canada), 남인도 교회(Church of South India), 호주 연합교회(Uniting Church of Australia) 등과 예배 전통과 관습에서 융합하는 특징을 보이면서 발전한다.

화이트는 감리교의 초기 예배의 특징을 "실용적 전통주의"(pragmatic traditionalism)라고 칭하면서 엄밀한 의미에서 웨슬리는 전통을 사랑함에 있어서는 영국 국교도였고, 종교개혁자는 아니었다고 주장한다.[4]

존 웨슬리는 열정을 잃어버린 영국교회에 새로운 생명력을 불어넣기를 원하였던 국교회 성직자였다. 그의 증조부와 조부, 외조부가 청교도 목사였으며 그의 부친은 영국 국교회 사제였다. 웨슬리는 철저한 회심과 성례전을 중심으로 한 예배 가운데서 하나님께 열정적인 응답을 하려고 했다. 당시 영국 국교회나 비국교회는 성례전을 소홀히 하고 있었고 형식적 신앙생활로 만족하며 믿음의 열정이 그리 뜨겁지 못하였다. 미국에서 돌아온 그는 런던의 올더스게이트 가에서 열렸던 모라비안 집회에 참석하였다가 뜨거운 회심을 체험한다. 이것은 그의 생애에서 일대 전환점이 되었고, 감리교의 중요 교리를 형성하는데 그의 신학적 전환점이 된 중요한 사건이었다. 그 이후 그는 구원의 확증의 중요성을 강조하게 되었고 행위가 아니라 믿음으로 의롭게 된다는 교리를 굳게 세우는 계기가 되었다.

웨슬리는 초기에 영국 국교회에 소속되어 있으면서 독자적 운동을 전개하였지만 교회 내에서 설교하는 것이 금지되면서 야외설교 방법을 택하였고 차츰 독자적 행보를 취하게 된다. 처음에 그는 영국 국교회로부터 분리되기를 원치 아니하여 감리교회라는 말을 사용하지 않고 감리교 신도회(methodist society)라고 불렀다. 그래서 오전에는 영국 국교회 예배에 참석하고 오후에는 감리교 모임 장소에 따로 모여 예배를 드리면서 분리되지 않으려는 입장을 견지하였다.[5] 1739

---

[4] White, 『개신교 예배』, 9장.
[5] 김홍기, 『종교개혁사』 (서울: 지와 사랑, 2004), 525~26.

년에 브리스틀에 첫 감리교회 예배당이 세워지고 1744년 신자회 사람들이 런던에 모여 전도사업 방침에 대하여 협의하는데 이것이 최초 연회가 되었다. 이때까지도 영국 국교회와 분리하려는 뜻이 없었고 거기에 속한 상태로 전도하려고 했지만 1784년 미국으로 파견할 선교사 안수 요청이 거절당하자 자체로 안수하여 그들을 세우면서 정식 교파로 세워지게 된다. 그러나 웨슬리는 죽을 때까지 영국 국교회에 대한 충성의 마음을 간직하고 있었다.

매달 중순에 모이는 철야기도회, 교도소 방문선교, 가난한 사람들을 위한 자선 설교 등이 시작되었고, 하나님 사랑과 인간 사랑을 강조하면서 발전되어 나간다. 평신도와 여성 설교자가 세워지고 교구 제도와 경건한 신앙을 고수하는데 강조점을 두었으며, 복음 전도와 영성훈련에 강조를 두면서 발전해 나간다. 그는 속회를 통한 영성훈련과 삶에서의 경건의 실천을 강조하였다. 속회의 목적은 단순히 교인을 관리하기 위한 방책이나 단지 교인수 증가라는 양적 성장을 위한 것이 아니라 오히려 "성화 훈련이라는 질적 성숙을 도모하는 목회적이고 신앙적인 동기"에서 비롯되었다. 웨슬리의 리더십을 따라 꾸준히 발전하여 그가 세상을 떠나던 1791년에는 메소디스트 운동은 영국 전역으로 확장되어 나갔고 미국으로까지 전파되어 나갔다.

미국으로 진출하면서 감리교회는 큰 변화를 경험하게 되는데 그것은 예배에 있어서도 마찬가지이다. 제임스 화이트는 미국으로 건너가면서 감리교 예배에 일어난 변화를 가리켜 "대서양을 건너는 여행은 정말로 바다와 같은 변화를 가져왔다"라고 주장한다.[6] 웨슬리가 목적한 운동의 주제들의 상당수가 존속하였지만 개인과 신대륙의 상황

---

6) White, 『개신교 예배』, 270.

에 의해서 많은 내용들이 바뀌었기 때문이다. 미국 감리교회의 실제적 창시자는 프랜시스 에즈베리(Francis Asbury) 감독이었다. 그는 미국의 여러 주와 해안선으로부터 시작하여 애팔래치안 산맥 너머까지 광활한 중앙 지역으로 진출하면서 감리교를 확장시킨 주역이었다. 그는 웨슬리의 전통주의에는 크게 매력을 느끼지 못하였고 그의 실용주의 정신은 적극 받아들이면서 미국 상황에 맞는 실용주의적 제도와 예배를 확립해 나갔다. 감리교회의 신앙과 교리는 존 웨슬리가 발표한 25개조의 종교 강령과 그의 53개의 '표준설교,' 그리고 그가 지은 『신약성서 주석』에 잘 나타나 있는데, 사도신경 가운데 나오는 전통적 그리스도교 신앙에 근거를 둔다. 교리적 특색은 실제 삶 속에서 진리의 실천과 성화를 강조하는데 있었다.

- **한국 감리교 예배**

한국 감리교회는 1884년 6월 23일 로버트 매클레이(Robert S. Maclay) 선교사가 고종으로부터 선교 허가를 받았고, 이어 1885년 미국의 감리교 소속이었던 헨리 아펜젤러(Henry G. Appenzeller)목사 부부와 의사였던 윌리엄 스크랜턴(William Scranton) 부부 등이 내한하여 선교활동을 시작함으로 시작되었다. 처음 그들에게는 의료와 교육 사업으로 활동이 제한되어 있었기 때문에 한국인에게 전도를 할 수 없었고 교회를 시작할 수도 없었다. 외국인들이 모이는 사적 종교집회는 허용되었는데, 초기 한국 감리교회 예배는 외국인들 사이에서 먼저 시작되었고, 예배에 참석하는 한국인들이 생기고 그들이 회심하게 되면서 자연스럽게 시작되었다.[7]

---

[7] Edward W. Poitras, "Ten Thousand Tongues Sing: Worship among Methodists in Korea," in *The Sunday Services of the Methodists: Twentieth-Century*

1885년 8월에는 아펜젤러가 2명의 학생과 함께 최초의 근대식 학교였던 배재학당을 시작하였으며 1887년 9월에는 정동에 작은 집 한 채를 구입하여 베델 채플이라 명명하였는데 한국인의 모임과 예배를 위해서는 기존의 한옥이 유리하다는 판단에서였다. 이곳이 한국 최초의 감리교회(현 정동제일교회의 전신)인 셈이었으며, 그곳에서 최초의 한국감리교인 예배가 1887년 10월 9일에 시작되었다. 이날 예배에는 만주에서 온 권서인(최씨와 강씨), 배재학당 학생(한용경과 박중상), 최씨의 부인, 두 명의 일본인 등 7명이 참석했다. 이때 예배는 오후에 드렸으며 기도로 시작하고 기도로 마쳤다. 성경은 마가복음 1장을 읽었는데 아마도 이수정이 번역한 성경이었을 것이다.[8] 아펜젤러가 인도한 시작 기도에만 괄호 안에 영어라고 표기한 점을 보면 영어 중심이 아닌 한국어로 드린 예배였음을 알 수 있다.

　　그 다음주 10월 16일에는 매서인 최성균의 아내가 조선 여성으로는 처음으로 세례를 받았고 23일에는 감리교 첫 성찬식이 거행되었다.[9] 이 성찬은 남녀가 하나님 앞에서 평등하다는 복음의 원리에 따라 남녀가 함께 동참하는 성찬식이었다. 물론 당시 남존여비 사상이 지배적이었기에 남녀가 함께 한 자리에서 예배를 드릴 수 있었던 것은 훨씬 나중이었다. 그해 12월 25일에는 아펜젤러가 한국인에게 처음으로 공식적 설교를 한국어로 행하였다.[10] 성탄절 예배는 세례식이 먼저 행해지고 찬송, 기도, 성경봉독(마태, 누가복음), 설교, 주기도, 찬

　Worship in Worldwide Methodism, ed. Karen B. Westerfield Tucker (Nashville: Kingswood Books, 1996), 195.
8) 이덕주, 『초기 한국기독교사 연구』(서울: 한국 기독교역사 연구소, 1995), 15~16..
9) 한국에서 최초의 성찬은 아펜젤러와 언더우드가 장로교회와 감리교회 선교사들이 연합하여 영어로 예배를 드리던 자리에서 1885년 10월 11일에 처음으로 행해졌다. 세례 역시 1887년 7월 24일 아펜젤러가 처음으로 박중상에게 세례를 베풀었다.
10) 주학선, 『한국감리교회 예배: 1885~1931』 (서울: KMC, 2005), 23~25.

송, 축도 순으로 구성되었다. 이렇게 시작된 예배는 주일에 정기적으로 드렸으며 교회는 지속적으로 성장해 가면서 1905년에는 주일 평균 출석인원이 13,341명으로 기록되고 있다.[11]

주일예배가 정기집회로 자리 잡으면서 신앙의 중요한 덕목이 되었고 신앙생활의 가장 중요한 행위로 자리 잡았다. 한국감리교회 초기에 주일예배는 주로 오전 10시에 모였으며[12] 2시간에서 3시간 정도가 소요되었다. 주일 오전 예배가 정착되면서 자연스럽게 저녁예배도 시작이 되었는데 불신자들을 대상으로 한 대중 집회의 성격을 가진 전도중심의 예배라는 특징을 가진다. 1887년 학생들에게 세례를 주기 위해 수요일에 모였던 것이 계기가 되어 정기적 기도회로 자리 잡아가게 되었고,[13] 1900년대 초에는 입교인이면 반드시 참석해야 하는 하나의 정기모임으로 자리 잡게 되었는데 주로 교육과 훈련, 기도회의 성격의 예배였다. 또한 감리교 초기에 웨슬리로부터 시작되었던 철야기도회도 시작이 되었지만 시들해졌고 나중에 오늘의 송구영신예배와 같은 특성의 '언약예배'(Covenant worship)와 합해져 시행되었다.

이렇게 시작되어 정착된 한국감리교회의 예배는 1907년 이후 부흥운동을 경험하면서 예배에도 큰 발전을 이루게 되었고 한국감리교만의 독특한 형태로 자리잡아가기 시작한다. 이때 부흥 운동에는 감리교 선교사들의 역할이 컸는데 로버트 하디(Robert A. Hardie), 조셉 저다인(Joseph L. Gerdine) 선교사 등이 크게 역할을 하였고 당시

---

11) 위의 책, 41.
12) 이것은 한국만의 특성이 아니라 영국과 미국에서의 전반적인 특성이었던 것으로 보인다. Kenneth B. Bedell, *Worship in the Methodist Tradition* (Nashville: Discipleship Resources, 1976), 55.
13) 시골 지역이나 거리가 먼 교인들은 개인 집에서 소그룹으로 기도회로 모이기도 했다.

설교의 내용은 죄의 회개와 용서의 체험 등이 중요한 요소로 자리 잡았다. 대부흥운동은 한국감리교회에 복음전도에 열심을 불어넣었고 은혜 받기를 간절히 사모하며 성령의 충만을 간구하는 분위기와 열심히 회집하는 공예배 전통을 형성하였고 매일 새벽기도회를 드리는 것이 중요한 전통으로 자리 잡았다. 또한 모든 집회와 예배를 복음 전하는 기회를 삼고자 하였으며 다만 주일 오전 예배만큼은 다소 형식적인 예배 형태를 유지하였다.

감리교회는 예배를 위한 지침을 초기부터 발간하였는데 1890년 아펜젤러에 의해서 발행된 『미이미교회강례』가 발행되었다.[14] 이것은 미국 감리교회의 *Discipline*의 일부분을 번역한 것으로 한국어 최초의 『장정』이며 예전서였다. 여기에는 예배 예문과 찬송가가 함께 실려 있는데 주로 『감리교 찬송가』에 실린 내용을 번역한 것이다. 이것은 대강, 총례, 예문의 세 부분으로 구성되어 있으며, 25조로 구성되어 있다. 이것은 초기 감리교회 지도자를 훈련시킨 교재로도 활용되었다. 1895년에는 『쥬일례배경』이라는 예배 지침서가 발행되는데 한국어로 발행된 주일예배 최초 지침서였다. 1901년에는 한국어판 '장정'이 발간되었는데 『미이미 감리교회 쟝정규측』이라는 제목이었다. 이전의 강례에는 없었던 주일예배순서, 학습예문 등 예배 예문이 포함되어 있었다.[15] 예배를 위한 찬송가는 1892년에 무곡 『찬미가』가 발간이 되었고, 1895년에는 화대된 2판이 발간되었으며, 1897년과 1900년에 개정판이 계속해서 발간되었다. 1908년에는 장로교와 감리교가

---

14) 미이미교회(美以美教會)란 명칭은 19세기 아시아 지역에서 미국 감리교 감독교회(Methodist Episcopal Church)를 지칭하는 용어로 선교사들에 의해 처음 사용되었다. 이것은 1906년 감리교회란 이름으로 바뀌었다. 윤춘병, 『한국감리교회 성장사』(서울: 감리교 출판사, 1997), 185.

15) 이것은 미감리교회의 장정 글에서 대강, 총례, 예문 세 부분만 번역했다면 1910년에는 완역하여 『대강령과 규측』이라는 이름으로 발간되었다.

연합하여 〈찬송가〉를 발행하였으며, 1931년에는 314곡을 묶은 『신정찬송가』가 발간되어 감리교회만 사용하였다.[16]

예배 장소는 1897년 서양식 건물의 정동교회당이 처음으로 세워졌지만 초기에는 예배당이 세워지기까지는 선교사들의 집이나 개인집에서 모였다. 그러나 수적 성장으로 예배당을 준비하는 것이 초기 감리교회에서는 가장 중요한 사안이 되었다. 예배당을 세울 때 당시의 남녀유별이라는 풍습을 따라 남녀를 구분하기 위해 가운데 휘장 천으로 구분하거나 ㄱ자 예배실이 등장한다. 그러나 1920년대 이후부터는 휘장이 차츰 사라지기 시작하였지만 남녀좌석을 구분하여 앉는 습관이 여전히 남아 있었다.[17] 자기 교회당을 마련하는 것이 가장 영광스러운 일로 각인이 되면서 예배당을 세우기 위한 헌신과 열정은 남달랐다. 교회당 건물로 구분하기 위해 초기부터 종탑이 세워지기 시작했는데 거기에는 십자가와 종이 거치되었다. 타종습관은 각종 예배시간을 알리기도 하고 믿지 않는 사람들에게는 그날이 주일임을 알리기도 했고, 성도들에게는 예배를 미리 준비하도록 만드는 역할을 하였다.

초기 한국감리교회의 예배 순서는 그 지침이 주로 미감리교회의 지침을 번역하여 제시되었기 때문에 거의 동일한 특성을 통해 통일성을 갖게 되었다. 앞서 언급한 대로 최초의 기록은 아펜젤러의 일기에 성탄절 예배에 대한 기록인데 세례식을 포함하여 찬양, 기도, 성경낭독, 설교, 찬양, 축도 등의 9개 순서로 되어 있다. 1898년 1월에 발간된 "대한 크리스도인 회보의 례배의식"은 미감리교회 예배 순서를 소

---

16) Seongdae Kim, "Inculturation in Korean Protestant Hymnody"(Ph.D. Diss. Drew University, 1999).
17) 김외식, "초기 한국감리교회 예배 연구," 『신학과 세계』, 12호 (1986년 봄): 205~206.

개하고 있는데, "풍류소리, 찬미ᄒᆞᆷ, ᄉᆞ도신경을 외움, 긔도ᄒᆞᆷ, 셩가ᄒᆞᆷ, 구약 몃 귀졀을 닑으옴, 영광경, 신약 몃 귀졀을 닑으옴, 수젼과 고시 ᄒᆞᆷ, 찬미ᄒᆞᆷ, 젼도ᄒᆞᆷ, 긔도ᄒᆞᆷ, 찬미ᄒᆞᆷ, ᄉᆞ도축문" 등의 14개 순서로 구성되어있다.[18] 이것은 오늘날의 특징이기도 한 설교 중심 예배였음을 보여주는데 헌금과 광고도 설교 앞에 배치하였음이 이것이 말해주고 있다.

- **현대 감리교회 예배**

19세기를 지나면서 이렇게 형성 및 발전된 감리교 예배는 현대에 이르러 다양한 특징을 지니게 되었다. 앞서 언급한 대로 미국의 감리교 예배에서는 웨슬리의 전통주의는 약해지고 실용주의는 확대되었는데 1792년에 미국에서 나온 예배 지침서인 *Discipline*은 314쪽에 달하는 웨슬리의 기도서의 내용을 조용히 폐기하고 37쪽의 분량으로 성례부분만 제시하였다. 이것은 성례와 고정된 형태의 기도문에 초점을 맞추지 않고 설교와 생활 훈련에 초점을 맞춘 에즈베리의 입장이 반영된 형태였다.[19] 여기에 남아 있었던 것은 유아와 성인세례를 위한 예배, 반으로 줄어든 성찬식, 결혼식, 장례식, 세 가지 성직 수임 의식

---

18) 주학선, 『한국감리교회 예배: 1885~1931』, 178~87. 여기에서 "풍류소리"는 전주를 의미한다. 세 번의 찬송 중에 두 번은 일어서서 하게 했으며, 초기부터 사도신경을 암송하여 함께 개인과 공동체의 고백으로 드리게 하였으며, 주기도문은 기도 후에 공동으로 암송하게 하게 하였다. 기도는 목회자가 인도하는 목회기도의 형식을 취하였으며 기도는 없느녀 하게 하였다. 성경낭독은 신구약에서 봉독하였는데 당시 성경번역 전체가 이루어지지 않았던 상황에서 번역된 시편을 가장 많이 읽었을 것이나. 싱경봉독 후에는 영광경이 주어졌다. "슈전과 고시"는 헌금과 광고 시간이었으며, 설교를 "젼도"라는 용어로 사용하였다. 한편 교육하고 양육하는 면을 강조하는 '강도'라는 용어도 사용되었는데 설교라는 용어는 1931년에 발간된 "교리와 장정"에 처음으로 사용된다.
19) 세월이 흐르면서 감리교 안에서 고정된 형태의 기도문의 회복에 관심을 갖는 흐름이 나오기도 했는데 밴더빌트대학교 신학부 학장이었던 토마스 심머즈(Thomas O. Summers)는 웨슬리의 Sunday Service의 재발행을 주진했고 기도모음집을 발행하기도 했으며 표준예배순서를 개발하기도 하였다.

이 전부였다. 물론 기본항목인 주일예배에 대한 것은 생략되지 않았다. 이것은 매 4년마다 개정되어 왔는데 1840년과 1870년에는 *Ritual*로 명칭이 바뀌었다.

　이런 미국식 실용주의가 태동하게 된 것은 광활한 변방(frontier)이라는 예배 환경이 크게 작용한다. 초기 이민자들이 정착했던 해안지역은 인습적인 목회와 예배 형식이 가능했지만 변방에서는 그것이 어려울 수밖에 없었다. 예배도 순회하는 전도자들이 가정을 방문하거나 대중이 함께 모여 예배를 드리게 되었다. 제대로 된 형식의 예배는 연례적으로 행해지는 캠프집회에서만 가능하게 되었다. 이런 상황에서는 고정된 예배보다는 자발적이며 열광적인 예배가 호감을 얻게 되었다. 변경에서는 형식보다는 자유스러움이, 공동체보다는 개인주의적 관점이 환영을 받게 되었으며, 찬송도 예전적인 찬송보다는 부흥찬송이 환영을 받았으며 내용은 주로 죄의 회개와 구원의 기쁨, 성화와 소망의 노래들이 환영을 받았다. 주로 이것들은 자신의 영혼의 상태에 대한 관심을 나타내는 개인주의적 입장이 잘 표현된 찬양이었다.[20] 기도도 즉흥기도 형식으로 이루어지게 되었다. 전통적 교회력은 별로 의미가 없었고 지역 축제를 중심으로 실용적인 달력이 활용되었으며 성찬은 연 4회 행해지게 되었다.

　이렇게 19세기 감리교 예배는 신앙부흥운동이 교회를 사로잡았고 사람을 구원하려는 목적이 예배에 많이 도입되었다면 개척시대가 끝나고 정착이 이루어졌던 20세기 감리교 예배에는 또 다른 변화를 경험하게 된다. 삶도 넉넉해지고 교육수준도 높아졌으며 중산계급이 형성되면서 예배 현장의 변화와 함께 고딕식 교회당이 세워지고 예배

---

[20] 페니 크로스비(Fanny Crosby)가 작곡한 찬송과 아이라 생키(Ira D. Sankey)의 보다 화려한 찬송도 이때 나오게 되었으며 드와이트 무디의 전도 집회에서 그 빛을 발한다.

에는 예술과 심미주의적 경향이 도입되었으며, 당시의 상황과 맞물려 사회적 참여와 관심을 불러일으키는 행동주의의 새로운 형태가 예배에 영입되게 된다. 웅장한 고딕식 예배당이 등장하고 거기에 걸맞은 수려한 음악이 도입되었다. 전문적 음악 훈련을 받은 사람들이 예배 음악을 담당하면서 큰 변화가 일어나게 되었고 찬양대의 찬양은 예배의 중요한 부분이 되었다. 감리교회는 예배와 사회 활동을 연합하는데 가장 앞장서 나갔다. 평화와 사회 정의에 대한 관심이 예배에 도입되기도 했고 사회적, 도덕적 모순이 설교에서 자주 지적되기도 했다.

이러한 관점들이 예배 개념에 변화를 일으키면서 다시 웨슬리의 예배 관점들이 도입되면서 고정된 기도문과 예전 형태가 도입된 예배 형식으로 전환이 이루어지게 된다. 이러한 노력의 결과로 1944년에 총회에서 승인한 예배서(Book of Worship)가 출판되어 나온다.[21] 이것은 초기 웨슬리가 제시한 전통과 실용을 함께 포함한 예배와 기도를 위한 포괄적인 지침서가 나왔으며 오늘날 개신교 예배 전통 중에 감리교 예배가 보다 예전적인 특성을 가진 전통이 되도록 하는데 일조한다. 1960년대는 그동안 형성된 예배의 인습과 전통에 대한 의문들이 제기되면서 많은 형식의 변화가 주어진 시기였다. 1970년대에는 감리교 예전에 대한 개정이 다시 이루어지면서 개혁된 로마 가톨릭 교회의 예전적 특성이 많이 공유되게 되었고, 새로운 연합 감리교회 예배 전통 수립에 많은 발전이 이루어진다. 예배서 외에도 보조 예배 자료집이 시리즈로 출간되어 나오고 이러한 개정과 보완 작업은 1980년 이후에도 활발하게 이루어진다.[22]

---

21) 이것은 미국 감리교회에서는 최초의 예배서였는데 1965년에는 두 번째 예배서가 나온다.
22) White, 『개신교 예배』, 9장 참조.

• 성례전

초기 감리교의 부흥은 복음전도의 차원에서 뿐만 아니라 성찬의 회복에서도 찾을 수 있다. 웨슬리가 주장하는 영성에는 이 두 가지 차원이 긴밀히 연결되어 있었다. 성찬을 그리스도인의 삶에 있어서 은혜의 주요 방편으로 재배치한 것으로 이해할 수 있다. 웨슬리는 성찬이야말로 그리스도인의 삶에서 중요한 은혜의 방편으로 이해하였으며, 하나님의 자녀 된 모든 사람들의 심령에 성령의 은혜를 가져다주는 "거대한 통로"(grand channel)로 이해하였다.[23] 그래서 옥스퍼드 홀리 클럽의 멤버들의 훈련에 있어서 가장 중요한 요소 가운데 하나가 정기적으로 성찬에 참여하는 것이 될 만큼 강조하였다. 그 후 감리교도들에게는 지속적이고 잘 준비하여 성찬에 참여할 것을 요청하였다. 웨슬리는 보다 개방적이고 기쁨에 넘치는 자세와 환영하는 태도로 성찬에 참여할 것을 그의 설교 가운데서 강조하였고, 그의 설교를 들은 청중들은 성찬을 받기 위하여 거대한 무리를 이루었다.

감리교회는 성찬에 참여하는 연령과 자격에 대해 웨슬리 때부터 다소 개방적인 입장을 취하였다. 존 웨슬리 자신이 9살 때에 교구 교회에서 목회하던 그의 아버지에 의해 성찬 참여를 허락받았다. 그는 신학적 사고와 독서를 통해 초대교회와 정교회가 어린 아이도 그들이 세례를 받았을 때부터 성찬에 참여하여 성체를 받는 것을 허락받았다는 사실을 발견하였다. 영국 국교회는 어린이들이 견신례를 받기 전까지는 성찬을 받지 못하도록 금하고 있었고, 그도 사역할 때 그런 원칙을 따랐지만 감리교를 시작하면서 그는 그러한 규정을 수정하였다. 기독교의 메시지를 이해하고 응답할 수 있는 나이가 되면 허락하는

---

23) Cracknell and White, *An Introduction to World Methodism*, 177.

것이 좋다고 생각하여 그 나이는 8~9세로 잡았고, 이런 어린이는 감리교회의 신앙교리를 따라 성숙한 신앙인으로 자라가도록 잘 교육되어야 한다는 사실도 강조했다.

    웨슬리는 성찬을 받기 위해서 적절한 준비가 필요하다는 사실을 깊이 관심을 가지고 있었다.[24] 감리교 초기에는 이렇게 성찬에 참여하는 자격에 대해 개방적이었으면서도 감리교도 모임이나 조직에서 성찬을 위한 준비를 위한 교육과 깊은 강조가 주어졌다. 이러한 준비 가운데 양심에 거리낌이 없는지를 살펴보는 것도 중요한 행위 가운데 하나로 자리 잡았다. 이러한 생각을 가진 감리교도들이 당시 영국 국교회에서는 환영받지 못한 그룹이 되면서 그들 나름대로의 성찬을 위한 모임을 갖게 되었고 새로 교회를 세우는 일이 불가피해졌다. "차별이 없는 성찬"(indiscriminate communion)[25]을 시행한다는 비난이 널리 퍼지게 되었고 웨슬리는 영국 국교회에 남아있기를 바라는 마음이 컸지만 이런저런 이유로 그곳을 떠나는 것이 불가피해졌다.

    이러한 이슈는 20세기 들어서면서 전 세계 감리교에서는 성찬 참여 자격을 개방할 것인지, 제한할 것인지가 여전한 논의의 주제가 되고 있다. 유아세례를 받은 어린이들에게 성찬에 참여하도록 할 것인가, 아니면 필요한 전제조건으로 견신례를 통해 믿음의 고백을 한 후에 허락을 할 것인가? 세례를 아직 받지 않은 성인도 허락할 것인가? 에큐메니칼 시대에 다른 믿음의 전통에서 신앙생활을 하다 온 사람들에게는 성찬에 참여하도록 할 것인가? 아니면 일정한 교육과 과정을 통해 그들의 신앙고백을 다시 하게 한 다음에 참여하게 할 것인

---

24) 실제로 존 웨슬리는 미국의 조지아에서 사역할 때 소피 호키라는 여성이 성찬에 참여하는 것을 거부하였던 적이 있었다.
25) Cracknell and White, *An Introduction to World Methodism*, 179.

가? 이러한 이슈들이 여전히 감리교회에서도 논의되고 있다. 웨슬리에게 있어서 성찬 참여를 위해 필요한 것은 믿음과 회개이며, 이것이 하나님의 약속을 얻기 위해 필요하다고 주장한다. 그러나 그것을 강조했을 뿐 나아올 수 있는 자격으로 제한하지는 않았다. 그는 성찬을 "회개를 얻게 하는 예전"으로 이해했기 때문에 아직 칭의를 얻는 믿음을 소유하지 못했어도 정직한 구도자는 주님의 만찬에 참여할 수 있도록 허락하였다. 이는 성찬을 통해서 믿음을 더욱 굳건히 할 수 있다고 믿었기 때문이다.[26)]

성찬의 횟수에 대해서는 웨슬리는 매주 성찬을 받았던 것으로 알려지고 있고 감리교도들에게는 기회가 되는대로 자주 성찬을 받도록 권고하였으나 이는 단순히 횟수에 대한 강조만은 아니었다. "하나님을 기쁘시게 하고 자기 영혼을 사랑하며, 하나님께 순종하고 자기 영혼을 위해 좋은 것은 구한다면 누구나 할 수 있을 때마다 성찬을 받을 것"을 권면하며, 성찬을 받음으로 주님과 더 깊은 교제를 나누며 은혜를 받는 것으로 이해했다.[27)] 그러나 이러한 웨슬리의 가르침이 감리교회 속에서 충실하게 지켜지지는 못했다. 특히 미국 감리교회의 경우 개척기에 집례 목사의 부족으로 매주 성찬을 시행하기가 어려웠고, 그것은 한국 감리교회에서도 마찬가지였다. 그러한 연유로 감리교에서는 애찬회를 자주 갖게 되었다.[28)]

---

26) 주학선, 『한국감리교회 예배: 1885~1931』, 370~71.
27) John Wesley, *The Works of John Wesley*, vol. 7 (Grand Rapids: Baker Books, 1996), 145~56.
28) 애찬회는 웨슬리가 모라비안으로부터 배운 것으로 여기에 간증 순서를 추가해서 지켰다. 초기 감리교도들은 매월 애찬회를 가졌으나 18세기 후반에 이르러서는 년 4회 정도 가졌다. 애찬회는 한국에서도 선교사들에 의해 소개되어 자주 시행되었으며, 목사나 장로가 없는 곳에서 필요에 따라 행할 수 있게 함으로 성찬에 준하는 예식이 되게 했던 특징이 있다. 대략적인 순서로는 찬송, 기도, 애찬회 설명, 찬송, 떡과 물을 조금씩 먹고 마심, 자신의 영적 경험 간증, 찬송, 기도 순으로 진행되었다. 초기 한국 감리

침례교회

16세기 영국 국교회 안에서 일어났던 청교도 운동으로 분리주의자들이 생겨났는데 그들은 "타락한 국교회"로부터 신자들을 구해내기 위해 국가 교회와의 분리를 원하였다. 이러한 생각을 가진 사람들이 따로 모이는 공동체를 형성하면서 강한 개혁 의지를 가지고 '성경 중심의 교회'를 세우겠다는 이상을 가지고 발전해 온 것이 침례교회이다. 본래 침례교도(Baptist)라는 명칭은 박해하던 사람들이 부르던 이름인데, 처음에는 재침례파(Anabaptists)로 불렸으며 1640년경에는 침례교도들(뱁티스트)라고 불렸고 나중에는 자신들을 스스로 그렇게 불렀다. 침례교회가 유기적 조직체로서의 발전해 나가기 시작한 것은 영국에서 부터인데 국교회로부터 극심한 박해를 받으면서 잘못된 교리와 관습에 도전하여 신약 성서적 믿음, 구체적으로 중생한 신자의 침례, 신앙 양심의 자유, 교회와 국가의 상호불간섭의 원리 등을 꿋꿋이 지키고자 하였다.

침례교회는 초기에 두 흐름으로 시작되는데 첫 번째는 영국 국교회와 완벽한 단절을 꿈꾸는 청교도 분리주의자들로부터 나왔다. 이러한 경향을 흔히 보편적 침례교회(General Baptists)라고 한다. 여기서 '보편적'이라는 말은 그리스도의 구속과 관련하여 사용된 용어로 구원은 누구나에게 보편적으로 주어졌으며 복음을 받아들인 모든 사람을 구원하기에 충분하다고 믿는 데서부터 붙여진 이름이다. 이러한 경향은 1606년 트렌트의 게인스보로(Gainsborough)에서 영국 국교회 사제가 되기 위해 공부하고 있던 존 스미스(John Smyth)가 주도하였다. 메노나이트의 영향을 받은 스미스는 그것이 비성경적이며 순

교회에서는 애찬회에서 포도즙 대신에 물을 사용하게 했던 것이 특이하다.

수한 교회를 이루는데 방해가 된다는 이유로 유아세례를 거부하였고 오직 신자들만이 세례를 받아야 한다고 주장한다.

극심한 탄압 때문에 1608년에 화란 암스테르담으로 이주했고 그는 그곳에서 머리에 물을 붓는 형식으로 받은 교인들의 세례를 무효화하고 자신의 믿음으로 신앙을 고백하는 40여명의 신자에게 온 몸을 물에 잠그는 세례(침례)[29]를 행하는데 자기 자신에게 먼저 행한다. 이것이 신자에게만 세례를 행하는 원칙으로 세워진 첫 번째 침례교회가 되었다. 그러나 이것 때문에 토마스 헬루이스(Thomas Helwys)의 반대에 직면하게 되며 탈퇴한 10명의 교인들과 함께 다시 영국으로 돌아가 런던 근교 스피탈필드(Spitalfield)에 교회를 세우는데 그것이 영국에 세워진 최초의 침례교회였다. 스미스나 헬루이스는 온건한 칼뱅주의 입장을 견지하는데 알미니안주의에 입각한 보편 속죄설(general atonement)을 토대로 하여 널리 펴져 나갔기 때문에 이러한 경향을 견지하는 교회를 '보편적 침례교회'라고 칭한다.[30]

두 번째 경향은 런던의 사우스왁(Southwark)에 헨리 제이콥(Henry Jacob)에 의해 1616년에 설립된 청교도 회중교회로부터 나온 지류인데, 분리주의자 청교도들과는 달리 이들은 영국 국교회와의 연대를 유지하려고 하였다. 이것은 '특별 침례교회'(Particular Baptists)라고 이름이 붙여지는데 속죄는 오직 선택받은 '특별'한 사람만을 위한 것이라는 전통적 칼뱅주의의 입장을 견지하는 입장에서 정해진 명

---

[29] 여기에서는 일반적인 관점을 말할 때는 '세례'라는 용어를 사용하였고, 물에 온 몸을 잠그는 침수 방식을 의미할 때는 '침례'라는 용어를 사용하였다. 침례교회에서도 초기에는 머리에 물을 얹는 방식인 관수례 방식을 사용하기도 하였으며, 오늘날 '세례'라는 용어는 일반화 되면서 관수례 방식과 침수례 방식을 함께 병행하는 교단이 많아졌기 때문이다.

[30] Jerald C. Brauer, ed., *The Westminster Dictionary of Church History* (Philadelphia: The Westminster Press, 1971), 85.

칭이다. 무엇보다 그들은 처음부터 영국 국교회와의 관계를 어떻게 유지할 것인가, 국교회 출신의 교인이 새로 가입을 해 오면 그들로 세례를 다시 받게 할 것인가, 세례를 주는 방법은 물에 전신을 잠그는 침례 방식으로 할 것인가 등을 놓고 수차례 공방을 하다가 1638년에 존 스필스버리(John Spilsbury)의 지도 하에 첫 번째 교회를 세웠고, 중생한 자에게만 세례를 베풀며, 방식은 온몸을 잠그는 것이 성경적 방식이라고 생각되어 침례로 행한다는 원칙을 정하게 된다.

그들은 기본적으로 교회가 분리하지 않고 연합한다는 에큐메니칼 정신을 견지하였으며, 모든 진정한 신자들은 함께 연합해야 한다는 입장을 취한다. 그들은 침례교회가 아닌 교회에서 세례를 받은 사람들에게 다시 침례를 행할 것을 요구하지 않았으며, 개방적 입장을 취한다.[31] 1644년 런던에 7개의 특수침례교회가 세워졌고 공동으로 신앙고백서를 공포하였는데 이것이 오늘날의 침례교 신앙고백과 교리의 토대를 이룬다. 특별침례교회는 보편적 침례교회보다 다소 출발이 늦었지만 갈수록 보편적 침례교회를 앞지르며 후일 침례교회 교리와 저변 인구 형성에 주도적 역할을 해왔다.

이렇게 침례교회는 유럽에서 시작되어 종교의 자유를 찾아 건너온 청교도들과 함께 미국에서 정착하여 대각성 운동기를 보내면서 크게 성장했고 대표적인 개신교 교단으로 자리 잡게 되었다.[32] 신대륙은 국가와 아무런 관련이 없이 새로운 교회를 설립하는데 좋은 장이었

---

31) 위의 책, 85.
32) 미국에서 침례교는 수적으로 개신교 최대 교단이 되었다. 1970년대 통계를 보면 122개국에 2,700만의 교인을 가진 교회가 되었는데 그 중에 2,400만이 미국 침례교회이며, 그중 남침례교회 교단으로 알려진 남침례교 컨벤션(Southern Baptist Convention)이 약 1100만, 내셔널 침례교 컨벤션 USA(National Baptist Convention USA)가 500만, 미국 내셔널 컨벤션(National Baptist Convention of America)가 300만, 아메리칸 침례교 컨벤션(American Baptist Convention)이 160만 정도이며 그 외에도 23개의 군소 침례교단이 있다. 위의 책, 84.

다. 영국과 웨일즈에서부터 건너온 다른 침례교인들은 집단적 회중으로 이주해 온 것이 아니라 영국에서 박해를 피해 개인적으로 도망 나온 사람들이었다. 일반적으로 로저 윌리엄스(Roger Williams)는 신대륙에서 침례교를 개척하여 토대를 놓은 사람으로 평가받고 있다. 1631년 29세의 나이에 보스턴에 도착한 그는 안수 받은 영국 국교회 사제였다. 그는 전도유망한 사람으로 보였으나 급진적 사상 때문에 그 지역 교회에서 추방을 당하였고 내러간셋 만(Narragansett Bay) 지역의 인디언들의 도움으로 혹독한 겨울을 보낸다. 그들에게서 땅을 사서 그의 가족과 4명의 동료와 함께 프라빈스(Province)를 세운다.

그 정착지는 다른 비국교도의 관심을 끌게 되었고, 1638년에는 로드아일랜드 식민지(the Colony of Rhode Island)가 형성되었다. 윌리엄스는 참 교회의 모형을 찾기 위해 성경을 연구하는 모임을 인도했고, 유아세례가 신약성경에서 정당화 할 수 없다는 확신을 가지면서 신자들의 세례를 강조하게 되었고 방식은 물에 온 몸을 잠그는 침례 방식을 선택하게 되었다. 아무도 침례를 받은 사람이 없는 상태여서 에제키엘 홀리만(Ezekiel Hollimann)에 의해 1639년 3월 윌리엄스는 침례를 받았고 윌리엄스는 차례로 홀리만과 10여명의 사람들에게 침례를 베풀었다.[33]

한편 영국과 웨일즈에서 온 침례교인들은 펜실베이니아와 뉴저지에 정착하면서 그곳에 세워진 다섯 교회가 연합하여 침례교 지방회(특별 침례교회)가 1707년 펜실베이니아에서 최초로 세워진다. 이 지방회는 칼뱅주의 입장에 따라 작성된 2차 런던 신앙고백을 채택하여 1742년에 최초의 신앙고백서를 만들었다. 1767년에는 노스캐롤라이

---

33) 최봉기 편, 『침례교회: 신앙, 고백, 전통, 실천』(대전: 침례신학대학교 출판부, 1997), 32.

나, 사우스캐롤라이나, 버지니아, 로드아일랜드 등지에 5개의 지방회가 결성되면서 발전해 갔으며, 1814년에는 선교 지원과 관련한 필요성에 의해 필라델피아에서 최초의 총회(General Convention)가 결성되는데 이것은 3년에 한번 열리는 총회였다.

18세기 중반부터 불이 붙기 시작한 미국의 대각성운동 기간에 침례교회는 많은 지역, 특히 남부에서 성장하게 되는데 그때 중요한 화두가 되었던 새로운 감정적 경험을 어떻게 받아들일 것인가의 문제로 결국 교단이 나누어지게 된다. 다수의 정규 침례교인들(Regular Baptists)은 그 운동이 가지는 무교육성을 비난하는 경향을 견지한 반면, 분리 침례교인들(Separate Baptists)은 일반적으로 그 운동을 지지했다. 또한 1845년에는 남북전쟁의 와중에 노예문제에 대한 입장뿐만 아니라 교회 정치와 선교 전략에 대한 입장 차이로 남북 침례교로 분리되는 아픔을 겪게 되면서 남침례교회(Southern Baptist Convention)가 세워진다. 남북전쟁 후에는 흑인 침례교회가 그들 자신의 건물을 가지면서 세워졌는데 1880년에는 미국 내셔널 침례교회(National Baptist Convention of America)로 결성 되었고, 재산권 문제로 이것은 다시 USA 내셔널 침례교회(National Baptist Convention USA Inc.)로 분립된다.[34] 그 후에도 19세기 중반에는 '지계석주의'(Landmakism)[35]가 출현하여 침례교회만이 유일한 참 교회

---

34) Brauer, ed., *The Westminster Dictionary of Church History*, 85~86.
35) 1850년경에 "테네시 침례교회"지의 편집자였던 그레이브(J. R. Graves)의 설교와 저서에서 주장된 것으로 이 명칭은 "네 선조의 세운 옛 지계석을 옮기지 말지니라"(잠 22:28)에서 유래하였다. 이것이 주장하는 내용은 다음과 같다. ① 침례교회는 신약성경에서 시작되었고 중세의 많은 핍박받은 분파들 가운데 침례 전통이 세워졌다, ② 침례교회만이 참 교회이기 때문에 다른 교단에서 안수는 유효한 것으로 간주될 수 없으며 그들이 시행하는 성찬이나 세례(혹은 침례)는 유효하지 않다, ③ 침례교회에서 시행된 것만 유일하게 유효한 침례이다, ④ 지역교회만이 유일하게 유효한 교회이기 때문에 주의 만찬은 유일한 하나의 신앙훈련으로서 지역교회 회원에게만 제한한다. 최봉기 편, 『침례교회: 신앙, 고백, 전통, 실천』, 39.

라는 주장을 하면서 교회의 보편성의 관점에서 편협성을 띠게 된다. 이것은 남침례교회에 큰 영향을 끼쳤으며 윌리엄 밀러나 스코필드 등의 영향으로 세대주의(dispensationalism) 교리가 침례교회에 크게 작용한다.

한국에는 침례교회가 1889년 12월 8일 캐나다 독립 선교사였던 말콤 펜윅(Malcolm C. Fenwick)의 선교에서부터 시작된다. 또한 보스턴의 엘라싱 선교회의 에드워드 폴링(E. C. Pouling) 선교사 부부가 한국에 와서 공주와 칠산, 강경 등지에 처음으로 침례교회를 세운다. 초기에 침례교회는 선교지를 충청도와 전라북도를 분할 받아 활동적인 순회 복음 전도 활동을 가짐으로 그 지역에 침례교회가 많이 세워지게 되었다. 일제 강점기에는 박해와 고난을 받았으며 많은 순교자를 낳았고, 1944년 5월에는 교단 해체령이 내려졌지만 해방과 더불어 재건에 나섬으로 남한 6개 구역에 42개의 교회가 세워졌다. 이때 '대한기독교침례회'[36]로 교단 명칭을 정하고 1954년에는 대전에 '침례회신학교'도 개교하면서 발전을 거듭한다.

침례교회가 가지는 교리적 특성은 다음 몇 가지로 정리해 볼 수 있다. 침례교회는 성경(특히 신약성경)을 신앙과 행실의 모범과 최고의 권위로 삼으며, 개인적 믿음으로 구원받으며 신자는 구원의 확신을 가져야 함을 강조한다. 교회와 세속 정부와의 분리를 주장하며, 개교회 독립을 강조하며 회중적 민주제도를 행정체제로 삼는다. 또한 복음전도와 해외선교의 목적을 효과적으로 성취하기 위해 개교회가 협동하여 총회를 구성하며, 만인제사장설에 기초를 둔 신자의 책임과 의무를 강조한다.

---

36) 교단 명칭을 몇 차례 변경하여 현재는 '기독교한국침례회'란 교단명을 사용한다.

침례교회는 구원받지 않는 사람들의 유익을 위해 복음에 대한 도전과 응답을 예배의 중심 초점으로 삼는다. 물론 침례교회에서 복음 전도가 최종 목적은 아니지만 예배는 구원받은 자와 그렇지 못한 자, 양쪽의 응답을 얻어내기 위한 복음 선포가 중심을 이룬다는 특징을 가진다. 그것은 예배당의 강단 배치에서도 엿볼 수 있는데 침례교회는 언제나 설교단이 중심을 이루는 구조로 되어 있다. 말씀선포단과 성찬상, 성경낭독대가 분리된 성소(divided chancel)와 종종 찬양대석을 따로 지니는 형태를 거부하고 침례교회는 주로 말씀 선포단을 중심으로 한 하나의 강대상과 찬양대석을 강대상 뒤편에 위치시키는 형태를 취하는 것에서도 이런 특징을 살펴볼 수 있다. 이것은 침례교 예배가 설교 중심의 예배 형태를 취하고 있음을 말해 주며 예배의 다른 부분들은 부수적인 요소로 간주한다. 또한 설교 후에는 초청의 시간이 주어짐으로 비신자들로 하여금 말씀을 듣고 결단할 수 있게 촉구하는 시간을 가지며 교인들에게 재헌신을 다짐하게 하는 예배의 특징도 여기에서 나온다.[37]

진정한 예배는 성경적이어야 하며 성령의 역사하심에 강조를 두기 때문에 예배서를 필요로 하지 않는다고 주장한다. 그래서 초기 보편적 침례교인들은 영국의 예배서 자체를 거부했으며 자발적 즉흥 기도를 강조했다. 초기 침례교 예배는 목회자가 즉석기도로 예배를 시작하여 읽은 성경본문을 토대로 바로 설교가 시작되고는 했다. 그 후에 성령의 역사하심을 따라 서너 명의 평신도가 나와 간증을 행하고 같은 본문으로 권면을 하기도 했다. 목회자가 기도한 후에 가난한 사람을 위한 구제헌금을 드리고 축도로 예배를 마치는 말씀 중심의 예

---

37) 최봉기 편, 『침례교회: 신앙, 고백, 전통, 실천』, 381~82.

배가 드려졌다. 정해진 예전 시편이나 찬양은 성령님의 역사를 방해한다는 생각에서 사용하지 않았다. 그러나 차츰 설교는 한사람의 설교자에 의해 행해지는 것으로 바뀌어간다.

한편 특별 침례교회 역시 예배에 있어서는 보편적 침례교회의 원칙을 그대로 따르면서도 그들은 이어지는 성경 봉독의 필요성을 강조하였고 미리 준비된 내용과 형식을 거부한다. 왜냐하면 이러한 요소는 예배에서 성령의 역사를 방해한다고 생각했기 때문이다. 예배에 있어서 회중의 역할에 더 강조점을 두는데 시편 찬송을 함께 회중이 부르는 것도 도입하였고, 설교자는 목회자 한 사람만 설교하도록 제한하였다. 그것이 결코 성령의 역사하심을 방해하는 것이라는 이해를 갖게 되었다. 성령의 역사하심이 있으면 누구나 나와서 설교할 수 있고 침례와 주님의 만찬을 집례할 수 있게 했지만 교회가 인정하는 사람으로 제한하였다. 17세기 중반에 이르면서 예배의 강조점이 많이 바뀌게 되었는데 퀘이커 교도들이나 급진적 교파들이 나오면서 성경보다는 성령의 역사에 더 강조점을 두게 되는데, 침례교회는 이러한 경향은 무질서한 예배가 되게 한다고 보았다. 그래서 이런 교파와는 멀리하면서 오히려 회중교회나 장로교회와 더 긴밀한 관계성을 구축하게 되면서 침례교회는 성령의 역사보다는 성경에 더 강조점을 두게 되었다.

개교회주의를 표방한 만큼 그 이후에도 교회와 지역에 따라 비슷한 경향을 갖지만 주일 오전예배에서는 정해진 교인이 시편을 읽으면서 예배가 시작되고 기도 시간이 주어지고 성경봉독 후에 높은 강대상에 설교자가 올라가 설교를 시작한다. 그리고 설교는 기도로 마무리되며 시편 찬양을 부르고 헌금을 드리는 시간을 가지는 형식으로 진행되었다. 성찬이 있을 때는 목회자가 설교단 앞에 놓인 성찬상으로 나아가 성찬의 깊은 의미 설명과 권면이 주어진 다음 떡을 들고 감사의 기도를 드린 다음 떡을 떼고 집사들로 하여금 그것을 분배하게 한다. 그리고 같은 방식으로 잔이 나눠진다. 그리고 그리스도 안에서 누리게 되는 그 큰 축복에 대해 간단한 묵상을 가진 다음에 시편 찬양을 부름으로 예배가 끝난다.[38] 이렇게 발전된 침례교회 예배는 이런 특징 때문에 표준 예배순서를 가지는 것보다는 개교회 별로 다양한 예배순서를 갖게 되었는데 공통적인 사항은 말씀 선포와 초청, 찬송과 복음송, 기도, 헌금 순서 등으로 구성된다. 대략적인 침례교회의 예배순서는 다음과 같다. 전주, 예배에의 초대, 방문자 소개와 광고[39] 성경봉독, 목회기도, 헌신의 찬양, 헌금, 특송, 설교, 초청, 축도 등의 순이다.[40]

회중교회

회중교회주의(congregationalism)는 청교도 운동의 한 흐름으로 발전하였는데 이것은 종종 분리주의(Separatism)와 독립주의(Independency)라는 용어와 동의어로 사용되기도 한다. 회중교회는 만인제사장설을 실천하는 것을 그 중심 관심사로 두는데 청교도 운동의 과격한 흐름인 분리주의파의 한 흐름으로[41] 각 교회의 독립과 자율

---

38) G. Thomas Halbrooks, "Baptist Worship," ed. Robert E. Webber, *The Complete Library on Christian Worship: Twenty Centuries of Christian Worship* volume 2 (Nashville: Star Song Publishing Group, 1994), 82~83.
39) 예배의 흐름을 깨뜨리지 않기 위해 '예배에로 부름' 전에 갖기도 한다.
40) 최봉기 편, 『침례교회: 신앙, 고백, 전통, 실천』, 382~383.
41) 청교도 운동은 그 성향에 따라 온건파와 과격파로 구분할 수 있는데 전자는 영국 국교회에 남아 있으면서 교회를 개혁하고 정화하려는 흐름이라면, 후자는 국교회는 타락하고 부패하여 더 이상 정화하거나 개혁할 수 없음으로 떠나야 한다는 흐름이다. 온건파 안에는 장로교파와 독립파가 있으며 과격파에는 회중교회파와 침례교회파로 구분할 수 있다.

성을 중요시하며 교회 운영의 민주화를 중요하게 생각한다. 교회론적으로 회중교회주의 입장을 바탕으로 세워진 교회를 우리는 회중교회로 부르는데[42] 이것은 영국 개신교회에서 16세기말, 혹은 17세기 초에 일어났으며 각 교회가 독립하여 그 교회의 회중들이 독자적인 결정을 하도록 하는 교회 정치를 기본으로 한다.[43] 회중교회라는 명칭은 대개 회중이 중심이 되어 교회를 이끌어가는 교회정치를 그 특징으로 한 교회를 지칭하는 명칭이다. 신학적으로 볼 때 회중교회는 만인사제론을 기초로 하여 "오직 그리스도만이 교회의 유일한 머리이며 모든 회중은 하나님께 부르심을 받은 사제들이라는 신앙에 기초"[44]하여 세워진 교회이다. 각 교회는 자치 통치로 이루어지며 회중 스스로 신약에 언급된 목사, 장로, 교사, 집사를 선택하며 각 교인은 회중 전체의 이익을 위하여 책임감을 가져야 한다고 주장한다.

　　회중교회가 출현하게 된 영국과 유럽의 상황은 역사적으로 상당히 복잡하게 얽혀 있었다. 재세례파들이 유럽에서 일어난 반면 분리주의자들과 청교도들은 영국에서 발생하여 그 꽃은 신대륙 미국에서 피어난다. 영국의 국왕이 수장으로 있는 국교회의 온전한 개혁이 불가능하다고 판단한 일련의 사람들이 1581년 로버트 브라운(Robert Browne)과 함께 노르위치(Norwich)에 회중교회를 세우게 된다. 그는 교회의 운영 원리로서 장로제도도 배제하고 교회의 유일한 머리이신 그리스도 아래 언약으로 연합된 회중이 자율적으로 목사 등 지도

---

42) 이것은 조합교회, 분파(주의)교회라는 이름으로도 불리어진다.
43) 이러한 교회 정치의 원리를 채택하고 있는 교단으로는 회중교회, 침례교회, 유니테리언 보편구원론자들(Unitarian Universalists), 캐나다 연합교회(the United Church of Canada), 그리스도 연합교회(United Church of Christ), 그리스도 제자회와 같은 교단을 들 수 있다.
44) 김홍기, 『종교개혁사』, 439.

자들을 선출하고, 성경에 의하여 계발된 신앙 양심에 따라 믿음을 행사하도록 촉구하는 칼뱅주의 청교도 신앙의 진수를 골격으로 삼는데 이것이 최초의 회중교회였다.

브라운의 회중교회 운동은 평신도였던 헨리 바로우(Henny Barrow)와 교역자 존 그린우드(John Greenwood)가 계승 발전시켜 나가는데, 결국 그들은 과격한 분리주의 원리를 주장한다는 죄목으로 교수형을 당한다. 그래서 교인들은 네덜란드의 암스테르담으로 망명하는데 그때 영국 스그루비 회중교회는 1609년 네덜란드 레이든에 정착하게 된다. 나중 이 레이든 회중교회 교인들이 주축이 되어 102명이 메이플라워호를 타고 66일의 항해를 통해 1620년 12월에 미국 플리머스에 도착하게 된다. 담임목사(존 로빈슨)는 다수의 교인들 때문에 레이든에 머물고 장로였던 윌리엄 브루스터(William Brewster)가 영적 지도자가 되어 미국 이주 첫 청교도들을 이끈다.

앞서 언급한대로 회중교회는 만인제사장설에 기초해 교회 안에서의 어떠한 수직적 직제나 상회도 인정하지 않고 지교회 스스로가 공동의회를 통해 결정하는 독립적 교회 정치 제도를 따른다. 이것은 초기 회중교회주의자들이 주장하였던 것으로 영국의 올리버 크롬웰이 만인사제론을 지지함으로 힘을 얻게 되지만 1658년 크롬웰이 죽은 뒤 급격히 기울어진다. 1660년 왕정복고로 약해지면서 1689년 메리 여왕의 즉위와 함께 시들어지기 시작하여 18세기 전반에는 영국의 회중교회주의자들은 유명무실해졌다. 한편 1689년 명예혁명의 결과로 제정된 관용법의 영향으로 회중교회도 정식으로 인정받았으나 여전히 사회적 차별은 계속된다. 18세기 중반 이후 복음주의 부흥운동과 함께 새로운 활기를 찾기 시작하였으며, 1832년 잉글랜드와 웨일즈의 여러 회중교회들이 연합하여 회중교회 연맹을 결성하여 사회적 차별을 철폐하기 위해 노력한다. 20세기로 들어서면서 영국의 다른 교회와 마찬가지로 회중교회도 쇠퇴하기 시작하였지만 에큐메니칼 운동에 많은 지도자를 배출한다. 1972년 영국 회중교회주의자들과 장로교도들이 연합하여 새로운 '연합개혁교회'를 세운다.

회중교회가 공적으로 큰 영향력을 발휘하고 교인을 많이 얻은 것은 신대륙 미국에서였다. 부흥운동 이후 뉴잉글랜드 지역의 지배적인 교회가 되어 미국의 정치, 사회 제도와 사상에 지대한 영향을 끼치면서 회중교회주의는 새 국가의 특성을 결정하는데도 중요한 역할을 하였다. 회중교회는 신학교육뿐만 아니라 일반교육에도 깊은 관심을 가지고 있었으며[45] 노예제도에 반대하여 노예철폐 운동에 앞장섰고 남북전쟁 후 남부에 흑인들을 위한 대학을 세우기도 했다. 19세기에는 선교에 주력하였고 인도, 중국, 일본 등지에 많은 선교사를 파견하여 교회와 학교를 세웠다.[46]

초기 식민지 시대에는 미국에 두 가지 형태로 이식되는데 분리주의 회중교회주의자들과 비분리주의자들이 그것이다. 이 두 진영의 차이점은 신대륙에 정착하면서 종교적 열정이 식어지면서 사라지기 시작했다. 대각성운동과 일어난 부흥운동으로 뉴잉글랜드 지역의 교회에 교인들로 가득 찼지만 미국 회중교회가 다시 분열하는 계기가 되기도 했다. 초기부터 회중교회의 중요한 토대였던 칼뱅주의적 신학 경향은 인간의 행위와 노력을 강조하는 아르미니안주의 경향으로 바뀌게 된다. 19세기 미국의 회중교회 안에 자유주의 경향이 들어오면서 많은 교회가 유니테리언주의[47]로 이탈하였으며 회개의 중요성을

---

45) 그들은 미국의 하버드대학교를 포함하여 예일대학, 스미스대학, 앰허스트대학, 오벌린대학 등 여러 유수한 대학을 설립하였다.
46) 일본의 도지샤대학(同志社大學)도 그 중의 하나이다.
47) 유니테리언주의(Unitarianism)는 18세기에 이신론의 영향을 받아 형성된 교파로 삼

크게 강조하지 않게 되었다. 1913년 캔자스시티 신조는 회중교회가 과거에 신봉해온 칼뱅주의와 완전히 결별하는 계기가 되었다. 그 후 여러 군소교단들과 연합하면서 군소 교회 연합체로 그 이름과 형태를 유지하고 있고 회중교회 교인 수는 그렇게 많지 않다.

회중교회 예배는 오직 성경의 가르침에 의거하여 드리려고 했던 청교도들의 극단적 형태에 의해 영향을 받았으며, 예배는 하나님의 말씀의 강해와 성례전의 신실한 준수를 중심으로 한 신약성경의 본질을 통해 구성되어야 한다고 주장한다. 다른 개신교회와 같이 회중교회도 세례와 성찬의 두 가지 성례만 인정하며, 성찬식은 매달에 1~2번 가진다. 과거에는 성찬 참석에 있어서 제한을 두었지만 오늘날은 모든 신자들이 참여할 수 있는 오픈 성찬을 시행한다. 예배의 관습과 특성들은 성경에 언급되지 않은 것은 모두 폐기하려고 하였다. 예배의 모든 권위는 오직 하나님의 말씀에서만 얻을 수 있다고 생각하였으며, 예배를 결정하는 주체는 지역의 예배자들의 조직체라는 것이 그들의 원칙이었다.[48]

회중교회 예배는 그 원리가 침례교회와 비슷하다. 먼저 회중교회 예배는 성경을 명확히 강해하여 들려주는 것에 중점을 둔 설교 중심의 예배이다. 예배에서 예전 기도문을 낭독하는 것이나 예전적 경축 순서를 갖는 것이 중요한 것이 아니라 성경을 정확히 풀어줌으로 거기에서 하나님의 말씀을 들을 수 있도록 하는 것이 중요하다고 보았다. 영국 국교회 사제들이 다른 사람이 준비해 준 간단한 설교문을 읽

위일체론을 거부하고 하나님은 한분이라는 단일신론을 표방한다. 신약성경의 예수 그리스도의 가르침을 믿지만 하나님의 예언자 정도로 생각한다. 이는 기독교 전통의 기독론과 삼위일체론을 부정하는 것인데 예수님의 삶과 가르침은 삶의 모범 정도로 생각하며, 신앙의 합리성을 강조한다.

48) White, 『개신교 예배』, 201.

어 가는 형식으로 설교한 것을 생각해 보면 청교도들이 왜 성경을 강조했는지를 알 수 있다. 한 시간 미만의 설교는 거의 없었으며 청교도 전통을 따라 목회기도도 굉장히 길었다. 이러한 사실은 교회당 건축과 강단 배치에서도 반영되는데 설교단은 강단의 중앙에 높이 위치하며, 성찬상과 세례대(baptismal font)가 그 아래로 배치되어 있는 구조가 이것을 상징적으로 보여준다. 나중에는 설교대를 아주 크게 하고 거기에 성찬을 위한 자리와 조그만 세례수 그릇을 놓기도 했다. 이렇게 회중교회 예배에서는 설교가 모든 예배의 중심이었으며 시간적으로 주요 부분을 차지했다.

둘째로 성례전의 집례와 관련한 사항을 통해 그 특징을 살펴볼 수 있다. 회중교회에서 하나님의 말씀의 선포인 설교가 가장 중요한 요소로 자리 잡고 성례전은 언제나 그 다음으로 자리매김을 하고 있음에도 불구하고 성찬을 집례할 때는 아주 주의하여 행해야 한다는 사실을 강조한다. 회중교회는 초기에 믿음의 고백을 한 사람, 신앙생활을 제대로 하고 있는 사람, 개혁전통에서 잘 신앙생활을 해 온 사람에게만 성례전을 허락하는 것에 제한을 두는(closed) 특성을 견지한다. 솔로몬 스토다드(Solomon Stodard)가 1662년에 교인 자격을 완화하기 위하여 채택한 '불완전 언약'(half-way covenant)도 이러한 조건을 완화하기 위하여 채택한 것이다. 그를 계승하여 대각성운동을 주도해 갔던 조나단 에드워즈와 그의 후계자들의 복음주의적 설교는 사람들이 회개하고 돌아와 교인이 되는 것에 보다 더 우선권을 두었다. 이렇게 회심에 대한 강조는 설교에 있어서 중요한 특징이 되고 있다.

셋째는 예배에 대한 성경적 차원에서의 개혁을 들 수 있다. 회중교회는 성경에 의해서 특징 지워지지 않은 모든 예식 자체를 교회에서 없애버리는 정책을 취하였다. 중세 로마 가톨릭 교회의 사제들이 입었던 제의복(vestments) 착용을 거부하였고, 그리스도의 희생을 재현하는 것에 초점을 맞춘 중세교회의 미사를 거부하였다. 모든 성일 축일과 성탄절과 부활절까지 포함한 모든 교회력의 절기도 삭제하고 오직 주일만을 온전히 성수하는 것에 강조점을 두었다. 심지어 온전한 주일성수를 강제 조항으로 규정할 정도로 강조하였다.[49] 여기에는 과거의 사건보다는 현재 하나님의 역사하심에 대한 응답하려는 실용주의적 접근이 발전한 것이며 "현재에 경험되는 축복을 위한 감사의 날과 하나님의 불쾌하심의 표적이 나타날 때 하는 금식과 굴욕의 날"이라는 형태를 도입한다.[50] 예배에 있어서 간결성을 견지하면서 예배에 있어서 하나님의 말씀의 선포인 설교 중심성을 견지하는데 지장을 주는 모든 순서를 삭제했다. 예배 순서 자체를 재배열하는데 1세기 초대교회 예배로 추정되는 간결한 형식으로 재구성한다.[51] 단순하고 간결한 예배 순서를 견지하면서 말씀에 강조점을 두는 것이 회중교회의 가장 중요한 특징으로 자리 잡는다.

네 번째로 회중교회 예배는 새로운 찬송을 출현시켰다는 점이다. 초기 회중교회 예배는 찬송을 시편 찬송으로 제한하였다. 회중교회의 중요하고 새로운 발전은 아이작 왓츠(Issac Watts)가 중심이 되어 이끌어 간 찬송가의 새로운 출현을 들 수 있다. 왓츠도 초기에는 시편의 내용을 중심으로 찬송을 작곡하였으나 차츰 시편의 내용이 아닌 찬송이 나왔고 이것은 부흥기 대각성 운동 기간을 지나면서 교회의 중요한 예배 음악으로 자리 잡게 되었다.

---

49) 위의 책, 216.
50) 위의 책.
51) Darrell T. Maurina, "Congregational Worship," ed. Robert E. Webber, *The Complete Library on Christian Worship: Twenty Centuries of Christian Worship*, vol. 2, 84~85.

회중교회 예배는 20세기에 들어와 새로운 특징들이 가미되는데 회중들의 교육수준이 높아지면서 감정보다는 지성에 호소하고, 그 예배가 "감정적 호소나 성례들보다는 고도로 지적인 설교에 더 많이 초점을 맞추는" 경향들이 나오게 된다. 19세기 말에는 심미적 요소가 예배에 많이 등장하게 되었으며 고딕식 교회당을 짓기도 하고 긴 가운을 입은 찬양대가 도입되고 수많은 미술품들이 설치되기도 했다. 즉흥 기도에서 미리 준비된 기도문으로 드리는 기도가 등장하기도 했다.[52] 월터 라우센부쉬는 예배 가운데 사회적 악에 대한 기독교적 각성을 불러일으켰고, 워싱톤 글라덴은 사회적 복음을 담은 새로운 찬송가를 발전시키면서 사회적 문제에 대한 새로운 관심을 찬양을 통해서 표현하기도 했다. 영국 회중교회 목사였던 피터 포사이스(Peter F. Forsyth)는 교회, 성례, 그리고 설교에 대한 고상한 교리를 부활시키는데 일조 하였고 예배 지침을 부여하려는 시도들도 나왔다. 예배서가 출간되기도 하고, 예배에 있어서 포괄적 용어(inclusive language) 사용에 대한 지침과 성서정과의 활용의 중요성도 제시되는 등 초기의 형태와는 다르게 발전해 가고 있다.

오순절 교회 예배

오순절 교회(하나님의 성회, Pentecostal Church, Assembly of God) 예배 전통은 20세기가 시작되는 시점을 전후하여 탄생한 전통이다. 오순절 전통의 가장 중요한 특징 가운데 하나는 성령께서 예배의 내용뿐만 아니라 순서까지 가르쳐 주시는 것으로 신뢰하면서 예배에 대해 체계적이고 조직적이지 않는 접근을 강조한다는 점이다. 어

---

52) White, 『개신교 예배』, 225.

떠한 예배에서도 A에서 시작하여 Z에 이르러야 한다는 규칙이나 당위성이 존재하지 않고 예배에는 그 구성과 진행에 있어 자유로움이 있다. 회중들은 예배 가운데 다양한 은사들, 즉 방언, 통역, 예언, 엑스터시의 경험, 노래와 춤 등을 나눌 수 있고 성령의 자유하심이 강조된다. 즉 "성령은 자신이 원하는 곳에서 역사하고 자신이 택한 사람을 사용한다"는 사실이 강조된다.[53] 그런 점에서 오순절 예배 전통은 퀘이커파를 제외하면 예배 형식과 내용에 있어서 가장 자유롭다. 예배에 있어서 가장 중요한 것은 인쇄된 성경의 장절에 있는 것이 아니라 사람들 가운데 거하시는 성령의 역사였다.

오순절 교회의 예배 전통이 발생하는 데는 다른 예배 전통과 긴밀하게 연결되어 있다. 이것은 17세기 말에서 18세기 유럽과 북미에서 일어난 부흥운동의 영향으로 칼뱅주의, 루터교, 알미니안주의 설교자들이 그리스도인의 삶에서 특별한 회개와 경건이 강조되었던 흐름과 감리교가 미국으로 확산되어 일어난 성결운동(Holiness Movement)과도 연결된다. 또한 찰스 피니(Charles G. Finney)와 드와이트 무디(Dwight L. Moody), 루번 토레이(Reuben A. Torrey)의 부흥운동과 영국의 케직사경회[54]와도 연결된다. 그러나 오순절 교회의 전통의 진원지는 20세기의 첫 시간, 즉 1901년 1월 1일에 미국의 캔자스 주 토페카에서 일어났다. 감리교 부흥사였던 찰스 파함(Charles F. Parham)이 그곳에 벧엘성서신학교를 설립하였는데 교

---

53) 위의 책, 331.
54) 1875년에 영국에서 시작된 케직(Keswick)사경회는 개혁주의 전통에서 나온 성결운동으로 미국의 오순절운동에 지대한 영향을 주었다. 이것은 성경 연구와 성결 촉진을 위한 일련의 집회를 통해 전개되었던 '고상한 그리스도인의 생활 운동'에서 비롯되었는데, 아름다운 풍광을 자랑하는 도시, 케직에서 연례 천막 집회로 정착하였는데, 이곳의 참석자들은 성령세례야말로 '성령 충만'이라고 인정할 수 있는 지속적인 승리의 삶을 가져오는 것이라고 믿었다. 이것은 성결과 봉사를 강조하는 초교파 모임이었는데 지도자들의 대부분은 영국국교회 소속 성직자들이었다.

재는 오직 성경만 사용하였고 그때 사도행전을 공부하고 있었다. 사흘 동안 밤낮으로 기도하던 중에 1901년 1월 1일 새벽 여명이 밝아올 무렵 아그네스 오즈맨(Agnes Ozman)이라는 여학생이 먼저 방언을 받았고, 다른 신학생들도 열심히 기도하던 중에 성령세례를 받고 방언을 하게 되었다. 그들은 복음을 전하고자 하는 충동이 생겨 길거리로 뛰쳐나가 복음을 전하였고 그 결과로 세 곳에 교회가 세워졌다. 이것이 20세기 성령 운동의 시발이었으며 현대 오순절 운동의 도화선이 되었다.

이렇게 토페카에서 발원한 불길은 들불처럼 퍼져나가 그 해 캔자스, 오클라호마, 미주리, 텍사스 주 등으로 퍼져나갔고, 1906년, 로스앤젤레스의 아주사 스트리트(Azusa Street)에서 시작된 부흥운동에서 강력한 성령의 역사가 나타난다. 흑인 설교자였던 윌리엄 세이마우어(William J. Saymour)가 인도한 이 모임은 '사도 신앙 복음선교회'(The Apostle Faith Gospel Mission)로 언론에 알려지고 그곳에서 7년 동안이나 부흥집회가 이어지면서 국제적 신앙운동의 진원이 되었다. 수백 명이 방언을 하는 것으로 입증되는 성령세례를 받았고 수백 명이 병 고침을 체험하였으며 눈앞에서 일어난 놀라운 역사를 수천 명의 사람들이 목도하게 되었다. 거기에서 은혜를 체험한 사람들이 전역으로 흩어져 그 신앙을 전하고 교회가 세워졌으며, 이러한 영향으로 짧은 시간에 각처에 오순절교회가 세워지게 되었다. 그들은 많은 공통점을 가지고 있기는 하였지만 자신들만의 예배 의식을 나름대로 발전시켰다.

1914년 오순절교회의 총회가 알칸사스 주 핫 스프링(Hot Spring)에서 처음으로 열렸는데 성령 받은 오순절 성도들이 하나님 나라를 위하여 연합하고 협력하자는 취지에서였다. 그들은 반목과 분열을 조장하는 행위를 완전히 배제하고 오직 하나님 나라의 확장과 열렬한 복음전도를 위해 협력하며 성령이 하나 되게 하신 것을 힘써 지키려는 취지에서 모인 총회는 교단 명을 '하나님의 성회'(The Assemblies of God)라고 명명한다. 여기에서 정치제도는 회중 합의제(Congregational Agreement)를 채택하여 감독제도나 중앙집권제를 배제하고 개교회의 자율성을 강조하는 개교회 중심제를 채택하였다.

이러한 오순절 운동은 빠르게 3세계 지역으로 퍼져 나갔고 토착 형태의 교회와 예배로 발전해 나간다. 남미, 아프리카, 한국 등에서 오순절 운동이 활발하게 진행되었다. 초기에 교회들은 충격과 놀라움의 반응을 보이면서도 적대적이고 방어적인 자세를 보였으나 다른 교단들에 성령의 역사와 은사에 대해 강한 관심을 불러일으킨다. 일반적으로 오순절 교회는 다른 교단에 비해 사회적으로, 경제적으로 소외되고 낮은 위치에 있는 빈곤층에서 교인들이 많이 생겨났다.

오순절 교회의 예배를 총괄하여 그 특징을 말한다는 것은 쉽지 않는 일이다. 왜냐하면 많은 공통점이 있으면서 지역과 교회에 따라 각각의 특징을 가지고 있기 때문이다. 어떤 교회는 세례를 베풀 때 관수례로 행하기도 하고 침례 방식을 따르기도 한다. 어떤 교회는 유아세례를 베풀기도 하고 성인세례만 시행하는 교회도 있다. 오순절교회 예배의 가장 두드러진 특징 가운데 하나는 사회적 차별을 초월하여 "오직 예배에 기여하는 은사들–즉 방언, 통역, 예언, 간증, 치유–로 평가"된다.[55] 이러한 특징은 자연히 오순절교회 예배에 있어서 평등의식을 고취시켰고, 성령의 은사를 간절히 사모하게 만들었다. 여

---

55) White, 『개신교 예배』, 341.

기에서 목회자의 새로운 역할이 요구되는데 예배 가운데서 성령의 역사와 인도하심에 민감하여 기꺼이 순종하겠다는 자세를 강조한다. 오순절 예배 전통에서 예배 순서는 목사가 관할하는 것이 아니라 성령께서 주관해 가시는 영역이다. 목사는 그 진행에 단순히 협력하는 자일뿐이며 지배자가 아니라 단순히 '사회자'로 역할하게 된다.

오순절교회 예배에는 종말론적 특성이 강하다. 초기부터 성령임재의 여러 가지 표적들은 임박한 시대의 종말을 나타내는 자료로 이해하였고 천년왕국에 대한 강한 소망을 토대로 한다. 그러므로 "예배 그 자체가 그 나라를 미리 맛보는 것이며 또한 그 나라가 임함을 촉진시키는 수단"이었다.[56] 이러한 특징에는 오순절 예배 찬송에도 잘 반영되어 나타난다. 매주 성찬을 행하는 교회도 있지만 대부분의 오순절 교회는 자주 성찬을 거행할 필요성을 크게 느끼지 못한다. 연 1~4회가 일반적이며, 매월, 혹은 매주 행하는 교회도 있다. 어떤 교회는 요한복음 13장의 전통을 따라 성찬과 세족식을 연결하여 시행하기도 한다. 교회력에 대해서는 상대적으로 무관심한 태도를 보이는데, 주로 성탄절과 부활주일만 지키는 경우가 대부분이다.

예배와 신앙생활 가운데서 가장 중요한 것은 성령의 은사를 받는 것이다. 여기에서 은사는 방언을 말하는 것이지만 이것을 성령세례의 결과로 이해한다. 성령세례는 구원의 완성이며 성화와 밀접한 관련이 있다고 본다. 또한 예배 중에 중요한 사역은 병든 자를 위한 치유사역이다. 병자는 회중들 앞에 나아와 무릎을 꿇게 하며 목사와 치유의 은사를 가진 교인들이 나아와 함께 안수하며 기도한다. 이러한 사역에서 야고보서의 가르침을 따라(약 5:14) 기름을 바르는 순서를 갖기도

---

56) 위의 책, 343.

하며, 이것은 주일예배의 통상적 순서로 도입되는 경우가 많다. 예배에서의 기도는 중요한 영역이다. 모든 기도는 주기도 외에는 즉흥 기도이며 성령 충만한 예배는 기도로 풍성하다고 생각하여 열렬한 기도를 드리는 것이 일반적이다. 여기에서는 방언기도, 통성기도 등의 형식으로 기도하며 손을 들고 기도하는 신체적 활동도 동반된다. 예배 악기는 아주 다양하게 활용되는데 예배 분위기를 고양시키기 위해 탬버린과 북이 사용되기도 하고, 색소폰이나 아코디언 등의 모든 종류의 악기가 동원되고는 했다.

그러나 이런 예배 전통은 정체되지 않고 꾸준히 발전하는데 특히 성령의 인도하심에 민감성을 중요하게 생각하는 오순절교회의 예배 전통에서는 그러한 특징이 더 두드러진다. 최근에 들어와 오순절교회 예배는 다른 전통과 더 많은 접촉을 갖기 시작하였으며, 다른 전통의 특징들을 받아들이기도 하고 동화되기도 하면서 발전해 간다. 그 중에서도 가장 두드러진 것은 음악 분야에서 가장 강하게 나타나며, 3세계에서는 사회정의 문제에도 깊이 관심을 기울이게 된다. 또한 교인들의 교육수준이 높이지면서 설교의 수준에도 많은 변화가 일어나면서 지적 차원이 많이 보강되게 되었다. 교회 건축에서도 변화가 일어나는데 아름다운 장식과 파이프 오르간 등이 장착된 거대한 교회당이 지어지기도 했다. 이런 물량적 발전을 과시하는 것에 대해 심각한 반발도 일어났고 저항하는 움직임도 있었다.[57]

---

57) 이런 저항의 하나로 "늦은 비 새로운 질서"(the New Order of Latter Rain) 운동을 들 수 있는데 이것은 1947년 캐나다에서 시작되어 오순절교회 예배에 있어서 늘어나는 형식적 의례들에게 저항하는 움직임을 나타냈다. 또한 이것은 복고와 귀환을 주장하는데 신약성경 자체로의 복고와 귀환뿐만 아니라 초기 오순절 운동의 정신에로의 복귀를 부르짖었다. 이것은 최근에 논점이 되고 있는 신사도 운동(The New Apostolic Reformation)으로 연결된다.

그리스도 제자의 교회

그리스도 제자의 교회(The Christian Church-Disciples of Christ, 이하 제자회)는 북미주에만 주로 기반을 두고 있어 한국에는 크게 잘 알려지지 않은 교단이지만 북미의 주요 교단 가운데 하나로 지역교회는 회중제도를 채택하고 있다. 1800년대 초기 미국이라는 토양에서 세워졌으며 "파편화된 세상에서 온전성을 위한 운동"(movement for wholeness in a fragmented world)을 일으키는데 초점을 맞추고 있는 교회이다. 이 교단은 1800년에 결성되어 그리스도 안에서 하나 됨을 실현하기 위한 비전을 가지고 개방성과 다양성을 인정하는 교회로서의 정체성을 형성해 가고 있다.[58]

19세기 초 미국 변방에서 발생한 대부흥 운동에 뿌리를 두고 시작되어 이 교단은 인간의 신조를 거부하면서 신약성경이 보여주고 있는 예배의 실행과 초대 교회의 질서 복구에 그 강조점을 두면서 시작하였다. 종파주의의 벽을 뛰어넘으려는 다양한 종교운동을 낳았다. 그 대표적인 것이 애팔래치아 산맥 너머 변경지방인 펜실베이니아와 켄터키 주에서 토마스와 알렉산더 캠벨 부자가 기독교의 일치와 연합을 추구하면서 일어난 운동이었다. 그들은 스코틀랜드 장로교 출신인데 다른 교단의 회원을 유지하게 만드는 교리적 분파주의(dogmatic sectarianism)에 반기를 들면서 교회의 연합을 주창하였다. 둘째는 또한 켄터키의 장로교인 바턴 스톤(Barton W. Stone)이 주도한 운동이었는데 신조의 사용에 대해, 특히 성찬 상에서의 그러한 신조가 교회를 갈라놓고 있다고 주장하면서 그 사용을 반대한다. 이렇게 캠벨

---

[58] 교세는 2010년 기준으로 교회 수는 3,754개, 교인은 691,160명, 목사는 7,191명이며, 실제 현장 목회를 감당하고 있는 목회자 수는 3,399명으로 확인되고 있다.

부자와 스톤 등이 전개한 두 운동이 1832년에 합병하여[59] 그리스도의 제자회가 되었다. 이것은 중서부 변경을 따라 급속도로 성장했다. 그리스도의 교회 제자회는 신약성경이 제시하는 믿음과 실천으로 돌아가 그리스도인의 일치를 회복하기를 원하는 강한 열망으로부터 시작되었다.

여기에서 '그리스도인들'(Christians)이라는 용어는 스톤이 주도한 운동에서 사용되었는데 이것은 교회의 특성을 가장 잘 보여주는 성경적 포괄성을 가진 용어이라고 생각했기 때문이며, 이것이 바로 교단의 이름을 떼어내 버릴 수 있는 것이라고 생각했기 때문이다. "그리스도의 제자들"(Disciples of Christ)이라는 명칭은 캠벨이 유사한 이유로 이것을 붙이게 되었는데 이 용어가 "그리스도인들"이라는 단어보다 훨씬 더 겸손해 보인다는 생각에서였다.[60]

이렇게 두 흐름이 합병되었지만 그리스도의 제자회의 기본 철학인 신약성경이 제시하는 신앙과 실천이라는 기초 위에서 모든 그리스도인들을 통합하려는 것은 여러 갈래로 분열된 개신교회를 통합하지 못하고 실패하게 되면서 공동강령을 마련하면서 그 규정을 더 공교하게 하려고 하면서 다툼이 일어나 내부에서 분열이 발생하게 된다. 강령에는 제자회의 믿음과 조직, 그리고 예배가 신약성경이 제시하는 규범과 관례에 따라야 한다고 규정하였지만 지역적, 문화적 차이 때문에 19세기 중반에는 예배에서 오르간이 사용되기도 하면서 성경을 중시하지 않는 풍조라고 비난한다. 이런 갈등으로 인해 1906년에 제자회에서 보수적 입장을 견지하는 그룹들이 "그리스도의 교회"란 이

---

59) 이러한 두 그룹의 목표와 실천은 비슷했는데 캠벨과 스톤이 주도한 운동은 따로 약 25년 정도의 활동을 따로 가진 다음에 1832년 함께 연합하게 되었다.
60) Colbert S. Cartwright, *People of the Chalice, Disciples of Christ in Faith and Practice* (St Louis, MO: Chalice Press, 1987).

름으로 분열하기에 이른다. 몇 교회들은 예배 형식을 바꾸어 보려고 했지만 전형적 제자회 예배에서는 대체로 기도와 찬송, 설교, 주일마다 하는 성찬식 등의 기본 골격을 아직도 유지하고 있다. 대부분의 교회들은 예배에서 악기의 사용을 거부하지 않고 있다. 또한 다른 예배 전통을 향하여 개방성을 견지하고 있으며, 에큐메니칼 입장을 견지하면서 연합 활동에 계속적인 관심을 가지고 있다.

그리스도 교회

앞서 언급한 대로 그리스도 교회(The Church of Christ)의 초기 역사는 제자회와 동일하다. 종교개혁 이후 많은 교파가 형성되고 신조, 헌장, 조직, 예배의식, 학설 등을 내세우면서 혼란을 거듭하자 여기에 회의를 느낀 장로교 목사에 의해서 신약성경이 말하는 '그 교회'를 세우고자 하는 열망으로부터 시작되었다. 예수님이 친히 세우신 그리스도의 교회는 하나이며, 초대교회는 신조나 헌장, 조직 등으로 세워진 교회가 아니라 지역마다 세워진 지역교회로서 서로 협력하는 협력체제였음을 강조하면서 성경 외에 어떤 인위적 신조나 헌장, 학설을 의존하지 않는다는 주장에서부터 출발한 교파이다.

그들은 성경이 말하는 것을 말하고 성경이 말하지 않는 것을 말하지 않으려고 하였으며, 세례도 인위적인 방법을 배제하고 예수님께서 세례 요한에게 받으신 방식으로 받아야 한다고 주장하면서 침례 방식을 주장한다. 그리스도의 몸 된 교회 위에는 누구든지 군림할 수 없기 때문에 모든 성도들이 함께 참여하여 중요한 의제를 결정해 나가는 회중정치 제도를 따른다. 예수님이 다시 오실 때까지 성찬을 행하라고 하셨으며 초대교회가 매주일 떡을 떼려고 모인 모범을 따라 매주일 거행하는 것을 원칙으로 하고 있다. 교회의 이름은 인위적으로 붙이지 않고 역시 그리스도의 교회라고 칭하고 있으며, 성경과 초대교회로 환원하려는 움직임 때문에 환원주의 예배(restoration worship)로 이해된다. 책은 성경만, 신조는 그리스도만, 명칭은 하나님의 것으로만, 주장은 복음만, 일치의 근거는 성경적으로만, 기본교리는 일치(unity), 성경이 명시하지 않는 내용에 대해서는 자유를, 매사는 사랑으로 하는 차원으로의 환원을 부르짖는다. 그리스도 교회의 주일 예배에는 무반주 회중 찬양, 기도, 성서공부, 설교, 헌금, 성찬예식 등으로 이루어진다. 그밖에 주중에는 별도의 예배와 성경공부, 특별 모임, 전도 모임 등이 있다.

그리스도 교회의 예배는 신약성경이 언급하는 찬송, 기도, 가르침, 연보, 주의 만찬의 다섯 가지 요소로 구성된다. 요한복음 4장 24절에 근거하여 세 가지 원칙을 수립하는데 예배는 하나님을 향하는 것이어야 하고, 성령에 의해서 고무된 것이어야 하며, 진리에 따른 것이어야 한다는 원칙이 그것이었다. 설교는 본문 중심의 강해설교 형식을 선호하며, 예배 때 찬송은 악기를 사용하지 않고 아카펠라 형식으로 찬양한다. 신약성경이 악기를 사용하지 않았기 때문이라고 이해한다. 악기를 사용하는 것은 성경의 권유에 따른 것이 아니라 사람의 욕구를 충족하기 위한 목적 때문이라고 주장한다.

기도는 첫 기도, 주의 만찬 기도, 헌금기도, 마지막 기도 등이 있으며, 흔히 마지막 기도는 축도라고 명명하지 않으며 목사만의 것으로 제한하지도 않는다. 기도할 수 있는 성도면 누구나 할 수 있다고 생각한다. 고린도후서 13장 13절의 내용을 가지고 축도를 하는 것은 각 교단에서 제도로 정한 것이라고 이해하기 때문이며 목사의 축도문으로만 이해하지 않는다. 이런 점에서 모든 성도들은 예수님의 십자가의 은혜로 왕같은 제사장으로 이해하면서 만인제사장설을 따라 예배한다. 모든 기도는 예수님의 이름으로 기도한다는 원칙을 따라 축도의 의미를 빌린 마지막 기도도 "있을찌어다"와 같은 표현을 사용하지 않는다. 헌금은 은밀하게 드리는 것이 성경적 원칙이라고 이해하며 감사헌금, 주일헌금, 십일조 등과 같이 따로 분류하지 않고 모든 헌금은 하나님께 드리는 감사헌금으로만 분류한다. 성찬은 매주일에 행하고 있으며 세례는 침수 방식을 따라 행하고 죄 사함을 위한 것이라고 이해한다.

19세기 중엽 성서적 근거와 예배 시 악기를 사용할 것인가를 놓고 논쟁이 일어났다. 이러한 의견 차이로 1906년 '그리스도 교회'로 분립되었다. 신약성경에 이런 문제에 대해 아무런 언급이 없으므로 이것들을 근거 없는 쇄신이라는 확신 때문이었다. 그리스도 교회는 보수적인 입장을 취하며 무악기파로 분류되었다. 분열 이후 그리스도 교회는 급속히 성장해갔다. 조직된 어떤 단체를 세우는 것을 원치 않았으면서도 선교 사업에 힘써 외국의 100여 곳에서 선교활동을 벌였고 여러 대학을 설립하기도 하고 고아원과 양로원도 세웠다. 한국에는 1937년에 전파되는데 다른 교단처럼 선교사들에 의해서 세워지지 않고 미국 유학에서 돌아온 한국인에 의해서 시작되었다.[61] 특히 한국의 그리스도의 교회는 초대교회로 환원하는 것이 외면적인 부분에 만족할 것이 아니라 내면적 차원을 강조하면서 한국적 상황에 적합한 교회로 세워가려고 노력하고 있다. 1974년 한국 그리스도의 교회 선

---

61) 그들은 인위적인 신조나 전승을 거부하고 성경으로 돌아가 그 원리에 따라 교회를 세우고 예배하려는 환원주의 운동에 감동을 받아 귀국하여 그리스도 교회를 시작하게 되었으며, 1937년 조선기독교회로 등록하였다. 그러나 교파를 형성하지 않았다. 그리스도의 교회를 교파적 개념으로 사용한 것이 아니라 그리스도께 속한 교회임을 서술하기 위한 명칭으로 사용하였다. 교회들은 전도 사역을 돕기 위해 연합 활동을 펼칠 뿐이다. 보다 자세한 것은 최재운, 『한국 그리스도의 교회사: 유악기 그리스도의 교회를 중심으로』(서울: 태광, 2005)를 참고하라.

언이 발표되었고 유악기파와 무악기파로 크게 구분되어 교세를 확장해가고 있다.[62]

---

62) 신학대학을 중심으로 구분해 보면 그리스도대학교는 무악기파, 서울기독대학교는 유악기파이다.

4부
예배의 실천적 이해

도대체 이 환한 날에
누가 오시는 걸까
진달래가 저리도
고운 치장을 하고
개나리가 저리도
노란 종을 울려대고
벗나무가 저리도 높이
축포를 터뜨리고
목련이 저리도 환하게
등불을 받쳐 들고 섰다니
어느 신랑이 오시기에
저리도 야단들일까?

−임보의 시, "4월" 전문

예배 순서가 가지는 의미 | 14장

> 예배 그 자체는
> 하나님과 세계, 인간에 대한 경험을 매개해 주고
> 활짝 열어주는 근원적 신학이다.
> – 고든 래쓰롭

예배의 자리에 모일 때 우리는 무엇을 위해서 모였으며, 감당해야 할 것이 무엇인지에 대한 바른 이해를 필요로 한다. 교회로서 우리가 누구이며, 예배의 삶에서 교회가 된다는 것을 어떻게 실천해야 할 것인지는 교회가 물어야 할 가장 근본적인 질문이다.[1] 그리스도인들이 주님의 날에 예배를 위해 함께 모일 때 다양한 순서들을 통해 주님을 예배한다. 한 자리에 모여 함께 찬양하고 기도하며 말씀을 듣는다. 그리고 성찬을 나누며 상처진 사람들과 세상을 기억한다. 그들은 예배 가운데로 나아와 우리의 창조주와 구원자가 되시며 예배 가운데로 우리를 불러주신 주님께 경배를 올려드린다. 그 경배의 행위는 일정한 구조와 틀을 갖게 된다. 이것은 흔히 "계획된 의식의 패턴"(a pattern of scheduled ritual)인 예배 순서(ordo)의 기본이 된다.[2]

---

1) Marva Dawn, *A Royal 'Waste' of Time: The Splendor of Worshipping God and Being Church for the World* (Grand Rapids: Eerdmans, 1999), 103.
2) Gordon W. Lathrop, *Holy Things: A Liturgical Theology* (Minneapolis: Fortress Press, 1993), 54.

예배 순서 결정

그렇다면 예배순서는 어떤 기준으로 선정하고 결정해야 하는가? 예배 순서는 무엇이어야 하며 그것이 가지는 함축적 의미는 무엇인가? 개신교 예배 순서와 관련하여 흔히 형식적(formal) 예배와 비형식적 예배(informal), 전통적 예배와 현대적 예배, 예전적 예배와 비예전적인 예배로 구분된다. 형식적 예배는 늘 정해진 틀을 따라 예배가 진행되는데 이것은 전통적 예배와 현대적 예배의 구분점이 된다. 예전적 예배는 본래적으로 가지는 예전적 특성을 따라 진행되며, 주로 오랜 시간을 지나면서 형성된 예배 전통과 정해진 텍스트(예배문)와 형식을 따라 진행된다. 비예전적 예배는 주로 자유교회 예배에 의해 영향을 받은 설교중심의 개신교 예배가 가지는 특성이다. 전자는 예배 전통과 일관성 있는 예배를 드리게 된다는 장점이 있는 반면, 후자는 무엇에 의해서도 통제 받지 않고 교회의 상황과 관점에 따라 자유롭게 정한 예배 순서를 따라 진행할 수 있다는 장점이 있다. 예배 진행의 유연성과 융통성을 살릴 수 있고 역동성을 살릴 수 있는 장점이 있지만 기독교 예배가 가져야 할 표준성과 통일성의 상실, 예배가 가지는 본래적 특성과 전통과의 괴리의 문제가 발생할 수 있다는 문제점도 가진다. 예배 순서 결정을 위한 방법은 몇 가지가 있다.[3]

첫째, 임의적 선택 방식(random approach)이다. 예배에 포함되어야 할 항목을 가지고 임의적으로 배치하는 것이며, 그것이 어떤 방식으로든 포함되기만 하면 된다고 생각하는 방식이다. 여기에서는 예배 순서가 알맞은 위치인가, 예배학적 논리에 따라 배열되는가는 별

---

3) Constance M. Cherry, *The Worship Architect: A Blueprint for Designing Culturally Relevant and Biblically Faithful Services* (Grand Rapids: Baker Academic, 2010), 3장 참고.

로 고려사항이 아니다.

둘째, 창의적 접근방식(blank slate approach)이다. 이것은 마치 빈 칠판에 신선하고 창의적 방식을 매주 새롭게 채워 넣는 방식으로 예배에서 회중의 흥미를 끌 수 있는 신선한 방법을 창안하는 것이 주요 과제로 작용한다. 문제는 신선하고도 창의적인 방식을 매주 만들어 낸다는 것이 쉽지 않다는데 있다.

셋째, 주제 중심으로 배열하는 방식(thematic approach)이다. 그날의 예배 주제나 특정 개념에 맞추어서 예배 순서와 자료를 선택하고 배열하는 방식이다. 설교 주제와 연결하여 결정할 수도 있고, 교회력이나 목회력에 따라 결정할 수도 있을 것이다. 문제는 그 주제가 은연중에 예배의 모든 분위기와 내용을 압도해 버릴 수 있다는 약점이 있고, 각기의 순서의 연관성이나 흐름에 상관없이 주제를 중심으로 배합하거나 주제를 도구로 하여 예배를 획일화할 수 있는 문제점을 가질 수 있다.

넷째, 빈자리 채우기 방식(fill-in-the-blank approach)이다. 이것은 일반적으로 가장 많이 활용되는데, 정해진 순서를 따라 거기에 찬송이나 설교 제목, 순서 담당자를 채워 넣는 방식이다. 이것은 아주 쉽고 간편해서 가장 널리 사용되는 방식이지만 정해진 틀에 고착되어 창의적으로 표현하거나 순서를 조정하는 일은 어렵고 늘 같은 순서로 반복되며 예측 가능하기 때문에 예배를 화석화할 수 있는 문제점이 있다.

다섯째, 예배서에 의해 규정된 순서로 진행하는 방식(prescribed approach)이다. 이것은 교단이나 그 예배 전통에서 제시하는 예배서나 예배문(text)을 따라 예배 순서를 구성하고 진행한다. 그 안에도 선택의 여지가 있고 예배학적으로 의미 있고 깊이 있는 내용으로 예배가 구성될 수 있지만 규정된 내용과 순서에 얽매여 있기 때문에 창의성과 역동성을 살리기 어렵다는 한계가 있다.

여섯째, 대화적 접근방식(dialogical approach)이다. 이것은 다소 생소하게 느껴질 수 있지만 예배가 무엇이고, 무엇이어야 하는가라는 질문으로부터 시작한다. 그것에 대한 대답이 주어졌을 때 예배의 목적과 기능에 따라 그 형식과 순서를 결정한다. 이 방식에서 하나님은 대화의 동반자가 되시며, 성경은 이런 패턴을 잘 보여준다고 이해한다. 예컨대 불붙은 떨기나무를 통한 모세와 하나님의 대화(출 3), 이사야 소명 장면에서의 대화(사 6), 엠마오로 내려가는 제자들과 예수님의 대화(눅 24), 수태고지에서의 대화(눅 1) 등에서 하나님의 다가오심, 인간 편에서의 단절 경험(놀람, 자격 없음, 불신 등), 말씀하심, 인간의 응답, 파송 등의 예배 순서를 도출할 수 있다고 이해하는 방식이다.

어떤 경향을 취하느냐에 따라 조금 차이가 날 수 있겠지만 예배 순서를 결정할 때는 고려해야 할 몇 가지 차원이 있다. 그 첫째는 표준성의 차원이다. 다른 종교에도 예배 행위가 있고 나름대로의 철학과 원칙을 가지고 진행된다. 기독교 예배가 다른 종교의 예배 행위와 다른 것은 그것이 가지는 예배 신학과 의식의 독특성 때문이다. 교단의 신학적 입장에 따라서 약간의 차이가 날 수 있지만 기본적으로 예배의 전통과 신학에 근거하여 표준성을 중심으로 선정되어야 한다. 둘째는 일관성의 차원이다. 하나님의 교회라고 한다면 통일성과 일관성이 있어야 한다. 셋째는 융통성과 유연성의 차원이다. 정해진 틀과 원칙 하에서 예배 순서와 구성에 있어서 유연성과 융통성이 인정되어야 한다. 이것은 마치 통상 부분과 고유 부분처럼 절기와 예배의 특성에 따라서 다소의 유연성을 가질 필요가 있다. 넷째는 창의성의 차원이다. 같은 내용이라고 어떻게 구성하고 표현하느냐에 따라 달라지듯이 예배는 늘 새롭고 창의적인 표현이 될 수 있어야 한다. 다섯째는 자발성의 차원이다. 아무리 중요한 순서라 할지라도 예배 회중이 진심으로 표현하고 자발적으로 참여하는 차원이 결여되면 그것은 진정한 예배라고 할 수 없다. 이것은 예배자들에 대한 영성 차원과 관련이 있는 내용이다.

예배 순서의 구조

기독교의 예배는 어떤 구조로 형성되는 것일까? 기본적으로 기독교의 예배는 초창기부터 말씀예전과 성찬(다락방)예전이라는 2중 구조를 취하였다. 이것은 초기교회로부터 현대에 이르기까지 예배의 중심 구조로 작용하고 있다. 중세교회 예배를 개혁하려고 했던 종교개혁자들 대부분도 이 골격을 유지하는 것을 당연한 것으로 생각했다. 18~19세기를 지나오면서 개신교의 비예전적 예배를 드리는 자유교회 예배(free church worship) 진영에서 설교 중심의 예배가 중심을 이루게 되었지만 예배복고운동의 영향으로 예배의 2중 구조에 대한 인식이 새롭게 바뀌고 있다. 이러한 구조를 중심으로 흔히 4중 구조의 형식으로 설명되기도 한다. 이것은 성경적 근거와 초대교회의 문헌 등이 밝히고 있는 바인데,[4] 모임의 예전, 말씀의 예전, 성찬 예전, 파송의 예전 등이 그것이다. 이것은 마치 박자, 음정, 주제의 전개 등을 담고 있는 교향곡의 악장과 같이 연속성과 움직임을 가지며, 여정의 완성을 향하여 나아가는 특성을 갖는다. 오늘날 많은 개신교단은 일반적으로 이런 4중의 구조를 취한다.[5]

---

[4] 초기 교회는 함께 모여 사도들의 가르침을 받고 교제하며, 빵을 떼고 합심하여 기도한 4중 구조를 보여준다(행 2:42). 또한 앞서 언급한 것처럼 디다케, 사도전승, 저스틴의 제 1 변증서 등은 이러한 예배의 특성을 잘 보여준다.

[5] 대표적으로 미국장로교(PCUSA)나 미국 연합감리교(UMC), 미국 루터교(LCA), 미국

① **모임예전**: 예배는 하나님께서 우리를 예배 가운데로 부르시는 '예배로의 부름'으로부터 시작된다. 모임을 마련하시고 초청하신 분은 하나님이시다. 하나님께서 우리를 찾으시고 부르신다는 점이 이 예배의 핵심이며, 하나님과의 임재를 경험한 사람들은 '경배의 찬송'을 드리게 된다. 하나님의 부르심을 받아 나아간 사람들이 그분의 임재와 영광, 광휘에 사로잡힐 때 떨림과 감격, 경외감과 기쁨으로 가득하게 될 것이며, 그 자리가 경배의 찬송으로 이어짐은 자연스러운 일이다. 이제 그렇게 찬양하던 사람들은 자신의 작고, 추하고, 초라하며, 죄악된 모습을 발견하게 되면서 '죄의 고백'(참회의 기도)으로 나아가게 되며, 용서하시고 용납하시는 하나님의 '용서의 확인' 앞에서 그는 '영광의 찬송'을 올려드리게 된다. 이것은 설교를 위한 예비 단계가 아니며 하나님의 부르심을 받고 나아간 하나님의 백성들이 그분이 행하신 일을 기억하며 그의 임재 앞에서 경배와 찬양을 올려드리는 자리이다. 여기에 포함될 수 있는 순서로는 오르간 전주, 입례, 예배의 부름, 기원 혹은 개회기도, 경배의 찬송, 참회의 기도, 자비송(키리에 일레이손), 용서의 확인, 영광송, 평화의 인사, 신앙고백, 성시교독 혹은 시편송, 목회기도 혹은 공동체의 기도 등의 순서를 담을 수 있다.

② **말씀예전**: 말씀예전은 '성경봉독'과 말씀의 선포인 '설교'가

성공회(ECA) 등의 예배서가 제시하는 예배 구조를 보면 약간의 표현과 용어의 차이는 있지만 모두 이런 구조를 취한다. 미국장로교의 경우 함께 "모임(Gathering), 말씀예전(The Word), 성찬예전(The Eucharist), 파송(Sending)"의 구조를 취하며, 연합감리교의 경우에도 "예배로 나아감(Entrance), 말씀 선포와 응답(Proclamation and Response), 감사와 성찬(Thanksgiving and Communion), 파송(Sending Forth)"의 구조를 가진다. Theology and Worship Ministry for the PCUSA and the Cumberland Presbyterian Church, *Book of Common Worship* (Louisville: WJKP, 1993); *The United Methodist Book of Worship* (Nashville: The United Methodist Publishing House, 1992) 등을 참고하라.

그 핵심을 이룬다. 구약시대로부터 하나님의 백성들이 모인 모임에서 말씀 봉독과 해석은 예배의 중심을 이루는데 회당 전통에서는 가장 중심을 이룬다. 성경봉독은 초대교회로부터 중요한 요소였으며 종교개혁자들은 그것을 설교의 시작으로 이해했는데, 예언과 성취라는 관점에서 구약과 신약의 말씀을 연결하여 봉독하기도 하고, 성서정과에서 제시한대로 서신서와 시편의 말씀을 포함시키기도 한다. 특별히 중세교회 예배 가운데 말씀예전이 사라지거나 약해진 것에 반기를 들고 그것을 예배의 중심에 위치시키려고 했던 종교개혁자들의 유산을 물려받아 개신교 예배는 설교를 예배의 중요한 자리에 위치시켰다. 물론 다른 모든 순서는 설교를 위한 말씀예전은 예배의 자리에 모인 그리스도인들이 성령님의 감동을 통해 하나님의 말씀을 듣고 하나님의 백성답게 합당한 삶을 살도록 하는데 목적이 있다. 설교는 하나님에 관해서 듣는 것이 아니라 그분으로부터 듣는 시간임을 기억해야 한다.[6] 여기에는 성령님의 조명을 구하는 기도, 성경봉독, 찬양대의 찬양, 설교, 설교 후 기도, 응답의 찬양 등을 포함시킬 수 있다.[7] 여기에서 유의할 것은 성경은 말씀이 선포된 후에 예배자들의 응답이 있었음을 주목할 필요가 있다.

　　③ **성찬예전**: 말씀예전을 통해 하나님의 말씀을 듣고 응답한 백성들은 이제 주님의 식탁으로 나아간다. 거기에 우리는 예수 그리스도의 십자가와 부활 사건을 통해서 완성된 하나님의 구원의 역사를 기억하고, 감사하고, 가시적으로 허락하시는 하나님의 자기주심의 선물을 받는다. 이것은 주님이 친히 초청하시고 명령하신 예전으로 "이

---

6) Cherry, *The Worship Architect*, 5장.
7) 앞서 언급한 미국의 대표적인 교단의 교회들에서는 신앙고백을 설교 후에 주로 위치시키고 있다. 미국 연합감리교회의 경우 참회의 기도와 용서의 말씀 순서도 말씀 예전에 포함시키며, 평화의 인사도 여기에서 포함시키기도 한다.

것을 행하여 나를 기념하라"고 말씀하신 명령 앞에 선다. 성찬은 유월절 식사에서 시작하여 주님의 최후의 만찬으로 이어지며, 부활의 아침에 엠마오와 디베랴 바닷가에서 허락하신 식사로까지 이어진다. 그러므로 십자가의 수난을 통해 친히 자기 몸과 피를 나눠주시는 주님의 만찬으로부터 승리자 그리스도를 경축하고 감사하게 되며, 하나님 나라의 식탁에 참여하여 성삼위 하나님과의 교제와 성도의 교제로 이어지게 된다.[8] 성찬은 말씀예전과 연결되어야 하며, 성찬의 4중 행동, 혹은 7중 행동을[9] 실제로 성찬 제정사와 함께 분병례를 통하여 직접 행하면서 보여주는 동작이 필요하다. 주님이 명령하신대로 구속의 은혜를 아남네시스(기억 혹은 회상)하는 것이 중요하다. 여기에는 봉헌, 성찬초대, 성찬 대감사기도,[10] 주님의 기도, 하나님의 어린양(Agnus Dei), 배찬 등의 순서로 이어질 수 있다.

④ **파송의 예전**: 예배 순서의 마지막 부분은 하나님께서 우리를 삶의 자리로 파송하시는 순서이다. 예배의 자리로 우리를 부르신 하나님께서 이제 우리는 파송하신다. '미사'(missa)라는 말도 본래 '보내다, 파송하다'의 뜻을 가진 라틴어에서 유래한 것인데,[11] 교회는 아

---

8) '성찬'의 뜻으로 사용되는 용어들이 이러한 특성을 잘 보여준다. 퀴리아코스 데이프논(고전 11:20)의 번역인 Lord's Supper(주님의 만찬), 유카리스테사스(막 14:22~23, 고전 11:24)의 번역인 Eucharist(감사의 성찬), 코이노니아(행 2:42, 고전 10:16~17)에서 파생된 단어의 번역인 Communion(성찬) 등이 이런 의미를 담고 있다.
9) 그레고리 딕스는 성경에 나오는 떡을 가지사(take), 축사 하시고(bless), 떼어(break), 나눠주신(give) 4중 행동과 또한 잔을 가지사(take), 축사하시고(bless), 나눠 수신(give) 3중 행동을 합하여 성찬의 7중 행동이라고 주장한다. Dom Gregory Dix, *The Shape of Liturgy* (London: Adam & Charles Black, 1945), 참고.
10) 성찬 대감사기도는 성찬기도로만 드릴 수도 있고, 성찬 제정사를 포함하여, 삼성송, 수르숨 코다, 성령임재를 구하는 기도(epiclesis) 등이 포함되기 때문에 흔히 성찬 대감사기도라고도 부른다.
11) 사제가 예배를 마친 후 Ite, missa est(가십시오. 나는 그대를 보냅니다)라고 말한 파송형식에서 나온 '미사'라는 단어가 예배(전례) 자체를 뜻하는 용어로 자리잡게 되었다. 이것 외에도 다양한 예배 마침 형식, 혹은 파송 형식(dismissal formula)이 사용되었는데, Ite in pace(평화 가운데서 가십시오), Ite, ad Evangelium Domini

주 오랫동안 파송을 예배의 중요한 순서로 간직해 왔음을 알 수 있다. 예배당에서 예배가 종결된 것이 아니라 삶의 자리에서 세상을 섬기고 하나님 나라의 구현을 위해 세상을 섬기는 예배가 시작되는 자리임을 깨우쳐 준다. 예배는 마치는 것이 아니라 세상으로 보냄을 받아 세상에서의 하나님의 섬김의 예배를 계속한다는 사실을 이 순서에서 명확히 깨우쳐 주어야 한다. 여기에는 주로 결단의 찬송과 위탁의 말씀, 강복선언(축도)등으로 구성된다.

예배 순서들의 의미와 지침

여기에서는 이러한 특성을 따라 배열될 수 있는 예배 순서와 그것이 가지는 의미, 그것을 수행할 때의 지침을 중심으로 정리해 보자.

- 모임예전

① 전주(prelude): 전주는 예배의 시작을 알리며 예배를 준비하는 시간이다. 특히 예배자들로 하여금 마음을 준비하여 예배로 나아갈 준비를 하도록 하는 시간이다. 이것은 전통적으로는 오르간을 사용하였지만 요즘에는 전자 악기를 사용하는 경우도 있고, 예배 전에 찬양팀과 함께 찬양을 부르거나 연주음악을 조용히 틀어주는 경우도 있지만 통상적으로 사용되었던 오르간 전주의 관점으로 설명해 보자. 전주는 교회의 형편에 따라 융통성을 둘 수 있으나 10분 전후의 시간을 할애할 수 있다. 선곡은 그날의 예배 주제와 맞출 수 있으면 좋고, 성가곡이나 찬송가, 혹은 CCM곡을 연주할 수 있다.[12] 전주는 처음에

---

nuntiandum(가서 주님의 복음을 전하십시오.) 등이 사용되었고, 회중들은 Deo gratias(하나님께 감사를 드립니다)로 화답하였다.

12) 예를 들어 바흐의 코랄 전주곡과 같은 곡을 연주하기도 하고 찬송가를 주제에 따라 즉흥 연주(improvisation) 방식을 따라 연주할 수도 있을 것이다. 어떤 경우에도 일반

는 조용한 분위기로 시작하여 점점 소리를 증폭시키면서 메조 포르테와 크레센도로 나아가면서 풀 보이스를 활용하다가 점점 낮아지면서 예배 시작 30초 전에 마치는 것이 좋으나 입례 순서나 교회소식을 알리는 순서 등이 있을 시에는 1분 전에 마치는 것도 좋겠다. 이것을 예배 시간 전에 있는 연주 정도로 생각하는 경우도 있지만 전주는 예배의 시작임을 기억해야 한다. 반주자는 회중들이 하나님의 임재 가운데로 나아갈 수 있도록 인도하는 역할을 하는 것이며, 준비된 예배자로 나아갈 수 있도록 돕은 역할을 한다는 점을 인식하여 연주하여야 한다.

② 입례(Introit): 입례 순서는 교회의 형편에 따라 달라질 수 있지만 입례송을 함께 부르면서 예배 위원과 찬양대가 등단하는 경우도 있고, 전주가 진행되는 동안에 예배 위원들이 조용히 등단하는 경우도 있다. 전자의 경우 강단에 예배 인도자나 담당자가 미리 올라가 있다가 회중들을 인도하여 함께 입례송을 부르면서 예배로 나아가게 하는 방법이 있겠다. 본래 이것은 찬양대원들과 예배 위원들이 예배당 안에 들어오기 전에 입구에서 시편송을 부르던 전통에서 발전한 것으로 흔히 예배 위원들이 등단할 때 부르는 찬송으로 이해되었다. 특별히 따로 입례 순서를 갖지 않고 예배 위원들과 찬양대원들이 착석하는 것으로 대신하기도 하지만 예배 시작을 알리고 보좌 앞으로 나아간다는 의미를 담아 창의적으로 입례순서를 가지거나, 특별 예배나 절기예배 등에는 그 의미를 살려 입례순서들 도입하는 것도 바람직할 것이다.[13]

클래식곡을 연주하기도 하지만 예배시작을 알리는 전주 순서에는 적절치 않다.
13) 로마가톨릭의 경우 촛불을 든 두 아이가 앞서고 향불을 가진 사람이 뒤따르며, 그리스도의 고난과 승리의 상징인 십자가를 든 사람이 따르고, 그 다음에 예배위원들이 등단하며 맨 뒤에 신부나 주교가 위치하여 입례를 한다. 스코틀랜드 장로교회에서는 십

③ 예배로 부름(Call to Worship): 이것은 하나님께서 우리를 예배의 자리로 불러주셔서 우리가 하나님의 존전에 서서 예배할 수 있게 되었다는 고백을 갖게 하는 순서로 예배의 신학과 기본정신을 담고 있는 순서이다. 이것은 장 칼뱅이 성구 낭독을 통해 예배를 시작했던 전통을 따른 것으로[14] 성경 말씀을 통해 예배 가운데로 부르시는 성삼위 하나님의 부르심을 표현한 것이다. 이것은 응답의 형식으로도 할 수 있으며, 인도자는 하나님을 대신하여 회중들을 예배의 자리로 불러낸다는 마음자세를 가지고 수행하여야 한다. 흔히 초창기 한국교회에서는 예배 시작 전에 다소 어수선한 분위기를 잡기 위해 강단의 종을 쳐서 주의를 환기 시킨 다음에 "묵도하심으로 예배를 시작하겠습니다"와 같은 문구와 함께 '묵도'라는 순서로 진행되고 있기도 하지만 이것은 한국교회에만 있는 생소한 순서이다. '침묵의 기도'의 약어인 이것은 이제 하나님 앞으로 나아가면서 침묵하며 기도한다는 나름대로의 의미가 있지만 예배학적으로 인정된 순서는 아니다. 예배로 부름이 있은 후에는 응답이 있어야 한다. 그런 점에서 바로 기원으로 들어가는 것보다는 찬양대를 통해 드려지는 응답송이 들어가는것이 좋다.[15]

자가 대신 성경을 든 사람이 제일 앞서고 촛불을 든 사람, 그 뒤에 예배 위원들이 따르며 제일 뒤에 설교자가 위치하여 등단한다. 그것은 미국 연합감리교회의 경우도 십자가, 촛불, 예배 인도자와 설교자 순으로 등단하기도 한다.

14) 칼뱅은 "우리의 도움은 천지를 지으신 여호와의 이름에 있도다"(시 124:8)와 같은 성구 낭독을 예배 시작에 도입하였는데 제네바 예전(1542)과 스트라스부르 예전(1545)에 나타난다.

15) 성경구절을 한 절 읽은 후에 '기원'을 하는 목회자의 습성을 따라 한국교회에서는 기도를 시작하면서 기다랗게 성구를 읽고 기도를 시작하는 모습도 어렵지 않게 찾아볼 수 있다. 반드시 그런 의도라고 단정하기는 어렵지만 목사는 성경을 읽고 설교를 하고, 기도를 맡은 장로는 성구를 읽고 기도시간에 설교를 하는 것 같은 분위기도 많이 있다. 한국교회에만 이런 형태에서 어디에서 비롯되었을까를 생각해 보면 그 한 요인을 '예배로 부름' 후에 바로 '기원' 순서를 갖는 목회자에게서 찾을 수 있다.

④ 기원(Invocation): 흔히 오늘의 기도, 혹은 개회기도로도 칭해지는 이 순서는 예배를 위한 기도, 성삼위 하나님의 임재를 청원하고 예배자들이 온전하고 바른 예배를 드릴 수 있기를 간구하는 내용을 담을 수 있다. 보편기도와 구분하기 위하여 끝부분을 "예수님의 이름으로 기원합니다"라는 어구를 사용하기도 한다. 주의할 것은 이것은 참회의 기도나 목회기도를 드리는 시간이 아니라는 점이며 예배를 위한 짧고 단순한 기도임을 잊지 않아야 한다.

⑤ 경배의 찬송(Hymn of Praise): 하나님의 존전에 서있는 예배자들은 자연히 그분의 놀라우심과 크신 사랑 앞에서 경배를 올려드릴 수밖에 없다. 이때는 성삼위 하나님의 창조와 구속의 은혜, 베푸신 사랑에 대한 찬양과 경배의 내용을 담은 찬송으로 선곡하는 것이 좋겠다. 하나님을 경배하는 찬양은 일어서서 부르는 것이 관례이다.

⑥ 참회의 기도, 용서의 확인(Confession and Pardon): 크고 놀라우신 성삼위 하나님을 향해 경배를 올려드리던 예배자들은 그분의 존전 앞에 설 때 부끄럽고 추한 자신의 모습을 보면서 참회하며 용서는 구하는 시간이다. 한 주간 동안 지은 죄와 잘못을 내놓고 참회하는 시간이며, 하나님의 용서하시고 용납하심을 새롭게 확인하는 자리이다. 이것은 초대교회로부터 있었던 순서였고, 칼뱅은 제네바와 스트라스부르 예전의 첫 부분에 이것을 위치시켰다. 미국 부흥기에 이것은 개신교 예배에서 사라졌다가 예배복고운동과 함께 다시 회복되고 있는 추세이다. 개인적 참회의 형식과 공동고백의 기도 형식으로 드릴 수 있고, 먼저 공동의 기도 형식으로 드린 다음에 개인 참회의 시간으로 나아가도록 하거나, 인도자가 대표로 참회의 기도를 드린 후에 개인 참회기도를 갖도록 하는 병합 형식을 취할 수도 있다. 참회의 기

도가 드려진 후에 성경 가운데 나오는 용서와 관련된 말씀으로 용서의 확인의 순서가 따라오게 되는데, 이것은 면죄의 선언이라기보다는 예수 그리스도의 구속의 은혜를 통해 하나님의 말씀의 약속을 통해 말씀으로 확인해 주는 시간이다. 죄를 참회하고 용서받은 감격을 가지고 나아가 예배한다는 점에서 중요한 순서이지만 형식적이고 습관적으로 드리거나 깊은 참회도 없는 곳에 용서가 남발되지 않도록 해야함을 목회자들은 유념해야 한다.

⑦ **영광송(Gloria, or Doxology):** 다시 용서 받아 하나님의 백성으로 용납 받은 감격을 가지고 올려드리는 것이 영광송, 혹은 송영이다. 용서 받은 감격을 성삼위 하나님께 감사와 기쁨으로 올려드리는 찬양이고 화려하고 장엄하게 드려졌기 때문에 대영광송이라고 하기도 하고 찬양대가 대신하기도 한다. 이 영광송은 일어서서 드리게 되며 인도자도 십자가를 향해 드리기도 한다. 송영으로 분류된 찬송뿐만 아니라 하나님의 사죄의 은혜에 감사하는 찬송으로 배치할 수 있겠다.

⑧ **교독(Responsive Reading), 신앙고백(Creed):** 본래 이것은 시편 교송에서 비롯된 것으로 종교개혁 이후 시편송도 불렸지만 시편을 함께 교독하는 순서가 생겨났다. 시편 운율 찬송방식은 한국개신교 예배에서는 자주 사용하지 않지만 북미의 예전 전통과 스코틀랜드 교회에서 지금도 널리 사용되고 있다. 시편송은 주로 아이작 왓츠나 아이라 생키 등을 통해 다양한 회중찬송의 보급과 함께 개신교 예배에서는 약화되었다. 신앙고백은 우리가 무엇을 믿고 있는지에 대한 확인이고 선언이며, 그러한 고백을 함께 하는 공교회 됨을 공표하는 것이다. 주로 사도신경과 니케아신경을 주로 사용한다. 사도신경은 주로 초기교회에서는 세례식에서 문답식으로 고백하는 형식으로 사

용되었던 점을 고려한다면 단순히 암송하는 형식에서 교독 형식으로, 혹은 묻고 답하는 문답형식으로도 변형하여 활용할 수 있겠다.

⑨ **목회기도, 혹은 대표(중보)기도**: 목회기도는 본래 위탁을 받아 주님의 양무리를 목양하던 목사가 회중들의 필요를 살펴 목자장 되시는 그분께 드리는 기도였다. 회중들의 삶의 자리와 관련하여 나라와 민족, 세계를 위해 중보하는 성격을 담고 있다. 이것은 제사장의 마음으로 드리는 기도이다. 이것은 종교개혁자들이 시작했던 형태였지만 한국교회에서는 초기 선교사들이 언어의 한계 때문에 한국인 장로나 조사들이 대표로 기도하도록 한 데서 대표기도는 당연히 장로가 맡은 순서로 여겨지고 있으나 본래는 양무리들의 형편을 살펴 드렸던 목회기도였음을 인지하여야 한다. 중요한 것은 이 기도가 예배에서 차지하는 위치를 정확히 이해하고 바로 드리는 것이다. 또 한 가지 유의할 것은 앞에서 참회의 기도를 드리고 용서의 확인까지 한 상황에서 다시 죄의 고백의 내용을 담는 것은 예배의 흐름에도 문제가 있기 때문에 담당자는 예배 진행에 있어서 내용이 중복되지 않도록 할 필요가 있다. 보통 이 기도가 끝난 후에 주님의 기도를 이어서 드리기도 하는데 이것은 칼뱅의 예배순서(1542)나 웨스트민스터 예배 모범(1644)에 따른 것이다.

- **말씀예전**

⑩ **성경봉독**: 하나님께서 인간의 찬양과 감사, 간구에 대해 응답하시고 말씀하시는 시간이 말씀예전인데 그 핵심을 이루는 것이 성경봉독과 설교이다. 개혁교회 전통에서 성경봉독은 말씀 선포의 시작으로 인식되었다. 성경을 함께 읽는 것은 구약과 신약의 예배전통에서 예배의 중요한 요소였으며, 초기 교회는 구약의 말씀과 복음서, 서신

서의 본문을 읽었다. 종교개혁자들은 구약을 읽고난 다음 간단한 설명을 부여하고, 시편송을 드린 다음에 신약의 말씀을 읽고는 했다. 웨스트민스터 예배모범은 구약과 신약의 말씀을 한 장씩 읽도록 권하고 있지만 인쇄술의 발달로 개인이 성경을 소지하게 되면서 설교를 위한 본문 중심으로 성경봉독을 하게 되었다. 성서정과에서는 구약의 말씀, 시편의 말씀, 복음서의 말씀, 서신서 혹은 역사서의 말씀 등의 4~5개의 본문을 함께 제시하고 있다. 성경을 봉독할 때, 혹은 복음서를 봉독할 때 일어서서 말씀을 경청하는 전통이 있었고, 동방정교회의 경우에는 복음서 봉독을 위해 소입당의 순서를 갖기도 한다. 회중들의 참여를 위해 회중들이 하나님의 말씀을 봉독하게 하는 것도 좋은 방안인데 성경봉독이 가지는 예배학적 의미를 잘 숙지시키고 준비를 시켜 감당하도록 해야 한다. 봉독자는 단순히 책을 읽듯이 주절주절 읽는 것보다는 하나님의 말씀을 처음으로 들려준다는 마음으로 준비하여 봉독하도록 하는 것이 좋겠다.

⑪ **찬양**: 찬양대를 통해서 드려지는 찬양은 한국교회에서는 일반적으로 성경봉독과 설교 사이에 위치한다. 찬양대는 구약에서부터 있었던 것으로 언약궤를 예루살렘으로 옮겨 들일 때나 성전예배 가운데 찬양을 담당하는 지파(가문)를 두어 전문적으로 준비하여 수행하였으며, 중세 시대에는 전문 찬양대를 육성하기도 했다. 찬양곡은 하나님을 찬양하는 곡이면 어떤 찬양이든 가능하지만 가급적 교회력, 설교의 내용이나 주제, 그날의 전체 예배의 주제나 흐름과 연관된 내용을 선곡하는 것이 일관성을 위해 도움이 된다. 찬양대원들이나 지휘자, 반주자가 유의해야 할 것은 공연이나 자신의 기교를 뽐내는 연주가 아니며, 자신들은 예배자로서 하나님을 찬양하는 사람들이며, 지금 하나님께 찬양을 올려드리고 있다는 사실을 기억할 필요가 있다. 그들은 찬양의 순서

를 담당하기도 하지만 회중 예배의 찬양과 분위기를 이끌어가는 예배 위원이라는 사실을 기억하여 예배 인도자의 자세로 임하여야 하겠고 무엇보다도 찬양을 기도로 준비하는 자세로 임하여야 한다.

⑫ **설교**: 말씀하시는 하나님은 계시의 말씀인 성경을 통해서 오늘을 사는 하나님의 백성들과 세상 속에서 말씀하신다. 성경의 역사 가운데서 일하셨던 하나님께서는 오늘도 여전히 일하고 계신다. 설교는 오늘도 말씀하시는 하나님의 말씀과 역사를 선포하는 행위이다. 구약에서부터 예배의 자리에 늘 하나님의 말씀이 선포되었고, 설교는 예배의 중심 기둥과 같이 기능해 왔다. 그러므로 설교자는 오늘도 말씀하시고 계시하는 하나님의 음성을 회중들에게 정확히, 바로 들려주려는 열망을 가져야 한다. 설교는 하나님의 계시 사건의 연속이라고 볼 때 계시의 완성인 성경을 바로 읽고 해석하여 들려주려는 일념을 가질 때 설교 사역은 바로 행해질 수 있다. 설교가 예배의 한 순서인 것은 틀림이 없지만 통일성의 관점에서 예배의 전체는 하나님의 말씀의 선포인 설교와 연결되어야 하며, 예배의 바탕을 이루고 있다는 사실을 기억해야 한다.

⑬ **응답의 찬송**: 하나님의 말씀이 들려진 이후 회중들이 감사와 응답을 담아 찬양을 드리는 순서이다. 이것은 주신 말씀을 통해 하나님의 뜻을 발견하였을 때 결단하고 다짐하는 마음을 담게 된다. 그러므로 이 찬송은 설교의 내용과 관련하여 응답과 결단하게 하는 곡으로 신중하게 선곡되어야 한다.

⑭ **봉헌**: 찬양을 올려드렸던 회중들은 응답의 연속으로 물질의 봉헌으로 이어진다. 본래 이것은 성물의 봉헌과 함께 가난한 자들을 위해서 드렸던 연보와 교회 운영을 위해 예물을 드리던 순서와 통합하여 성찬예전에 포함시켰다. 이것은 주신 은혜에 대한 응답이지 마

치 복을 받기 위해서 드리는 복채(卜債)와 같은 관점으로 드리는 것이 아니라는 사실을 기억해야 한다. 예배당에 들어오면서 헌금함에 자발적으로 드리고 그것을 봉헌하는 방식으로 가질 수도 있고 헌금시간에 수금하는 방식으로 드린 다음에 그것을 봉헌하는 형식을 취할 수도 있다. 어떤 형식으로 드리든지 간에 하나님께서 베풀어 주신 은혜에 대해 감사를 드리는 시간임을 기억하고 하나님께 올려드리는 진중함이 있는 의례적 의미를 담아 진행하도록 해야 한다. 봉헌 후에는 일반적으로 봉헌기도 순서로 이어지는데 기복적인 관점보다는 감사의 관점으로 기도를 드리는 것이 바람직하고, 은연중에라도 헌금을 강요하는 분위기를 조성하거나 헌금을 많이 드리면 축복을 받고 그렇지 않으면 복을 받지 못한다거나 지나치게 복을 강조하는 기복적 분위기로 진행되지 않도록 유의해야 한다.

- 성찬예전

성찬은 주님이 제정하시고 명령하신 예전이며, 초대교회로부터 예배의 중요한 부분으로 인식되었다. 중세교회 미사의 문제점을 개혁하려고 했던 대부분의 종교개혁자들도 미사를 폐지하려고 했던 것은 결코 아니었다. 제 2 헬베틱 신조도 예배 가운데 하나님의 말씀의 선포와 성례전의 온전한 집례의 필요성을 언급하고 있다(22장). 성찬예전에는 기본적으로 성찬 초대, 성찬찬송, 성삼위 하나님께서 행하시는 구원사역을 기억(회상)라는 것으로서의 아남네시스, 성령임재를 구하는 기도, 성찬제정사와 분병례, 분병분잔 등의 순서로 진행되는 것이 좋겠다. 좀 더 예전적인 순서로 드리기를 원한다면 성찬 대감사기도(서문, 인사, 수르숨 코다, 삼성송, 성찬제정사와 분병례, 성령임재를 구하는 기도, 하나님의 어린양 찬양 등의 순서 포함)와 중보기도의 순서를 넣는 것도 좋겠다. 성찬은 보이는 말씀임을 감안하여 분병례를 통해 주님이 행하셨던 성찬의 4중 행동, 혹은 7중 행동을 구체적으로 행하여 보여주는 것이 필요하다. 또한 종교개혁자들이 '권면'의 순서를 가졌다는 점에 제정의 말씀을 중심으로 다시 설교를 하는 것은 결코 바람직하지 않다. 그것은 성찬의 의미가 왜곡되어 있던 시절에 새롭게 개혁하면서 그 의미를 설명해 주기 위한 목적으로 가졌던 점을 고려한다면 제 2의 설교가 나오지 않도록 해야 하고, 성찬과 설교는 반드시 연결되어야 한다는 점을 고려해야 한다. 칼뱅이 말한 대로 성찬에 말씀을 더할 때 그것은 온전한 것이 될 수 있기 때문이다.

- **파송의 예전**

⑮ **결단의 찬송**: 이것은 예배의 자리에서 삶의 자리로 나아가기 전에 결단하면서 드리는 찬양이다. 일반적으로 그날의 예배(설교)의 주제와 연결하여 결단하게 하는 내용의 찬송으로 선곡되어야 한다.

⑯ **위탁의 말씀(Charge)**: 이것은 예수 그리스도의 이름으로 세상 가운데로 나아가는 사람들에게 권면과 약속의 말씀을 들려주는 시간이다. 상처 진 세상에 나아가 하나님의 대리자로 살아가도록 부르시는 하나님의 초청과 권면, 위탁, 약속의 내용을 담는다. 위탁의 말씀은 장황한 내용이나 잔소리를 하는 듯한 내용으로 진행해서는 안 된다. 그날의 예배의 주제와 설교의 내용과 관련하여 간단한 권면과 약속, 주님의 명령을 담은 내용으로 진행할 수 있고, 성구를 사용할 수도 있다. 삶의 자리로 나아가는 예배자들에게 성삼위 하나님께서 주시는 명령과 약속의 내용을 담아야 한다.

⑰ **강복선언(Benediction)**: 축복하는 것은 구약의 전통으로부터 시작되는데 특히 제사장들의 고유 권한이었다(민 6:22~27). 흔히 축도

(祝禱)로 번역하여 사용하기 때문에 '복을 비는 기도' 정도로 혼동하기 쉽고, 그러한 축복권과 관련하여 생각하기 쉽지만 이것은 하나님의 은총을 선언(declaration)하는 행위이다. 그런 점에서 보면 하나님의 복 주심을 선언한다는 의미에서 '축도'라는 용어보다는 '강복선언'이라는 단어가 그 의미전달에 있어서는 더 적절하다. 이것을 복은 비는 기도가 아니기 때문이다. 흔히 한국교회에서는 사도의 축도(고후 13:13)와 아론의 축도(민 6:24~26)가 사용된다. 4세기 말에 공식적으로 나타나고 있으며 개혁자들은 츠빙글리를 제외하고는 공통적으로 아론의 축도를 더 즐겨 사용하였다. 이것은 공적 예배의 자리에서 주어졌음을 감안하여 강복선언을 남발하는 일이 없도록 해야 한다.

예배순서를 위한 첨언

기독교 예배의 4중 구조를 따라 배열할 수 있는 일반적인 예배순서를 개략적으로 살펴보았다. 여기에 다른 순서를 추가할 수도 있고 교회 형편에 따라 생략하거나 다른 형태로 변형시켜 활용할 수도 있다. 다만 예배 사역자들은 예배의 역동성을 위해 어떻게 하면 창의적으로 표현하고 구성할 수 있을 것인지를 늘 숙고하여야 한다. 예배 개혁이라는 긴 터널을 통해 형성된 개신교 예배는 인간의 느낌이나 즐거움보다는 하나님께 초점을 맞추고, 그분께 영광을 올려드리는데 초점이 맞추어졌음을 기억해야 한다. 그러므로 모든 예배 순서 가장 궁극적이면서 최종적인 관심은 천지를 지으시고 인간을 구속하시는 성삼위 하나님의 엄위와 영광으로 사람들을 이끌어 나가는 것이 되어야 한다는 점을 유념해야 한다. 그러므로 기독교의 예배 순서는 온전히 하나님 중심성을 견지해야만 한다. 또한 그것은 성경에서 믿음을 표현하기 위해 사용된 성경적인 것이 되어야 한다. 자발적으로 드리는 즉흥기도와 역사 속에 나타난 기도문이나 예배서에서 예배 신학적 관점을 따라 제시된 기도문 활용까지 형식을 고려하면서도 자유로움을 견지할 수 있어야 한다. 무엇보다도 예배 사역자들과 예배자들은 그것이 가지는 본래적인 의미를 정확히 인식하고 바른 인도와 준비를 할 수 있어야 하고, 예배자들은 그 의미에 걸맞게 바른 자세로 예배를 드려야 한다.

예배의 시간 : 교회력에 대한 이해 15장

> 그리스도인들인 우리는
> 시간과 영원의 교차로에서 살고 있음을 늘 인식해야만 한다.
> 그러나 종종 우리는 그 시간 그 자체가 주는 압박과 요구에 사로잡혀
> 우리의 삶 가운데 함께 하시는 영원하신 분의 임재를
> 희미하게 만들어 버리는 경우가 많이 있다.
> – 로렌스 스투키[1]

    인간은 시간 속에서 살아가면서 그것을 장식하고 그것에 의해 영향을 받으면서 살아간다. 특정 시간에 중요한 의미를 부여하기도 하고, 그 시간에 따라 삶을 진행하며, 행동을 취하면서 살아간다.[2] 그리스도인들은 자연적 시간뿐만 아니라 영적, 종교적 시간을 살아간다. 오늘 여기의 시간을 살 뿐만 아니라 영원이라는 시간과 연결된 삶을 산다. 그래서 그리스도인으로 산다는 것은 오늘의 "시간과 영원의 교차로"(intersection)에서 살고 있음을 의미한다.[3] 기본적으로 기독교 신앙은 인간의 역사 속에 개입해 들어오신 사건을 통해 오늘과 영원이 잇대어 진다는 사실에 기초한다. 그리스도인들은 시간을 따라 진행되는 삶의 여정에서 시간(계절) 속에 담아 두신 놀라운 은혜와 신비

---

1) Laurence H. Stoockey, *Calendar: Christ's Time for the Church* (Nashville: Abingdon, 1996), 17.
2) Adolf Adam, *The Liturgical Year: Its History and Its Meaning after the Reform of the Liturgy* (New York: Pueblo Publishing Co., 1981), vii~viii.
3) Stookey, *Calendar*, 1장을 참조하라.

를 경험하면서 자신의 정체성을 새롭게 확인하며, 감격하고, 예배하고, 동행의 삶을 살면서 성장해 간다. 기독교의 예배는 시간 속에서 이루어진다.

기독교 절기는 예수 그리스도를 허락하시는 구원의 역사를 감사함으로 기억하는데 초점이 맞추어져 있는데 그것을 지킴으로 구원의 은총을 오늘의 삶 가운데 실재화 할 수 있도록 도와준다. 이러한 특성을 따라 준비된 교회력은 모든 예배 절기의 총합이며 일정한 시간의 주기를 통해 이루어졌다.

교회력: 시간의 연합

교회도 예배와 교회의 삶, 그리고 영성 생활을 위한 달력을 갖는다. 이것을 가리켜 우리는 교회력(church calendar), 혹은 예배력(liturgical year)이라고 칭한다. 이러한 교회의 시간을 따라 그리스도인들은 예배하고 신앙생활을 이어간다. 교회력은 본질적으로 과거와 미래가 현재 속에서 만나는 시간적인 특성을 가진다. 즉, 과거를 끌어 당겨서 현재 속에서 맛보는 것으로서의 아남네시스와 미래를 끌어 당겨 오늘 여기에서 미리 맛보는 것으로서의 프로렙시스의 특성을 가진다. 본래 주님의 성찬 명령(고전 11:24~25) 가운데 나오는 '아남네시스'는 단순히 과거를 기억하는 정도의 어떤 두뇌 작용의 하나로 명령하신 것이나 그분이 행하신 일들을 기념하는 정도의 의미가 아니었다. 이것은 과거의 사건을 오늘, 여기로 끌어와 내 경험의 세계 속에서 맛보는 것을 의미하는 용어이다. 스투키는 이것을 성령님의 도우심을 입어 오늘의 삶 가운데서 새롭게 "경험하는 것"으로 설명한다.[4]

---

4) 위의 책, 29.

또한 '프로렙시스'는 미래에 일어날 사건을 오늘 여기에서 경험하는 것을 의미한다. 가령, 우리는 예배와 성찬을 통해 어린 양의 혼인 잔치에서 맛보게 될 그 영광을 오늘 여기에서 미리 맛보게 된다.[5] 교회력은 이렇게 과거와 미래가 현재 속에서 함께 만나고 그 가운데 있었던 하나님의 역사를 새롭게 경험할 수 있도록 짜인 예배의 시간의 모음이다.

교회력은 거의 모든 기독교 예배의 기초가 된다. 교회력은 "시간의 언어"이며, 하나님의 세계와 그가 행하신 일들을 새롭게 체험하게 하는 "커뮤니케이션으로서의 언어"이기 때문에[6] 예배에서 중요성을 가진다. 이렇게 예배의식에서 교회력을 중요하게 여기는 것은 주님의 생애 가운데 일어난 주요 사건들을 늘 기억하게 하며 주님께서 우리를 위해 행하신 모든 것들을 늘 염두에 두고 살도록 하기 위해서이다. 그러므로 교회력을 통해 드려지는 예배를 통해 그리스도인들은 예수 그리스도의 생애와 관련하여 그분에게 허락하신 은혜의 사건들과 베푸신 사랑을 늘 새롭게 경험하게 해준다.

교회력은 단순하게 반복되는 경축이나 연례적인 행사가 아니라 그 사건을 새롭게 기억(회상)하게 하고, 오늘의 사건으로 맛보게 하며 미래의 사건을 예견하게 해주는 역할을 한다. 시간 안에서 일어난 하나님의 구원의 사건은 역시 오늘이라는 시간 안에서 그의 백성들 가운데서 다시 일어나며 경험되는 사건이 된다. 그래서 구약은 하나님의 백성들에게 이러한 절기(교회력)를 명령하시고 지킬 것을 명하신다. 교회에 있어서 그 절기들은 과거의 사건들에 대한 단순한 기념이

---

5) 예배는 본질적으로 종말론적 특성(eschatological character)을 가진다. 이러한 특성을 보기 위해서는 Saliers, 『거룩한 예배』를 참고하라. 특히 3장을 참고하라.
6) James White, *Introduction to Christian Worship*, 3rd ed. (Nashville: Abingdon Press, 2000), 52~53.

아니라 "현재적이고 생생하게 경험될 수 있는 실재"이다. 교회는 이러한 교회력을 따라 예배함으로 하나님께서 창조하신 시간을 가지며 그 풍성함을 누리게 되고 그 시간을 속량하신 그리스도를 통하여 다시 이것을 하나님께 올려드린다. 이것은 오늘이라는 시간을 계속해서 거룩한 삶의 경험과 고백으로 속량하는 방법이 된다.[7]

교회력은 시간 안에서 하나님의 아들을 통하여 행하시는 하나님의 큰 역사하심과 사건들을 새롭게 경험하며, 그리스도인들은 그 사건들이 하나님의 백성들에게 주는 의미를 다시 숙고한다. 그러므로 이러한 교회가 시간을 어떻게 사용하는가는 교회 생활에서 무엇을 가장 중요하게 생각하는가와 관련이 있으며 이러한 시간의 활용이 바로 주장하는 바를 드러내게 된다. 초대 교회 그리스도인들은 그들에게 일어난 사건을 증언하기를 원하였고 과거의 기억을 되살려 그러한 사건, 다시 말해 복음을 기록하여 처음부터 목격자 된 사람들이 전해준 바를 따를 수 있도록 길을 마련한다. 그들은 그 사건을 증거 하려고 했을 뿐만 아니라 늘 그것을 새롭게 경험하기 위하여 부활의 날에 함께 모였다. 그러므로 초대교회 교인들에게는 주일은 '기록된 사건'이었을 뿐만 아니라 해마다 '경험하는 사건'이었다. 이렇게 교회력적 관점에서 보면 예를 들어 성탄도 단순한 설화적인 이야기나 단순히 과거적인 사건이 아니라 오늘 여기에서 일어나고 다시 경험하는 사건이었다.[8]

교회력의 중심: 그리스도

교회력은 그리스도의 삶과 사건을 중심하여 형성되기 때문에 그

---

7) Edward T. Horn, *The Christian Year* (Philadelphia: Muhlenberg Press, 1957), 1장 참조.
8) White, *Introduction to Christian Worship*, 54.

중심은 그리스도이시다. 그리스도는 우리의 영성의 원천이 되시며 교회력에 진정한 의미를 제공하신 분이시다. 그리스도가 없이는 기독교의 교회력은 있을 수 없으며, 교회력을 결정짓는 분도 바로 그리스도이시다. 교회력 가운데는 그리스도의 신비가 나타난다. 그분의 탄생과 지상에서의 삶, 죽으심과 부활하심은 모든 피조물들을 회복시키시고 치유하시는 하나님의 신비의 사건이다. 교회력은 예수 그리스도 안에서 성취된 하나님의 구원 행동을 그 절기를 따라 경축하는 교회의 연속적인 삶의 유형이다. 그래서 아돌프 애덤(Adolf Adam)은 교회력이 가지는 이러한 특성을 "기념하는 경축"(commemorative celebration)[9]이라고 말한다. 하나님의 구원 행동의 핵심에는 그리스도의 수난과 부활이 자리 잡고 있으며, 교회력은 이 두 축을 중심으로 진행된다.

이것은 유대인들의 삶과 영성을 형성했던 절기의 핵심에도 언제나 이스라엘 백성들이 애굽으로부터 구원받은 절기였던 유월절이 자리 잡고 있었다. 출애굽 이야기는 언제나 옛날 이스라엘 백성들의 영성의 핵심 요소였다. 이스라엘 백성들에게 주어진 예배와 교육 명령인 '쉐마'에는 구원의 스토리가 핵심을 이룬다. 자녀들이 절기의 의미, 즉 교회력의 의미를 묻거든 그렇게 가르칠 것을 요청한다:

> 우리가 옛적에 애굽에서 바로의 종이 되었더니 여호와께서 권능의 손으로 우리를 애굽에서 인도하여 내셨으니 곧 여호와께서 우리의 목전에서 크고 두려운 이적과 기사를 애굽과 바로와 그의 온 집에 베푸시고 우리 조상에게 맹세하신 땅을 우리에게 주어 들어가게 하시려고 우리를 거기서 인도하여 내시고... (신 6:21~22).

---

9) Adam, *The Liturgical Year*, vii.

이렇게 출애굽 사건은 이스라엘의 영성 형성과 삶의 표현인 예배력의 가장 핵심 요소가 되는데, 이것은 나중에 이스라엘을 위해 행하신 하나님의 구원의 역사를 새롭게 회상하는 방식으로 지켰던 유월절 축제(Passover seder)로 발전된다. 이것은 단순히 출애굽의 스토리를 되뇌는 차원을 넘어서 그것을 직접 경험하고 구원자와 바른 관계 가운데로 들어가며 언약 준수를 통해 구원자를 온전히 섬기기 위한 목적에서 주어졌다. 그러므로 구원의 이야기는 단순히 이야기 자체를 위해 존재하는 것이 아니라 출애굽의 영성을 따라 살기 위한 목적을 담고 있었다.[10]

여기에서 유대인의 영성과 기독교의 영성 사이의 관련성이 분명해지는데, 그리스도께서 십자가에 달리셨던 때가 유월절 기간이었음은 우연한 일은 아니다. 초대교회는 이스라엘의 구속과 그리스도 안에서의 새로운 구속 사이에 내재하는 관계성을 신속하게 간파한다. 사도 바울은 이것을 "우리의 유월절 양, 곧 그리스도께서 희생 되셨느니라"(고전 5:7)고 표현한다. 초기 기독교 절기는 유대인들의 유월절 축제와 같이 삶을 변화시키는 사건을 다시 경험하고 회상하는 것이었다. 이것은 변형의 사건과 연결되는데, 악의 영과 세상의 악에 충성하던 삶에서 그리스도께 충성하는 삶으로의 변형을 꾀하려는 목적을 가진다. 그러므로 기독교의 영성은 예수 그리스도의 성육신, 삶, 사역, 죽으심, 부활 가운데 동참하는 것이며 이것은 믿음으로 이루어진다. 하나님의 구원의 행동은 교회력을 실행함을 통해서 우리들 가운데 현재화 될 뿐만 아니라 우리들 가운데 내재하게 된다. 그러므로 교회력은 그리스도를 통해 이루신 놀라운 구원의 행동을 경험하고 동참하도

---

10) Webber, *Ancient-Future Time*, 25.

록 하는 영적인 부르심이며 신앙공동체 속에서 하나님의 백성된 사람들이 이것을 성취하도록 부르시는 소명이다.

교회력의 구성

교회력은 그리스도의 신비 전체를 펼쳐 보이는 장(場)이다. 이러한 장은 일정한 주기를 따라 진행되는데, 크게 주 단위로 진행되는 주간 주기(weekly cycle)와 1년 단위로 진행되는 연 주기(annual cycle)로 구분된다. 전자는 주로 주일을 중심으로 해서 진행되며, 후자는 성탄절 절기(Christmas Cycle)와 부활절 절기(Easter Cycle)를 중심으로 진행되는 구조를 취한다. 그 두 절기 앞부분에는 준비를 위한 절기가 배치되고, 그 사이에는 일반절기 기간(ordinary time)이 앞뒤로 위치하는 형식으로 구성된다.

① **주간 주기**: 주일을 중심으로 하여 진행되는 주기로, 이것은 가장 초기 교회 시절부터 주일을 예배일로 지키면서 형성되었으며, 예수 그리스도의 구원의 역사에 대한 경축을 위해 시작되었다. 적어도 주간 주기는 4세기 초, 연 주기가 결정될 까지 교회력의 중심 구조였다. 이때는 부활을 경축하고 구원 사건의 중심을 드러내 주는 파스카 신비(paschal mystery)를 경축하는데 초점이 맞추어져 있었다. 그래서 미국 장로교회의 예배력 자료서에는 "그리스도인들이 절기를 지키는 방식의 기초"(foundation)라고 밝히고 있다.[11] 이 주기의 중심을 이루는 것은 '주님의 날'이었다.

② **연간 주기**: 주님의 날에 복음의 핵심적인 내용들이 경축되었음

---

11) The Ministry Unit of Theology and Worship for the PCUSA and Cumberland Presbyterian Church, *Liturgical Year: The Worship of God*, Supplemental Liturgical Resource 7 (Louisville: Westminster/John Knox Press, 1992), 23.

에도 초대교회는 특정한 날에 구원의 스토리 가운데 특정한 사건을 경축하고자 했다. 그러면서 연간 주기로 진행되는 교회력이 출현하게 되는데 4세기에는 오늘날 지키는 것과 같은 다양한 교회력의 기본 형태들이 자리를 잡게 된다. 사순절, 부활절, 오순절, 성탄절, 대림절 등이 그것인데, 연간 주기는 '빛의 주기'와 '생명의 주기'로 나눠진다.

먼저, 빛의 주기는 대림절과 성탄절, 주현절로 구성되며 이 절기 동안에 예배와 영성 생활의 가장 중심적인 초점은 인간을 구원하시기 위해서 인간의 역사 가운데 침입해 들어오신 하나님의 성육신(incarnation)에 맞춰진다. 예수 그리스도는 우리를 살리시기 위해 이 땅에 오셨고 그 길은 우리를 위해 죽으시기 위해 탄생하신 길이었다. 성육신의 의미는 독립적으로 세워지는 것이 아니다. 니케아 신앙고백이 제시하는 대로 탄생과 죽음은 서로 연결되는 개념이다. 성육신 하신 분은 "하나님으로부터 오신 하나님, 빛으로부터 오신 빛, 참 하나님으로부터 오신 참 하나님"이셨다. 그가 성육신하신 것은 우리를 위한 것이었으며, 우리의 구원을 위해 하늘로부터 내려오셨다. 그리고 우리를 위해 빌라도에게서 고난을 받으셨다.[12] 이렇게 성육신이 빛의 절기의 중심적인 초점이 맞추어지고 있다면 이러한 성육신에 온전함을 가져다주는 세 가지 경험에 의해서 특징이 지어진다. 즉 대림절 기간 동안 우리는 '기다린다'(wait). 성탄절기 동안에 우리는 '기뻐한다'(rejoice). 주현절 기간 동안에 우리가 받은 놀라운 소식을 세상에 널리 드러낸다(manifest).[13] 하나님이 하늘 보좌를 떠나 강림하셨고, 모든 사람들을 악의 세력의 지배로부터 구원하시리라는 오랜 약속의 말씀을 따라 구원의 역사가 구체적으로 현실 가운데 나타났다. 이 놀

---

12) Webber, *Ancient-Future: Time*, 35.
13) 위의 책, 35~36.

라운 은혜를 입은 사람은 그들이 새롭게 간직하게 된 보화와 이 땅에 강림하신 빛 되신 예수 그리스도를 온 세상 사람들에게 드러낸다. 이렇게 빛의 주기는 예수 그리스도의 강림과 성육신에 초점이 맞추어져 있고, 주님 수세일과 참회의 수요일 전까지의 일반절기 기간 등이 함께 연결된다.

둘째, 생명의 주기는 부활절과 관련된 절기이다. 이 주기는 사순절로부터 시작하여 고난주간과 부활절을 지나 오순절 성령강림주일로 끝난다. 이 생명의 주기 이후에는 일반절기가 시작된다. 생명의 주기의 가장 중심 모티프는 죽음과 부활이다. 앞의 주기가 하나님께서 인간의 몸을 입으신 성육신 사건을 강조할 때 이것은 죽음과 부활 가운데 들어가신 사건을 경축한다. 앞의 주기가 예수 그리스도의 인성을 통해 우리 가운데 오시는 하나님에 대해 강조하고 있다면, 이 주기는 그분이 오신 목적을 상기시킨다. 그분은 사탄의 권세로부터 세상을 자유케 하시고 새 생명을 주시기 위해 자기 주심의 희생을 아끼지 않으셨으며 그로 인해 사람들은 구원과 치유, 용서의 은혜를 누리게 된다. 여기에서 예수 그리스도의 탄생과 죽으심은 서로 분리된 내용이 아니라 단일 조각이라는 사실을 염두에 둘 때 이 두 주기는 함께 연결 지어 생각할 수 있다. 또한 이 두 주기는 동일한 패턴을 따르는데 "대망(expectation), 성취(fulfillment), 그리고 선포(proclamation)"로 연결된다. 대림절은 기대와 기다림의 대망의 시간이라면 성탄절은 성취의 시간이고 주현절은 선포의 절기이다. 또한 사순절은 기대와 기다림의 시간이라면, 부활절은 성취의 시간이고 오순절은 선포의 시간이다.[14] 다음 부분에서 이것들에 대해 좀 더 상세하게 살펴보자.

---

14) 위의 책, 95.

교회력에 대한 이해
• 대림절

교회력은 대림절(Advent)로부터 시작한다. 대림절은 예수님의 오심을 기다리고 준비하기 위하여 지키는 절기로 예수님의 탄생을 축하하고 기뻐하는 성탄절로 연결된다. 기다림의 절기인 대림절이 언제부터 시작되었는지는 정확하지 않지만 그 기록이 처음 나타난 것은 4세기 말이다. 성탄절을 앞두고 참회와 금식의 기간을 가졌던 것에서부터 시작되었다. 초기에는 주로 성탄절을 준비하기 위한 금욕적 성격이 강했다. 4세기 후반의 문서는 이 준비의 기간에 대해 "집중적인 신앙 행동의 세 주간"이라고 규정한다. 이것은 세례 준비와 관련되어 있었는데 부활절 아침에 세례를 받기 위하여 40일의 준비 기간을 가졌던 것처럼 주현절에 세례를 받기 위해 준비의 기간이 필요하여 시작되었음을 알 수 있다.

로마에서 대림절은 6세기 중반 이후부터 시작된다. 초기 대림절은 이러한 준비를 위한 절기로 사순절 절기와 짝을 이루어 지켜졌다. 이때는 예수 그리스도의 탄생에 대한 깊은 기다림이 절기의 핵심 요소였다. 예수 그리스도의 다시 오심에 대한 파루시아 대망뿐만 아니라 성육신하신 주님을 기다림에 초점이 맞추어져 있다. 성육신 사건은 우리의 구원의 시작이었으며, 예수 그리스도의 재림을 통해 그것이 완성된다. 심판주로 오시는 주님의 재림을 기다리는 사람들에게 필요한 것은 회개였다. 그래서 대림절은 '회개의 절기'(penitential season)로도 칭해진다. 오늘날과 같이 대림절을 4주간으로 지켰던 것은 11세기 때였는데 11월 30일에 가까운 주일부터 시작하여 성탄절 전야 저녁 기도회 전까지로 종결된다.

본질적으로 대림절은 "하나님이 스스로를 낮추셔서 인간이 되신 시간"이다. 대림절은 하나님의 임재에 대해서 깊은 무관심 가운데 있던 인간들을 돌이키시기 위해 하늘의 보좌를 떠나셔서 스스로를 비우시고(케노시스) 사람의 몸을 입으심으로 하나님으로서의 당신의 속성을 스스로 깨뜨리심으로 인간을 깨우시기 위해 다가오신 절기이다. 차가운 무관심 가운데 서있던 사람들의 역사 가운데로 침입해 들어오셔서 그들을 깨우시려는 하나님의 역사와 깊은 연관을 가진다. 그러므로 초대교회 이래 진정한 빛이 되시는 주님의 도래를 기도와 예전 가운데서 간절하게 기다렸던 그리스도인들은 '마라나타'(Maranatha) 기도를 드려왔다. 이것은 "주여, 어서 오시옵소서"라는 의미를 가진 아람어로 고린도전서 16장 22절에 나오는 기도문이다. 이것은 아람어에서 헬라어로 번역되면서 한 단어로 사용되었지만 본래 아람어에서는 두 단어로 되어 있고 그 의미도 두 가지로 번역되는 단어이다.

첫째는 '마라나 타'(marana tha)인데 이것은 '우리 주여 어서 오시옵소서'(Come, our Lord)라는 뜻을 가진 미래 명령형 형태로 사용되었다. 다시 오실 주님을 간절하게 대망하는 기도였으며, 이것은 기본적인 예배 정신이 되기도 했다. 두 번째는 '마란 아싸'(maran atha)로서 '우리 주님이 오셨다'(Our Lord has come)로 번역할 수 있는 현재 완료형을 사용하여 주님의 임재를 선포한다. 이것은 우리가 이 절기에 오신 주님과 오실 주님을 기다리는 신앙 사이에 서있음을 강조한다. 우리는 이미 이 땅에 강림하신 예수 그리스도의 오심을 경축할 뿐만 아니라 다시 오실 그리스도를 기다림을 새롭게 확인하는 절기이다. 그러므로 대림절은 예수 그리스도의 초림(시작)과 재림(끝) 사이에 서있으며, 이미 이 땅에 오신 분을 간절하게 기다린다. 또한 약속된 하나님의 새로운 세계, "새 하늘과 새 땅"을 기다린다. 이때 예전색은 기다림과 참회의 색깔인 보라색을 일반적으로 사용한다.

- **성탄절**

교회의 절기 가운데서 가장 중심에 위치한 절기가 성탄절이다. 이것은 하나님의 구원의 역사가 구체화 되고 성육신의 신비가 가시화되는 절기이기 때문이다. 하늘의 선물이 이 땅에 전해지면서 하늘의 것들과 땅의 것들이 함께 놓인다. 하나님의 임재가 인간적인 형태로 구체화되는 이 성육신의 신비가 선명하게 보여지는 절기이다. 그래서 로렌스 스투키는 성탄 절기를 "위대한 교환의 절기"(the season of the great exchange)라고 명한다.[15] 성탄절은 예수 그리스도 안에서 신성과 인간성이 교환되는 절기라는 의미이다. 또한 주님의 강림은 우리에게 사망이 생명으로 바뀌고, 순간이 영원으로 바뀌는 축복의 시간이 된다. 이것은 세상 가운데, 우리 가운데 그리스도께서 탄생하심으로 이루어지는 사건이다. 성탄절은 하나님의 신비(mystery)를 경험하기 위하여 나아가야 하며, 그 신비 경험의 한복판에는 성육신이 놓여 있음을 알 수 있다. 성탄절을 가장 잘 나타내는 이미지는 '성육신'과 '신비,' '빛'이다.

오늘 날과 같이 12월 25일을 예수님의 탄생을 경축했다는 기록은 336년 월력에 최초로 언급되는데 문헌적으로는 354년 로마의 문헌에 처음 언급한다. 여기에는 "유대 베들레헴에서 그리스도가 나신 날"이라고 적고 있어서 그때 공식적으로 교회 절기로 지켜진 것으로 확인된다. 로마로부터 시작된 성탄절은 379년에는 콘스탄티노풀, 382년에는 갑바도기아, 388년에는 안디옥 교회 등에서 지켜지기 시

---

15) Stookey, *Calendar*, 105.

작했고 점차 확대되어 이집트와 팔레스틴에서도 축제일로 지켜지게 된다. 로마의 황제 저스틴 2세(565~578)는 성탄절을 로마 제국에 널리 공포하였고, 동방교회에서보다 성탄절을 더 중요한 절기로 의미화하면서 유럽의 중부 지역에서 널리 실시되었다. 그렇게 되면서 여러 지역의 민속 문화와 합해지기도 하고, 성탄과 관련된 여러 문화적 표현과 장식 등이 등장하게 된다. 한국교회에서는 선교사들이 들어온 1885년 이후부터 바로 성탄절이 지켜지게 되는데, 당시 선교사들이 파송 받은 나라에서 지켜지는 성탄절 풍습을 따라 행해지게 되었다. 그래서 한국교회에는 주로 미국과 유럽의 성탄 풍습들이 많이 들어오게 되었다.

성탄 절기는 어떤 프로그램을 진행하느냐가 아니라 베들레헴에 탄생하신 아기 예수님과의 거룩한 만남의 사건이 되어야 하며 그로 인한 경배와 찬양, 드림과 헌신, 고백과 사랑 나눔으로 이어져야 한다. 성탄절이 가지는 예전적 의미는 하늘 보좌를 버리고 이 땅에 내려오신 예수 그리스도의 자기 주심과 성육신의 신비에 있다. 이 세상에 존재하는 모든 악의 권세를 물리치시고 하늘의 생명을 이 땅에 이식시키시려는 하나님의 구원 계획의 절정을 경험하게 된다. 우리는 이제 예수 그리스도 안에서 구체적으로 나타난 하나님의 사랑을 맛보게 되었으며 우리 가운데 거하시는 임마누엘의 하나님을 예수 그리스도를 통해서 구체적으로 만나 뵙게 되었다. 여기에서 중요한 것은 이 신비는 2천 년 전의 사건이 아니라 오늘의 사건이 되어야 한다는 것과 오늘 우리 안에 다시 태어나시는 예수 그리스도를 경축하는데 있다. 예전색은 경축과 축하의 뜻을 담긴 흰색이 사용된다.

- 주현절

흔히 주현절은 '잊혀진 절기'로 인식될 만큼은 한국교회에서는 잘 지켜지지 않고 있는 절기이지만 교회력의 관점에서 보면 가장 오랜 역사를 가진 절기 가운데 하나로 중요한 의미를 가지고 있다. 이것은 초대교회로부터 부활절, 오순절, 성탄절과 함께 지켜온 중요한 절기였으며 빛 되신 예수님께서 나타나심과 그리스도를 통하여 하나님께서 친히 인류 역사 가운데 드러내심을 함께 경축하는 절기로, 결코 간과되어서 안 되는 중요한 예배 전통이다. 주현절(Epiphany)이라는 말은 헬라어 '에피파네이아,' 혹은 '데오파네이아'에서 온 말로 '하나님의 나타나심'(appearance), 혹은 '하나님의 현현'(manifestation)이라는 의미를 가졌다. 본래 이 단어는 그들이 섬기던 신의 가시적 현현, 혹은 신으로 떠받들고 있던 통치자가 그의 영토인 도시에 순시 나왔을 때 사용되던 단어였다. 주현절은 빛으로 오신 예수님의 탄생과 세례 받으심을 함께 축하하는 절기로서 예수 그리스도를 통한 하나님의 현현하심과 나타난 영광, 온 땅의 주인 되신 통치자의 현현에 초점을 맞춘 절기이다. 그러므로 이 절기는 성탄절과 함께 연계하여 지켰고 통합된 절기로 이해되었다.

오랜 기간 동안 교회는 1월 6일을 주현절로 지켜왔는데 이것은 성탄절기 12일의 마지막 종결의 의미를 따라 동방박사들의 도착과 연결하였고, 예수님의 세례와 가나의 혼인 잔치에서 행하신 첫 기적과도 연결하였다. 초대교회에서 주현설은 본래 예수님이 탄생을 축하하는 절기였으며 후에 오늘의 성탄절인 12월 25일을 탄생일로 정해지면서 이방의 방문자들(동방박사)에게 왕으로 오신 주님이 알려진 사건을 통해 성탄절의 완성으로 이해되었다. 역사적으로 주현절을 1월 6일로 정하게 된데도 이교도 축제와 긴밀한 연관성이 있었다. 알렉산드리아에서는 시간과 영원을 지배하는 신으로 알려진 에이온(Aion) 신의 탄생을 축하하는 예식을 1월 5, 6일 밤에 가졌다. 그들은 경건한 의식을 가지면서 이집트의 나일강의 물을 길러와 그것을 용기에 보관하는 행사를 가졌는데 이것에서 예수님의 세례를 기념하는 축제를 갖게 되었다.[16)]

중요한 기독교의 절기의 근원이 이교도 축제에 기인하고 있다는 주장에 대해 우리는 어떻게 이해할 수 있을까? 초대교회 교인들은 그들의 신앙고백을 따라 문화변혁의 원리를 따라 그것을 새롭게 해석하고 의미를 부여한 것으로 이해할 수 있다. 이러한 유래 때문에 주현절은 세례를 위한 중요한 날로 여겨져 왔으며 가나의 혼인잔치의 기적은 예수님께서 물을 포도주로 바꾸셨으며, 물을 보관하고 있으면 에이온 신이 물을 포도주와 같이 만들어 주어 그것을 먹는 사람들은 영원에 잇대어 살게 된다는 잘못된 신앙에 대해 예수님만이 그러한 변화를 가져올 수 있는 분임을 주현절을 통해 증언한 것이다.

4세기 후반 동, 서방의 교회는 빛으로 오신 예수 그리스도의 탄생과 현현에 초점을 맞추어 이 절기를 지킨다. 여기에서 '성육신의 신비'는 가장 중요한 강조점이었는데[17)] 성탄절에 우리는 하나님의 아들이 가난한 목수의 아들로 이 땅에 내려오신 사건에 주안점을 둔다면, 주현절은 이 아기 예수를 통해 이 땅에 빛이 나타나기 시작한 '현현 사건과 그 아기'에 초점을 맞추고 있음을 알 수 있다. 위에서 언급된 세 가지 주현절의 중심 사건들은 모두 예수 그리스도가 어떤 분이신지에 대해 잘 알려주는 사건이며, 바로 하나님의 아들이 이 땅에 나

---

16) Thomas J. Talley, *The Origins of the Liturgical Year* (Collegeville: The Liturgical Year, 1991); Adam, *The Liturgical Year*등을 참조하라.
17) J. A. Jungman, *Public Worship: A Survey* (Collegeville: The Liturgical Year, 1957), 208.

타나심을 경축하는 것이 그 중심을 이루고 있다. 이렇게 주현절은 빛으로 오신 예수 그리스도에게 맞추어지고 있으며 중심 모티프는 그리스도를 통해 온 땅에 나타나는 구원의 빛을 다루고 있다. 이제 모든 사람들이 하나님의 영광을 보게 되었으며 그 빛으로 나아와 구원의 빛에 취하게 되는 절기가 주현절이다. 주현절의 예전색깔은 경축의 색인 흰색을 사용한다.

- **사순절**

참회의 수요일(Ash Wednesday)로부터 시작되어 부활절로 연결되는 사순절은 영적 순례와 참회의 절기이며 영적 자원을 점검하는 절기이다. 사순절은 부활절을 위한 준비 기간으로 그 기원은 교회의 초기 때부터 시작되었으며 새롭게 신앙을 가진 사람들이 세례를 준비하는 절기였다. 유월절(Pascha)이 출애굽 하여 홍해를 건넘으로 노예의 구속과 얽매임으로부터 벗어나 하나님의 백성의 자유를 얻게 됨을 기념하였던 절기였듯이 그리스도의 십자가 사건을 통해 새 생명으로 태어난 사람이 세례를 받음으로 참 자유를 얻는 사건으로 이해하였다. 그래서 초대교회는 부활절은 세례를 베푸는 데 있어 가장 의미 있는 날로 여겼으며, 성금요일과 토요일에 금식하고 토요일 저녁에는 철야하도록 했으며 부활주일 아침 새벽닭이 울 때에 그리스도께서 무덤에서 일어나신 것처럼 몸을 물속에 잠갔다가 일어남으로 세례를 받았다. 이를 위한 준비의 기간을 위해서 사순절을 지키게 되었다. 후기에 다른 의미가 부여되었고 주님께서 40일 동안 광야에 물러나셔서 기도와 묵상으로 보내셨던 것처럼 기도와 묵상의 시간을 갖는 절기로 이해되었다.

사순절을 뜻하는 말, Lent는 게르만족 어에서 유래한 것으로 원래 '봄'을 뜻하는 말이었고 앵글로 색슨 시대에 사용된 라틴어 quadragesima는 '40일'이라는 의미를 가진 말이다. 초기에는 40시간만 지켰는데 예수님이 무덤에 계셨던 시간과 깊은 관련이 있었다. 3세기경에는 부활주일 전 한 주간을 준비기간으로 지키다가 나중에는 30일간을 지키게 되었다. 325년 니케아 종교회의에서 처음으로 40일로 정해졌으며 4세기 이후에는 6주간으로 정해졌는데, 이 기간은 금식과 관련되었기 때문에 주일은 포함되지 않았다. 6주간에서 주일을 빼고 나면 4일이 부족하게 되어 4일을 보충하기 위하여 부활 전 일곱 번째 수요일인 '참회의 수요일'(혹은 재의 수요일)로부터 시작하게 되었다. 여기에서 주일을 빼는 이유는 그 날이 예수님의 부활을 경축하는 날이었기 때문이다.

이렇게 부활주일에 세례 받기 위한 준비기간으로 시작되었던 사순절기는 나중 예수님의 수난과 죽음을 기억하며 참회와 자기 부정의 시간으로 바뀌어갔다. 사순절은 계절적으로 보면 겨울이 지나가고 봄이 오는 길목에서 시작된다. 이 영적 절기는 특별히 우리로 하여금 하나님의 말씀을 향해 마음을 더 넓게 열 것을 요구하며 삶의 모든 영역에서 변화를 열망하라고 요구한다. 또한 우리 안에 있는 어두움과 직면하는 시간이며 그 어두움을 빛 앞에 드러내는 영적 계절이기도 하다. 그래서 사순절은 나의 우상을 깨뜨리는 절기이며 나의 눈을 사랑의 하나님을 향해 고정시키는 절기이다. 뿐만 아니라 어두움을 벗어나 하나님께로 돌아가는 시간이며 자신의 죄를 자백하면서 잘못된 삶을 새롭게 하는 시간이다.

사순절의 정점은 고난주간(Holy Week)이다. 이것은 예수님의 십자가 수난을 깊이 기억하고 그 사랑을 감사하며 그 고난의 여정에 함께 동참하는 절기이다. 주님께서는 이 주간에 예루살렘 입성, 성전 정화, 감람산에서의 가르치심, 세족과 제자들과의 마지막 식사, 겟세마네에서의 기도, 체포와 심문, 십자가에서의 죽으심과 묻히심 등의 사건을 수행, 혹은 경험하신다. 이 주간은 고난주간(Passion week), 성주간(Holy Week), 대주간(Great week) 등으로 다양하게 칭해지는 그것이다. 매 주일을 부활주일로 지키던 것이 초대교회의 전통이었고 그리스도의 수난, 죽음, 부활을 함께 기념하고 감사하는 통합절기로 부활절기를 지켜왔는데 수난주간만을 분리하여 드리게 된 것은 주로 4세기경부터 예루살렘을 중심으로 일어났다. 당시 예루살렘을 찾는 많은 순례자들을 보면서 그리스도와 관련된 사건이나 장소에서 각각 따로 분리하여 예배하는 것이 훨씬 의미가 있다고 생각하면서 그들에게 그리스도께서 남기신 마지막 발자취를 따라 순례하며 그곳에서 예배하고 주님의 놀라운 십자가 사랑을 감사하고 죽으심을 기념하는 예배와 행사를 갖게 하였다. 이러한 수난주간 행사가 널리 퍼져 나가면서 주님의 고난과 마지막 주간을 기념하는 절기로 자리매김을 하게 되었다.

성주간은 종려주일로부터 시작하는데, 예수님께서 어린 나귀를 타고 예루살렘에 입성하실 때 제자들과 무리들이 종려나무 가지를 베어 길에 펴면서 호산나를 외치며 환호하였던 사건을 기념하는 주일이다. 교회는 4세기경부터 종려주일을 기념하기 시작하였는데 종려나무를 들고 행진하거나 교회에 들어오기도 했고 중세에는 십자가를 맨 앞에 세우고 찬송을 부르며 행진하기도 했다. 이렇게 성주간은 주일에는 예루살렘 입성(개선의 날), 월요일은 성전 정화와 열매 없는 무화과나무의 저주(권위의 날), 화요일은 권위에 대한 질문 받으심과 종말에 대한 예언(변론의 날), 수요일은 베다니에서 휴식, 향유 부음(휴식의 날), 목요일은 유다의 배반, 제자들의 발 씻기심(준비의 날), 금요일은 겟세마네 동산에서 기도하심, 잡히심과 심문, 십자가에 달리심과 죽으심(고난의 난), 토요일은 무덤 속에 계심(비애의 날) 등의 사건으로 배열된다.

특히 성목요일부터 성토요일까지를 파스카 삼일, 혹은 성삼일(Easter Triduum, 혹은 Sacred Triduum) 절기로 지키기도 한다. 성삼일은 본래 성금요일, 성토요일 부활주일로 이루어져 있었고 예수 그리스도의 십자가 사건과 죽으심, 부활의 신비를 함께 연결하여 기념하였는데 나중에는 주님이 성찬을 제정하신 성목요일부터 성토요일까지로 지키게 되었다. 이것은 주님의 만찬으로 시작하여 부활절 전야 철야기도회로 종결되면서 부활의 아침을 기다리게 된다. 성목요일은 우리에게 주신 은혜를 기억하며 성찬과 세족식을 거행한다. 또한 이 날을 세족목요일(Maundy Thursday)이라고도 하는데 주님이 주신 새 계명(요 13:34)을 따라 화해와 용서를 실천하는 날로 삼기도 했다.

성금요일에는 주님의 수난, 십자가와 죽으심을 깊이 묵상하는 날로 십자가의 사건으로 인해 주어지는 복음의 소식을 전하는 날이기도 하여 Good Friday라고 칭하기도 한다. 이 날은 그리스도 수난의 절정에 이르는 날로 교회는 전통적으로 그리스도께서 십자가에 달리시고 고난이 절정에 이르는 시간에 복음서의 말씀(마 27:45; 막 25:33; 눅 23:44)을 함께 읽으면서 3시간 동안 예배를 드렸다. 이때는 주로 가상칠언을 중심으로 말씀을 묵상하며 예배를 드리기도 하고 요한의 수난 내러티브를 중심으로 묵상하면서 예배를 드리기도 했다. 성금요일은 가급적 금식을 통해 주님의 고난에 동참하고 십자가를 통해 보여주신 하나님의 크신 사랑을 묵상하면서 보내는 시간이다.

성토요일은 성삼일의 마지막 단계인데, 이 날은 침묵 가운데서 주님을 부활을 간절히 기다리게 된다. 전통적으로 이 날에 부활 전 철야기도(Easter Vigil)를 가졌다. 토요일 황혼녘에 시작하여 부활주일 새벽에 끝이 난다. 회중들은 어두움 가운데서 교회로 들어가 동이 터 오면서 새 날이 밝기 시작할 때 교회당을 떠난다. 이때 세례식과 세례 갱신예식이 주어지기도 했다. 세례는 그리스도의 죽음과 부활에 연합하는 것으로 부활의 아침, 그리스도께서 무덤에서 일어나신 것처럼 몸을 물속에 잠갔다가 일어남으로 세례를 받았다.

- **부활절**

부활절은 교회력의 핵심일 뿐만 아니라 모든 그리스도인에게 영성 형성을 위한 소중한 절기 중의 하나이다. 주님의 부활 사건은 기독교 신앙의 핵심 일 뿐만 아니라 교회 시작의 근본 동인이었고 예배의 이유였으며 또한 예배일이 달라지게 했다. 기독교 설교도 예수 그리스도의 부활을 증거하기 위해 시작되었다. 초대교회는 매주일을 부활절로 지켰으며 주님의 부활에 대한 감격뿐만 아니라 부활에 대한 소망을 안고 기쁨의 절기로 지켰다. 예수님은 부활하신 이후 제자들을 만나셨으며 그들에게 부활의 사실을 확인시켜 주셨다. 그리고 그 소식을 온 세상에 전하도록 명령하셨다. 40일째 되던 날 승천하셨고 10일 후에는 성령님을 제자들에게 보내주셨다. 이러한 점 때문에 성령강림절 이전까지 초대교회는 7주간을 부활절기로 지키면서 우리 주님의 부활을 경축하였다.

초기 기독교 공동체는 하나님의 구원의 역사의 기념(memorial)으로 지켰던 유월절 절기에 하나님의 구속 역사의 완성인 예수 그리스도의 죽으심과 부활을 경축하는 변화가 일어나게 되었다. 2~3세기에는 유대인들의 유월절 날짜인 니산월 14일[18]을 이 빠스카 신비의 연례 경축일로 삼아야 하는지에 대한 논의가 계속되었다. 매 주일 이것이 행해야 할지, 연례적으로 니산월 14일 이후 주일에 지켜야 할지에 대한 논의였다. 첫 번째 대안은 주로 소아시아와 시리아 지역의 그리스도인들 사이에서 주어졌는데 그들이 취하는 관점 때문에 그들은 "유월절 준수 논쟁주의자"(Quartodecimans)라고 불리기도 했다. 로마와 다른 지역교회는 다른 대안적인 선택을 취하였는데 소아시아의 감독이었던 서머나의 폴리갑과 에베소의 폴리크라테스, 그리고 아니세투스(Anicetus)와 빅터 1세 교황 등이 이런 입장을 취하였다. 부활절을 지키는데 있어서 사도적 전승이 제시하는 방식을 취하여야 한다는 주장이었다.[19] 결국 325년 니케아 공의회에서 부활절 날짜에 대한 논의의 종지부를 찍게 되는데 춘분 후 만월이 지난 첫 주일에 부활절을 지키기로 결정한다.[20] 그래서 부활절의 날짜는 5주 기간 동안(3월 22일~4월 25일)에 매년 다양한 날짜에 지켜지게 되었다. 이로써 부활주일은 그 날짜가 고정되지 않고 '이동 가능한' 교회력 절기가 되었다.[21]

---

18) 이 날을 흔히 봄이 시작되는 첫 달로 생각했으며 만월 후 첫날에 해당하는 날이 니산월 14일이었다.

19) Adam, *The Liturgical Year*, 58~59. 이러한 초기의 논의들을 살펴보면서 우리가 내릴 수 있는 결론은 부활절은 2세기에 가장 활발하게 논의가 되었지만 1세기부터 지켜져 왔다는 것이다. 가이샤랴의 유세비우스가 쓴 문헌에 분명하게 나타나고 있는데 그는 이러한 논쟁에 대해 상세하게 설명해 준다. 부활 절기에 그들은 성찬을 행하였으며 그 절기 전에는 금식을 하였다. 날짜에 대해서 다소 다름이 있기는 하지만 부활 절기는 파스카 신비를 경축하는데 그 목적이 있었다. 로마교회와 다른 교회들이 예수 그리스도의 부활과 승천에 더 강조점을 두었던 반면 유월절 준수 논쟁주의자들은 예수 그리스도의 구속의 죽으심에 더 강조점을 두었다.

20) 이러한 결정으로 유월절과 같은 날에 부활주일을 지킬 수 없게 되었고 니산월 14일이 주일이면 부활절은 그 다음 주일에 지키는 것으로 결정한다.

21) 최근 부활절 날짜에 대해서 여러 가지 관점에서 논의되는 가운데 고정된 날짜로 지켜야 바람직하다는 주장들이 제기되고 있다. 그러한 주장에는 예수 그리스도의 부활 사건이 역사적 사건인 만큼 태양력에 의해 동일한 날에 지켜져야 한다는 것이다.

그리스도의 탄생과 죽으심, 부활과 재림 안에서 완성된 우리의 구원 역사를 매년 재현하는 교회력에서 부활절기(Pascha)는 가장 중심적인 절기였으며, 그 기간도 단순히 하루로 끝나는 절기는 아니었고 부활주일로부터 시작하여 성령강림절까지 이어지는 절기였다는 유념할 필요가 있다. 초대교회는 초기부터 구약의 유월절이 예수 그리스도의 십자가와 부활 사건을 통해 완성되었음을 확인하게 되면서 부활절을 중심 절기로 여기게 되었다. 신약성경에 이러한 정황을 가늠할 수 있는 기록들이 있지만(고전 5:7~8) 정확한 것은 교회가 2세기 초부터 이 절기를 지키고 있었다는 사실이다. 처음 3세기 동안 교회는 이 파스카 절기를 통해 그리스도의 고난과 죽으심, 그리고 부활을 함께 기념했지만, 4세기가 지나가면서 부활절은 따로 분리되었고, 성주간(Holy Week)이 완성되어 성목요일, 성금요일, 고난주일, 혹은 종려주일 등으로 나뉘게 된다. 초대교회는 초기부터 큰 기쁨과 승리

제 2바티칸 공의회 이후 나온 문서에서도 그러한 주장에 대해 크게 반대하지 않는다. Second Vatican Council, *Constitution on the Sacred Liturgy* (Minnesota: Liturgical Press, 1963), Appendix, 참조. 마틴 루터도 부활절 날짜와 관련하여 매년 날짜가 바뀌는 것에 대해서 불편한 심기를 감추지 않았다. 그래서 그는 부활절의 날짜가 늘 바뀌는 것에 대해서 "흔들리고 있는 축일"(wobbling feasts)이라고 칭하기도 했다. 그는 성탄절, 신년, 주현절처럼 주님이 우리의 구원을 완성하신 날인 십자가에 달려 돌아가신 날과 부활하신 날을 정확히 정해야 한다는 입장을 취한다. 세계교회협의회(WCC)는 1975년 11월에 나이로비에서 모인 5차 총회에서 전 세계 교회가 받아들일 수 있는 고정된 부활절 날짜를 선정하려는 시도를 했으나 정교회의 반대 때문에 이루지 못한다. 배부된 질의서에 대해 각국 교회가 회답해 온 것을 분석한 결과 대부분이 세계 공통으로 지킬 수 있는 고정된 부활절 날짜를 원하고 있었다. 그러나 여기에서 제기되는 질문은 예수 그리스도의 부활하신 날짜를 현대 달력으로 정확히 표현하는 것은 한계가 있다는 점이다. 그럼에도 불구하고 이것을 긍정적으로 받아들이는 학자들은 예수님이 십자가에 달려 돌아가신 날을 30년 4월 7일 금요일이었을 가능성을 제시한다. 그렇다면 예수님이 부활하신 날은 AD 30년 4월 9일, 수일이 역사적으로 볼 때 주님의 부활하신 날로 가장 가능성이 높은 날짜라고 주장한다. 이러한 논의에 대해 보다 상세한 것은 Adam, *The Liturgical Year*, 60를 보라. WCC의 논의를 보기 위해서는 *Ecumenical Review* 23, (1972) 참조하라. 항구적인 부활절 날짜를 정하는 일에 대한 논의에 대해서 보다 자세한 내용을 보기 위해서는 "Excursus: The Problem of a Perpetual Calendar," in Adam, *The Liturgical Year*, 289~302쪽을 참조하라.

의 분위기 가운데서 이 절기를 지켰다. 그들은 현대 교인들이 도무지 이해할 수 없는 차원의 기쁨과 승리의 감격을 맛보았다. 그리스도의 부활은 예배의 내용과 날짜가 바꾸어지게 했으며 엄청난 박해 속에서도 생명을 걸고 모일 수 있게 했던 이유였다. 예수님의 부활사건은 그들로 하여금 생명을 걸고 그것을 전하게 했던 예배와 전도의 원동력이었으며 기쁨의 사건이었다. 그래서 니케아 종교회의는 이 기간에 무릎을 꿇는 일을 공식적으로 금지할 정도로 부활의 기쁨이 강조되었다. 이때는 예수님 말씀대로(마 9:15) "신랑과 함께 있음"의 시간이었기 때문에 부활하신 주님으로 인해 큰 기쁨을 누렸던 시간이었다. 또한 부활절 전야 철야기도회(Easter vigil)에서 세례를 받은 사람들에게 새 옷이 입혀졌는데[22] 그 때문에 흔히 '흰옷을 입는 절기'라고도 불리었다. 세례식에서 흰옷을 주었다는 것은 물로 씻긴 사람은 그리스도의 생명을 받았으며 영광의 광채를 덧입었다는 것과 생명이 새롭게 부여되었다는 의미였다.

여기에서 50일은 유대인들의 시간 개념을 반영한 것으로 흔히 파스카 옥타브(Pascha Octave)[23]로부터 시작하여 50일째 되는 오순절 성령강림주일로 끝난다. 이것에 대해서는 다양한 명칭이 사용되었

---

22) 세례식은 초대교회에서는 주로 부활주일 새벽에 거행되었는데 거친 옷을 입고 맨발로 나온 후보자의 옷은 벗겨지고 사탄을 거부하는 고백과 축귀예식과 기름부음이 행해졌으며 그리스도께만 충실하게 붙어 있을 것을 서약한 후 세례를 받고 물에서는 나온 새 그리스도인에게는 다시 머리에 기름이 부어졌으며 흰옷이 입혀졌다. 이때 새 신발도 신겨지고 촛불도 들려졌다. 그리고 그들은 예배 공동체에 가입하기 위한 행진을 하였다. 보다 상세한 내용을 위해서는 Laurence H. Stookey, *Baptism: Christ's Act in the Church*, 김운용 역, 『하늘이 주신 선물, 세례』(서울: WPA, 2013), 5장을 참고하라.

23) 이것은 부활절로부터 시작하여 8일 동안 지켜지는 절기였는데 구약의 유월절과 무교절, 그리고 부활주일 후 8일이 지난 다음에 의심하는 도마에게 나타나신 사건과 연관을 가지고 지켜졌다. '흰옷을 입는 주간'이었고 새 세례자뿐만 아니라 회중 전체를 위한 신비 교육(세례 교육)이 이루어졌다.

는데 부활(파스카) 절기, 기쁨의 50일, 혹은 대 50일(The Great Fifty Days)이라고 불렀다. 이 시기에는 주로 그리스도의 왕권과 다스리심, 그로 인한 기쁨과 부활의 증인으로서의 선교적 책임 등이 강조되었다. 이 절기에 주어지는 기쁨과 신학적 의미가 중요했기 때문에 단 하루로 만족할 수 없었고 그 감격과 희열을 표현하고자 했던 열망이 담긴 절기였다.

- **성령강림절**

성령 강림은 승천하신 예수님이 우리 가운데 임재 하신다는 사실을 보여주는 가장 명확한 표지였다. 교회는 바로 이 임재를 지속적으로 나타낼 사명을 부여 받았다. 성령강림절은 구약에서는 유월절에서 오순절까지의 기간을 호멜절을 지켰는데 그 전통과 연결된다. 오순절은 유월절 이후 50일째 되는 날에 지켰던 절기로 맥추절이나 칠칠절(출 23:16, 34:22) 등과 동일한 절기로 추수한 것으로 감사를 올려드렸던 절기였다. 처음 얻은 곡식에 대해 감사했던 절기로부터 시작하였지만 후대에 유대인들은 이것은 시내산에서 십계명이 주어진 날로 재해석하였는데 신앙의 확립을 기념하는 날로도 지켜졌다. 그들은 이날을 야웨 하나님께서 양식을 공급해 주셨을 뿐만 아니라 민족의 신앙을 새롭게 확립해 주신 날로 경축하였다. 그래서 이 절기에 경건한 유대인들은 예루살렘을 찾았고 신성히게 지켰던 질기였나(행 2:9~11). 이스라엘 백성들이 출애굽 이후 시내광야에 50일 만에 도착한다(출 19:1). 그들은 시내광야에서 율법을 받았고 하나님과 새 언약을 수립하게 되는데 감사의 절기였던 오순절을 십계명을 받고 새 언약을 체결한 날로 재해석하여 기념하게 된다.

성령 강림절은 교회의 새로운 출발이라는 의미를 담고 있는데 주님께서 성령을 보내주시겠다고 한 약속 성취의 절기이다. 사도들은 주님의 약속과 명령을 따라 한곳에 모여 간절히 기도하면서 성령의 강림을 기다렸고 오순절이 이르렀을 때 급하고 강한 바람과 같은 소리와 불의 혀같이 갈라지는 것을 보여주시며 모인 사도들 가운데 충만하게 임한다. 이것은 구약의 요엘 3장 1~5절의 예언의 성취로 하나님의 구속 역사의 완성이라는 의미를 지닌다. 성령강림과 함께 지상교회가 세워지고 이제 힘차게 복음 전도가 시작된다. 제자들은 성령 강림과 함께 담대하게 나가 복음을 전하였고 지역 교회를 세워나간다. 예수님의 명령이자 약속인 사도행전 1장 8절 말씀대로 그들은 예루살렘과 온 유대와 사마리아와 땅 끝까지 이르러 주님의 증인되는 일에 전력하게 된다. 바벨탑 이후 언어의 불통과 흩어짐의 현상들이 성령 강림과 함께 소통의 역사가 일어나면서 공동체가 세워지고 있음을 볼 수 있다. 인간의 교만은 사람들을 흩어지게 만들었지만 강림하신 성령님께서는 공동체를 회복시키고 있다. 성령 강림에 힘입어 시작된 전도로 3천명이 회개하고 세례를 받은 사건과 관련하여 초대교회는 이때를 부활절 새벽과 함께 세례를 받는 가장 중요한 날로 여기게 되었다.

③ **평상절기**

평상절기(ordinary time)라는 용어는 2차 바티칸 공의회 이후 교회력 개정 과정에서 처음 사용되었다. 주현절 이후로부터 사순절 이전까지, 성령강림절 이후부터 대림절 이전까지의 절기를 총칭한 용어인데 그 용어 자체도 오해를 불러일으킬 수 있었지만 그것을 한국어로 "비절기 기간"이라고 번역한 용어에는 더욱 문제를 야기하게 되었다. 예수님을 통한 하나님의 구속 역사를 중심으로 이어지는 교회력 가운데서 특별한 절기가 없는 기간이라는 의미를 담기 때문에 이것은 적절한 용어가 아니다. 이것은 흔히 통상절기, 혹은 특별절기(extraordinary time)로도 불리기도 한다. 이것은 절기가 없는 덜 중요한 시기라는 의미를 벗어나기 위해서인데 일반성 속에 담긴 독특한 측면을 보여주는 절기이다.[24] 주현절 후 몇 번째 주일, 혹은 오순절 후, 혹은 성령강림 후 몇 번째 주일로 칭해진다. 이때는 성숙과 성장, 제자도의 실천과 선교를 위한 절기이며, 주일이 현저하게 두드러지는 특징을 가지는데 이때는 계속되는 주일에 그 강조점을 둔다. 주일예배는 "역사 속에서의 하나님의 구원 사건을 기억"하며 예배 가운데 임재하시는 "하나님의 새로운 임재를 경험하는 자리"이고, "새 하늘과 새 땅에서 이루어질 하나님의 구원 사역의 완성을 소망"한다.[25]

이것은 빛의 절기와 생명의 절기 끝부분에 위치하게 되는데 주현절이 지난 후부터 사순절이 시작되는 참회의 수요일 전까지 5주에서 7주에 이르며, 성령강림절 후부터 대림절 전까지의 긴 시간을 일반절기로 칭하게 된다. 이것은 대림절 전까지 23주에서 28주에 이르는 긴 기간으로 흔히 절기가 없는 기간으로 알려져 있지만 이때는 하나님의 다스리심을 인정하면서 제자도와 선교(전도), 성숙을 위한 절기로 이해되는 시간이다. 이때는 아무 절기가 없는 시간이 아니라 하나님 나라의 시민이 된 사람들은 그분의 말씀을 실천하고 선교 명령을 수행하면서 자신의 성숙과 선교에 주력하는 절기로 이해된다. 역사 속에서 일하시는 하나님의 구원 사건을 경축하는 것에 초점이 맞추어진

---

24) 엄밀히 말하면 '일반절기'라는 용어도 그렇게 적절한 용어는 아니다. 교회력에 포함되지 않는 감사절, 종교개혁 주일과 같은 절기를 '일반절기'로도 분류하기 때문이다. 그래서 여기에서는 '평상절기'로 칭한다. 그래도 주일에 강조점을 둔다는 점에서 보면 이것이 근접한 의미를 담고 있다는 생각해서 사용하였다.

25) Robert E. Webber, *Ancient-Future Time: Forming Spirituality through the Christian Year* (Grand Rapids: Baker Books, 2004), 8장 참고.

시간이다.

일각에서는 이 기간에 왕국절(Kingdomtide)이란 절기를 삽입하여 지키고 있는데 이것은 미국연합감리교회 예배서를 토대로 한 것으로 8월 마지막 주일부터 대림절 전까지 13~14주간을 지킨다. 왕국절은 하나님 나라에 대해 묵상하면서 예수님의 가르침을 실천하는 절기로 성장과 활동에 초점을 맞춘다. 한국 기독교장로회에서는 비슷한 기간(9월부터 대림절 전까지)을 창조절이라고 명명하여 지키고 있는데 그렇게 시간을 정한 것에 대한 명확한 설명은 없다. 생태계가 심각하게 파괴되고 있는 때에 하나님의 창조 세계의 아름다움을 경축하며 하나님의 창조 섭리와 환경 문제를 깊이 생각하며 생태계 보존을 위한 삶의 실천에 중점을 둔다는 점은 의미가 있다. 이것에 대한 시기를 8월 말, 혹은 9월로부터 시작한 것은 이것을 성부 하나님의 절기로 이해한데서 기인한다. 대림절에서 부활절에 이르는 절기는 성자 예수 그리스도가 중심을 이룬다면(약 6개월), 오순절까지와 여름 절기를 성령님이 중심을 이루는 것으로 보았으며(약 3개월), 가을 절기는 성부 하나님이 중심이 되는 절기가 되어야 한다는 이해에서 비롯된다. 상당히 인위적인 특성을 가지고 있어 선택적으로 사용할 수 있다는 입장을 취하고 있으며 예배학 주류에서는 이 명칭을 공식적으로 교회력에 포함시키고 있지 않다. 이 기간 동안에 주님의 수세일, 삼위일체 주일, 왕이신 그리스도 주일, 제성절 등이 위치하고 교회력에 포함되지 않는 감사주일(맥추, 추수)과 종교개혁주일 등이 포함된다.

교회력과 예전색
교파나 교단에 따라서 다소 차이가 있지만 일반적으로 개신교회 진영에서 지켜지고 있는 교회력과 일반절기, 예전색을 정리하면 다음과 같다.

- **대림절/성탄 절기**

  대림절: 교회력의 시작이며 성탄절 전의 4번의 주일과 평일로 구성된다. 보라, 종종 청색이 사용되기도 하며 세 번째 주일에는 기쁨의 표시로 핑크색이 사용되기도 한다.

  성탄절: 12월 25일부터 1월 5일까지 12일 동안의 기간으로 경축, 기쁨, 빛, 순결의 뜻을 담아 흰색 사용한다.

  주현절: 1월 6일이며 기쁨과 경축의 의미를 담아 흰색, 혹은 황금색을 사용한다.

  주님의 수세주일: 주현절 후 첫 번째 주일에 지켜지며 예전색으로는 흰색을 사용한다.

  평상절기(ordinary time): 주현절 이후 1월 7일부터 참회의 수요일 전날까지 기간이며 생명과 성장의 뜻을 담아 녹색을 사용한다.

  산상변모주일: 사순절이 시작되기 바로 전 주일이며, 예전색으로는 흰색을 사용한다.

- **사순절/부활절기**

  사순절: 부활절 전까지 주일을 제외한 40일 동안의 기간(고난주간 포함), 고난주간을 제외하고 참회와 엄숙함의 뜻을 담아 보라색을 사용한다.

  참회의 수요일: 참회와 엄숙함의 뜻을 담아 보라색을 사용하며 죄성(罪性)의 죽음이라는 뜻을 담아 검정과 회색을 사용하기도 한다.

종려(고난)주일: 예수님의 수난과 보혈의 뜻을 담아 빨강색을 사용한다. 주님의 승리와 충성의 뜻을 담아 황금색과 흰색을 사용하기도 하며, 참회의 뜻을 담아 보라색을 사용하기도 한다.

고난주간(Holy Week): 성삼일(Paschal Triduum), 즉 세족 목요일(Maundy Thursday), 성금요일, 성토요일이 중심을 이루며 예전색은 빨강, 성금요일엔 죽음과 슬픔의 뜻을 담아 검은 색을 사용하기도 한다.

부활주일: 춘분 이후 만월이 지난 첫 주일에 지키며 승리와 경축의 뜻을 담아 흰색, 혹은 황금색 사용한다.

기쁨의 50일 절기: 승리와 충성의 뜻을 담아 흰색 혹은 황금색 사용한다.

승천일(부활절 후 여섯째 목요일): 승리의 기쁨을 담아 흰색 혹은 황금색 사용한다.

- **성령강림절과 그 이후 절기**

    오순절 성령강림절: 부활주일 후 7번째 주일로 불같은 성령의 강림의 뜻을 담아 빨강색 사용한다.

    평상절기(ordinary time): 성령강림절 후 월요일부터 특별 주일을 제외하고 대림절 전 주간까지 성장과 성숙의 뜻을 담아 녹색 사용한다.

    삼위일체 주일: 성령강림절 후 첫째 주일에 지키며 승리와 경축의 뜻을 담아 흰색, 혹은 황금색 사용한다.

    왕 되신 그리스도 주일: 대림절 바로 직전 오순절 마지막 주일에 지키며 현재와 미래의 왕이 되시는 그리스도를 경배하는 의미를 담아 흰색, 혹은 황금색 사용한다.

제성절(All Saint's Day): 11월 첫째 주일에 지키며 그리스도 안에서 승리한 모든 성도를 기억하는 주일이다. 승리와 경축의 뜻을 담아 흰색 사용한다. 만성절, 혹은 모든 그리스도인의 절기로도 칭한다.

성서정과

성서정과(lectionary)[26]는 주일 공예배의 설교를 위해 정선되고 계획된 성경본문을 모은 성구집으로 교회력에 따라 3년 주기로 전체 성경을 설교할 수 있는 구조로 구성되어 있다. 이것은 유대교 회당 전통에서 그 근거를 찾을 수 있지만 교회 역사에 구체적인 문헌의 근거는 4세기 때부터 나타난다.[27] 초대교회는 지난주에 읽은 부분부터 이어서 읽어가는 형식의 성서정과를 사용하였는데[28] 교회는 이것을 사용하면서 보다 체계적인 성경읽기와 설교를 위해 구성된 성구집을 갖게 되었고 매일의 경건생활을 위한 성구까지 포함하게 되었다. 5세기 이후에는 서방교회를 중심으로 성서정과의 사용이 확산되는데 당시 6개의 교회력[29]이 결정됨에 따라 그 절기에 선포할 말씀과 관련하여 성서정과가 제시된다. 그러나 중세 교회는 성찬 중심의 미사에 집중하면서 점점 성서정과에 대한 관심이 약화되었고 오늘날과 같은 성

---

26) 일반적으로 '성서일과'라는 용어가 널리 사용되었으나 이것은 매일기도와 경건생활을 위한 성구까지를 포함하였으나 주일 공예배의 설교를 위한 성구집을 지칭하는 말로 구분하여 '성서정과'라는 용어를 사용한다.

27) 콘스탄티노플의 크리소스톰이나 밀란의 감독이었던 암브로시스의 기록에서 찾을 수 있다. 성서일과의 역사적 발전에 대해서는 정장복 편저, 『교회력과 성서일과』(서울: 대한기독교서회, 1996), 2장을 참고하라.

28) The Consultation on Common Texts, *The Revised Common Lectionary* (Nashville: Abingdon Press, 1992), 9.

29) 대림절, 성탄절, 주현절, 사순절, 부활절, 오순절 등이 그것이다.

서정과의 본격적인 발전은 19세기 중반 예배 복고운동과 함께 시작된다. 특히 스코틀랜드장로교회가 예배서를 개정하면서 성서정과를 채택하게 되는데 이때는 2년 주기로 구약, 서신서, 복음서를 중심으로 구성되었다.[30]

로마 가톨릭교회에서도 1969년 제 2 바티칸 공의회 이후 5년 동안의 작업을 거쳐 3년 주기의 성서정과(Ordo Lectionum Missae)를 내놓게 된다. 이러한 영향을 받아 1970년대에 개신교 진영에서도 가톨릭의 것을 바탕으로 성서정과를 제정하게 되는데 1970년에는 미국 장로교회가, 1973년에는 미국의 성공회가 예배서에 성서정과를 채택하여 넣게 되었고, 미국의 루터교회와 감리교 등이 그 뒤를 따른다. 이렇게 교파마다 다양한 형태가 제시되면서 성서정과에 대한 통일을 위한 움직임이 일어나는데, 1972년에 '교회연합 협의회'(Consulta-tion on Church Union)가 결성되면서 영어권 12개 교단이 연합하여 1978년 초에 시작하여 1983년에 '공동성서일과'(Common Lectionary)를 출간하게 된다.[31] 이것은 획기적인 발전을 한 형태였지만 그 이후 각 교단과 교회들, 그리고 개인들의 평가를 거쳐 성경의 활용,[32] 성서정과에서의 여성의 위치, 공동 교회력의 문제 등이 제

---

30) The Church of Scotland, *Book of Common Order of the Church of Scotland* (Edinburgh: Oxford Univ. Press, 1940).
31) 그것은 공동성서일과 위원회(Consultation on Common Texts)의 후원으로 워싱톤 DC에서 첫모임을 갖게 되며 '북미 교회력과 성서정과 위원회'(North American Committee on Calendar and Lectionary)를 결성하고 작업에 들어가게 된다. 여기에는 로마 가톨릭교회, 성공회, 장로교회, 루터교, 연합감리교회 등의 목회자들과 각계의 신학자들이 참여하여 1983년에 출판하게 된다. 이것은 1984년에 당시 장로회신학대학교 교수였던 정장복에 의해 한국교회에 처음 소개되는데 1984년부터 '예배와 설교 핸드북'이라는 이름으로 성서정과에 따른 설교 자료집이 출판되기 시작했다. 1992년 이후에는 '개정 공동성서정과'를 따라 지금까지 매년 출판되고 있다. 한편 독일의 성서정과는 김종렬에 의해 한국교회에 소개되는데 '예배와 강단'이라는 제목의 책으로 설교 자료집이 출판되었다.
32) 예를 들어 어떤 성경 본문은 너무 길고, 어떤 것은 너무 짧기도 하고, 다소 부정적으로

기되었다.[33] 이러한 문제점들을 보완하기 위하여 그 이후 9년간의 작업을 거쳐 1992년에 '개정 공동성서일과'(The Revised Common Lectionary)를 출간하게 된다. 이것은 복음서가 중심을 이루는 3년 주기로 구성되었고 교회력의 특징을 따라 대림절 주일부터 시작한다. 첫해(Year A)에는 마태복음이, 그 다음 해(Year B)에는 마가복음이, 마지막 해(Year C)에는 누가복음이 편성된다. 요한복음은 매년 편성되는데 주로 성탄절, 사순절, 부활절 기간으로 편성되었다. 또한 평상절기(ordinary time)에는 성경본문을 연속적으로 읽어가면서 설교할 수 있는 형태로 본문이 제시되었다.[34]

성서일과는 성경 전체를 정해진 시간에 체계적으로 설교할 수 있고 하나님의 구원 역사를 따라 예배하는 교회력에 맞추어 말씀을 전할 수 있다는 장점을 가진다. 뿐만 아니라 온 세계의 교회와 교단이 통일된 형태의 본문을 통해 교회력에 맞추어 성경적 설교를 할 수 있는 근거를 마련했다는 점에서 유용하며, 설교자뿐만 아니라 교회음악 사역자들과 기독교 교육 지도자들도 그러한 본문을 활용하여 예배와 교육을 준비할 수 있다는 장점을 부여한다. 성서정과를 따라 설교를 준비할 수 있는 다양한 자료를 함께 활용할 수 있다는 장점도 있다. 뿐만 아니라 성서정과를 따라 설교할 때 그 이전 주일과 이후 주일의 본문

느껴지는 성경의 내러티브가 배제 된 것 등이 그것이다.

33) 이에 대한 보다 상세한 내용은 The Consultation on Common Texts, *The Revised Common Lectionary*, 77~78; Peter C. Bower, ed., *Handbook for the Common Lectionary* (Philadelphia: The Geneva Press, 1987), 21~26 등을 참고하라.

34) '개정판 공동 성서정과'의 특징과 활용법을 참고하기 위해서는 The Consultation on Common Texts, *The Revised Common Lectionary*, 10~20; Peter C. Bower, ed., *Handbook for the Revised Common Lectionary* (Louisville: Westminster John Knox Press, 1996), 8~9를 참고하라. 이것이 가진 문제점에 대해 살펴보기 위해서는 김경진, "개정공동성서정과의 한국적 적용에 대한 문제점과 개선점에 대한 연구," 『장신논단』, 33권 (2008): 201~25.를 참고하라.

의 관계성을 생각할 수 있고 교회력에 따라 예배와 설교를 준비할 수 있다는 강점을 가진다.[35]

---

35) The Consultation on Common Texts, *The Revised Common Lectionary*, 7~9.

16장 교회력의 기초 : 주일-주님의 날

> 주일은 우리 모두가 예배를 위해 모이는 날이다.
> 어두움과 모든 일들을 바꾸고 계시는 하나님께서 세상을 새롭게 하시며
> 우리의 구주이신 예수 그리스도께서
> 죽은 자들로부터 부활하신 날이기 때문이다.
> – 순교자 저스틴[1]

모든 믿는 자들의 위치와 삶을 완전히 바꾸어 놓았던 부활의 권능은 그리스도인들의 시간에 대한 인식도 완전히 바꾸어 놓았다. 부활하신 예수 그리스도 안에서 일어난 새 창조의 시작은 교회력을 구성하는 기본적인 원리를 완전히 새롭게 만들어 주었다. 유대교를 포함해서 당시 고대 문명에서는 세계를 창조한 날과 같은 중요한 날짜로부터 연수를 세어나가는 관습이 있었다. 로마 문화에서는 나라가 세워진 날이나 역사적으로 중요한 사건과 관련하여 연수를 계산하거나 어떤 도시가 세워진 때를 기준으로 계산하기도 했다. 이것은 동양 문화에서도 마찬가지인데 '단기' 연호를 사용한 것이나 조선시대 때는 왕의 재임 기간과 관련하여 연수를 계산해 간 것이 그런 경우이다. 결과적으로 그리스도인들도 이런 당시의 문화적 관습을 따랐다. 그래서 주님의 사건을 중심으로 하여 영어권에서는 BC와 AD로 나누어[2]

---

1) Justine Martyr, "The First Apology," 67장, in *Early Christian Fathers*, vol. I, trans. Cyril C. Richardson (Philadelphia: Westminster Press, 1963), 287.
2) 흔히 역사를 구분하는 단어를 사용할 때 두 라틴어가 사용되는데 '기원전'이라는 의미로서는 Ante Christum(before Christ; 약어로는 BC)과 Anno Domini(in the year

연대를 정하고 시대를 구분하게 되었다.

예수 그리스도 안에서 이루신 하나님의 구속 역사의 가장 중요한 사건인 부활을 새로운 창조의 사건으로 인식하게 되었기 때문에 초대교회에서는 부활의 날이 아주 중요한 날로 인식되었다. 그리스도인들은 부활의 사건 가운데서 창조주 하나님을 떠난 인간의 반역으로 인해 황폐하게 된 첫 창조 사건의 갱신의 분명한 증거를 보게 되었다. 주님이 부활하신 날은 새 시대가 시작된 날, 즉 그리스도 안에서 새로운 창조물이 되는(고후 5:17, 갈 6:15) 가장 중요한 날로 인식되었기 때문이다. 처음에 초기 그리스도인들은 안식일도 지키고, 주님의 부활을 기뻐하고 경축하기 위해 주간의 첫날인 주일도 지켰다. 그러나 초대교회는 율법 준수 문제와 복음에 대한 신학적 정립과 함께 예배의 날을 안식일에서 주일로 옮기게 되었다. 그리스도 안에서 이룩된 새로운 창조의 사건이야말로 그들의 정체성을 새롭게 발견하게 되는 중요한 사건이 되었기 때문이다. 그래서 교회는 아주 초기부터 주님께서 부활하신 주의 날에 함께 예배를 위해서 모이기 시작했다(행 20:7). 성경은 '주의 날'(계 1:10), '안식 후 첫날'(행 20:7), '매 주 첫날'(고전 16:2) 등과 같은 용어로 표시하는데 이것은 초대교회의 신앙생활의 핵심을 차지하는 날이었다.

1세기 말의 문서이자 초기 교회의 예배 매뉴얼과 같았던 『디다케』에서도 떡을 떼며 감사를 드리기 위해 매 주님의 날에 함께 모인 사실을 언급하고 있다. 2세기 중반 순교자 저스틴(Justine Martyr)은 제자들과 선지자들을 통해서 기록된 말씀을 읽고, 성찬을 행하기 위

---

of the Lord, '주님의 해에' 약어로는 AD)가 사용되었다. 그러나 영어권에서 라틴어의 약자 AD는 그대로 받아들여 사용하였지만 AC는 BC(Before Christ)로 대체하여 사용함으로서 이 두 용어가 역사를 구분하는 용어가 되었다.

해 주일에 함께 모였다고 전한다. 특히 주일 예배는 예수 그리스도의 부활과 어두움을 빛으로 바꾸신 변형의 사건을 경축하기 위해 함께, 공적으로 모였음을 기록하고 있다.[3] 저스틴은 주일은 한 주간의 첫날이며, 이 날 하나님은 어둠을 바꾸셨고 우주를 만드셨으며, 우리 구주 예수님께서 다시 살아나신 날이기 때문에 함께 모여 예배한다고 주장한다. 하나님은 여덟째 날, 그리스도를 죽음 가운데서 다시 일으키심으로 창조의 작업을 계속하시기 때문에 주님의 날로 명명하는 것이며 주님의 말씀과 행하신 사역들을 회상하고 주님의 만찬을 행함으로 성물 가운데 임하시는 부활의 주님의 현존을 경축하는 날로 규정한다.[4]

1세기 말의 문서인 『바나바의 서신서』에서도 주의 첫날이기도 하고 창조의 제 8 요일인 주일에 함께 기뻐하며 예배할 것을 권면하면서 주일은 "죽은 자들로부터 예수님께서 부활하신 날이기 때문에 새로운 세계의 시작"이라고 규정한다. 그러므로 "진정으로 예수님을 부활하신 여덟 번째 날을 기쁨으로 경축하는 것"이 주일에 해야 할 일이라고 주장한다.[5] 초기 교부들에게 '여덟 번째 날'은 큰 기쁨을 가지고 지켰던 특별한 날을 의미하는 단어였다. 예수님의 승천도 동일한 날에 이루어졌고, 성령님이 교회에 강림하신 날도 동일한 날이다. 115년 안디옥의 감독이었던 이그나티우스(Ignatius)는 마그네시아의 그리스도인들에게 보낸 그의 편지에서 하나님의 은혜를 따라 살아가는 사람들은 이제 유대인의 안식일을 지키지 않고 예수님과 그분의 죽으심 때문에 새로운 삶을 허락받은 우리는 이제 주일을 지키게 되었다고

---

3) *Didache* 14:1; *The First Apology of Justin the Martyr*, 67, in *Early Christian Fathers*, vol. I, 178, 287.
4) *The First Apology of Justin the Martyr*, 67.
5) *The Epistle of Barnabas*, 15; in *Early Christian Writings: The Apostolic Fathers* (Baltimore: Penguin Books, 1968), 215.

고백하고 있다. 그는 그리스도인들에 대해 "더 이상 안식일을 지키지 않고 주일을 지키는 존재"들로 규정한다.[6]

이렇게 주일은 성경과 초대 교부들의 저작에서 확고한 예배일로 자리 잡게 되었으며 초대교회에서는 1세기 말 경에 이미 주일에 대한 신학적 기초가 완성되었다. 한 주의 첫날인 주일의 위치는 기독교의 신앙생활과 그 실행에 있어서 견고하게 규정화 되었다.[7] 이것은 복음과 분리되지 않는 깊은 연관성을 가졌는데, 월 단위로 나누던 이방 세계의 구조를 주 중심으로 나누는 구조가 되게 하는데 영향을 끼친다. 초대교회에 주일이 세워지게 됨으로 그 날 자체가 "그리스도의 부활에 대한 확고한 증언"(standing witness)이 되어 왔으며 교회에는 예배, 가르침, 복음전도와 만날 수 있는 중심적인 기회를 제공해 주었다. 또한 개개인의 그리스도인들과 그들의 가정들이 기도와 성경 연구의 시간을 가질 수 있는 소중한 기회를 제공해 주었다.[8] 주일은 십계명과 율법에 제시되는 안식일의 성취의 주요 방법(chief means)이 되었다. 그래서 초기 그리스도인은 안식일에서 주일로 예배일의 변화를 가져왔으며 이교도들의 날인 '태양의 날'(Sunday)이라는 용어를 사용하게 되었다. 이것은 주후 321년 콘스탄틴 황제가 주의 날을 공식적으로 인정하면서 모든 재판관과 시민들, 장인(craftsman)들은 경건한 태양의 날에 모두 쉬는 날로 정함으로서 오늘날과 같이 일과 업무로부터 휴식하는 공휴일로 정해졌다. 363년 라오디게아 공의회

---

6) Ignatius, *Epistle to the Magnesians*, in *Early Christian Fathers*, vol. I, 96.
7) H. Boone, *The Day of Light: The Biblical and Liturgical Meaning of Sunday* (Washington, DC: The Pastoral Press, 1987), 8.
8) Roger R. Beckwith and Wilfrid Stott, *This Is the Day: The Biblical Doctrine of the Christian Sunday in Its Jewish and Early Church Setting* (London: Marshall, Morgan & Scott, 1978), vii.

에서는 이 날을 의무적으로 예배하는 날로 정하고 주일의 노동을 정죄하는 결정을 내리기도 했다.

　이렇게 안식일은 주님께서 부활하신 날인 주일이 영원히 경축하고 기뻐해야 할 날로 여겨졌기 때문에 초대교회에서는 예배일이 자연히 주일로 대체되었고 교회력의 중심이 되었다. 유대교에서 그 의미를 많이 변질시켰지만 본래 안식일은 단순한 휴식의 관점보다는 예배와 하나님 경외의 신앙의 삶과 연관이 된 날이었다. 이 날은 하나님의 창조 사건과 관련하여 준수 되었고(창 2:2), 하나님의 구속사건과 연결시켰다(출 20:2). 그러므로 이것은 유대인들에게 가장 중요한 날이었고 삶의 중심이었다. 유대인들의 삶에서 안식일이 여왕처럼 사랑을 받았던 이유가 여기에 있었다. 유대교의 전통 가운데 서있었던 예수님과 제자들은 당연히 이렇게 중요한 안식일을 준수하였다.

　그러나 초대교회는 예수 그리스도의 십자가와 부활 사건을 경험하면서 구약에 나타나고 있는 하나님의 창조와 구속 사건이 여기에서 새롭게 성취되고 시작된다는 사실을 깨닫게 된다. 타락한 인간들로 인해 왜곡되고 파괴되었던 첫 번째 창조가 그리스도 안에서 새로운 창조 사건으로 나타나는 것을 발견하게 되며 인간의 구원을 위해 구약에서 가졌던 수많은 희생제사와 예식들이 예수 그리스도 안에서 온전히 성취된다는 사실을 깨닫게 된다. 그러한 하나님의 재창조와 구속의 완성의 시작일이 바로 주님이 부활하신 날, 주일이었음을 인식하면서 자연스럽게 안식일에서 주일로 예배일이 바뀌게 된다. 안식일은 "그리스도 안에서 실현된 안식의 한 예표"로 여기게 되면서 주님이 부활하신 날을 예배일로 삼게 되었고, 이것이 거의 관례로 여겨졌기 때문에 최초로 모인 예루살렘 공의회에서도 이 문제는 전혀 언급되지 않았음을 알 수 있다(행 15). 이방지역에 복음을 전파하면서 바울도 자연스럽게 예배일을 주일로 설정하고 있음은 그가 창안한 것이라기보다는 당시 교회가 정한 관례를 따른 것으로 이해할 수 있다.

이렇게 주일을 중심으로 한 주간 주기가 초대 교회의 중심을 이루었고, 매 주일을 작은 부활주일로 지켰으며 최소한 2세기 중반 이후 교회력이 체계를 잡아가면서 연간 주기로 부활절을 지키는 것으로 확대되기 시작하였다. 이때 춘분 후 만월 바로 전날인 '니산월 14일'에 지켰던 모세의 유월절을 계속할 것인가에 대한 논의가 있었다. 소위 '유월절 준수' 전통이 하나였다면 주님의 날을 경축하는 주간 리듬을 그대로 보존할 것인가에 관심을 기울였던 전통이 다른 하나였다.[9] 오랜 논의와 갈등 끝에 결국 두 번째의 전통이 우세하게 되었고, 이것은 유대인의 유월절이 한 주간 중 어느 날에나 올 수 있는 것과는 달리 부활절은 주일에만 축하 하도록 결정을 내리게 되면서 주일은 부활을 경축하는 날로서의 상징적 의미가 더욱 곤고해졌다. 역사가 유세비우스가 밝힌 바에 의하면 "부활의 신비를 경축하는 것은 어떤 날에도 해서는 안 되고 오직 주님의 날에 해야 한다"는 생각이 굳어지면서 매주, 매해 부활을 기념하는 일은 더욱 공고하게 되었다.[10]

주일에 대한 신학적 이해

교회가 첫날, 혹은 '여덟 번째 날'로 여겼던 주일은 우주의 형성뿐만 아니라 그리스도 안에서 하나님의 다스리심(reign)이 부활을 통하여 새롭게 시작되었음을 확인시켜 준다. 교회는 이 날에 오순절 성령님 강림 사건이 일어남으로 교회가 새롭게 시작된 것임을 함께 기

---

9) A. G. Martimort, et. al, eds., *The Church at Prayer: The Liturgy and Time* (Collegeville: The Liturgical Press, 1985), 4~5.
10) White, *Introduction to Christian Worship*, 2장

억하며 경축했다. 초대교회로부터 교회가 가지고 있었던 주일에 대한 신학적 이해는 몇 가지로 정리해 볼 수 있다. 앞서 언급한 내용과 약간의 중복을 피할 수 없지만 주일에 대한 신학을 정립하기 위해서 항목별로 나누어서 살펴 보도록 하자.

① 첫 번째 날(The First Day): 성경에는 이 용어가 주일을 나타내는 가장 초기의 용어였다. "안식 후 첫 날"이라는 표현은 유대교에서 사용되던 한 주간을 세던 일반적인 방식을 따라 사용한 것이다. 이것은 사복음서가 동일하게 사용하는 표현인데, 부활이 바로 이 '첫 날'에 일어났음을 강조한다. 이것은 유대교의 안식일로부터 기독교의 주일을 즉각적으로 구분하는데 사용된 용어였다. 초대 교회의 교부들은 주일을 새로운 창조가 시작되는 첫날로 이해하였다. 천지 창조 때에도 '시작'(beginning)이 있었던 것처럼 첫 번째 날, 새 창조의 사건이 일어났음을 이 용어는 강조한다. 이그나티우스는 마그네시아에 보낸 그의 편지에서 주일을 "새로운 조망"(outlook)과 연결시키고 있다 (마그네시아 9:1). "과거의 방식을 따라 행하던 사람이 소망의 새로움을 얻게 되면 그는 이제 더 이상 안식일을 따라 살지 않고 주님의 날을 따라 살게 될 것"이라고 하면서 "그날 우리는 그리스도의 죽으심 때문에 새로운 생명의 소성함을 얻게 된다"고 주장한다.[11] 나지안주스 그레고리(Gregory of Nazianzus)는 "우리는 죽음의 권세에 묶여 있었다. 그러나 부활은 분명하게 두 번째의 창조였다... 주일은 두 번째 창조가 시작된 첫날이었다. 그래서 두 번째 창조가 시작된 날임을 강조하기 위해서 8번째 날이라고 명명하였다"고 강조한다.[12]

---

11) Ignatius, "Letters of Ignatius: Magnesians," in *Early Christian Fathers*, vol. 1, 96.
12) Beckwith and Stott, *This Is the Day*, 105.

② **여덟 번째 날**(The Eighth Day): 앞서 살펴 본대로 주일을 '여덟 번째 날'로 이해한 것은 단순하게 날짜를 세는 서수(序數)의 개념이 아니라 깊은 신학적 의미를 가진 표현이었다. 이것은 예수 그리스도를 통해서 완성된 구속의 역사를 드러내는 용어이다. 오순절은 7일로 구성된 주가 일곱 번이 지난 후 여덟 번째 날에 주어진다. 율법적 사고를 벗어나지 못했던 유대인들이 예수님을 메시야로 받아들이지 못하였던 것과 마찬가지로 부활의 아침, 깊은 의심 가운데 사로잡혀 있었던 제자 도마에게 나타나신 것도 부활 후 '여덟 번째 날'이었다(요 20:26). 갓 태어난 아이가 할례를 받은 날도 출생한지 여덟 번째 날이었다. 초대교회에서 부활의 날이었던 주일을 여덟 번째 날로 명명한 것도 이러한 신학적 의도(intention)와 연결되어 있다.

여덟 번째 날은 일상의 주(週)를 넘어서는 개념을 가진다. 만약 '주간'이라는 시간의 단위가 특정한 시간의 단위를 의미한다면 여덟 번째 날은 그 시간을 넘어서서, 그 시간 밖에 서있는 무엇을 의미하기 위하여 사용되고 있음을 알 수 있다. 늘 일곱이라는 숫자를 단위로 시간을 산정하던 히브리인들 사이에서 이것은 널리 통용되던 생각이었는데 그들의 묵시문학에 자주 나타나는 것처럼 이것은 종말론적인 관점에서 사용된 용어였다. 이것은 역사의 시간을 넘어서 영원과 관계된 시간 개념이었으며, 다가올 세계와 관련된 용어였다. 『바나바 서신서』는 이것을 처음 사용하는데 일곱째 뒤에 따라오는 "진정한 안식일," 하나님께서 모든 것을 회복시키시며 마지막 시대에 가져올 참 안식이 주어지는 날을 의미하는 말로 사용한다. "그래서 우리는 기뻐하면서 예수 그리스도께서 죽은 자들 가운데서 부활하신 바로 그날, 여덟 번째 날을 지킵니다"라고 서술한다.[13] 하나님의 새로운 창조의 최종 완성의 날로서 새 하늘과 새 땅이 다시 사신 그리스도 안에서 시작되는 날이라는 의미를 가진다. 그러므로 주일은 새로운 창조의 시작이자 완성의 의미를 가진다.

그래서 어거스틴도 그렇게 주장한다. "영원한 날인 여덟 번째 날은 그리스도의 부활하심으로 인해 거룩하게 된 날이며, 몸과 영이 얻게 될 영원한 안식을 예시하게 된다. 그날, 우리는 안식을 누리게 되며 하늘의 세계를 보게 될 것이다. 보게 되면 진정으로 사랑하게 되며 사랑하게 되면 진정으로 찬양하게 될 것이다."[14] 이것은 휴식과의 관련성뿐만 아니라 자발적인 예배 행위와 연결시킨다. 예배를 위해서 모든 삶의 행동들을 쉬는 것이고 그 쉼은 예배의 형태를 취하게 된다. 예배는 '구원의 잔치'이며, 우리는 매 주일, 즉 여덟 번째 날에 이것을 끌어 당겨 오늘의 시점에서 맛보게 되며 마지막 여덟 번째 날에 우리는 그것을 온전히 맛보게 될 것이다.

이렇게 주일이 가지는 종말론적 의미를 살펴 볼 때 주일은 모든 사람이 누릴 수 있는 것이 아니고, 죄에 대해 죽고 그리스도에 대하여 산 사람만이 누릴 수 있는 복이다. 우리는 여섯째 날에 죽은 옛 사람을 벗어버리고 예수 그리스도의 부활과 함께 주님의 날에 다시 태어난다. 그러므로 주님의 날은 새로운 창조의 시작이며 구약에서 준수해 왔던 안식일은 더 이상 지키지 않게 된다. 왜냐하면 여덟 번째 날에 완성되며, 새로운 창조와 새로운 출생이 시작된다. 그러므로 여덟 번째 날은 안식일을 폐지하게 되고, 이 날을 지키는 사람들은 하나님의 새

---

13) *The Epistle of Barnabas*, 15; in *Early Christian Fathers*, vol. 1, 215.
14) Augustine, *The City of God* (New York: Penguin Books, 1972), 22:30:5.

로운 창조 사역에 동참하게 된다.[15] 영원한 새 창조 사역이 시작된 날로서 주일을 이해하면서 생겨진 용어인 셈이다.

③ **주님의 날**(The Lord's Day): 주일은 주님의 부활과 깊은 연관이 지어져 있으며 그리스도는 우리가 지키는 주일과 예배에 있어서 가장 중심적인 분이다. 죽음의 권세에서 부활하신 분은 그리스도이시며, 제자들에게 친히 나타나셔서 보여주시고 부활을 확인시켜 주신 분도 그리스도이시다. 열정적인 기쁨과 감격을 주신 분도 주님이시며, 그들이 증거 하였던 복음 설교의 핵심도 주님이셨다. 이러한 이유 때문에 주일을 우리는 '주님의 날'(키리아케 헤메라)이라고 부른다. 요한계시록 1장 10절에서 사도 요한이 이 용어를 사용하고 있는 것으로 보아 1세기 후반 이전에 이것은 초대교회에서 널리 사용되었던 용어였음이 분명하다. 이것은 주후 115년에 이그나티우스도 같은 용어를, 같은 의미로 사용하고 있음을 볼 때 이것이 분명해 진다. 이것은 주님의 몸인 교회가 함께 모인 날이 주일이었던 것을 생각하면 그 공동체 가운데 주님이 함께 계시는 주님의 몸이라는 사실이 강조되고 있다. '주님의 날' 이라는 명칭은 이 날의 중심적인 인물이시고, 그것을 세우신 분이 바로 예수 그리스도이심을 강조해 준다.

④ **빛의 날**(The Day of Light): 주일은 새로운 빛을 허락하신 날이다. 이것은 앞서 언급한 "새로운 창조"의 개념과 연결된다. 창조의 첫날도 하나님께서 "빛이 있으라!" 말씀하심으로 가장 먼저 빛을 창조하셨다. 유대인들도 안식일을 빛의 날로 인식하였음을 알 수 있다. 사실 구약과 신약 성경에는 빛에 대한 신학으로 가득 차 있다. 하나님은 빛의 창조자이셨으며(창 1:2), 그분은 빛으로 임재하신다(사

---

15) 이러한 내용은 4세기 이집트 알렉산드리아의 교부였던 아타나시우스(Athanasius)의 주장으로부터 비롯되었다. Beckwith and Stott, *This Is the Day*, 121쪽에서 재인용.

60:1~3). 빛은 하나님이 주시는 기쁨과 복과 연결되어 있다(시 97:11, 36:9). 어두움이 죄와 그에 대한 심판, 그리고 하나님에 대한 무관심과 연결되었다면 빛은 하나님의 세계와 그분의 임재와 연결되었다(사 60:2, 8:22). 메시야의 오심은 빛을 가져오심과 연결되었으며 하나님의 종은 이방의 빛이 되신다(사 9:2, 49:6). 말라기는 메시야 예언과 연결하면서 의의 태양이 떠오르게 될 때 치료의 광선을 발하실 것임을 예언한다(말 4:2). 이렇게 구약에서 빛은 생명, 하나님의 사랑스러운 인도하심, 이스라엘과 온 열방 가운데서 나타나는 영광을 표현하기 위해서 사용되었음을 알 수 있다.[16]

신약에서도 이러한 내용들이 보다 구체적으로 발전되는데, 특히 요한복음에는 이것이 강하게 나타난다. 말씀으로 오신 주님은 빛의 근원이 되신다(요 1:4). 세상 가운데 임하시는 그분은 참 빛으로 오신다. 그러나 빛은 어두움 가운데 있는 사람들에게는 심판으로 다가온다. 요한 1서에서도 하나님이 빛이시며, 그리스도는 세상을 비추시는 참 빛이라고 소개하고 있다(요일 1:5, 2:8). 그리스도의 오심은 이방인들에게 빛이 되신다(눅 2:32). 이제 그리스도인들은 세상의 빛이 되도록 부르셨으며 주님은 그리스도인들에게 세상의 빛이 될 것을 요청하셨다(요 3:19, 8:12, 9:5). 그리스도인들은 도덕적으로 의로운 삶과 행동을 통해 세상의 빛이 될 것을 요청받은 존재들이다(마 5:16). 그리스도에게 돌아가기 위해서 그들은 어두움의 삶을 떠나야 하며, 그렇게 될 때 그들은 진정으로 빛을 발견하게 된다(엡 5:8, 행 26:18). 하나님께서 빛이시기 때문에 그리스도인들은 빛 가운데서 걸어가는 삶을 살아야 한다(요일 1:7). 세상의 빛이 되신 주님은 부활을 통하여 특별

---

16) Poter, *The Day of Light*, 25.

히 빛을 드러내신다(행 26:23). 그래서 복음서 기자들은 세상에 빛이 비추기 시작한 새벽 미명에 주님께서 부활하셨음을 강조하는 이유인 것 같다(마 28:1, 막 16:2, 눅 24:1, 요 20:1). 복음을 설교하는 것과 그리스도에 대한 지식은 빛을 가져온다(고후 4:4~6). 그러므로 복음의 메시지를 받은 사람들은 세상에 빛을 비추는 사람이 되어야 한다(히 6:4, 엡 1:18). 이렇게 신약성경에서 제시되는 것도 구약에서 제시한 내용을 중심으로 그리스도의 오심과 특히 부활 사건과 긴밀하게 연결되어 있음을 알 수 있다. 특히 신약에서 빛은 하나님의 주요한 상징이었다. 특별히 예수 그리스도 안에서 드러나신 하나님의 사랑의 영광이었다. 그 빛은 성육신하신 주님으로부터 흘러나와 그의 나라의 백성들을 밝힌다.[17]

한편 교부 시대에도 주일에 대한 신학적 이해에 있어서 빛의 날로 이해한 기록들은 어렵지 않게 찾을 수 있다. 저스틴의 『변증록』은 이렇게 그 이해를 전한다.

> 주일은 우리 모두가 예배를 위한 날로 모이는 날이다. 왜냐하면 그날은 어두움과 모든 일들을 바꾸시고 계시는 하나님께서 세상을 새롭게 하고 계시며, 우리의 구주이신 예수 그리스도께서 죽은 자들로부터 부활하신 날이기 때문이다. 토성의 날(the day of Saturn) 바로 전 날에 주님은 십자가에 못 박히셨고, 토성의 날 바로 다음 날인 태양의 날(the day of the sun)에 제자들에게 나타나셔서 우리가 증언하는 그것들을 가르쳐 주셨다.[18]

---

17) 위의 책.
18) Justin Martyr, *The First Apology*, 1:67.

여기에서 그는 주일은 바로 첫날이며, 부활의 날이라는 사실을 강조한다. 그는 특별히 예수님의 '나타나심'에 초점을 맞추고 있는데, 사도들의 가르침은 바로 그 '첫째 날'에 빛을 주신다는 사실을 전한다. 예수님이 세상의 빛이시라면 그의 다시 사심은 이 세상에 빛을 주시기 위한 것이었다. 부활하신 주님은 오늘도 주님의 이름으로 모인 그곳의 한 복판에서 오늘도 빛을 주고 계신다.[19] 이것은 가이샤라 유세비우스의 『시 91편 주석』에도 잘 나타나고 있는데 죽음의 권세를 이기신 예수 그리스도의 부활과 함께 빛을 새롭게 비춰심으로 옛 안식일이 빛을 새롭게 허락하시는 주님의 날로 바뀌었다는 사실을 강조한다. 진정한 태양이신 그리스도께서 부활하심으로 새로운 언약이 안식일에서 빛의 날인 주님의 날로 바꾸셨음이 강조된다.

이렇게 초대교회는 성경을 펼침을 통해 빛이 주어지는 날로 인식하였으며, 주일에 대한 강조는 하나님의 말씀의 선포인 설교를 통해 모든 영혼들에게 빛을 공급하는 것으로 널리 이해되게 되었다. 이것은 주일에 세례를 거행하였던 것과도 연결 되는데 빛의 날인 주일에 세례를 받는 것을 세례자에게 가장 분명하게 빛이 제시된다고 이해하였다. 이것은 성령의 역사를 통해서 이루어지는 사건으로 세례자에게는 새로운 빛이 공급되는 날이었다. 이렇게 주일은 부활을 통해 하나님의 새로운 창조를 시작하신 첫 번째 날이었으며, 빛의 날이었다. 이러한 빛은 성경을 펼침과 말씀이 선포되는 곳에서 빛이 전달되는 것이었으며 사람들은 이것을 듣고 깨닫게 되면서 빛에 동참해야 하는 것으로 이해하게 되었다.

⑤ **부활의 날**: 부활은 세상이 창조 때부터 감추었던 복음의 신비

---

19) Beckwith and Stott, *This Is the Day*, 107.

의 핵심에 해당하는 것이었고(롬 16:25), 이 사건은 초대교회 그리스도인들의 생각과 삶을 전부 흔들어 놓았던 사건이었다. 사복음서 기자들은 이 사건을 가장 중심 사건으로 다루고 있다. 부활 사건을 기록한 말씀에 보면 예수님은 자신이 살아나셨음을 증명해 보이고 계신다. 또한 성경으로부터 친히 부활의 사실들을 설명하셨다. 또한 함께 모여 있는 제자들 가운데 나타나셔서 부활하신 자신의 모습을 친히 보여주셨다. 이렇게 주님은 부활을 증거 하시면서 신적인 주권을 바탕으로 그의 제자들에게 하늘의 능력을 공급해 주시고 복음을 전하고, 세례를 베풀며, 죄의 용서의 사역을 감당하도록 보내셨다.

이러한 예수님의 부활은 인류에게 새로운 생명의 빛을 가져오면서 죄와 무지, 죽음과 불의의 어두움은 물러가는 사건이 된다. 이러한 사실을 에베소서가 선명하게 드러내 준다: "너희는 열매 없는 어두움의 일에 참예하지 말고 도리어 책망하라... 그러므로 이르시기를 잠자는 자여 깨어서 죽은 자들 가운데서 일어나라. 그리스도께서 네게 비취시리라."(엡 5:11, 14). 이것은 누가복음 기자가 예수 그리스도의 죽으심과 부활에 대해 엠마오로 내려가는 두 제자들에게 구약 성경을 가지고 설명하고 있는 모습에서도 찾을 수 있다. 이것은 바울이 부활을 설명할 때 모세의 얼굴에 수건을 쓴 것이 그리스도 안에서 없어질 것이라고 설명하는 부분에서도 찾게 된다(고후 3:14~18).

이렇게 주일은 복음을 완성하신 부활의 날이며, 하나님의 구원 역사의 성취의 날이었다. 그래서 초대교회에서 가장 중요한 사건은 부활사건이었다. 그래서 초대교회가 시간을 어떻게 사용하였는가를 보면 무엇을 중요하게 여기는지를 알 수 있는데, 제임스 화이트는 그것은 부활이었다고 주장한다. 매 주일은 예수님의 부활을 기념하고 경축하는 날이다. 주님의 살아나심을 증거하고, 어둠에서 해가 떠올라 새 창조의 역사가 시작되었음을 공포하는 날이 바로 주일이다. "주님의 부활의 날"이라는 용어는 3세기 초에 터툴리안이 처음 사용한 것으로 나중에는 헬라의 많은 사람들에 의해 가장 널리 사용되던 용어 가운데 하나이다. 오늘날에도 이 용어는 슬라브족들 가운데서는 널리 사용되고 있다.

⑥ **예배의 날**: 근본적으로 주일은 부활하신 주님을 예배하기 위해서 모였던 예배의 날이었다. 주일은 쉬는 안식의 날이었지만 그보다 더 중요한 것은 부활하신 주님을 예배하는 것이었다. 그래서 초대교회 이래로 언제나 주일은 예배의 날로 인식되어 왔다. 하나님의 말씀을 듣고, 성만찬을 행하며, 예물을 하나님께 드리며, 형제애를 나누는 일에 동참하는 것이 중심적인 일로 여겨졌다. 이렇게 초대교회는 주님의 날에 예배에 참여하는 것을 당연한 것으로 여겼으며, 그것을 그리스도의 몸의 일원이 되어 있음을 공표하는 것으로 이해하였다. 그것은 주님의 몸과 피를 나누는 시간으로 이해되었다(고전 10:16~17).

그들은 예배 가운데서 간절하게 주님의 재림을 대망하였으며, 이러한 기대는 초기 기도문에서 발견할 수 있다. '마라나 타'(Marana tha; 주 예수여 어서 오시옵소서!). 그들은 예배를 통해서 지금 여기에서 구원받은 자들이 함께 형제애의 교제를 경험하는 것이다. 그리고 형제자매들이 증언하는 것을 통해 자신의 믿음을 견고케 하며, 소망과 믿음 가운데서 서로를 견고케 세우기 위하여 그들은 함께 예배로 모였다. 이것은 어떤 엄격한 의무조항이었기 때문에 예배에 참석하였다기 보다는 그보다 훨씬 깊은 토대를 바탕으로 하고 있었다. 마음속에 그리스도를 향한 열망이 약해지고 다시 오실 주님에 대한 대망의 믿음이 약해질 때 그들은 예배를 통해서 새로운 경각심과 회복을 경험하게 되었고, 새로운 영적 자양분을 공급받을 수 있었다.

주일을 어떻게 지켜야 할까

어떻게 주일을 지켜야 할 것인지에 대해서는 역시 초대교회가 어떻게 주일을 지켰는지를 살펴보는 것이 가장 정확한 로드맵을 얻을 수 있는 지름길이다. 초대교회는 예수 그리스도의 부활 사건과 성령 강림사건을 경험하면서 그들이 오랜 구약의 언약들이 성취되는 시점을 살고 있음을 잘 알고 있었다. 그래서 율법에서 언급된 희생제사와 같은 이전의 예물들은 더 이상은 드리지 않게 되었으며, 예배에서 보다 적극적이고 실제적인 드림(롬 12:1)에 관심을 두게 되었다. 유대교 절기에 들던 음식도 사라졌고 새로운 의미를 가진 거룩한 식사가 자리를 잡게 되었다. 안식일과 구약의 절기들은 지나가고, 그리스도인들 사이에서는 새로운 날이 경축되게 되었다. 옛 형식들이 담고 있던 영적인 진리들은 이제 새로운 형식으로 옷 입기 시작했다.

이 모든 것들은 '그리스도 안에서'(in Christ)라는 용어를 중심으로 이루어졌으며 새로운 언약과 새 창조가 경축되었던 것은 철저하게 그리스도의 탄생, 죽으심, 부활, 승천을 통해서였다. 구약의 모든 성취는 그리스도 안에서 이루어졌고, 그리스도와 함께 이루어졌다. 그분은 인류의 죄의 문제를 짊어지고 드려졌던 희생 제물이었을 뿐만 아니라 그분이 친히 제사장이 되어 나아가신다. 그러므로 이제 예배를 위해 모인 날은 그분의 날(Lord's day)이 되며, 예배에서 함께 나누는 성찬은 '주님의 만찬'(Lord's supper)이 된다.[20] 이렇게 예배에 있어서 모든 것이 새롭게 되면서 초대교회 그리스도인들은 주일을 소중

---

20) Beckwith and Stott, *This Is the Day*, 86~87.

한 신학적 의미를 가진 예배일로 지키게 되었다.

첫째, 그들은 주님의 임재에 대한 기대를 가지고 모였다. 예수님은 부활 후 첫 번째 주일에도, 그리고 두 번째 주일에도 제자들을 찾아오셨으며 성령님께서도 이날에 교회에 강림하였다. 그들이 모인 곳에 주님의 나타나심(파루시아)은 예배 가운데 주님의 임재와 재림에 대한 간절한 기대로 나타나게 된다. 이것은 "이중의 종말론적 조망"(double eschatological outlook)[21]이라는 기독교 예배의 독특성을 형성한다.

둘째, 예배가 공적인 특성을 지니게 되었다. 초대교회에 널리 퍼져 있었던 예배에 대한 관점은 개인적인 특성이 아니라 코이노니아(koinonia)와 형제애(philadelphia)를 바탕으로 하는 공적 정신(corporate spirit)이 강하게 작용하였다. 비록 박해와 어려움이 있었지만 그들은 공적인 자리에, 정한 시간에 함께 모여 말씀을 듣고 떡을 떼는 성찬에 정기적으로 참여하였다. 아주 초기에는 이른 아침에 모여 말씀을 중심으로 한 예배를 드렸고, 저녁에 다시 모여 떡을 떼었던 것을 알 수 있다. 그러던 것이 나중에는 주일 오전에 말씀과 성찬을 겸한 예배로 드리게 되었다. 이러한 공적 예배의 정신은 교회를 바로 세우게 했으며, 성도들을 하나로 묶어 주었던 중요한 끈이 되었다. 특별히 오순절 성령 강림 경험 이후 교회의 구성원들은 서로에게 깊은 헌신의 마음을 가졌던 것을 알 수 있다. 그들은 서로 돌아보고 깊은 사랑의 관심을 가지고 권면하는 형제애를 통해 환난과 시련의 시간을 이겨올 수 있었다. 이러한 예배를 위한 모임은 영적 목표를 영위하기 위해 가장 중요한 일이기 때문에 그들은 함께 모여 예배하고, 기도하고,

---

21) 위의 책, 86.

성찬에 참여하였다. 그들이 "함께 떡을 떼었다"는 의미는 단순히 성찬만이 아니라 다른 집에서 친교를 위해서 모인 모임을 포함하는 것으로 볼 수 있다.[22] 이렇게 함께 모여서 드리는 예배는 주일의 가장 핵심적인 일이었다.

셋째, 그들은 넘치는 기쁨으로 함께 모였다(행 2:46). 이것은 초대교회가 함께 지켰던 주일의 가장 현저한 특징이라고 할 수 있다. 이러한 기쁨은 어떤 감정적 고양에서 비롯되었거나 엑스타시 경험에서 비롯된 것이 아니라 그것은 순전히 주님과 그분의 부활로 기인한 것이었다. 바로 그 주님은 두세 사람이 함께 모인 곳에 함께 하시겠다고 약속하신 분이시다. 오늘날 어떤 사람들은 주일을 지키는 일을 괴로운 의무 조항 정도로 여기는 사람들도 있다. 과도한 교회 봉사 때문이든지, 사람들로 받은 상처 때문이라든지, 예배의 구조나 설교가 만족스럽지 못하다든지 하는 이유들이 있을 수 있다. 그러나 초대 교회는 철저하게 주일을 지킬 때 성삼위 하나님께 집중하였다. 그래서 그들은 자발적으로 모였고, 큰 기쁨 가운데 예배 했으며, 할 수 있는 대로 긴 시간을 함께 하고자 했다.

넷째, 그들은 함께 나누는 구제와 봉사 사역을 감당했다. 예수님께서 병자들을 고치셨던 것과 같이 초대교회 성도들은 구제와 봉사의 사역을 감당했다. 당시 매일의 끼니를 걱정해야 했던 빈곤층의 사람들(암 하레츠)이 절대 다수였던 상황에서 구제와 돌봄을 통해 주님의 사랑을 나누는 일들을 감당했다.

---

22) 위의 책, 87.

주일성수의 네 차원

이렇게 주일은 무엇보다도 왕 되신 그리스도를 섬기고 예배하기 위해서 구별되었던 날이었고, 그분이 기뻐하시는 일을 수행하는 것으로 주일을 지켰다. 모든 날이 다 중요하지만 특별히 주일은 하나님을 위해서, 그분을 예배하는 일을 위해서 "거룩하게 구별된 날"이었다. 이러한 맥락에서 주님의 날을 어떻게 지킬 것인지에 대한 차원을 다음과 같이 정리할 수 있다.[23]

① '그침'의 차원: 본래 '안식'이라는 히브리어는 '그치다,' '중지하다'라는 의미를 가진 '사바트'에서 파생된 단어이다. 그러므로 '안식한다'는 말은 하던 일을 '그친다'는 의미를 가진다.[24] 안식은 일을 내려놓는 그침으로부터 시작된다. "단지 일 자체의 그침만이 아니라 성취와 생산의 필요에 대한 그침, 현대 사회가 요구하는 성공의 기준으로 인한 염려와 긴장에 대한 그침, 소유욕과 문화에 대한 그침, 하나님을 삶의 중심에 두지 않고 살아갈 때 생겨나는 단조로움과 무의미에 대한 그침"[25]을 포함한다. 일을 그치는 것은 성회로 모여 하나님을 섬기고, 높이기 위함이다. 그침은 생산과 성취를 위한 일들을 위해 돌아가던 수레바퀴를 멈추는 것이다. 이것은 하나님과 사랑하는 이들과 함께 하기 위한 것이다.

또한 그침은 근심, 걱정, 긴장, 욕심을 멈추는 것을 포함한다. 현대인들은 수많은 일들로부터 오는 스트레스에 시달리고 있다. 주일은 그 모든 스트레스를 유발하는 일들과 그로 인한 염려를 내려놓는 것

---

23) 이 부분은 주로 마르바 돈과 월터 브루그만의 주장들을 중심으로 서술한 것임을 밝힌다. Marva J. Dawn, *Keeping the Sabbath Wholly*, 전의우 역, 『안식』(서울: IVP, 2001), 1~7장; Walter Brueggemann, *Sabbath as Resistance*, 박규태 역, 『안식일은 저항이다』(서울: 복있는 사람, 2015) 등을 참조하라.
24) 실제로 출 31:16~17과 창 2:2에서 사용되는 '쉬었다'는 말은 그런 의미를 가진다.
25) Dawn, 『안식』, 19.

이다. 하나님과의 관계를 새롭게 하면서 임재를 경험하며 모든 것을 주님 손에 위임할 수 있을 때 가능해진다. 오늘 현대 문화는 더 많은 것을 소유하여야 행복할 것처럼 우리의 욕망을 부추긴다. 이러한 소유욕은 미래에 대한 불안으로부터 이어진다. 그러나 성경은 하나님이 자기 백성의 필요를 공급해 주시는 분이시라는 사실을 강조한다. 마치 에덴동산에서 뱀이 속삭였던 것처럼 이것을 네가 소유하면 "너는 하나님처럼 되리라"고 현대 문화는 계속해서 우리에게 속삭인다. 주일을 지킴으로서 우리는 하나님의 주권을 인정하는 것이고 미래를 하나님께 맡기는 훈련을 하는 것이다. 이것은 우리의 삶에 있어서 수동적이고 소극적인 자세를 취해도 된다는 말이 아니며 아무 것도 하지 않고 가만히 있기만 해도 된다는 말이 아니다. 그것은 우리가 하나님이 되려는 모든 노력을 내려놓는다는 의미이며 그분의 주권을 인정하는 것이다.

또한 주일을 지키면서 우리는 소유를 그치는 날로 지킬 수 있다. 가능하면 주일은 사고팔기를 그치며, 소유하고자 하는 욕심을 그치는 행위를 포함한다. 그쳐야 할 이유로 마르바 돈은 이러한 행동들이 잘못된 것에 초점을 맞추도록 하기 때문이라고 설명한다. 즉, 하나님이 원하시는 것 대신에 우리가 원하는 것에, 하나님의 임재를 갈망하는 대신에 소유욕에 이끌리게 되기 때문이다. 현대 기독교의 약점은 "거룩한 시간의 개념"을 완전히 상실한데서 온다. 주중의 엿새 동안은 사고팔기가 우리 삶의 주를 이루지만 주일은 "자신이 가진 것을 나누며 물질에 대한 스스로의 노력을 그치는 날"이다.[26] 이렇게 우리 그리스도인들은 주변 문화로부터 자신을 구별하는 것이며, 하나님께서 거룩

---

26) 위의 책, 59.

하다고 말씀하신 시간의 거룩(카도쉬)을 지켜나가야 한다. 하나님의 원하심은 언제나 하나님의 백성들의 거룩이었다.

② '쉼'의 차원: 하나님께서도 천지 창조의 일을 마치시고 쉬셨고, 율법도 안식일에 노동을 금하였다. 쉼은 하나님의 창조의 질서일 뿐만 아니라 깊이 원하시는 바였다. 주일은 모든 노동으로부터의 쉬는 날이다. 쉼은 육체적 노동으로부터의 단순한 휴식만을 의미하는 것이 아니라 영적 안식을 의미하는 개념이다. 이것은 단순히 노동과 거래를 멈추는 것만이 아니라 훨씬 더 깊은 것을 의미한다. 히브리어 '메누하'는 '쉼'(rest)이라는 말로 번역되는데 이것은 일상의 일과 작업의 중단, 힘든 일이나 모든 종류의 활동으로부터 오는 긴장으로부터의 자유를 훨씬 넘어서는 것을 의미하는 단어이다. 이것은 무엇을 하지 않는다는 부정적인 관점보다는 본질적으로 긍정적이고 실재적 차원을 나타내는 개념이다. 이것은 시편 23편에서 목자 되시는 여호와 하나님의 인도하심을 따라 나아가는 길목에서 만나게 되는 "쉴만한 물가"가 바로 '메누호트'(메누하의 복수 연계형)의 물가이다. 이것은 행복, 고요, 평화와 조화의 상태이며, 다툼이나 싸움, 어떤 두려움이나 혼란도 없는 상태이다.[27] 하나님의 평화(샬롬)와 그분의 품에 온전히 안겨서 쉼을 누리고, 그 안에 온전히 잠기는 것이 주일에 우리가 누려야 은혜이다. 그러므로 우리가 주중에 드려야 할 기도는 우리의 출입을 지켜달라는 기도라고 한다면 주일에 우리가 드려야 할 기도는 주님의 "평안의 장막으로 우리를 맞아달라는 기도"이다.[28]

쉼에는 물론 육체적 쉼도 포함한다. 같은 계명을 기록하면서도

---

27) Abraham Heschel, *The Sabbath: Its Meaning for Modern Man* (New York: Farrar, Straus & Giroux, 1951), 22~24.
28) 위의 책, 23.

신명기의 십계명 기록에서는 육체적 쉼이 유난히 강조되고 있은 것을 알 수 있다(신 5:12~15). 여기에서 주어지는 명령은 선명하다. 쉼의 명령, 그것도 모든 종들과 짐승들까지 포함해서 휴식이 필요하다는 사실을 강조한다. 물론 이 명령을 다원화된 시대에서 그대로 적용하기는 쉽지 않다 하더라도 이것은 하나님을 위한 것이 아니라 우리 자신들을 위해 주신 명령이라는 사실을 기억한다면 이것은 짐이 아니라 은혜임을 깨닫게 될 것이다. 바쁘게 돌아가는 일상 속에서 이것을 실천하기는 쉽지 않지만 현대인들에게도 진정으로 필요한 것은 육체적인 쉼이다. 여기에는 정서적, 정신적 쉼도 포함된다. 하나님께서는 전인적 쉼을 요청하셨다. 마치 몸이 지쳐있다기 보다는 정서적으로 불안정 가운데 있던 엘리야가 쉼을 통해 정서적 안정감을 찾아가고 40일 이상을 걸어가야 했던 먼 거리 여행도 거뜬히 감당할 수 있었던 모습 속에서 현대인들에게도 절대적으로 요구되는 것은 정서적인 쉼이다. 그리스도인들은 감각과 감정에 따라 살아가도록 현대 문화는 유혹하지만 우리는 그러한 요소들이 우리 삶의 최고의 결정권자가 아니라는 사실을 고백하는 사람들이다. 이것은 하나님의 창조 세계와 함께 우리 감정의 쉼을 필요로 한다.

③ '은혜를 받아들임'의 차원: 주일 성수의 보다 적극적인 자세는 하나님의 은혜에 반응하면서 받아들임을 필요로 한다. 이것은 주일 가운데 담아놓으신 하나님의 의도(intention)를 신중하게 받아들이는 행동을 말한다. 하나님의 가치를 그대로 받아들이고, 공동체의 가치성을 받아들이는 것을 포함한다. 주일을 지키는 사람은 단순히 예배에만 참석하고 끝나는 것이 아니라 온 교회와 세계 가운데서 주일을 지키는 사람들과의 공동체 의식을 세우는 것이며, 하나님께 헌신된 사람들과 함께 예배를 드린다. 흔히 사람들은 단순히 예배만 드리고 흩어져서 자신

의 일과 즐거움을 추구하는 것으로 돌아가고는 한다. 그러나 우리가 주일을 구별하는 것이 하나님이 기뻐하시는 거룩한 목적과 가치를 위해서 이며, 공동체의 지체들과 함께 더 많은 시간을 보내면서 함께 교제를 통해 서로를 세우기 위함이다. 주일을 지키는 것은 "공동체의 결속을 다지며, 우리가 나누는 가치 속에서 서로를 좀 더 근본적으로 받아들이기 위한 의도적인 시간"[29]을 마련하는 것이다.

이러한 하나님의 은혜를 나누면서 우리는 요구하는 대신에 나눔의 정신을 받아들인다. 그래서 마르바 돈은 "탐욕스러운 우리 사회가 기독교 신앙에 행한 가장 나쁜 행위 가운데 하나는 우리의 중요한 성일들을 상업화된 휴일로, 찬양과 예배의 특별한 시간이 아니라 횡재의 날들로 바꿔 버린 것"이라고 주장하면서 이러한 타락한 문화의 공격으로부터 나눔을 생활화하는 것이라고 주장한다.[30] 이것은 고린도교회가 주일에 예루살렘교회를 위한 구제헌금을 나누고 있는 모습에서도 우리는 주일 성수의 이러한 정신을 찾을 수 있게 된다. 주일은 지킨다는 것은 우리에게 주신 선물, 특히 값없이 주시는 선물의 광대함에 초점을 맞추면서 그분이 하셨던 것처럼 그것을 나누는 삶을 포함한다. 하나님의 임재와 주권을 궁극적으로 온전히 받아들이는 것이며, 하나님의 은혜의 세계를 온전히 받아들이는 것이다. 이것은 단순히 물질의 나눔의 삶을 받아들이는 것일 뿐만 아니라 삶 가운데 우리에게 주어진 소명을 받아들이는 것을 포함한다. 우리는 주일을 지키면서 그분을 보다 효과적으로 섬기려는 마음의 거룩한 결단을 포함하는데 이것은 나를 향하신 주님의 원하심을 온전히 받아들임으로 가능해진다. 이것은 하나님의 샬롬을 바탕으로 한 온전함을 받아들이는

---

29) Dawn, 『안식』, 141.
30) 위의 책, 148.

것을 포함한다.

④ '기쁨과 감격으로 예배함'의 차원: 주일을 지키는 것에 있어서 가장 중요한 행동 가운데 하나는 하나님을 송축하는 예배로 귀결된다. 예배는 모든 주일 지킴의 핵심에 해당한다. 예배는 딱딱한 의식이나 숨이 막힐 것 같은 경직으로 채워진 것이 아니라 경축으로 채워진다. 본래 기독교 예배는 다시 사신 예수 그리스도의 부활을 경축함으로 시작되었다. 거기에서 그리스도인들은 그분의 초월적인 임재와 친밀한 임재가 함께 경험하였으며, 전통과 새 것이 변증법적 합일을 이루었다. 예배는 "영원한 것에 대한 기쁨이며, 향연"이다. 또한 음악, 아름다움, 친밀함, 음식, 사랑이 있는 향연이다.[31] 오늘날 우리 사회는 경축과 여흥을 오락으로 바꾸어 버림으로 진정한 경축을 잃어가고 있다. 그러나 그리스도인들은 우리 존재의 모든 면에서 향연을 열며, 진정으로 그분이 허락하시는 평화와 온전함으로 인해 경축한다. 이러한 경축은 혼자서도 가능하지만 공동체 가운데서 함께할 때 온전히 누릴 수 있다. 그러므로 주일을 지키는 가장 중요한 부분 가운데 하나는 예배 공동체에 참여하는 것이다.

이렇게 주일을 온전히 지키면서 진정한 안식이 이루어질 때 연약함은 세워지고 우리는 하나님의 은혜와 사랑 가운데 전인적인 쉼을 누리게 될 것이다. 그분의 임재와 주권을 온전히 받아들임으로서 그분의 임재 가운데 들어가는 진정한 향연과 경축을 우리는 비로소 누리게 될 것이다.

---

31) 위의 책, 190~223.

예배의 공간 17장

예배 장소는
그 나라에 대한 기다림을 증언할 뿐만 아니라
그 나라를 기다리는 자들의 특징을 나타낸다.
−장 자크 폰 알멘

　모든 종교는 집회와 예배를 위한 독특한 공간을 갖는다. 그들만의 원칙과 기준을 따라 그것을 설치하고 운용한다. 기독교의 예배 공간 역시 그 나름대로의 원칙과 신학을 가진다. 현대에 들어서 예배 장소와 공간 활용에 대한 것은 실용주의와 만나면서 주변적인 것으로 인식되고 있지만 인간은 장소를 만들고 그것은 인간을 형성한다는 점을 고려하면 간과해서는 안되는 부분이다. 우리는 직접적으로 구약의 전통을 따르지는 않지만 성경은 성별된 공간과 가구, 배치 방법까지 하나님께서 직접 고안하시고 명령하셨던 것을 고려한다면 단순히 실용성과 효용성에 따라 할 수 있는 것은 아님이 분명해 진다.
　예배의 공간은 기독교 공인 이후 시대와 지역, 문화를 따라서 계속해서 발전되어 왔다. 화려함과 웅장함의 극치를 보여주는 중세의 예배당으로부터 시작하여 박해 지역에서 숨 죽여 가며 모인 작은 다락방과 같은 공간까지 기독교 예배는 예배 공간을 필요로 했고 만들어왔다. 말씀이 육신이 되어 우리 가운데 거하시는 성육신 사건은 기독교 예배에 있어서 공간의 중요성을 인식하게 만들었고, 레이투루기아로서의 예배가 가지는 공적 특성 때문에 예배를 위한 모임의 장소를 필요로 했다. 그리스도께서 유대 땅이라는 특정 공간에 거하셨고, 사람들이 모인 그곳에 임재를 약속하셨다. 물론 성경에는 어떤 공간의 중요성이나 거룩성을 논하기보다는 그곳에서 일어난 사건에 더 중점을 두었지만 성육신의 종교인 기독교는 공간의 중요성을 간과할 수가 없다. 특별히 기독교의 예배공간은 예배가 가지는 신학적 의미를 반영한다. 잘 구성된 예배공간은 예배를 풍요롭게 하며, 그것을 형성하는 역할을 한다. 정교회와 같이 천년 가까이 동일한 예배공간을 유지하기도 하고 고딕양식의 웅장하고 장엄한 교회당이 남아 있기도 하지만 오늘날 교회는 문화적 특성을 반영하면서 예배공간이 가지고 있는 신학적 의미를 많이 상실하거나 왜곡하는 경우도 있다. 편리성과 유용성도 중요하지만 거룩성도 잃지 않아야 하고, 공간은 이질적이고 비기독교적인 예배 문화를 형성할 수 있다는 점에서 소홀히 해서는 안 되는 요소이다.

성경은 예배공간과 관련하여 구별성과 초월성이라는 이중성을 보여준다. 예배를 위해 공간과 기구, 방법 등을 거룩하게 구별할 것을 요구하면서도 그 장소를 초월하기도 하고 그 의미들이 계속 바뀌고 있음을 알 수 있다. 하나님께서 예배, 혹은 만남의 장소를 직접 제정 하시기도 하고 광야를 지나는 이스라엘 백성들에게 언약궤와 같은 임재의 표식(sacrament)을 허락하시기도 하셨다. 예루살렘과 시온산, 솔로몬 성전에 임재를 약속 하셨지만, 또한 초월적으로 역사하신다. 예수 그리스도의 십자가와 부활 사건은 예배 장소에 대한 또 다른 혁명을 일으킨다. 주님께서는 성전 파괴에 대해 예고하시기도 하셨고, 십자가에서 운명하실 때 성전 휘장이 찢어짐으로 사람의 손으로 지은 건물이 아니라 이제 성전은 그리스도의 몸이며 구원 받은 백성들의 공동체와 그리스도인의 모임이 교회가 되고, 그것이 세상을 향해 하나님의 임재와 현현을 가시적으로 보여 주는 곳이 된다. 너희가 하나님의 성전이라는 말씀(고전 3:16, 고후 6:16)은 초대교회의 예배 공간 이해를 잘 보여주고 있으며, 주님의 이름으로 함께 모여 떡과 잔을 들며 주님의 구속의 은혜와 죽으심을 기억하고 그분의 복음을 전하면서 다시 오심을 기다리는 그 공동체가 교회라는 신학적 이해 변화가 일어난다. 또한 성과 속의 이분법적 구조를 벗어나 하나님이 만드신 온 세상이 거룩한 공간이라는 인식 변화도 일어난다. 온 세계가 성삼위 하나님이 다스리시는 공간이며, 그 임재를 증거 하고 나타내는 곳이라는 인식이다. 그러나 세상이 이것을 다 인정하고 받아들이는 것은 아니다.

교회는 예배를 위해 공적으로 모이는 공간이 필요하여 사람이 만든 예배의 공간은 "그리스도 안에서 재구성된 세계"를 보여주는 것이 된다.[1] 말씀을 듣고 성찬을 나누며, 기도와 찬양을 올려드리기 위해 함께 모인 모임은 그리스도의 몸이 된다. 그들은 주님의 십자가가 세워진 골고다와 최후의 만찬을 제자들과 나누었던 다락방, 오늘도 어린양의 보좌 곁에서 계속해서 예배가 이루어지는 하늘 성소와 성삼위 하나님께서 주님의 이름으로 함께 모일 때 임재를 약속하신 예배는 함께 연결된다.

예배 공간의 역사

실제로 예수 그리스도의 이름으로 모인 하나님의 백성들의 모임을 교회라고 할 때, 예배의 자리는 그곳이 들판이나 동굴이나 숲속이

---

1) 이것은 동방 정교회의 예배 이해와 장 자크 폰 알멘의 개혁교회의 예배 공간 이해에서 빌린 것이다. Schmemann, *For the Life of the World*; Allmen, *Worship*, 7장을 참조하라.

든 어느 곳이나 예배의 공간이 될 수 있다. 박해기간 초기교회는 정해진 예배 공간을 가질 수 없었다. 그러나 정해진 목적을 위해 약속된 시간에 모이는 예배의 공적 특성 때문에 초창기부터 교회는 예배의 장소를 정해 왔다. 물론 박해시기에는 유력인의 가정이나 박해를 피해 카타콤에서 예배를 드릴 수밖에 없었다. 비록 그 예배공간은 많은 제약과 한계를 가지고 있었겠지만 그곳은 친밀함의 공간이었음에 틀림이 없다.

　　기독교 공인과 함께 공식적으로 교회당이 세워지기 시작하는데 먼저 예루살렘, 베들레헴, 콘스탄티노플 등의 9개 지역에 교회당이 세워졌고 로마의 바실리카 형식이 차용되었다.[2] 교회당은 당연히 화려해 졌고,

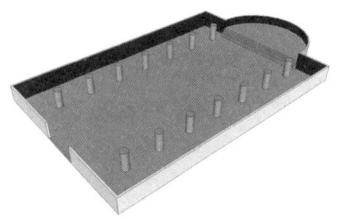
그림 1)
바실리카형식

반원형의 공간을 제단으로 활용하였으며 감독의 자리가 마련되었고 찬양대는 회중들 한 가운데 위치하였으며 설교는 감독의 자리 부근에 꾸며졌다.

　　동로마 지역의 동방교회 지역에서는 헬레니즘 문화와 동양의 특성이 가미된 비잔틴 형식이 널리 활용되었는데 바실리카 형식에 둥근

---

2) 바실리카는 로마인들이 재판이나 공적 업무를 수행하던 공공건물을 칭하는 용어였다. 직사각형의 건물로 좌우에는 회랑이 있었고 한쪽 혹은 양쪽에 반원형의 공간이 있었으며 내부는 텅빈 강당과 같은 곳이었다. 집정관 관할의 재판장으로 쓰이면서 한쪽에만 반원형이 설치되었는데 그곳은 재판관의 자리, 혹은 연단으로 활용하였는데 이것이 교회당은 활용되었을 때 제단으로 사용하였다. 보통 바실리카 양식은 중앙의 회중석(nave)과 양쪽 측면의 회랑(aisle)이 있고 양쪽 벽은 빛이 들어오는 고창층(高窓層, clerestory)이 있었으며, 보통 회랑 안쪽으로는 기둥들로 세워졌다. 10세기경부터는 여기에 종탑이 설치되었는데 보통 원형, 혹은 네모형이 일반적이었다. 이 건축 양식이 교회당 건물로 활용되면서 주교가 있는 곳의 유서 깊고 웅장한 교회당을 상징하는 용어로 사용되었다. 예를 들어 로마에는 총주교좌를 기념하는 4개의 바실리카가 있다. 대표적으로 성 베드로 성당을 들 수 있다.

돔이 가미되어 집중형 평면 구성이 특징을 이룬다. 돔과 벽, 천장에는 프레스코 기법의 화려하고도 신비로운 느낌이 드는 장식이 들어갔으며, 중앙 돔은 천상의 모습을 담아내려고 했기 때문에 주로 예수님과 예언자들, 성인

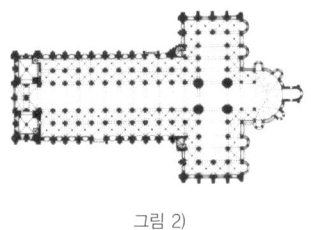

그림 2) 로마네스크양식

들의 모습이 배치되었다. 대표적으로는 이스탄불(콘스탄티노플)의 하기아 소피아 성당, 베네치아의 산마르코 성당 등이 있다. 비잔틴 양식은 천상을 표현하려는 시도 때문에 화려함과 웅장함은 더해지면서 예배, 특히 성찬은 더욱 신비감을 띠게 되었고, 예배 회중들은 주변부로 밀려나게 되면서 성직자 중심의 예배가 형성되게 만든다.

11세기 이후 로마네스크 양식은 13세기 고딕건축이 나오기 전까지 신성로마제국 지역에서 가장 대표적인 양식이 되었다. 이것은 초기의 바실리카 형식에 새로운 요소가 가미되게 되었는데, 교회당을 십자가 형태로 만드는 양쪽에 좌우 익랑(翼廊, transept)이 설치된다. 그로 인해서 제단과 회중과의 거리는 더 멀어지는 결과를 야기한다. 또한 익랑과 다른 공간에는 개인 미사를 위한 작은 제단이 설치되기도 한다. 당시에도 의자가 설치되지 않아 회중들은 가장 잘 들을 수 있는 곳으로 자유롭게 이동하기도 했다.

고딕양식은 13세기에 프랑스에서부터 시작하여 15세기에 이르기까지 유럽 건축의 대표적 양식으로 자리매김을 했다. 이것은 건축에 있어서 첨두형 아치와 리브 보울트(ribbed vault), 부축벽(flying buttress) 등을 완벽하게 결합함으로 구조적, 역학적 문제를 가장 잘 해결한 것으로 내부 공간에서 수직축을 강화하여 그 웅장함을 더욱 높이면서 수직 상승감과 신비감을 높였고, 종교적 신비감을 조성하는

데 큰 공헌을 한다. 하중의 합리적 분배를 통해 외벽을 성상을 중심으로 정교한 부조 장식을 더함으로 교회당의 정교함과 아름다움을 크게 높인 것으로 평가를 받고 있다. 또한 벽 대신에 창을 만들면서 스테인글라스를 설치하여 예배 공간에 빛을 통한 아름다움을 만들어 낸다. 고딕 건축양식으로 지어진 대표적인 예배당으로는 프랑스의 랭스 성당과 아미앵 성당을 들 수 있다.

르네상스 양식은 15세기 초 이탈리아를 중심으로 발전하였으며 고전주의적 경향으로 회귀한 건축 양식이었다. 기하와 대칭 등의 새로운 수학적 이해를 통해 또 다른 발전을 이루는데 조화, 질서, 균형, 통일성을 통한 형태미를 추구한다. 여기에는 비례와 조화 볼트와 돔을 활용하는데 고딕양식의 복잡한 볼트 양식을 단순하게 활용하였고, 비잔틴 양식의 돔을 차용하였고, 평면과 입면을 대칭적으로 위치시키면서 질서정연한 우주의 모습을 표현하려고 하였다. 르네상스 정신을 따라 인간의 상상력과 지혜를 맘껏 발휘하려고 했으며, 예술성에 강조점을 두었다.

바로크 양식은 17세기 이탈리아에서 발전해 가는데 르네상스 형식에 로마의 표현 형식을 가미한다. 여기에는 화려한 장식과 곡선미가 있는 미적 감각을 추구한다. 이 양식은 종교개혁에 대항하여 가톨릭교회의 영광스러운 모습과 절대 왕정의 힘을 과시하기 위한 목적에서 많이 활용되었다. 이것은 나중 예수회 수도사들에 의해 유럽 전역과 남미로 퍼져 나간다. 감성적 요소가 많이 가미되면서 양식의 현란함과 예술지향적인 특성을 갖게 되었고 건축의 고전 법칙을 무시하고 3차원적 건축 기법을 활용하여 극적 효과를 창출하게 된다.

한편 종교개혁 이후 개신교 진영의 예배공간은 그 배열에 있어서 큰 변화가 일어나는데, 지역과 분파에 따라 그 특징이 다양했지만 대부분 중앙집중식 건물이었고 제단이 없어지고 주로 설교단이 그 중심을 이루게 된다. 츠빙글리는 회중들이 하나님의 말씀에만 관심을 기울이도록 하기 위해 교회당의 모든 장식물이나 설치물을 철거하면서 설교단이 중심이 되는 말씀 중심의 예배 공간을 조성한다. 성찬상도 설교단보다 더 낮고 작게 만들었으며, 모든 건물은 실용성을 중심으로 활용하였다. 19세기에 들어오면서는 중세 형태로 다시 제단이 세워지고 그 좌우에는 찬양대 공간이 설치되었으며 설교단과 인도대는 회중석 앞으로 전진 배치하게 되었다. 그리고 세례반은 입구에 설치하였다(그림3). 혹은 찬양대를 강단 제일 뒤에 세우고 그 앞에 설교단을 위치시키며, 성찬상을 회중 쪽으로 전진 배치하는 형식을 취하기도 한다(그림4).

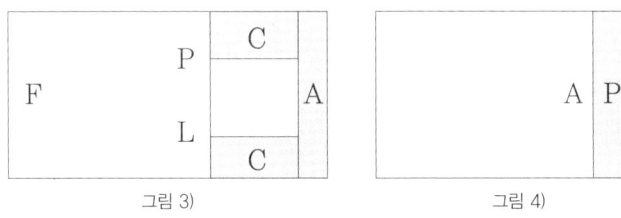

그림 3)   그림 4)

(범례: A: 성찬상, C: 찬양대, P: 설교단, L: 인도대 혹은 독서대, F: 세례반)

때론 설교단과 같은 선상에 성찬상을 두거나 그것을 중앙에 위치시키고 설교단을 조금 앞으로 전진시키는 구조를 취하기도 한다. 말씀 강단이 중심을 이루고 예배 상징으로 회중 정면에 십자가를 제외하고는 모든 예배 상징적인 요소를 제거하였고, 예배당을 모임 장소의 기능에 초점을 맞추었다. 차츰 개신교회는 예배 공간에 착석을 하거나 의자(장의자, 혹은 개별의자)를 놓게 되면서 움직임과 그 가능성을 줄이고 설교에 장시간 집중할 수 있는 그런 구조를 발전시켜 나간다. 의자 배치는 설교단을 중심으로 이루어졌으며 그러한 예배 공간 활용은 설교중심의 예배 형성에 영향을 준다.

이러한 건축 양식은 개신교가 신대륙 미국으로 건너가면서 많은 변화가 일어난다. 도심의 부요한 지역에서는 고전적 패턴을 따라 고딕 양식의 교회당을 짓기도 했지만 웅장함에 초점을 맞추었던 중세교회의 불필요한 공간을 없애고 실용성에 초점을 맞추면서 간략하면서도 실용적인 공간으로 바뀐다. 20세기 후반부터는 현대 자본주의 문화의 영향을 받으면서 대형교회들은 다양한 편의시설을 접목하면서 교인들이 예배뿐만 아니라 문화생활을 즐길 수 있는 공간을 만들게 된다. 교회당 내부의 배치 역시 사각형이나 장방형의 공간배치보다는 예배에 더욱 집중할 수 있도록 회중과 강단의 거리를 좁혀서 가시성을 확보하기 위해 부채꼴 형태를 취하게 되고, 다양한 시청각 장비와 조명, 무대 장치까지 배치하여 스튜디오와 같은 개념을 취하게 된다. 이러한 경향은 현대 한국교회에서 크게 다르지 않다. 한국교회 초기에 선교사들의 영향으로 고딕과 네오고딕 양식을 변형한 형태가 널리 사용되었고 십자가 첨탑과 종탑을 세우게 되었다. 현대에 들어와서는 현대 문화의 흐름을 받아들이면서 과거와는 전혀 다른 교회당을 건축하고 있다.

예배공간의 배치

기본적으로 어떤 예배 공간을 만들고 어떤 관점을 따라 그것을 어떻게 배치할 것인가는 중요한 일이다. 기본적으로 예배 공간의 신학과 관련하여 볼 때 교회가 예배 장소로 모이는 공간은 "모두를 맞아들일 수 있는 공간"이어야 한다. 여기에서 모두는 인종, 연령, 신분, 빈부 여부, 건강 상태와 상관없이 모두를 환대하고 영접해 들일 수 있는 장소여야 한다. 장자크 폰 알멘은 선한 사마리아인 비유(눅 10:25~37)에 나오는 '주막'(판도케이온)이라는 단어를 통해서 설명한다.³⁾ 즉 '모두를 영접할 수 있는 장소'라는 놀라운 이름에서 초기 교회는 교회의 정체성을 찾았다. 그곳은 죽음의 공격으로 벗어나 그리스도께서 허락하신 용서와 치유를 통해 새 힘을 얻고 순결한 하나님의 백성들이 될 수 있도록 모든 자에게 열려있는 장소라는 의미였다. 삶의 실패와 상처를 가진 사람들이 과거로부터 회복되고 현재의 고뇌와 아픔으로부터 벗어나는 장소이며, 삶의 온전한 치유자이신 그리스도의 임재의 자리요 그분과의 만남의 장소이다. 그곳은 또한 주님의 임재와 다가오는 하나님 나라를 기다리는 자리이기도 한다. 그 기다림을 가지고 탄원하고 간구하는 기도의 자리이기도 했다.

예배의 장소는 교회로서 적합하고 품위 있게 모든 것이 구성되고 배치되어야 한다. 하나님은 사람의 손으로 만든 건물 안에만 계시는 분이 아니지만 그곳은 예배의 장소이기 때문에 거룩하게 여겨져야 한다. 그래서 제 2 스위스 신조도 예배 공간의 배치는 적절하고 정중하며 질서있게 처리되어야 한다고 주장한다.⁴⁾ 이러한 예배 공간을 어떻게 배치할 것인가는 중요한 요소이다. 개신교 예배 공간 배치의 기준으로는 여러 가지 사항을 고려해야 하겠지만 효용성(utility), 단순성(simplicity), 융통성(flexibility), 친밀성(intimacy), 심미성(beauty)⁵⁾, 예배의 전통성 등을 고려해야 한다. 실용주의적 관점으로 치닫고 있는 현대 개신교에서 이것은 더욱 중요해진다. 기독교 예배 공간과 관련하여 고려해야 할 몇 가지 지침을 정리해 보자.

첫째, 예배 공간의 신학적 원리와 기준을 따라 명료하게 구성되고 배치되어야 한다. 예배당은 편리함과 실용성의 원칙에 따라 아무

---

3) 헬라이 판도케이온은 '파스'(모든)와 '데코마이'(영접하다)라는 말이 합성된 단어이다.
4) 제 2 스위스 신앙고백, 22장 참조.
5) White, *Introduction to Christian Worship*, 106~108.

것으로 채워 넣는 공간도 아니며, 공연장이나 강연장과는 다를 수밖에 없고 또 달라야 한다. 예배 공간은 하나님의 은혜를 통해 세상으로부터 부름 받은 사람들이 하나님을 섬기고 서로 소통하는 공간이며, 예배의 다양한 이미지와 상징을 통하여 신앙을 고백하고 전하는 자리이다. 예배 장소는 하나님의 초월성과 내재성을 표현하는 공간이며, 그것은 그 자체가 전하는 메시지이다. 그런 점에서 예배 공간은 하나님의 광대하심과 하나님의 친밀함이 함께 드러내는 공간이어야 한다. 예배 공간은 예배에 참석한 회중들에게 하나님께서 하셨던 역사를 기억하도록 도와주는 자리이며, 예수 그리스도의 생애, 죽으심, 부활을 통해 드러난 약속된 미래를 생생하게 기대하도록 도와주는 공간이다. 그런 점에서 예배 공간은 과거와 현재, 미래가 함께 공유되는 자리이며, 예배자들에게 하나님이 누구이신지를 말해 주면서 하나님의 임재로 나아갈 수 있도록 이끌어 주는 곳이 되어야 한다.[6]

그렇다면 예배 공간의 설정 기준은 어떻게 정할 수 있을까? 예배 공간은 이런 신학적 원리와 기준을 따라 구성되고 활용되어야 한다. ① 예배 자리는 하나님의 임재를 표현하고 회중들을 그것으로 인도하는 장소이다. ② 예배 자리는 회중들이 하나님과의 만남과 그 기억을 회상하게 하는 장소이다. ③ 예배 자리는 이 세상을 향한 하나님의 구원과 계획을 볼 수 있게 해 주는 소망의 공간이다. ④ 예배 자리는 회중들에게 환대의 느낌을 주어야 하며, 예배 공동체로 모이는 것과 예배를 드리기에 합당한 공간을 제공할 수 있어야 한다. ⑤ 예배 자리는 세례, 성찬, 설교를 위한 공간이 잘 준비되어야 하며 그곳에서 회중들이 하나님의 임재에 더욱 깊이 집중하여 그것을 경험하고 그것으로

---

6) Jane Vann, *Worship Matters: A Study for Congregations* (Louisville: Westminster John Knox Press, 2011), 31~42.

인해 높이 찬양할 수 있게 해야 한다. ⑥ 회중의 예배 참여를 돕고 표현의 다양성을 위해 공간의 유연성과 예배당의 배치 가구들의 유동성도 고려되어야 하지만 유연한 이동가능성과 고정성을 잘 고려해야 한다. ⑦ 예배 자리는 미적 감각과 아름다움을 간직하여야 하지만 그 아름다움은 공간 자체에서 나온다기보다는 예배자들의 아름다움에서 나온다는 사실을 기억해야 한다. 미적 감각은 전적으로 회중들이 예배에 보다 적극적으로 참여할 수 있도록 하는 돕는 것임을 기억해야 한다.[7]

둘째, 기본적인 예배 공간과 중심 예배 센터가 적절히 배치되어야 한다. 예배를 드리는 곳이라면 그것에는 기본 공간과 중심을 이루는 예배 센터가 필요하다. 흔히 기본적으로 기독교의 예배당은 모이는 공간, 이동 공간, 회중들의 공간, 찬양대의 공간, 성찬을 위한 공간, 세례를 위한 공간 등이 필요하고, 예배 센터에는 세례반 혹은 세례정, 설교단 혹은 성경봉독대(ambo), 그리고 성찬상이 필수적으로 배치되어야 한다. 제임스 화이트는 이것은 6개의 예배 공간(liturgical spaces)과 3~4개의 예배 센터(liturgical centers)로 명명한다.[8] 교단에 따라 약간 차이가 날 수 있지만 이것은 개신교 예배 공간에 필수적이면서 기본적인 공간이다. 기본 예배 센터에는 인도대(사회대)가 추가될 수 있는데 이것은 미국 개신교회 전통에서 나온 것이다.[9] 이러한

---

7) 이러한 기준들은 제인밴이 제시한 내용을 중심으로 정리한 것이다. 위의 책, 46~47.

8) 위의 책, 93~96. James F. White and Susan J. White, *Church Architecture: Building and Renovating for Christian Worship*, 정시춘, 안덕원 역, 『교회 건축과 예배공간』(서울: 새물결플러스, 2014), 30.

9) 4세기경부터 성경을 봉독하고 설교가 이루어지는 공간으로 성경봉독대(ambo)가 있었지만 후에 설교대와 봉독대가 따로 나눠졌다. 중세에는 회중석 가운데 앞부분에 위치하기도 했다. 성찬대를 중심으로 설교대에는 복음서가 낭독되었고, 왼편 봉독대에서는 서신서 등 여타의 말씀이 낭독되기도 했다. 그러나 미국 개신교회의 경우 설교단 하나만 설치하여 거기에서 모든 것을 진행하거나 설교대와 인도대를 설치하여 성경봉독

예배 센터를 우리말로는 흔히 강단, 혹은 제단이라고 번역해 쓴다. '강단'은 설교단이 놓여 있는 곳이어서 붙여진 이름이며, 성찬을 중요하게 여기는 로마 가톨릭, 루터교, 성공회 등에서는 성찬과 관련하여 '제단'이라고 칭한다. 이것은 구약의 제사 개념과 주님의 십자가 사건의 재현으로 보는 로마 가톨릭의 예배 신학에서 나온 용어임을 감안하면 적절해 보이지 않다.

예배 공간에는 설교 공간뿐만 아니라 성례전 공간도 확보되어야 한다. 종교개혁 이후 개신교회는 '시각적'(visual) 상징을 거의 모두 버리고 예배의 자리에 오직 귀로 듣는 청취(hearing)와 관련된 요소가 중심을 차지하게 되면서 예배 공간도 당연히 설교가 그 중심을 이루게 되었다. 설교 중심 예배의 특징이 강한 한국교회의 경우에는 성찬의 공간이 아예 없는 교회도 많이 있다. 설령 그것이 있다 하더라도 그것이 무엇인지도 모르거나 혹은 그것을 다른 목적으로 활용하는 경우도 적지 않다. 설교단 앞에 성찬대를 설치한 경우 그것은 '중강단'이라고 하여 안수 받지 않는 교역자나 교인들이 기도하거나 주일공예배가 아닌 예배나 기도회를 인도하는 장소로 인식되는 경우가 많이 있다. 성찬식을 거행할 때는 탁자 하나를 가지고 와, 거기에 흰 천을 덮고 성찬상으로 활용하는 교회도 많이 있다.

그러나 설교대가 말씀 선포를 위해서 필수적이듯이 성찬상도 기독교 예배의 필수적인 공간이다. 설교대가 성삼위 하나님의 말씀을 선포하는 기능을 한다면 성찬상은 그리스도의 임재와 자기주심의 사

과 설교는 설교단에서, 예배인도와 기도는 인도대에서 하게 했다. 한국교회는 주로 미국 개신교회의 전통을 받아들여 이 두 가지 형태가 가장 널리 활용하고 있다. 가톨릭에서는 바티칸 공의회 이후 성경봉독대의 설치를 권장하였고, 성경을 봉독하는 것은 말씀 속에 현존하시는 그리스도께서 행하시는 것을 상징하는 것으로 이해하면서 밤낮으로 성경을 그곳에 놓아두는 곳으로 활용하도록 권고한다.

랑을 계속해서 인지하고 기억할 수 있도록 만들어 준다. 초기교회로부터 현대에 이르기까지 말씀과 성찬이 예배의 중심을 이룬다는 신학적 성찰은 예배 공간에 반드시 반영되어야 한다. 성찬상은 빵과 포도주가 준비되고 거기에서 감사기도와 성체분할이 이루어지며, 실제적으로 거기로부터 분배가 이루어진다. 성찬상을 어디에, 어떻게 배치하느냐는 교단적 배경과 목회자의 성찬 이해에 따라 달라질 수 있고 그것을 어떻게 활용하느냐에 다양한 관점이 있을 수 있지만 설교단과 함께 그것은 필수적인 예배 공간임은 분명하다. 앞서 언급한 것처럼 한국교회에 성찬상은 대략 두 종류로 설치된다. 설교단과 인도대를 앞으로 전진 배치시키고 성찬상을 중앙 후방에 위치시키는 형식이 있고, 설교단 밑에 위치시키는 방식이 있다. 그러나 이것이 성찬상인지에 대한 인식도 없고, 흔히 '중강단,' 혹은 '아래 강단'이라고 하여 주일 공예배 이외의 사회대나 기도의 자리로 활용하기도 한다. 이것은 예배 공간과 배치에 대한 일종의 무지에서 비롯된 것이다.

한국교회에는 다소 생소한 것이지만 미국의 개신교회에는 수찬대(communion rail)를 설치하여 성찬상에 모여 무릎을 꿇고 성찬을 받게 하는 경우도 많이 있다. 처음 이것은 동물들이 성찬상에 가까이 오는 것을 막기 위하여 설치되었던 것인데 성찬상으로 나아가 하나님의 가족들이 함께 모인다는 의미와 무릎을 꿇고 기도하면서 겸손하게 받을 수 있게 한다는 장점을 가진다. 물론 일부 종교개혁자들이 무릎 꿇는 행위의 폐지한 것 때문에 다소의 논란이 있을 수 있겠으나 이것은 경배의 행위가 아니라 겸손의 의미로 사용되고 있음을 고려하면 그것은 크게 문제가 되지 않는다.

또 하나는 세례대(洗禮臺)의 설치이다. 이것은 흔히 세례반(洗禮

그림 5)
팔각과 원형을 잘 조화시킨 세례반

盤, baptismal font)이라고도 부른다.[10] 초기 교회는 흐르는 물에서 세례를 베풀었지만 박해기가 지난 후부터 예배당에는 세례를 위한 공간이 설치되었다. 그것은 예배학적으로 볼 때 교회는 세례를 통하여 예수 그리스도의 죽음과 부활에 동참하는 사람들의 모임이며, 세례는 공동체 안에서, 공동체가 함께 수행하는 공동체적 사건이기 때문이다. 그런 점에서 보면 회중석의 회중들도 모두 세례 참여자들이며, 세례식은 자신들에게 주어진 은혜와 언약을 새롭게 하는 자리이다. 침수(侵水, immerison) 방식이 사용되던 때는 주로 독립된 세례 공간인 세례당(洗禮堂, baptistery)을 설치하였고[11] 혹은 세례정(洗禮井)을 설치하기도 했다. 그러나 유럽이 기독교화 된 후 7세기 이후부터는 유아세례가 일반화되면서 성인 세례가 줄어들었기 때문에도 주로 관수례 방식이 도입되면서 세례수를 담아두는 저장용기의 형태인 세례반으로 바뀌게 된다. 본래 그 위치는 부활절 전야 철야기도모임에서 세례 준비자에게 세례를 베푼 후 회중의 공간인 예배당으로 인도하여 들어왔

---

10) 서울대 건축학과 교수인 김광현은 세례대는 받침을 두고 세례수를 담는 그릇을 올려놓은 것이라면 세례반은 욕조와 같이 바닥을 내려서 만든 것을 지칭하는 것으로 설명한다. 그러나 후자에 사용된 '소반 반(盤)' 자는 소반, 대야, 대(臺)라는 의미를 담고 있고, 이것을 감안하면 세례를 위한 소반, 혹은 대(臺)라는 의미로 이해할 수 있다. 영어의 baptismal font(piscina)라는 용어를 번역한 것이라고 본다면 같이 혼용해도 무방한 용어이다. 그러나 그가 주장하는 것처럼 오히려 '세례정'(洗禮井)으로 번역하는 것이 더 타당성이 있어 보인다. 김광현의 주장을 참고하기 위해서는 김광현, "세례당과 세례대, 새로운 생명으로 태어나는 자리," 『평화신문』 1329호 (2015년 8월 30일), 참고.
11) 당시 그것이 설치된 곳은 주로 주교가 관할하는 교회당이었다.

던 전통에 따라 주로 교회당의 입구에 설치되었다. 세례가 공동체로 들어가는 입문(initiation)임을 강조하기 위해서 중세시대에는 독립된 공간이나 건물에 세례당을 설치하기도 하였는데 예배당 안에서 주로 세례식이 거행되기 때문에 뒤편에 설치하거나 개신교에서는 인도대 옆에 위치시키기도 한다.

　　세례가 그리스도와 함께 죽어 묻히고 그와 함께 다시 부활하는 의미를 담고 있기 때문에 초창기에는 십자가 모양을 하기도 했으며[12] 초기에는 주로 사각형이 사용되었다. 삼위일체와 중생의 상징으로 원형이 사용되기도 했으며, 일주일의 6번째 날이 금요일과 아담이 창조된 날에서 오는 죽음을 상징하려는 목적으로 6각형이 사

그림 6)
미국 솔트레이크시티 막달레나교회 세례정

용되기도 했다. 주님이 부활하신 여덟 번째 날과 종말론적 의미를 담아 팔각형의 형태가 가장 많이 사용되었다. '그림 6'이 보여주는 세례정은 가장 정형적인 것인데, 주로 교회당 입구에 설치되어 있고 8각형 형태를 취하고 있다. 이것은 십자가 모양을 하고 있고 흐르는 물의 효과를 두기 위해 세례대에서 물이 흘러 흐르게 하는 전형적인 세례정의 형식을 취하고 있음을 알 수 있다.

　　흔히 개신교회에서는 1년에 몇 차례 세례식을 하는 경우가 대부분이고 자주 사용하지 않기 때문에 주방에서 대접이나 사발에 물을

---

12) 가장 대표적인 것이 5세기 이스라엘 쉬브타(Shivta)의 십자가형 세례반을 들 수 있다.

받아와 사용하지만 이것은 중요한 신학적 의미를 가지고 있는 예배 전통을 잃어버린 것이 된다. 세례반은 그리스도인들이 세례를 받고 공동체 안으로 들어와 그리스도의 몸의 일원이 된다는 점을 강조하기 위하여, 그리고 받은 세례를 기억하도록 하기 위해 반드시 설치되어야 하는 성구이다.[13]

셋째, 실용주의 늪에 빠져 예배 공간의 거룩성을 상실하지 않게 하자. 교회성장운동과 현대 문화의 영향으로 기독교의 예배 공간은 전통성이나 예배 신학적 고려를 통해서라기보다는 거의 실용성에 의해 좌우되고 있음은 부정할 수 없는 상황이다. 예배에는 영상을 활용하기 위해 대형 스크린이 강단 전면에 설치되고, 개신교의 중요한 예배 상징의 하나인 십자가도 때론 스크린이 내려와 그것을 가리거나 없애거나 좌우측으로 옮기기도 한다. 십자가가 우상이 아니고 그것은 반드시 강단 중앙에 위치시켜야만 하는 것이 아니지만 그동안 한국교회 예배현장에서 십자가의 상징성을 고려하면 이것은 실용주의에 함몰된 하나의 현상임을 부인할 수 없다. 화려한 조명과 여러 대의 카메라가 다양한 각도에서 잡은 영상이 계속해서 대형스크린으로 투사되면서 마치 예배자들은 공연장에 온 느낌을 갖게 되고 마치 방송국의 버라이어티 쇼에 들어온 느낌을 갖게 할 때가 있다.

물론 명암이 있을 수 있지만 이런 실용주의는 예배를 일종의 '공연'으로 바꾸어 버리고 예배자들은 관람객과 예배 콘텐츠의 소비자로 바꾸고 버린다. 그 '공연'은 신명나고 감동이 있어야 하고, 예배당은 이제 그런 공연을 효율적으로 수행하기 위한 공연장으로 인식되면서 그 목적에 걸맞은 장치와 장식을 동원하게 된다. 그것은 당연히 예

---

13) 2차 바티칸 공의회 이후 로마가톨릭교회 역시 예배당 안에 세례대가 설치되는 것이 원칙이라고 밝히고 있다.

배 순서에도 영향을 끼치게 되며, 또한 그런 '감동'이 있는 교회가 수적 성장을 이룰 수 있기에 설교를 포함하여 더 좋은 프로그램을 만들기도 하고 대체해 가기도 한다. 자연히 예배는 교회와 그리스도인의 최종 목적이 아니고 도구와 수단으로 변질되고, 실용성이 예배와 관련한 모든 것을 움직여 가게 된다.

거룩성은 교회와 그 예배에 있어서 본질적인 요소이다. 교회의 가장 대표적인 신앙고백의 하나인 사도신경은 교회를 '거룩한 공회'(공교회)로 규정하는데, 교회의 본질이자 목표인 거룩성은 결국 평생 추구해야 할 요소이다. 성경은 교회의 거룩성을 구별됨으로 설명한다(엡 5:26~27). 안식일 준수 명령 역시 세상의 방식보다는 하나님의 방식을 따라 사는 것이며 구별됨의 신앙을 담고 있음을 알 수 있다. 다양한 문화 사회적 환경의 변화를 이해하기 위해서는 사회과학적 지혜를 가져야 하는 것은 필요조건이나 그것이 모든 것을 결정하는 요소가 될 수 없음은 주지의 사실이다.

넷째, 예배의 상징성과 예술성을 간과하지 않아야 한다. 기독교 예배 공간은 본질적으로 많은 상징성과 예술성을 담아 표현되었다. 츠빙글리의 영향으로 인해 기독교는 예배의 많은 상징성과 예술적 요소를 예배에서 배제한 것이 사실이지만 기독교의 예배는 본질적으로 많은 상징 행위를 통해서 구성될 뿐만 아니라 예배 공간에는 이런 상징들을 포함한다. 기독교의 예배는 말과 행위로 이루어져 있는데 그 행위에는 많은 상징적 의미들이 담겨 있다. 뿐만 아니라 공간의 구조나 기구의 배치도 상징성을 바탕으로 한다. 모이고, 기도하고, 찬양하고, 흩어지는 일련의 행위들도 상징성을 내포한다. 예배를 위해 사용되는 시각 예술과 예배하는 여러 동작과 행위도 상징성을 갖는다. 예를 들어 경배의 찬양을 할 때 일어서는 것은 하나님의 엄위 앞에서 경외의 마음으로 찬양을 올려드리는 마음을 상징한다. 예전색과 배너, 스톨, 강단 장식과 예배를 위한 기구들의 배치도 상징성을 담고 있다. 그래서 제인 밴은 예배의 상징 언어들(symbolic languages of worship)의 중요성을 강조하면서 이것들은 예배 가운데서 하나님께 회중들을 부르시고, 임재를 경험하게 하시며, 설교와 성찬을 통해 말씀하시고 먹이시며, 세상으로 보내심을 구체적으로 경험하도록 도와준다고 주장한다.[14] 이렇듯 상징은 보이고 말하는 것 이상의 것을 말해주기 때문에 예배에서 중요한 요소이다.

예배 예술은 본질적으로 예배자들로 하여금 그들이 서있는 자리를 넘어서 영혼의 눈만이 볼 수 있는 세계를 볼 수 있도록 해 주는 초월적 힘을 가지고 있다. 그러므로 그것은 기본적으로 우리가 하나님의 임재를 경험하면서 그 앞에 부복하게 하고 기도하게 하는 예술이다. 그러므로 예배 예술의 주요 기능은 "보이지 않는 하나님의 임재를 보이게 하는 것"이며 그분의 현존과 실재를 깨닫게 해 주는데 있다. 그것은 표면적으로 보이는 실체를 넘어 더 깊은 차원으로 도달하게 하는 능력을 갖는다. 그것은 마치 십자가를 바라보며 로마의 백부장이 "이 사람은 진실로 하나님의 아들이었도다"(막 15:39)라고 외친 것처럼 그런 확신과 고백을 하게 하는 능력을 가진다.[15]

뿐만 아니라 움직임과 제스처 활용과 관련된 몸의 언어 활용도 깊이 고려해 볼 수 있다. 개신교 예배는 오직 목회자의 입과 청중들의 귀만 작용하는 그런 단순한 예배로 정착되었다. 이는 청교도들과 계몽주의 시대를 지나면서 더욱 심화되었는데 이것은 예배의 신비를 많

---

14) Vann, *Worship Matters*, 15~23. 이러한 기능을 수행하는 상징 언어들로 공간, 상징, 움직임, 시간, 음악, 예배 언어 등을 그는 제시한다.
15) James White and Susan White, 『교회 건축과 예배공간』, 242, 244.

이 상실하게 된 원인이 되기도 한다. 단 샐리어즈와 찰스 헤킷이 중세 후반의 교회 예배의 타락과 변질됨에 반발함으로 시작된 개신교가 상징적 행위의 가치를 지나치게 무시하고 오직 언어로 전하는 말만 지나치게 의존하고 있는 것은 역사적인 맥락을 이해할 때 충분히 납득할 수 있는 일이지만 불행한 일이라고 말하는 것은 옳다.[16]

예배는 정적인 명사가 아니라 동적인 동사의 형태를 취한다. 그렇기 때문에 단지 목소리로만 드리는 아니라 우리 온 몸 전체로 드린 것이다. 예배는 말뿐만 아니라 예배당으로 나아오는 행위로부터 시작하여 다양한 행동으로 표현된다. 예배에서 사용되는 행위와 제스처는 그 자체로서 의미를 가지는 기능이면서 또한 상징적 의미를 담고 있다. 움직임, 몸동작, 제스처, 춤, 표정 등은 언어적 요소와 함께 예배를 구성하고 진행하는 중요한 요소이다. 일반적으로 중세교회가 지나치게 많은 상징을 도입하여 예배를 미신화한 경향에서 벗어나려는 종교개혁자들과 청교도들의 인식 때문에 개신교 예배는 음성적인 부분만 남기고 모든 것을 제거하였던 것이 사실이지만 인간 삶이나 커뮤니케이션은 말로만 이루어지는 것이 아님을 기억한다면 그것에 대한 반성이 필요하다. 신구약 성경에 나오는 예배나 초대교회 예배에는 말과 행동이 함께 연합되어 진행되었음을 기억할 필요가 있다. 그래서 단 샐리어즈는 이것을 "하나님의 은혜를 전달하는 강력한 표징"(sign)이 된다고 주장한다.[17]

기독교의 예배는 함께 떡을 떼고 그것을 먹고, 잔을 들어 감사하

---

16) Charles D. Hackett and Don E. Saliers, *The Lord Be with You: A Visual Handbook for Presiding in Christian Worship*, 김순환 역, 『예배와 예식 모범』(서울: 대한기독교서회, 2008), 12.
17) Don E. Saliers, "The Power of Sign-acts," in *Worship Matters: A United Methodist Guide to Worship Work*, ed. E. Byron Anderson (Nashville: Discipleship Resources, 1999), 173.

고 그것을 함께 마시고, 물을 붓고 안수하고, 손을 들어 축복하는 등의 공동의 행위를 통해 특정 의미를 공유하고 전달한다. 그런 점에서 예배의 제반 행위는 의미를 담고 있는 상징적 활동이다. 그러므로 "삶 속에서 일차적 상징을 온전히 경험하지 못하면서 산다는 것은 우리 인간성을 상실한 것"이 되듯이 예배에서 상징성을 잃어버렸다는 것은 "예배 참여와 성숙에 대한 근본적 토양을 잃어버렸음"을 의미한다고 한 샐리어즈의 주장은 옳다.[18] 이러한 점에서 20세기 중반 이후 개신교 예배학 연구에서는 기독교 예배에 담긴 상징의 중요성을 새롭게 인식해 가기 시작했고 교단의 입장에 따라 개정된 예배서에 이러한 경향들을 담아내기도 하고, 초기 교회의 영성을 회복하려는 시도 가운데 현대인의 경험과 직접적 참여, 이미지를 중요하게 생각하는 경향을 예배에 담아내려고 하는 시도는 고무적인 시도라고 할 수 있다.[19]

가시적으로 보여주는 매체가 의사소통을 위한 중요한 도구가 되고 있는 상황에서 이것은 바람직한 일이라고 할 수 있으며, 개신교 예배 예전에서도 활용 가능한 예배 몸짓 언어에 대해서도 적절한 활용을 고려해 볼 수 있다. 몸동작을 통한 언어의 어휘는 방대하지만 개신교 상황에서 사용할 수 있는 것들은 한정되어 있고 한국적 상황을 고려하면 더 좁아질 수 있다. 그러나 이것이 적절하게 활용될 때 예배에 담긴 신비를 훨씬 더 분명하게 전달할 수 있다는 점에서 그것을 적극 고려해 볼 필요가 있다.[20]

---

18) Saliers, 『거룩한 예배』, 260. 이러한 주장에 대한 전반적 내용을 보기 위해서는 이 책의 9장을 참고하라.
19) 로버트 웨버가 추진하였던 '고대-미래 모델'이나 이머징예배와 같은 경향이 대표적인 흐름이라고 할 수 있다.
20) 이러한 점에 도움을 받기 위해서는 Hackett and Saliers, 『예배와 예식 모범』을 참고하라. 이 책은 예배 가운데서 사용할 수 있는 9가지 범주의 몸짓언어와 목회 상황에서 사용할 수 있는 것들을 구분하여 사용한다. 한국적 상황에서 다 활용하기 어려운

예배 가운데 사용되는 상징과 예술은 "우리가 하려는 것의 중대함과 진지함을 강조"해 준다는데 있으며, 보이지 않는 하나님의 임재를 보이게 하며, 느껴지지 않는 하나님의 신비를 느낄 수 있게 해 주는 것이 예배 상징물의 역할이다.[21] 그럼 점에서 우리 감각 능력을 적절하게 예배에 활용할 수 있도록 돕는 시도는 좋은 시도라고 할 수 있지만 개신교 진영에서는 지역교회 상황에 적절한 지를 고려하여 신중하게 적용할 필요가 있다. 어떤 상징물이나 예술을 예배에 활용하려고 할 때 신학적 관점, 목회적 관점, 심미적 관점을 고려하여 선택하여야 한다.[22] 이렇게 예배의 상징물들은 언어만으로는 표현할 수 없는 것들을 교회가 경축할 수 있는 방법을 제시해 주며, 회중들이 진정한 예배에 깊이 잠입될 수 있도록 이끌어 준다는 점에서 깊이 고려해야 할 사항이다.[23]

부분도 있을 수 있지만 예배에서 사용되는 언어와 함께 더 깊은 의미를 창출할 수 있을 것으로 기대된다.
21) James White and Susan White, 『예배 건축과 예배 공간』, 239, 242.
22) Vann, *Worship Matters*, 66. 여기에서 신학적 관점이라 함은 하나님의 말씀인 성경과 속한 교단, 각 교회의 전통에 따라 평가되어야 하며, 목회적 관점은 장애를 안고 있는 사람을 포함하여 모든 사람이 예배에 잘 참여할 수 있노록 돕는 것인가에 대한 관점이며, 심미적 관점은 디자인, 구성, 내용, 색깔, 크기, 다른 것과의 균형 등이 고려되어야 차원을 포함한다.
23) 위의 책, 67.

성례전의 이해와 실행 | 18장

> 성례전은 예수 그리스도께서 새로운 언약과 새로운 창조 가운데로
> 우리를 이끌어 가신다는 점에서 하나님의 선물이다.
> 성령님의 능력을 통해 우리는 창조주와의 관계에서
> 어디에 존재하는지를 발견하게 된다.
> – 로렌스 스투키[1]

기독교 성례전은 가시적으로 보여주신 하나님의 사랑을 토대로 한 상징행위로 이것을 실제로 행함으로 거룩한 것과 하나님의 신비를 직접 경험하고 맛볼 수 있게 해주는 기독교 예전의 보석이다. 성례전은 하나님의 자기 주심의 언어이며[2] 인간을 향한 하나님의 사랑이 가시화되는 사건이다. 이것은 상징을 통해 구체화 되는데, 기본적으로 상징 행위는 "의미를 전달하는 행위"로 행동, 말, 가시적인 요소를 통해 하나님께서 보여주시기를 원하시는 사건을 다시 경험하게 하고 감격하게 하는 역할을 한다. 그런 점에서 보면 성례전은 말과 행동으로 구성된다. 즉 언어로 말하기와 몸으로 말하기를 통해 성례전은 표현된다. 예배 가운데서 말로 행동을 대치해 버린 개신교 예배 현장에는 성례전이 가지는 이런 행동의 특성을 많이 놓치고 있음이 사실이다.

---

1) Stookey, 『하늘이 주신 선물, 세례』, 61.
2) 이것은 제임스 화이트와 데이빗 파우어가 즐겨 쓰는 개념이다. 보다 상세한 내용을 위해서는 White, 『성례전: 하나님의 자기 주심의 선물』; David N. Power, *Sacrament: The Language of God's Giving* (New York: The Crossroad Publishing Co., 1999) 등을 참고하라.

"성례전의 행동에 말씀을 더하라. 그때에야 비로소 온전한 성례전이 될 수 있다"고 한 어거스틴의 주장은 이런 차원에 대해 우리의 주의를 불러일으킨다. 성례전에서 사용되는 행동들은 단순한 행동이 아니라 상징적 행동이다.

기독교 성례전의 기본 프레임은 유대교 전통에서 기인하는데 인간 역사 가운데서 역사하셨던 하나님의 구원 행동을 다시 경험하면서 그 놀라운 섭리와 역사에 대해 구체적 응답을 올려드리는 것이다. 본래 성례전을 뜻하는 영어 단어, sacrament는 라틴어 사크라멘툼(sacramentum)에서 온 것인데, 본래 이것은 '신비, 비밀'의 뜻을 가진 헬라어 뮈스테리온($\mu\nu\sigma\tau\eta\rho\iota o\nu$)을 번역한 것이다. 초대교회 교부였던 터툴리안이 처음으로 이 헬라어의 단어를 라틴어 세크라멘툼으로 번역하여 사용하는데, 그리스도와 함께 죽고 다시 살아난 사건인 세례를 받은 사람들이 주님의 만찬에 참여하는 예전의 의미로 사용한다. 그러나 이것이 라틴어로 번역되면서 그 의미를 많이 달라진 것이 사실이다. 본래 미스테리온은 그리스도를 통해서 나타난 측량할 수 없고, 이해할 수도 없는 하나님의 구원사건의 신비, 혹은 숨겨진 비밀과 관련된 용어였으며,[3] 하나님 자신을 택한 사람들에게 드러내시는 방식과 관련이 있는 단어이다.

그러나 라틴어 '사크라멘툼'은 본래 법률 용어로 원고와 피고가 예치하는 보증금을 뜻하는 단어였는데 신전에 가서 진리 이외에는 말하지 않겠다는 신실성을 보증하기 위해 걸었던 공탁금을 뜻하는 단어였다. 다시 말해 신에게 바치는 것이라는 의미와 충성의 표징으로 사용되던 용어를 차용한 것이다. 그러나 하나님의 자기 주심의 행동은

---

3) 롬 11:25, 16:25. 엡 1:9, 3:3 등지에서 사용된다.

엄밀히 말해 인간의 이해와 지성을 뛰어넘는 신비임을 기억할 때 뮈스테리온은 성찬이 가지는 본질적 특성을 잘 대변하는 단어임을 알 수 있다. 이 단어는 우리가 이해할 수 있는 능력 너머의 차원인 하나님의 자기 주심의 신비를 가장 잘 드러내는 단어이며, 우리가 그 신비를 경이로움과 놀람으로 받아들일 수 밖에 없게 만든다.[4]

원초적 성례전과 성례의 종류

예수 그리스도의 성육신 사건은 하나님께서 우리에게 주신 사랑의 행동을 가시적으로 보고, 느끼고 만질 수 있도록 허락하신 하나님의 행동의 표현이다. 그런 점에서 에드워드 스킬레벡스은 예수 그리스도를 성례전의 원형이며, "원초적 성례전"(primordial sacrament)이라고 칭한다. 인간의 몸을 입으신 예수 그리스도는 하나님의 구속의 은혜를 사람들로 하여금 세상에서 가시적으로 볼 수 있도록 구체화하신 최초의 성례전이 되신다. 그런 점에서 그분은 유일한 성례전(the sacrament)이시며 근본적 성례전이시다.[5] 그러므로 세상을 향한 하나님의 사랑이 가시화 되고 내재화 된 성육하신 그리스도는 모든 성례의 원천이시며 주창자가 되신다.

기독교는 원초적 성례전이신 예수 그리스도께서 직접 제정하시고 명령하신 것만 성례로 인정한다. 이것은 종교개혁자들의 가르침에 따른 것으로, 당시 중세교회가 지키고 있던 7성례[6] 중에서 세례(마 28:19)와 성찬(눅 22:19, 고전 11:25)만을 성례전으로 인정한다. 7성례는 1273년, 리용(Lyon)에서 있었던 공회의에서 결정되어 1545년에

---

4) White, 『성례전: 하나님의 자기주심의 선물』, 64~65.
5) Edward Schilebeeckx, *Christ the Sacraments of the Encounter with God* (New York: Sheed & Ward, 1963), 15.
6) 성세성사, 견진성사, 성체성사, 고백성사, 혼인성사, 신품성사, 종부성사 등이 그것이다.

있었던 트렌트 공의회에서 확증한 후 지금까지도 로마 가톨릭교회는 성사로 지키고 있다. 종교개혁자들의 공격을 받은 중세교회는 트렌트 공의회에서 성례전의 숫자가 '일곱보다 많거나 적다고 주장하는 것'은 파문에 해당된다고 적시함으로서 그것을 다시 확인한다. 그러나 성례를 은총의 수단으로 이해한 종교개혁자들은 주님께서 직접 제정하신 세례와 성찬만을 성례로 인정하면서 성경에 나타난 초대교회가 행하였던 것에 관심을 가지고 그것을 기준으로 삼는다.

그러나 제임스 화이트는 잘못된 체제를 개혁하려는 그들의 열정은 성례전이 가지는 인간적 측면과 인생의 필요에 포괄적인 돌봄을 제시하지 못하게 되었다고 비판한다. 즉, 루터를 포함한 종교개혁자들이 초대교회 교부들의 입장에 대해서는 충분히 고려하지 않았으며, 그들은 성례 제도에 대해 산산조각을 낸 후에 그 조각들은 다시 결합되지 못했다고 주장한다.[7] 뿐만 아니라 종교개혁은 의도하지 않은 부산물도 가져오게 되었는데 성례전을 그리스도인의 삶의 중심에서 주변부로 밀려나게 만드는 결과를 야기하였다고 주장한다.[8]

성례전의 효력에 대해서도 역사적으로 오랜 논쟁이 이어져 왔는데, 이것은 기독교 초기부터 사효론(ex opere operato)과 인효론(ex opere operantis)의 관점에서 논의가 이루어졌다.[9] 전자는 성례 자체

---

7) White, *Introduction to Christian Worship*, 180.
8) 즉 고해성사는 성찬으로 가서 붙게 되었으며, 견진성사는 세례에 결합되게 되었고 이것은 교리교육을 마친 사람의 수료식으로 전락하게 되었다고 주장한다. 그런 점에서 화이트는 성례전이 가지는 인간적 특성에 초점을 맞추면서 기독교 성례를 좀 더 다양하게 구분하고 있다. 즉, 세례, 성찬과 같이 주님이 직접 제정하시고 명령하신 성례를 '주님의 성례'(dominical sacrament), 화해, 치유, 안수 등과 같이 성경에서 주님과 제자들의 사역에서 찾아볼 수 있는 것은 '사도적 성례'(apostolic sacrament), 결혼, 장례 등과 같은 성례를 '자연적 성례'(natural sacrament)라고 칭하면서 그 범위를 확대한다. 이에 대한 보다 상세한 내용을 위해서는 White, 『성례전: 하나님의 자기주심의 선물』, 4장을 참고하라.
9) ex opere operato는 '의식을 통하여'라는 뜻이며, ex opere operantis는 '행위자의 행

에 내재하는 힘이 있기 때문에 성례에 참여하는 사람은 누구나 자동적으로 은혜의 효력을 누리게 된다는 주장으로, 성례전을 통해 본래적으로 활동하시는 분은 그리스도이시고 집례자는 단지 도구일 뿐이기 때문에 성례전이 교회의 의향에 따라 거행되게 되면 집례자의 개인적 성덕과 관계없이 은총이 성례를 통해 전해진다는 것이다.

'인효론'은 도나투스주의자들의 전통을 따른 것으로 성례를 통한 은혜는 집례자의 성덕과 참여자의 태도와 믿음에 의해 영향을 받는다는 이해이다. 가톨릭은 7성례가 스스로 은혜의 효력을 지니고 있다고 이해하면서 화체설을 믿기 때문에 사효론의 입장을 취한다. 성례전을 성례전 되게 하고 그 안에서 중심적으로 활동하시는 분이 성삼위 하나님이시라면 성례전의 효력은 전적으로 하나님께 달려있으며 인간 존재를 초월해 역사한다는 주장은 옳다.[10] 기독교 역사 가운데서 이것들은 지속적인 논쟁이 있어 왔는데 웨스트민스터 신앙고백은 집례 하는 이의 경건이나 의도에 달려있지 않고 오직 성령의 역사와 성례 제정의 말씀에 달려 있다는 주장을 제시함으로 개신교의 입장을 대변해 준다.[11]

개신교 진영에서는 성찬에 대한 이해와 집례 방식에 대해 다양한 의견과 전통이 있는 것이 사실이다. 이것은 전통이나 선호하는 경향 때문일 수도 있고 환경적인 요인 때문일 수도 있다. 그럼에도 불구하고 성찬을 통하여 하나님께서 교회에 말씀과 성령의 은사를 허락하시

위에 의하여'라는 뜻이다. 이것은 초기 교회로부터 중세 때까지 성례의 효력과 유효성에 대한 논쟁이 계속되어 왔는데, 이러한 초기 논쟁을 살펴보기 위해서는 김운용, "초대교회 성례전 논쟁을 통해서 본 오늘의 예배와 성례에 대한 조망," 『신학과 실천』, 34호(2013년 2월)을 참고하라.
10) White, 『성례전: 하나님의 자기주심의 선물』, 69.
11) *The Westminster Confession of Faith*, 손달익, 조용석 편역, 『웨스트민스터 신앙고백』 (서울: 한들, 2010), 27항 3절 참조.

며 그 은사를 통하여 교회는 그것을 허락하신 분에게 경배를 올려드리며 예수 그리스도의 십자가 사건과 부활사건(pasch)을 통해 허락하신 은혜를 깊이 기억하게 된다. 분명한 것은 성령님 안에서 그리스도의 몸을 이룬 사람들이 함께 모인 교회의 경축(celebration)이라는 점이며 다양한 문화와 만나면서 그 실행이 더 풍성해 졌다는 점이다.[12]

성례전 연구와 실행

제임스 화이트는 공동체가 수행하는 성례전의 경험으로부터 신학이 나와야 한다고 주장한다. 초기 교회에서 성례전은 "신학적 분석의 주제"가 아니었으며, 성도들이 하나님의 신비를 경험한 이야기들로 구성되었다는 것이다. 그 이후에 교회 역사에서 성례전에 대한 보다 명료한 이해와 정의를 필요로 했던 것이 사실이지만 종교개혁자들은 초기 교회가 경험했던 성례전에 대한 이해를 중심으로 그 특성을 이해하려고 했다. 물론 성례전의 의미를 조직신학적 접근 방식을 취하였던 움직임이 없었던 것이 아니지만 기본적으로 성례전에 '관한'(about) 신학이 아니라 성례전을 수행하는 공동체의 경험으로 '부터'의 신학을 추구해야 한다.[13] 그러므로 '성례전과 관련하여 이 개념이 무엇을 의미하는가?'를 묻기보다는 '성례전을 시행하는 이러한 행동이 무슨 의미를 갖는가?'에 주력해야 한다. 즉 성례전의 의미를 추구하고 그것에 걸맞게 바로 시행되고 있는가에 관심을 기울여야 하는데 얼마나 은혜를 받았느냐의 차원보다는 성례전이 나타내고자 하는 것을 명확하게 이해하고 바로 실행하고 있는가에 관심을 기울여야 한다.[14]

---

12) Power, *Sacrament*, 1.
13) White, 『성례전: 하나님의 자기주심의 선물』, 59~60.
14) 물론 초대교회 성례 논쟁으로부터 시작하여 계속적으로 성례전에 대한 신학적 논쟁이 이어져 왔던 것이 사실이다.

성례전을 실행할 때 적법성(leaglity)과 규칙성(regularity), 효율성(validity)을 고려해야 한다. 이것들은 성례전의 바른 실행을 위해 반드시 필요한 요소인데, 이것을 따르지 않으면 무질서와 혼동, 변질의 가능성에 놓이게 되거나, 그 의미를 온전히 공유하는 일에 실패하게 될 것이다. '적법성'은 주님의 명령과 함께 시작된 성례전은 교회와 전통이 정하는 바에 따라 적법하게 이루어져야 한다는 것이다. 누가 집례하고 참여자의 자격을 어떻게 부여할 것이며, 어떤 상황에서 어떻게 실행되어야 하는지를 정해야 한다. 이것은 시간과 공동체의 필요에 따라 바뀔 수 있는 여지가 있는 부분도 있지만 결코 바꿀 수 없는 부분도 있음을 알아야 한다. '규칙성'은 얼마나 자주 이것을 실행해야 하는지와 관련된 사항이다. '효율성'은 어떤 형태와 자료들을 사용할 것이며 공동체가 어떻게 역동적으로 바른 자세를 가지고 참여할 것인가를 고려해야 하는 요소이다. 이러한 요소들은 예배전통이 규정하는 바도 있지만 속한 교단과 교회의 전통을 따라 이러한 특성들이 결정되어야 한다.

또한 성례전 실행에 있어서 가장 중요한 지침 가운데 하나는 "성례전 가운데서 하나님이 역사하고 계신다"라는 확신으로부터 출발해야 한다는 점이다. 성찬을 제정하시고 그것을 사용하시는 성삼위 하나님께서 모든 것을 주도하고 계시기에 방식과 형식은 약간 다를 수 있지만 내적 은혜는 오직 하나님께 달려 있으며, 칼뱅의 이해대로 우리를 하나님과 그분의 세계 가운데로 인도하시기 위해 하나님께서 직접 고안하신 제도라는 인식으로부터 출발해야 한다.[15]

---

15) White, *Introduction to Christian Worship*, 187.

성찬 성례전: 그리스도의 잔치

기독교 예배 전통에서 말씀 예전과 함께 성찬 예전은 공예배의 가장 일반적인 순서 가운데 하나이다. 이것은 십자가 사건 전후에 예수님께서 친히 보여주신 모범이었으며(눅 22, 24장), 성령강림 이후 본격적으로 주님 부활하신 주의 날에 모이기 시작한 초대교회에서부터 예배의 가장 중요한 골격을 이루었다. 주님의 명하심을 따라 함께 모여 말씀을 나누며 떡을 떼면서 그리스도께서 행하신 일을 기억하며 현재화 하였고, 그것을 위해 그들은 매주일 함께 모였다. 그때로부터 시작하여 이것은 시대와 지역을 떠나 기독교 예배의 가장 보편적 형태로 자리 잡아왔다.

- 아남네시스를 명하시다

초대교회는 공관복음서에 기록된 형태로 주어지기 훨씬 이전부터 떡을 떼는 일은 계속되었으며, 이것은 공동체의 예배와 삶과 깊이 연관되었다. 이것이 중심을 이룬 것은 주님께서는 친히 제자들에게 주신 성만찬 명령(고전 11:23~29) 때문이었다. "나를 기억하면서(혹은 기억하기 위하여) 이것은 행하라"(do this in remembrance of me)는 명령은 단순한 성찬 제정사 이상이었고 예배의 명령이었다. '기념하라' 로 번역된 단어는 '아남네시스' 인데 이것은 단순히 과거 사건의 기억이나 인식, 기념 정도보다 훨씬 깊은 의미를 가진 말이다. 단순히 인지적으로 무엇을 생각하거나 기억하는 정신적 과정을 넘어 예전적 과정(ritual process)과 행위를 통해 그분을 기억하는 것을 의미한다. 그분이 행하신 것을 행하면서 그분이 우리를 위해 행하신 것을 오늘 여기에서, 내 경험의 세계로 가져와 맛보게 된다는 의미를 담고 있으며 의례를 계속하면서 그 사건을 다시 새롭게 경험하는 실제적 행위와 관련된 단어이다.[16] 단순히 과거의 사건을 기억하고 어떤 시대의 사건을 재검토하는 행위나 인식하는 정도가 아니라 과거의 사건을 오늘, 여기로 가져와 그것을 새롭게 재현하여 맛본다는 의미를 가진다. 이렇게 성찬 명령은 무엇에 대해 생각하는 차원을 명한 것이 아니라 행하는 차원을 명하신다. 그래서 고린도전서 11장 25절의 성찬 명령의 핵심도 '기념하라' 보다는 '행하라' 에 더 무게를 두고 있다.[17]

그러면 성찬식에서 우리는 무엇을 행하는 것인가? 예수님께서 행하신 바로 그것을 행하는 것인데, 흔히 성찬의 4중, 혹은 7중 행동이라고 부르는 그것을 행하는 것이다. 이 두 가지는 편의상 4중 행동으로 요약되는데 떡을 취하고(take), 축사하고(bless), 떼어(break), 식탁에 함께 한 이들에게 그것을 나눠주는(give) 행위를 통해 '아남네시스' 하는 것이다. 그레고리 딕스에 의하면 이것은 예배의 형태를 재생산하는 것으로 설명하는데 떡과 잔을 취함으로서의 봉헌, 그것에 대해 하나님께 감사를 드리는 기도, 떡을 뗌으로서의 분할(fraction), 떡과 잔의 나눔이 그것인데, 이것은 과거부터 오늘까지 우리에게 알려진 모든 성찬의 변경할 수 없는 핵심을 이루었다고 주장한다.[18]

그러므로 아남네시스는 성찬의 중요한 특성일 뿐만 아니라 예배의 자리가 가지는 특성이기도 하다. 예배의 주요 상징들, 즉 세례반, 설교단, 성찬상(table) 등은 모인 모든 사람들에게 '공동의 기억' 을 갖

---

16) 보다 상세한 내용을 위해서 Laurence Hull Stookey, *Calendar: Christ's Time for the Church* (Nashville: Abingdon Press, 1996), 1장과 그의 다른 책, *Eucharist: Christ's Feast with the Church* (Nashville: Abingdon Press, 1993), 2장을 참고하라.
17) 개역개정판이나 표준새번역은 '기억하라' 에 강조점을 두고 있다면 헬라어 성경이나 공동번역 성경, 대부분의 영어성경 번역들은 '행하라' 에 강조점을 두고 있다.
18) Gregory Dix, *The Shape of Liturgy*, rev. ed. (New York: Seabury Press, 1982), 48.

도록 기능한다. 행하면서 우리는 흔히 주님의 고난과 십자가를 생각해야 하는 것으로 지성적이고 이성적 관점에서 이해하지만 성경의 의도는 그 사건에 우리가 능동적으로 참여하고, 그 참여를 통해 살아계신 주님의 임재를 새롭게 경험하는 것이다. 그것은 고린도전서 11장의 성찬 명령과 누가복음 24장의 엠마오 스토리에 잘 나타나고 있다. 이것은 구약의 예배 명령에도 잘 나타나는데 이스라엘을 기억하시는 분과 하나님을 기억하는 사람들 사이에서 이루어지는 것으로, 하나님께서 행하신 역사를 예배라는 행위 가운데서 계속 되살리면서 이스라엘 백성(예배자)들은 예배라는 행위를 통해 그것을 새롭게 맛보며 '공동의 정체성'을 형성되게 된다.[19] 하나님께서는 그렇게 현재화된 기억을 통해 인간의 경험 속에서 하나님의 백성을 새롭게 만나 주시며, 예배자들은 말씀과 성찬을 통해 예수 그리스도를 기억함으로 그분의 구속 역사에 참여하게 된다. 이러한 기억은 하나님께서 이스라엘(예배자)를 기억하심으로 이루어지는 과정이며 "하나님의 자기 주심을 반복적으로 경험하는 사건"이 된다.[20] 그래서 로렌스 스투키는 성찬을 "교회와 함께 하는 그리스도의 잔치"(feast)라고 규정한다.[21]

이렇게 성찬은 교회에 주신 선물이며 주님 오시는 날까지 보존해야 할 소중한 교회의 보물이며 축복이다. 교회가 이것을 예배의 중심축의 하나로 삼는 것은 그 때문이며, 그런 예전적 여정을 가지면서 "하나님의 자기 주심을 반복해서 경험하는 사건"을 새롭게 경험하게 된다. 그래서 예배자들은 "세례로부터 시작하여 죽음을 맞이할 때까지 성만찬을 통하여 계속해서 하나님의 자기 주심"을 새롭게 맛보게

---

19) Don E. Saliers, *Worship and Spirituality* (Pittsburgh: OSL Publications, 1984), 1장 참고.
20) White, 『성례전: 하나님의 자기주심의 선물』, 113.
21) Stookey, *Eucharist*.

된다.[22] 그러므로 교회는 하나님의 자기 주심의 은혜를 가장 직접적으로 경험할 수 있는 사건인 성찬을 자주 행하려고 했으며 주일 공예배의 가장 중심축의 하나로 보존해 왔다. 그것은 교회가 어린양의 혼인 잔치에 참여할 때까지 계속되어야 할 그리스도의 잔치이다. 그런 점에서 보면 성찬은 묵상하고 사유하는 개념이라기보다는 공동의 행위이다. 이것은 성찬은 개인적 경건의 사안이 아니라 신앙공동체인 교회를 통해서 이루어지는 행위라는 사실을 알려준다. 이 행위를 통해 교회는 과거와 미래를 오늘, 여기에서 현재적인 우리의 경험으로 갖게 된다. 지난 역사와 앞으로 나타날 미래의 사건은 서로 분리된 조각이 아니며 성찬의 자리에서 기억과 선취라는 관점으로 경험되게 되며, 그것은 오늘의 시대 속에서 이루어지는 우리의 삶과 선교 사역의 동력으로 작용하게 된다. 이런 아남네시스의 행위를 통해 교회는 주님께서 교회에 위임하신 전 사역의 동력을 얻게 되며 그것은 계속적으로 복음적 특성을 견지할 수 있게 된다.[23]

공관복음의 기록들(마 16:26~29, 막 14:22~25, 눅 22:15~20)은 그동안 계속 가져온 종교적 의미를 담은 식사들에 새로운 의미를 담아주고 있으며, 십자가 사건과 직접적으로 연결시키면서 새로운 의미를 담아주고 있다. 흔히 주님의 최후 만찬으로 성목요일의 기록들은 구약의 하나님의 구속 역사를 경축하는 유월절 절기와 십자가를 통해서 이룩하실 구속 역사를 연결시키고 있으며, 새로운 언약으로서의 성찬의 제정과 관련성이 있다. 누가의 엠마오 스토리는 주님의 최후의 만찬을 넘어서 부활의 아침에 떡을 가지사, 축사하시고, 떼어, 저희에게 주셨던 주님의 성찬행동을 통해 부활절 식사와 연결시켜 성

---

22) White, 『성례전: 하나님의 자기 주심의 선물』, 113~16.
23) Stookey, Eucharist, 50.

찬이 가지는 의미를 확대시키고 있다. 엠마오의 식사 내러티브는 성찬이 가지는 또 다른 의미인 경축의 차원을 잘 보여준다. 이것은 성례전적 특성이 강한 요한복음의 기록을 통해서도 알 수 있는데[24] 부활의 아침, 식사를 통해 주님이 알려지고 있다(요 21:9~14).

- **성찬에 대한 기본 이해**

우리는 성찬을 어떻게 이해할 수 있을까? 초대교회로부터 교회는 다양한 이미지와 용어를 통해 그 의미를 이해해 왔다. 성찬을 뜻하는 여러 용어들이 사용되어 그 다양한 의미를 드러내 왔다. '주님의 만찬'(The Lord's Supper)이라는 명칭은 주님께서 이것을 직접 제정 하셨음과 그분이 식탁의 주인이시며 우리를 초대하신다는 사실을 알려준다. '거룩한 식사'(the Holy Meal)라는 용어는 주께서 잡히시던 밤에, 그리고 부활의 아침에 제자들과 나누신 '식사'를 이어가고 있다는 사실을 알려준다. '최후의 만찬'(the Last Supper)이라는 명칭은 십자가에 달리시기 전 날 밤에 제자들과 함께 하셨던 만찬을 생각나게 한다. '성찬', 혹은 '성체성사'(Holy Communion)라는 명칭은 하나님의 자기 주심과 사랑의 하나님과의 교제에 대해서 생각나게 만든다. '감

---

[24] 요한복음은 예수님의 세례에 대해 간단히 언급하고 있고, 마지막 만찬에 대한 기록을 담고 있지 않기 때문에 비성례전적 복음서로 알려져 왔지만 최근의 연구들은 가장 성례전적 복음서라고 평가를 받고 있다. 가나 혼인 잔치, 수천 명을 먹인 사건, 부활 후 제자들과의 식사뿐만 아니라 요 6장의 기록들을 그 근거로 제시한다. 1941년 처음 출간된 요한복음 연구에 관한 책에서 루돌프 불트만은 요한복음은 반성례전적 입장을 견지하고 있다고 주장한다. 그러나 3년 후 출판한 책에서 오스카 쿨만은 요한복음은 가장 성례전적 책이라고 주장한다. 이러한 다양한 의견과 관련하여 제임스 던은 성례전과 관련하여 요한복음 연구의 경향을 세 가지(반성례전적, 가장 성례전적, 변형된 성례전적) 범주로 나누고 있다. Rudolf Bultmann, *Das Evangelium des Johannes*, 허혁 역, 『요한복음서 연구』(서울: 성광문화사, 1979); Oscar Culman, *Early Christian Worship*, 이신희 역, 『원시 기독교 예배』(서울: 대한기독교서회, 1984); James D. G. Dunn, *Unity and Diversity in the New Testament*, 김득중, 이광훈 역, 『신약성서의 통일성과 다양성: 초기 기독교 신학의 역사적 연구』(서울: 나단, 1988) 등을 참고하라.

사의 성찬'(Eucharist)이라는 명칭은 '감사'라는 뜻의 헬라어, 유카리스티아(εὐχαριστία)에서 온 것으로 하나님의 창조와 구속의 은혜에 대한 감사를 드리는 것이라는 의미를 설명해 준다. '거룩한 예전'(The Divine Liturgy)이라는 명칭은 동방정교회가 주로 사용하는 용어인데 성별된 떡과 포도주를 나누는 예전이라는 의미를 알려준다.

지중해 동쪽의 초기 교회에서 행해지던 성찬에 대한 경험들은 다양한 이미지로 표현되었다. 그것은 기독교의 성찬이 가지는 신학적 의미를 표현해 주는 것으로 그 신비의 다양한 측면을 묘사해 준다. 유그브 브릴리오스(Yngve Brilioth)는 신약성경이 묘사하는 중심 이미지를 다섯 가지로 정리해 준다. 기쁨의 감사(joyful thanksgiving), 회상(commemoration), 성도의 교제(communion), 희생(sacrifice), 주님의 임재(Christ's presence)가 그것인데, 제임스 화이트는 여기에 성령의 역사하심과 모든 것의 최종적 성취를 더하여 일곱가지의 이미지로 성찬을 설명한다.[25]

1982년 세계교회협의회의 신앙과 직제 위원회에서 나온 소위 리마문서에서는 5가지 이미지를 사용하는데, 성부께 대한 감사(Thanksgiving to the Father), 그리스도의 기억(Memorial of Christ), 성령님의 초대(Invocation of the Spirit), 성도의 교제(Communion of the faithful), 하나님 나라의 식사(Meal of the Kingdom)가 그것이다.[26] 이러한 이미지들은 성찬이 가지는 본래의 신학적 의미를 잘 설명해 준다. 늘 예수님의 수난 사건에 초점을 맞추어 진행되는 한국교회 성찬식을 고려한다면 이러한 이미지들은 성찬

---

25) Yngve Brilioth, *Eucharistic Faith and Practice: Evangelical and Catholic* (London: SPCK, 1930); White, 『성례전: 하나님의 자기주심의 선물』, 117~34 참고.
26) World Council of Churches, *Baptism, Eucharist and Ministry* (Geneva: WCC, 1990).

을 실행할 때 고려하고 활용할 수 있는 성찬의 다양한 신학적 측면을 제시해 준다.

• 개혁, 다시 개혁

기독교의 예배는 초기부터 변함없이 말씀 예전과 성만찬 예전이라는 중요한 골격을 근간으로 하여 행해져 왔다. 이것은 사람이 세운 제도가 아니라 구약의 제사장 전통과 예언자 전통, 성전 전통과 회당 전통으로 이어져 온 것은 예수님께서 직접 제정하시고 명령하신 예전이었다. 이러한 명령과 모범을 따라 초대교회는 아주 초기부터 말씀 예전과 성찬 예전을 중심으로 예배하는 전통을 수립하였고 그 전통은 변함없이 이어져 내려왔다. 그러나 중세시대에 이르면서 성찬 예전에는 신비적 요소들을 가미하면서 비성경적이고 미신적인 요소들이 많이 가미되기에 이른다. 종교개혁은 이러한 잘못된 예배의 요소들과 신앙전통을 바로 세우려는 일종의 예배개혁이었다. 그 후 개신교회는 예배의 많은 변화를 경험하였는데, 다양한 교파와 예배 전통이 수립되게 되면서 차츰 말씀 중심의 예배를 드리게 된다. 단적으로 말해 새롭게 하려고 하다가 오히려 소중한 보석을 잃어버린 셈이 되었다. 이것은 츠빙글리를 제외한 모든 종교개혁자들의 생각과는 근본적으로 달랐던 것임을 생각할 때 개신교회 시작의 본래적 의도와 원리에서 크게 벗어난 것임을 알 수 있다. 그래서 혹자는 밖에 나가 놀다가 더러워진 상태로 돌아온 아이를 목욕시킨 다음, 더러워진 목욕물과 함께 아이도 함께 버린 격이라고 비유하기도 한다. 앨시 맥키(Elsie A. McKee)는 이러한 경향을 "하나님을 무시하는 행위"로 규정한다.[27]

---

27) 앨시 맥키, "칼뱅이 이해한 공예배와 예전적 영성," 『목회와 신학』 (2011년 1월): 224.

그러나 이러한 경향은 종교개혁자들로부터 온 유산이었다기보다는 청교도들과 미국의 부흥운동과 변방예배로부터 온 것이었다. 대부분의 개신교회가 그렇지만 특별히 청교도 전통과 18~19세기 미국의 부흥기에 형성된 변방예배(frontier worship) 영향을 받았던 선교사들에 의해 예배 신앙을 물려받은 한국교회 예배에도 성찬은 일 년에 두서너 번 하는 특별순서 정도로 자리매김을 하고 있음은 안타까운 일이 아닐 수 없다. 성찬이 가지는 풍성한 의미와 축복을 많이 놓쳐 버린 채 1년에 2~3회로 축소된 형태를 당연한 것으로 여기고 있음은 안타까운 일이다. 다행히 교회가 잃어버린 소중한 보물을 새롭게 발견하여 복원하려는 움직임이 일어나고 있음은 고무적인 일이다.

알렉산더 쉬메만이 주장한대로 성찬은 "교회가 주님의 기쁨 속으로 들어가는 행위"이다. 그렇게 성찬을 통하여 그 기쁨 속에 들어가는 것, 그래서 세상 속에서 그 기쁨이 되는 것이야말로 바로 교회의 소명의 핵심이며 교회를 교회되게 하는 성례이다. "교회가 하나님 나라 차원 속으로 들어가는 여정"이며 그리스도의 현존 속으로 들어가는 것이다. 그래서 교회는 성찬을 통해 모든 것의 시작이요 마침이신 분(계 22:13)을 오늘의 삶 가운데 모셔 들인다.[28] 성찬은 하나님께 우리의 모든 삶과 자신, 그리고 우리가 속한 세계를 올려드리는 봉헌을 통해 우리를 위해 드려진 그리스도를 기억한다. 평화의 인사를 나누면서 하나님께서 우리에게 허락하신 사랑과 평화(샬롬)를 기억한다. 수르숨 코다를 통해 우리의 마음과 영혼을 주님께 드높이 드는 것이며, 성찬 대감사기도를 통해 감사와 영광을 주님께 올려드린다. 또한 떡을 주님의 몸으로, 잔을 주님의 피로 현시(顯示)해 주시는 분은 성령

---

28) Alexander Schememann, *For the Life of the World: Sacraments and Orthodoxy* (Crestwood: St. Vladimir's Seminary Press, 2002), 2장.

님이심을 고백하며 성령초대의 기도를 올려드린다.

그러므로 우리가 성찬을 행할 때 거기에 그리스도께서 현존하시며 모든 권세를 가지시고 구원의 역사를 계속해 가신다. 우리는 성찬을 통해 과거에 우리를 위해 행하셨던 역사를 다시 경험하는 것이며, 우리 자신을 주님께 다시 올려드림으로 그분의 현존을 경험하게 된다. 그러므로 성찬은 하나님의 자기 주심에 대한 감사의 예전이며, 아남네시스(기억)의 사건이며 하나 됨을 위한 성도의 교제이다. 문제는 예배 가운데서 성찬을 축소, 혹은 외면함으로서 이러한 기쁨과 감사의 예전과 그 중요한 축복을 놓치고 있다는 점이다. 예배를 새롭게 개혁하려는 개혁자들은 그런 비극을 상상도 하지 않았으며 대부분의 개혁자들은 성찬을 주님의 날에 드리는 예배의 중심에 두려고 했음을 기억해야 한다.

- 성찬의 실행

문제는 오랫동안 굳어져 이제는 비정상이 정상이 되어버린, 즉 성찬 없는 예배가 정상적인 것처럼 생각되는, 그리고 성찬이 있는 주일이면 오늘도 예배가 길어지겠구나 생각하는 예배신앙이 왜곡된 현실에서 성찬의 중요성과 예배의 온전성을 어떻게 살리며, 회복된 예배를 실행할 것인가가 중요한 과제로 남는다. 오늘날 성찬을 행함에 있어서 그것을 새롭게 하려는 시도들이 개신교 예배 현장에서 다양하게 일어나고 있음은 다행스러운 일이다. 다만 성찬 없는 예배가 당연한 것처럼 여기며 예배를 드려온 것이 거의 500년이 다 되어가는 시점에서 예배 가운데 성찬을 어떻게 시행하고 온전한 예배를 세워가는 일을 수행할 것인지는 그리스도인들의 깊은 숙고를 요구한다.

첫째, 예배와 성찬에 대한 교육이 선행되어야 한다는 점이다. 가르침을 받은 것은 이해가 되었고, 그 중요성을 알았을 때 그것을 사랑할 수 있게 된다. 정말 사랑하는 것은 보존할 수 있게 된다. 성찬은 개신교 전통에서 소홀히 되어왔지만 교회에 주어진 풍요로운 선물이며 축복임을 가르쳐야 한다. 성찬의 횟수를 늘리는 것도 중요하지만 예배와 성찬의 중요성, 그것이 가지는 풍성한 의미를 먼저 교인들에게 교육되어야 한다. 단적으로 앞서 언급한 수르슴 코다, 삼성송, 성령초대의 기도 등의 순서를 포함하거나 조금 다른 방식으로 성찬을 집례하게 되면 그것은 가톨릭을 따라가는 것이 아닌가라는 우려와 비판의 소리를 듣기도 한다. 그러나 그것은 전적으로 예배학에 대한 무지에서 비롯된 것이다. 아는 만큼 보인다고 하지 않던가? 목회자는 교회에 주어진 이 소중한 보물에 대해 먼저 연구해야 하고, 바른 예배 전통을 세우기 위한 노력의 하나로 먼저 바른 예배 신앙을 가르쳐야 한다.

둘째, 예배학적 규범을 확인하고 바로 인식해야 한다. 성찬은 매 주일, 교회 예배의 가장 중심적 사역의 하나로 지켜져야 하며, 성찬의 상황은 원칙적으로 개교회의 주일 공예배에서 행해져야 한다는 점이다. 지금 개신교 예배는 '반쪽 예배'를 드리고 있음을 먼저 인지해야 하고, 예배 가운데 그것을 회복하는 것은 예배 개혁의 최우선 과제라는 사실을 인식해야 한다. 주일예배 밖에서 행해지는 성찬은 예외적인 것이지 규범이 될 수 없으며, 개별성찬의 형태로 주어지는 것은 성찬이 가지는 신학적 의미를 곡해한데서 온 것임을 알아야 한다. 미국의 어떤 교회는 소예배실에 성찬을 마련해 놓고 편리한 시간에 와서 묵상기도를 드린 후 성찬을 자유스럽게 받도록 광고하는 것을 보았고, 어느 기도단체에서는 예배실 뒤편에 자유롭게 성찬을 들도록 빵과 포도주를 일회용에 담아 놓아둔 것을 보기도 했다. 이러한 것은 상황과 필요에 따른 실용적인 변형이라고 할 수 있지만 본래 성찬이 가지는 의미를 왜곡하는 것이 된다.

셋째, 고려해야 할 것은 성찬의 횟수 문제이다. 제임스 화이트는 매주 성찬을 시행하는 것을 회복하는 것은 대부분 개신교회 예배 개혁에 있어서 가장 최고의 우선순위가 되어야 한다고 주장한다. 그러나 목회현장에서 성찬식을 가질 때 기존 예배 시간보다 길어지거나 설교를 축소해야 하는 문제 뿐만 아니라 여러 번의 예배를 드려야 하는 시간적 제약 때문에 목회자들이 부담을 갖는 경우가 많다. 그러나 매주 가져야 할 중요한 예배 순서로 여긴다면 목회현장에 따라 방법적 측면은 강구할 수 있을 것이다. 매주 행하지 못한다면 가능한 한 자주 성찬을 갖는 것으로 방향을 잡을 수도 있다. 매주 할 경우 의미가 희석되고 중요성을 인지하지 못하게 된다고 주장하는 목소리도 있다. 그러나 정말로 필요하고 의미 있는 일을 자주 한다고 해서 그 의미와 중요성이 감소되는 것은 결코 아니다.

넷째, 성찬의 순서에 대해 검토해야 한다. 성찬식의 순서는 교단마다 차이가 날 수 있지만 최근 개정되어 나온 교단의 예배서는 교회의 초기 전통에 의존하고 있어 많은 공통점을 가지고 있다. 회복해야 할 순서와 지향해야 할 순서가 있다. 어떤 교회는 성찬식이 시작된 지도 모르게 찬송을 하면서 분병 분잔이 이루어지고 찬송이 끝나면서 간단한 기도와 함께 바로 성찬을 들게 하는 경우도 본다. 이것은 성찬이 가지는 중요한 예배학적 의미와 축복을 왜곡하는 것이다.

또한 전면의 순서에 또 다른 설교(성찬에 관한)가 행해지는 것도 문제이다. 개혁교회 예배 전통에 '권면'의 순서가 없는 것은 아니지만[29] 일반적으로 개신교 성찬식에서는 성찬 제정사 본문을 읽고 또 한

---

29) 그것은 다분히 시대적 상황을 고려한 것이었다. 종교개혁 당시에는 오랜 기간동안 왜곡되고 미신적인 순서와 자세로 성찬을 받은 회중들에 대한 예배교육적 필요가 있었

번의 설교를 하는 기현상을 연출하기도 한다. 필요하다면 간략한 권면이나 성찬초대의 내용을 담을 수 있지만 또 한번의 설교를 행하는 것이 되어서는 안 된다.

성찬식에는 성찬 대감사기도(인사, 제정사, 아남네시스, 삼성송, 성령초대의기도 등 포함)를 온전하게, 혹은 약식으로든 포함하여야 한다. 또한 성찬은 행위임을 감안하여 그것이 가지는 상징적 특성을 살릴 수 있어야 한다. 흔히 성찬의 4중 행동(take, bless, break, and give the bread), 혹은 잔과 관련한 3중 행동(take, bless, and give the wine)을 포함하여 7중 행동을 가시적으로 보여주는 분병례를 정확히 행하는 것도 보이는 말씀을 경험하게 할 수 있는 좋은 방안이다.

또한 성찬 참여시에는 교회 상황에 따라 결정해야 할 사안이지만 성찬상이나 분병분잔 자리로 직접 나아와 받게 하는 것이 은혜의 보좌로 나아가 그것을 받게 한다는 점에서 좋다. 아무런 감격 없이 성찬을 받지 않도록 하기 위한 장치도 필요한데, 종교개혁 때 폐지했던 무릎을 꿇고 받게 하는 것도 다시 고려해 볼 필요가 있다. 현대인들은 분주함에 쫓겨 성찬에 대한 감격과 경외심을 잃어가고 있는 경향도 있기 때문이다. 그래서 초대교회의 전통을 따라 성찬을 받을 때 두 손을 라틴십자가 모양으로 교차하여 받게 하고, 분병 분잔 시, 집례자, 혹은 배찬자가 떡을 직접 들고 보여주며 "이것은 주님의 몸입니다!"라고 확인시켜 주고 분잔 위원은 "주님의 보혈입니다"라고 확인시켜 주며 '아멘'으로 화답하며 받도록 하는것이 좋다.

다섯째, 성찬에서 행해지는 행동과 상징성을 적절히 활용해야 한다. 성찬은 "보이는 말씀"(visible word)인 바 성찬에서의 동작과 상징

기 때문이었다.

성을 적절하게 활용할 수 있어야 한다. 개신교 예전에는 이런 상징성이 많이 약화되고 말로 대치된 경우가 많은데 가끔은 말이나 음악이 없이 보여주는 동작을 적절하게 활용하는 것도 도움이 된다. 앞서 언급한 대로 분병례를 행하여 주님이 행하신 것을 직접 보게 한다는 의미도 중요하며, 성찬을 받는 자세와 동작을 새롭게 하는 것, 성찬식에서의 성구의 배치도 고려해야 할 사항이다. 교회당 안에는 성찬상 마저 놓여있지 않는 경우도 흔히 볼 수 있는데 이는 예배가 가지는 상징성을 외면한 일례라고 할 수 있다. 성찬상은 그것이 가지는 가시적 메시지를 감안하여 말씀 강단과 함께 예배 공간에서 시각적 중심성을 가져야 하며, 예배의 자리에는 반드시 있어야 할 성구이다. 또한 그 위에 이질적 요소가 놓이지 않도록 해야 한다. 또한 성찬상에 분병례 때 사용하는 성배(chalice)와 빵을 담은 성반(paten)을 위치하는 것도 평상시에 성찬에 대한 인식을 갖게 하는 하나의 방안을 가질 수 있다. 성찬은 교회에 주신 선물이며, 신학적이고 상징적 행동이다. 그것을 도외시하는 것은 성찬이 가지는 풍요로운 은혜를 내던지는 것과 같다.[30]

여섯째, 규범과 자유로움의 긴장관계를 잘 유지할 수 있어야 한다. 규범은 무엇을 결정하고 행동하는데 아주 중요한 자산이다. 그러므로 성례전은 목회적, 신학적, 역사적을 관점을 따라 준비된 오래된

---

[30] 성찬 실행과 관련하여 White, 『성례전: 하나님의 자기주심의 선물』, 3, 6장과 Stookey, *Eucharist*, 6장을 참고하라. 특히 제임스 화이트는 목회현장에서 성례전을 새롭게 실행함에 있어서 고려해야 할 일반적 규범으로 목회적, 신학적, 역사적 규범이라는 세 가지 차원을 제시한다. 먼저 "특정 시간과 장소에 있는 사람들의 필요에 적합하게 구성되어야한다"는 목회적 규범은 당시대의 문화 사회적 특성과 지역교회의 특성이 반영되어야 한다는 점을 강조한 것이다. 그러나 그것은 신학적, 역사적 규범에 의해서 통제를 받아야 하는데, 전자는 "우리가 행하는 것은 기독교의 신앙을 반영하는 것이 되어야 한다"는 점이며, 후자는 2천년이라는 긴 여정을 통해 형성된 예배 경험이나 전통과 독립적으로 결정되어서는 안 된다는 점이다.

규범을 따라 행할 때 가장 잘 집례 할 수 있다. 예전적 예배를 드리는 교회에서는 예배서에 있는 텍스트와 규범을 절대적인 것으로 취급하는 반면, 개신교의 대부분의 교단은 자유로움이 넘쳐서 마땅히 지켜져야 할 정해진 규범이 행해지고 있지 않음은 안타까운 일이다. 제임스 화이트는 이것을 사사 시대에 혼동 가운데 서 있는 것으로 비견한다. 그러한 무질서는 19세기 부흥운동의 영향과 실용주의적 경향에서 찾는다. 이러한 현상은 역사적, 신학적 기준보다는 단지 효율성에 사로잡혀 있었던 미국 개신교에 의해 증강되었다.[31] 여기에서 '당연히 주어져야 할 것'을 별 고민 없이 내던져 버리거나 내려놓는 결과를 야기한다. 규범과 자유로움은 역동적 긴장관계를 가진다. 기독교 예배의 '중심'(center)이면서 왕관의 '보석'과 같은 성찬은[32] 마땅히 지켜져야 할 규범을 따라 실행되어야 하지만 문화적 패턴과 상황에 대해 역동적인 것이 되어야 한다는 점도 고려해야 한다. 2천년의 긴 여정을 따라 살아오면서 전 세계에 흩어져 있는 수많은 그리스도인들의 예배 경험으로부터 독립적으로 결정을 내릴 수는 없다는 점을 염두에 두어야 한다.[33]

성찬은 인간에게 주시는 하나님의 가장 최고의 선물들 가운데 하나이다. 그것은 놀라움과 경이감 속에서 주어지는 선물인데, 어떻게 오늘의 예배 현장에서 이것을 보존하고 회복할 것인가는 중요한 과제가 아닐 수 없다.

---

31) White, 『성례전: 하나님의 자기주심의 선물』, 260.
32) 이 이미지는 존 맥쿼어리에게서 빌린 것이다. John Macquarrie, *A Guide to the Sacraments* (New York: Coninuuum, 1997), 101~02.
33) 위의 책, 265.

내 입술로는 다 말할 수 없고 내 마음의 생각도 넘어섰으며 내 마음은 성찬의 놀라움에 의해 정복되었고 압도되었습니다. 이 놀라운 신비 앞에서 이것을 대신할만한 것은 아무 것도 없습니다. 그 신비는 내 마음이 다 인지할 수 없고, 내 혀가 그것을 다 표현할 수가 없습니다.[34]

제네바에서 예배를 바로 세우기 위해 혼신의 힘을 쏟았던 쟝 칼뱅의 이 고백을 함께 가질 수 있을 때 많은 제약들이 있지만 교회의 주어진 보물이요, 그리스도의 잔치인 성찬을 바로 실행할 수 있게 될 것이다.

세례 성례전

세례는 그리스도인의 삶이 시작되게 하는 중요한 예전으로 하나님의 자기 주심의 선물을 가장 잘 인식할 수 있게 만드는 수단이다. 세례는 순전히 선물로 주어지는 사건이며 누구나 세례를 받을 수 있는 합당한 자격이나 조건을 갖춘 사람은 없다. 뿐만 아니라 수세기 동안 교회는 그리스도인은 태어나는 것이 아니라 만들어진다는 사실을 경험해 왔다. 아주 초창기부터 그리스도인 공동체는 세례를 받음으로 그가 새로운 그리스도인이 되었고 그리스도의 몸에 연합된 존재가 되었다는 사실을 당연한 것으로 받아 들였다.[35] 그리스도인들은 신앙적 삶의 결단을 통해 신앙공동체에 입문하게 되는데, 이러한 과정을 다루게 되는 입문의식(initiation)으로서의 세례는 다양한 과정과 상징 행위를 통해서 진행되었다. 세례 예비교육, 물세례, 그리고 견신례와 성찬으로 이어지며, 세례 언약의 갱신으로까지 연결되는 과정이다.

세례를 통해 하나님께서 우리에게 당신의 사랑 이야기를 들려주

---

34) Calvin, *Institutes*, vol. II, xvii.
35) Susan J. White, *Groundwork of Christian Worship* (Peterborough: Epworth Press, 2000), 79~80.

신다. 그러나 우리는 종종 영적 건망증에 빠지게 된다. 로렌스 스투키는 "하나님께서 이러한 건망증을 다루시는 하나의 수단이 바로 세례"라고 주장한다. 그 건망증을 뛰어넘지 못한 우리의 무능력은 성례전 가운데서 하나님의 행동(activity)을 잊어버리게 만들 뿐만 아니라 세례에 대한 왜곡된 생각을 갖게 한다는 것이다.[36] 그런 점에서 보면 기독교 성례전은 그 영적 건망증을 극복하도록 하나님께서 선물로 교회에 주신 것이다. 그러나 개신교 진영에서는 세례를 교회의 정식 교인이 되게 하는 단순한 입례나 단일의 사건으로 취급하면서 언약의 기억과 갱신이라는 측면은 살지 못하고 있음을 보게 된다.

신약성경은 비교적 세례에 관한 풍부한 정보를 제공해 준다. 뿐만 아니라 세례를 베푸는 단순한 행동 안에 담겨있는 풍부한 신학적 의미와 상징적 해석을 전해준다. 그리스도인들이 있는 그곳에서는 언제나 자연스럽게 행해지던 것이었기 때문이다. 세례는 기독교에서부터 시작된 것이 아니라 구약의 유대교 전통에서부터 기인하고 있으며 그것은 기독교 세례의 기원뿐만 아니라 의미를 더 풍성하게 하는 요소로 작용한다. 구약 전통에는 여러 입교 의식이 있었다. 먼저는 언약의 상징으로 시행하였던 '할례'를 들 수 있다. 출생한 지 8일이 될 때 유대 남자 아이들에게 시행하였던 할례는 언약 공동체의 일원이 되었음을 나타내었다(창 17:12, 레 12:3). 할례 의례가 유대교만 가지고 있던 독창적인 것은 아니었지만 유대인들에게 언약공동체의 일원이 되는 가장 주요한 외적 표징이었고 하나님께서 이스라엘 백성의 일원으로 받아주시는 표징이었다. 또한 경건한 유대인들이 물로 씻는 '정결의식'이 있다. 시신이나 정결하지 못한 동물을 만졌다든지 무엇

---

36) Lawrence H. Stookey, 『하늘이 주신 선물, 세례』, 31~32.

에 의해 오염이 되었다고 생각될 때 그들은 물로 씻는 정결 의식을 행하였다. 유대교로 개종하는 사람을 물로 씻는 정결의식도 있었는데 일종의 개종자를 위한 세례였다. 유대 역사에 대한 교육이 먼저 이루어지고 남자의 경우에 할례를 행하였으며 그 후에 남녀, 아이들은 모두 테빌라(tebillah)라는 세례가 행해졌다. 마지막으로는 세례 요한의 '세례'가 있었다. 그것은 개종자 세례와는 다른 것이었으며, 부정한 것을 씻기 위한 의례도 아니었다. 그것은 오시는 메시야를 영접하기 위한 준비로서 행해지던 죄 씻음의 세례였다. 또한 쿰란 공동체에서는 정결과 공동체 가입을 위한 의식으로 물로 씻는 결례를 행하였다.

이러한 구약의 전승들이 함께 모아져 주님은 세례 성례전을 제정하시고 명령하신다. 교회는 그 명령을 따라 충실하게 성례를 수행한다. 세례는 교회가 수행하며 교회에 속한 성례이다. 그럼에도 불구하고 세례는 "교회의 행동이 아니며 교회를 통해서 행하시는 그리스도의 행동"이다.[37] 세례를 통하여 그리스도께서는 그리스도의 몸의 일원이 되게 하시고 교회를 이루게 하신다. 하나님의 주도권 아래 있도록 부름 받은 공동체인 교회는 세례반 앞에서 계속해서 새생명을 탄생시키시는 그리스도의 사역을 감당하는 공동체이다. 세례를 통하여 교회는 그리스도께서 성육신과 십자가의 죽으심, 부활을 통해 "우리에게 부여하신 결코 지울 수 없는 정체성"에 대한 인식과 감각을 통해서 그 사역을 수행하게 된다. 세례를 통하여 교회는 그리스도와 연합되며 왕 되신 주님께 복종하는 공동체가 된다.[38]

---

37) 위의 책, 37.
38) 위의 책, 70~71.

• 이미지를 통해서 본 세례의 신학적 이해

신약성경에는 초대교회 그리스도인들이 다양한 이미지를 사용하여 경험했던 세례 사건을 드러내고 있다.[39] 접붙임, 연합, 그리스도의 죽음과 부활에로의 참여, 죄 씻음, 새 탄생, 선물, 그리스도로 옷 입음, 성령님을 통한 중생, 묶임으로부터 해방 등이 그것이다. 성경은 세례와 관련하여 이렇게 아주 다양한 이미지를 사용하고 있지만 그 중심적인 의미는 하나로 귀결된다. 즉 기독교의 세례는 십자가와 부활을 통해서 이루시는 그리스도의 새 창조의 사건이며, 교회 안에서 그러한 역사를 계속하시는 주님의 역사이다.

'접붙임'의 이미지는 초대교회가 세례를 이해할 때 가장 대표적으로 사용한 것이다. 세례는 그리스도와 그의 몸이자 언약 공동체인 교회에 접붙임(고전 12:13) 받는 사건이다. '연합'의 이미지는 앞의 것과 비슷한 내용이지만 그리스도와 연합하고, 그분이 이 땅에서 행하시기를 원하시는 사역에로의 연합(갈 3:27, 롬 6:3, 5)이라는 차원을 잘 보여준다. 이것은 다음 이미지인 인침과 그리스도와 함께 죽고 다시 살아남이라는 이미지와 직접적으로 연결된다. 세례는 그리스도와 함께 죽고 다시 살아나는 순간인데 물로 내려가거나 물에 잠기는 행위는 그리스도와의 죽음을 상징적으로 드러내는 행동이다.[40]

'씻음'의 이미지(엡 5:26, 딛 3:5)는 세례의 대표적인 이미지 가

---

39) 신약성경이 제시하는 세례에 대한 이미지에 대해 보다 상세한 내용을 보기 위해서는 Robin M. Jensen, *Baptismal Imagery in Early Christianity: Ritual, Visual, and Theological Dimensions* (Grand Rapids: Baker Academic, 2012); White, 『성례전: 하나님의 자기주심의 선물』, 2장을 참고하라. 또한 4세기까지의 초기 교회 문서들에서 표현하고 있는 세례에 대한 은유를 살펴보기 위해서는 James F. White, *Documents of Christian Worship: Descriptive and Interpretive Sources* (Louisville: WJKP, 1992), 7장을 참고하라.

40) 그래서 세례정에서 세례를 줄 때는 뒤로 눕혀 물에 완전히 잠기는 행위는 그리스도와 함께 죽어 장사되는 상황을 상징한다.

운데 하나이다. 이것은 죄의 용서와 연결되는데(벧전 3:21, 행 2:38, 22:16, 히 10:22), 죄를 씻음 받는 것으로 연결되었다. 그것은 물로 이루어지거나 그것이 능력이 있어서가 아니며 씻음은 그리스도의 피 뿌림을 통해서 이룩되며, 세례는 그리스도의 보혈 외에는 어떤 것에 의한 씻음도 약속하지 않는다. "복음을 통해서 우리의 씻음과 성화의 메시지가 우리에게 전해지며 세례를 통해서는 그 메시지가 확증된다."[41] 이 씻음의 이미지는 '새 탄생'의 이미지(딛 3:5, 요 3:5)와 연결된다. 이것은 전적으로 은혜로 허락하시는 선물이며, 씻음은 하나님의 자녀로의 거듭남을 허락할 뿐만 아니라 자녀다운 삶을 가능하게 해준다. 세례는 위로부터 허락하시는 '선물'이며 새 생명으로의 출생의 표징이다. 세례는 이렇게 우리의 신분의 변화와 그것에 걸맞은 새로운 삶을 살도록 초청하고 권고한다. 뿐만 아니라 이제 새로운 신분을 얻게 된 그리스도인들로 하여금 하나님의 미래로 나아가도록 초청하시는 부르심이다. 세례를 통하여 하나님께서는 우리가 새로운 방식으로 삶을 바라보고 살아내기를 원하신다.[42]

기독교 세례는 예수 그리스도의 사역, 특히 그분의 죽으심과 부활 사건에 깊은 뿌리를 두고 있다. 그것은 "예수 그리스도를 통해 허락하시는 새 생명의 표징"(sign)이며, 세례 받은 사람들을 그리스도와 하나님의 백성들의 공동체와 연합케 한다.[43] 세례는 자기 자신에 대해서 죽고 하나님을 향해서 살아나는 순간이며 초청이요 결단이었다. 자기만족과 이기심과는 죽고 하나님 안에서 새로운 삶으로의 재탄생이며 연합이다. 그래서 초대교회는 세례 받은 사람에게 흰옷을 입혀

---

41) Calvin, Institutes, 15.2.
42) Stookey, 『하늘이 주신 선물, 세례』, 37, 43.
43) WCC, *Baptism, Eucharist, and Ministry* (Geneva: WCC, 1982), 1.

주었다. 그것은 하나님께서 부여하신 새 생명과 사명을 부여 받은 왕 같은 제사장으로 세움 받았다는 의미였다.

- **세례의 실행과 갱신**

그렇다면 우리는 세례를 언제, 어떻게 실행할 수 있을까? 주님의 명령을 따라 교회가 수행해야 하는 중요한 성례인 세례를 수행할 때 다음 몇 가지를 유념해야 한다.

먼저, 세례는 교회의 공적 사역이기 때문에 특별한 경우를 제외하고는 개인적으로 행해지기 보다는 교회 공동체 가운데서 행해져야 한다. 세례는 언제나 공동체가 함께 하는 사역이며, 새로운 믿음의 형제와 자매를 공동체에 받아들이는 사역이다. 뿐만 아니라 세례는 공동체의 기초가 되며, 새로운 그리스도인을 받아들일 뿐만 아니라 자신들에게 그 신비와 축복을 다시 기억하는 것이고 다시 참여하는 것이며, 그 정체성을 다시 확인하는 자리이다. 세례식을 통해 그들은 주님께 마음을 높이 드는 시간을 다시 경험할 것이며, 그 영광스러운 순간에 땅의 것을 내려놓고 하늘의 것을 찾으라(골 3:2)는 부르심을 새롭게 확인하게 된다.

둘째, 세례를 위해 특별히 정해진 날이 없지만 세례를 위한 절기와 연결시키는 것이 좋다. 주님의 날은 세례를 위한 가장 적절한 날이며, 특별절기의 주일에 행하였던 것이 일반적이었다. 초대교회는 부활주일, 특히 부활절 전야 철야기도회, 성령강림주일, 주님의 수세일을 세례를 위한 가장 좋은 날로 생각했으며, 근래에는 제성절(All Saint's Day)도 세례를 베푸는 날로 지켜왔다. 그것은 세례와 관계된 특별한 절기에 세례를 행함으로 하나님의 역사를 계속 기억하도록 하

기 위함이었다.[44]

셋째, 세례 후보자의 교육과 철저한 준비 후에 세례가 행해져야 한다. 무엇보다도 세례가 교회 안에서 신학적으로, 역사적으로 얼마나 중요한 사건이었는가를 기억한다면 철저한 준비가 없이 행해져서는 안 된다는 사실을 인식하게 될 것이다. 진주를 아무 곳에나 던지지 말라고 하신 말씀처럼 단지 세례자 통계를 높이기 위해 무분별하게 행해져서는 안된다. 세례는 '거룩한 것을 그리스도를 통해 거룩하게 된 이들에게'만 베푸는 것이며, 아무나에게가 아니라 "헌신된 사람"에게 베푸는 예식이다.[45] 물론 '헌신'이라는 말이 다소 추상적인 개념이지만 그것은 자신이 가진 믿음의 차원을 잘 이해하고 있고 선명하게 설명할 수 있으며, 그 확신을 따라 살겠다는 분명한 결단을 가진 사람을 의미한다. 또한 그것은 공동체와 관련을 가진 개념이다. 그리스도와 그의 몸인 공동체인 교회, 하나님 나라를 위해 헌신할 마음의 준비가 되어 있는 사람이어야 한다.

그런 점에서 초대교회는 준비교육을 통해 철저하게 세례 준비를 시켰고 검증된 사람에게만 세례를 베풀었다. 2년, 혹은 3년 이상의 철저한 준비와 교육, 결단을 통해서 이루어졌던 초대교회의 상황을 염두에 둔다면 일정 기간의 세례 준비 교육을 시켜야 하고, 합당하게 준비된 후보자에게만 세례를 베풀어야 한다. 초기교회는 세례 전 교육뿐만 아니라 세례 후 교육도 시행하였다. 성례전의 신비한 의미와 예절을 가르치기 위해 일종의 '세례 후 교육'인 '미스타고지'(mystagogy)는 교회의 가장 중심 되는 사역 가운데 하나였다.[46]

---

44) White, 『성례전: 하나님의 자기주심의 선물』, 275.
45) Stookey, 『하늘이 주신 선물, 세례』, 89.
46) '미스타고지'라는 말은 '신비의 세계에 입문할 수 있도록 돕는 교육'이라는 의미로 성례전에 대한 헬라어 뮈스테리온과 '이끌다'라는 뜻의 아게인, 혹은 교육을 뜻하는 페

그것은 세례가 가지는 의미를 정확히 알고 행해야 한다는 점 때문이었다. "세례를 받고 첫 성찬을 받기 전에 놀라운 신비(awesome mysteries)에 대해 말하는 것이 금지되었던 놀랍고 거룩한 입교의 식"(the awesome and holy rite of initiation)이라는 크리소스톰의 말을 인용하면서 프랭크 센은 이것을 "기독교 입례의 장엄한 예식"으로 명명한다.[47]

세례를 준비하는 사람을 위해서 기도하고 그가 믿음으로 굳게 서는 것을 도울 수 있는 후견인을 세워 신앙훈련을 도왔는데 그것은 박해 시기부터 시작되었다. 세례를 받기를 원하는 사람은 신실한 믿음 생활을 하고 있는 사람 가운데 후견인이 되어줄 사람과 함께 찾아가 감독에게 세례를 받고자 하는 의사 표시를 했고, 주어질 교육과정을 성실하게 수행할 것인지에 대한 서약을 한 다음에 세례 준비를 위한 교리반(catechumenate)에 등록할 수 있었다. 세례를 받기 전에 후보자는 하루나 이틀, 혹은 일주일의 금식을 명하기도 하였다. 뿐만 아니라 교리에 대한 정확한 인지뿐만 아니라 윤리적 점검을 받아야 했다. 또한 기도, 금식, 회개, 철야 등을 통해 준비하도록 했고, 사탄에 대

다고지(pedagogy)가 합성한 것으로 '하나님의 신비인 성례전의 세계로 이끌고 가는 교육'이라는 의미로 사용되었다. 이것은 기독교 공인 후에 세례자들이 많아지면서 교회의 중요한 사역이 되었으며, 4세기는 그 황금기를 이룬다. 대표적으로 예루살렘의 시릴(Cyril), 밀란의 암브로시스(Ambrosis), 안디옥의 크리소스톰(Chrysotome), 몹스에스티아의 테오도르(Theodore) 등이 있으며 대표적으로 시릴의 미스타고지를 보면 총 23장으로 되어 있는데, 1장부터 18장은 기독교 신앙의 기본교리를 가르친 내용이고 19~23장은 성례전의 의미를 강론한 내용이다. 흔히 후반 5개장의 내용을 '미스타고지'라고 한다. St Cyril of Jerusalem, *Lectures on the Christian Sacraments: Procatechesis and Five Mystagogical Catecheses* (Crestwood: St. Vladimirs Seminary Press, 1977); Cyril of Jerusalem, *Mystagogue: The Authorship of the Mystagogic Catecheses*, ed. Alexis James Doval (Washington, DC: Catholic University of America Press, 2001); Hugh M. Riley, *Christian Initiation* (Washington, DC: The Catholic University of America Press, 1974) 등을 참고하라.

47) Senn, *Christian Liturgy*, 146~47.

해 공식적으로 거부하는 순서도 가졌다. 뿐만 아니라 말씀을 듣는 자로서 일정기간을 가져야 했고, 생활 상태나 직업에 대한 조사도 행했다.[48] 물론 초기 교회가 행했던 것을 그대로 실행할 수는 없지만 이런 점을 감안해 볼 때 충분한 세례 교육을 통해 세례를 받는다는 것이 무엇을 의미하며, 세례를 받은 후에는 그리스도인으로 어떻게 삶을 살아야 하는지에 대한 철저한 교육이 이루어져야 한다는 점을 분명히 인식해야 한다. 유아세례의 경우에는 부모가 수행해야 할 책임에 대해 분명한 교육과 결단을 통해서 베풀어져야 한다. 부모가 신실한 신앙인으로 아이를 믿음으로 잘 양육할 준비가 되어있을 때 세례를 받을 수 있게 해야 한다. 종교개혁자들은 한결 같이 성례전을 받기 위한 교육과 믿음의 확증의 필요성을 주장하였다. 물론 이러한 강조가 인식적이고 이성적 차원에서 세례를 이해해야 한다는 말보다 훨씬 깊은 의미를 가진다.

넷째, 세례는 정기적으로 기억하고 그 언약을 갱신할 수 있도록 목회적 프로그램이 준비되어야 한다. 세례는 하나님의 자기 주심을 통해서 허락하신 은혜의 선물이라고 할 때 그것을 늘 새롭게 기억하는 것이 중요하다. 세례는 일회적 사건으로 끝나는 것이 아니라 계속해서 기억하고, 하나님의 백성으로 살기로 작정한 세례 언약을 갱신해 가야 하는 의례이다. 세례를 통해서 허락하신 은혜는 일생을 통해서 감사함으로 기억하는 것이며, 그 의미를 늘 새롭게 간직하는 것이

---

48) 초대교회의 세례에 대한 기록으로는 1세기 말의 문서인 『디다케』, 3세기 시리아 지역의 문서였던 『디다스칼리아』, 순교자 저스틴의 『제 1 변증서』, 4세기 문서인 『사도전승』 등이 잘 보여준다. 보다 상세한 내용을 위해서는 Cyril C. Richardson, ed., *Early Christian Fathers*, vol. 1 (Philadelphia: Westminster Press, 1953); James F. White, *A Brief History of Christian Worship* (Nashville: Abingdon Press, 1993), 1~2장; Maxwell Johnson, *The Rites of Christian Initiation: Their Evolution and Interpretation* (Collegeville: The Liturgical Press, 1998), 특히 2, 3장 등을 참고하라.

라고 할 때 그것을 목회적인 관심이 필요하다. 마틴 루터는 세례 언약을 날마다 새롭게 할 필요성을 강조하면서 자신은 매일 일어나면 세례 받을 때 물이 얹어진 자리에 손을 얹고 '나는 세례를 받았다' 고 선언하면서 자신이 받은 세례 언약을 기억하려고 하였다. 그는 세례가 "그리스도인의 삶 가운데서 계속적인 효과를 가지고 있으며 '나는 세례를 받았다' 라는 단언보다 더 큰 위로는 이 땅에 없으며 그것은 위대한 힘의 근원"이라고 주장한다. 그래서 스투키는 세례를 죽을 때까지 보존하고 새롭게 되어야 할 것으로 설명한다.[49] 이것은 견신례(입교)와도 직접적으로 관련이 있는데 언약의 갱신이라는 차원에서 주어져야 한다. 하나님과 맺은 언약이 연약한 인간 때문에 늘 깨어질 가능성이 있기 때문에 그것을 늘 상기시키고 갱신할 필요성이 있다. 그동안 교회는 세례 갱신 예식에 대해 무관심해 왔던 것이 사실이지만 요즘에는 성공회, 루터교, 미국연합감리교회, 미국장로교회 등의 예식서에 세례 갱신예식이 정식으로 자리를 잡고 있다.

다섯째, 세례의 의미를 전달하기 위해 적절한 상징의 활용과 순서의 회복에 대해 관심을 가져야 한다. 기본적으로 세례는 예전적 상징 행위를 통해서 세워진다. 그 의미를 풍성하게하기 위해 교회는 여러 상징을 사용하였다. 가장 대표적인 것이 물이다. 루스 덕은 세례의 "만질 수 있는 상징"이며 "무궁무진한 상징"이라고 주장한다.[50] 침수 방식이든 관수 방식이든 어떤 양식으로 사용되든지 간에 물은 하나님의 구원의 행동과 용서의 은혜를 가장 풍성하게 나타내는 상징이다. 물에 잠기는 침수 방식을 벗어나 소량의 물을 머리에 뿌리는 관수

---

49) Stookey, 『하늘이 주신 선물, 세례』, 141~42, 227.
50) Ruth C. Duck, *Worship for the Whole People of God: Vital Worship for the 21st Century* (Louisville: Westminster John Knox Press, 2013), 157.

례, 혹은 물을 뿌리는 방식은 그것이 가지는 상징적 의미를 축소하거나 "효과적 상징이 되게 하는데 약해질 수 있다"는 점은 분명하다. 물은 시각적으로 볼 수 있어야 하고 물을 붓는 소리가 들려져야 하며, 가능하면 만질 수 있도록 한다면 더 효과적일 수 있다.

　　세례반 역시 세례 실행에 있어서 중요한 상징이다. 침수 방식을 사용하는 교단에서는 세례정, 혹은 세례샘이 설치되어 있지만 그렇지 않은 교단에서는 일반적으로 세례반을 위치시킨다. 부활절 전야 철야기도회에서 세례를 거행하고 공동체로 들어가던 예배학적 의미를 고려하면 이것의 위치는 예배당 입구가 가장 좋은 위치이다. 중세시대에는 세례당이라고 하여 별도의 공간, 혹은 독립된 건물을 두기도 했다. 17세기 루터교는 말씀과 성례를 결합하려는 의도로 세례반을 강단과 성찬상 곁, 즉 예배당의 정면으로 이동하였다. 칼뱅 역시 세례반이 강단 옆에 있어야 한다고 주장한다. 그 이유는 세례의 신비와 세례를 집례 하는 내용과 그 언약의 이야기를 잘 경청할 수 있도록 하기 위함으로 설명한다.[51]

　　그 존재조차 알지 못하는 경우가 허다하지만 개신교 진영에서는 세례식이 강단 주변에 이루어지고 있기 때문에 강단 주변에 두는 것이 일반적인 현상이 되었다. 이것은 세례가 공동체의 기초가 된다는 사실을 가시적으로 보여줄 뿐만 아니라 세례를 받은 교인들로 하여금 자신이 받은 세례를 기억하게 해준다. 세례식에서 사용하는 촛불이나 세례복을 만들어 활용하는 것도 의미 있는 일이다. 촛불은 어둠을 밝힌다는 의미와 세례자를 세상의 빛으로 보내셨다는 의미를 나타낼

---

51) John Calvin, "Draft Ecclesiastical Ordinances(1541)," J. K. S. Reid, ed., *Calvin: Theological Treaties*, Library of Christian Classics, vol. XX11 (Philadelphia: Westminster Press, 1954), 66.

수 있고 세례복은 그리스도로 옷 입는다는 의미를 담아낸다. 또한 초대교회로부터 세례가 가지는 본래의 의미를 살려 진행되었던 순서들, 예를 들면 죄의 포기 선언, 사탄 거부하기, 그리스도께 충성하기, 고대교회가 했던 질문식의 신앙고백, 세례수를 위한 기도, 세례자에게 새로운 옷을 입혀주는 순서를 도입할 수 있다. 세례자를 공동체에 영접해 들어오는 대대적인 환영과 축하, 그를 위한 중보기도 순서를 넣는 것도 좋겠다.

여섯째, 세례의 효과는 물을 어떻게 활용하느냐에 의해서 결정되지 않는다는 점을 기억할 필요가 있다. 개신교의 교파들은 세례식에서 물을 활용하는 방식에 있어서 보통 네 가지 방식으로 나뉜다. 세례 후보자를 완전히 물에 넣는 침수 방식(submersion), 물에 들어가서 있는 후보자의 머리 위에 물을 붓거나, 후보자의 머리를 부분적으로 물에 잠기게 하는 잠금 방식(immersion), 후보자의 머리에 넉넉하게 물을 붓는 관수 방식(affusion), 소량의 물을 손으로 뿌리는 방식(sprinkling)이 있다. 세례 요한이 세례를 베푸는 것을 그린 초기 기독교 예술에는 잠금 방식과 침수 방식을 함께 사용하고 있음을 볼 수 있다.[52] 상징적인 의미에서 보면 첫 두 방식이 분명히 세례가 가지는 의미를 잘 살리고 있음이 분명하지만 중요한 것은 물의 풍부한 사용과 씻음에 강조점을 두었지, 물에 어떻게 잠기느냐 그렇지 않느냐에 따라 세례의 효과를 결정짓는 것처럼 이해하는 것은 잘못이다.

AD 100년의 문서인 "디다케"도 7장에서 침수, 혹은 잠금 방식을 제시하면서도 관수례에 대한 언급을 하고 있고, 심지어는 충분한

---

[52] 위의 책, 173. 고대와 현대의 세례 방식에 대해서는 Anita Stauffer, *One Baptismal Fonts: Ancient and Modern* (Bramcote: Grove Books, 1994)를 참고하라.

물이 없을 때는 머리에 뿌리는 방식도 허용한다.[53] 장 칼뱅도 물을 어떻게 사용하는 것과 같은 세세한 방식, 즉 물속에 완전히 잠겨야 하는가, 아니면 물을 뿌리기만 하면 되는가와 같은 문제는 그렇게 중요하지 않다고 했다.[54] 주님이 세례 받으신 침수, 혹은 관수방식으로 세례를 받아야만 온전한 세례라고 주장하는 것은 설득력이 없으며, 개신교의 어떤 교파에서와 같이 세례를 받은 사람들에게 다시 '침례' 방식으로 재세례를 행하는 것은 옳지 않다. 세례를 하나님의 성례전적 행동으로 간주하는 교회는 재세례를 금하고 있다. 스투키는 특별한 교단에 의해서 받을 때 온전한 세례라든지, 어떤 물로, 어떻게 사용하는 방식을 따라야만 효과가 있다고 주장하는 것은 '억측'이라고 주장한다.[55] 각 교회가 세례에 대해서 합의한 문서에서도 세례는 "반복될 수 없는 행동"(unrepeatable act)이며 어떤 형태로든 재세례로 해석될 수 있는 어떤 실행도 피해야 한다고 주장한다.[56]

---

53) 디다케, 7장 참고.
54) Calvin, *Institutes*, 15.19.
55) 그러나 다양한 교파를 형성하고 있는 개신교 진영에서는 재세례의 문제가 심각한 하나의 현상이 되고 있다. 스투키는 루시라는 사람이 개신교의 다양한 교단의 교회로 적을 옮겨야 하는 상황과 교회의 사역을 감당하는 과정에서 5번이나 세례를 받아야 했던 실제 사건을 소개한다. Stookey, 『하늘이 주신 선물, 세례』, 25~28.
56) WCC, *Baptism, Eucharist, and Ministry*, 4.

결 언

저 노란 꽃들이 어디서 왔는지
나는 묻지 않는다
얼마나 살았는지도
형체도 슬픔도 없다
때가 되면 산 것들은
바람 속으로 돌아간다

무심히 풀씨가 날아와
또 다른 꽃을 터트리는 그 첫 자리
한낮의 초원이 뜨거운 숨을 들어올려
갓난 구름송이 하나 피워낸다

-박영근의 시, "몽골초원에서 4" 전문

19장 예배는 그분께 온전히 정복되는 자리입니다

> 도끼로 찍히고
> 베이고 눈 속에 묻히더라도
> 고요히 남아서 기다리고 계신 어머니…
> —나희덕[1]

대수롭지 않게 여기는 큰 장애물

일전 어느 교회 주일 예배를 참석했다. 그날은 인근 대학의 수시 논술고사 때문에 길이 많이 막혀 평소보다 약간 늦게 도착했다. 다행히 예배 시작 직전에 도착하여 늦지 않았다는 안도감은 가졌지만 그 주일엔 평소에 앉던 앞자리는 놓치고 뒤편 좌석에 앉게 되었다. 찬양과 함께 시작된 예배는 감동 가운데 이어지고 있었고 목사님의 설교가 시작되었다. 그날은 주옥과 같은 말씀이 내 마음을 가득 적시고 들어오는 것을 느끼며 마음의 영적 희열을 깊이 느끼고 있었다.

그런데 애써 외면하려고 해도 자꾸 눈길이 가고 계속 마음에 걸리는 게 있었다. 바로 옆자리의 대학생 차림의 한 청년이 예배가 시작할 때부터 스마트폰을 만지작거리더니 설교 시간에는 아예 누군가와 계속 카톡 메시지를 주고받고 있었다. 저럴 것이면 예배의 자리에는 왜 나왔을까 라는 생각부터 직업병(?)이 도지면서 '예배시간에 그러면 안 된다' 고 훈계라도 하고 싶은 생각, 그런 충고를 받아들일 사람

---

1) 나희덕의 시, "겨울 산에 가면" 일부.

이면 저러지도 않겠지 라는 생각, '너도 지금 예배의 마음이 흐트러지고 있잖아. 너나 잘 하세요.' 까지 실로 여러 생각이 교차하였다.

결국 그게 내 예배에 방해가 되고 있다는 생각에 이르렀을 때 그것을 떨쳐 내버리고 예배에 더 집중하려고 했던 적이 있다. 어쩜 그 학생은 강요하는 부모와 논쟁하기 싫고 가정의 평화를 위해 어쩔 수 없이 나왔는지도 모르겠다. 그렇게라도 예배의 자리에 나와 있으니 고맙다는 생각도 들었다. 그런 일탈 행위(?)는 하지 않지만 다소곳이 앉아 있어도 지금 온갖 잡념에 사로잡혀 예배에 집중하지 못하고 생각은 지금 예배당을 넘어 다른 곳을 배회할 수도 있다.

이렇듯 예배하는 자리는 실로 많은 일들이 일어나는 곳이다. 그런데 특별한 사랑을 입고 구원을 받은 감격을 가지고 나아와 지금 예배하는 자리에서 그렇게 시간을 때우며 단지 머물다 가도 되는 것인가? 예배는 온통 쓰레기로 채워 넣고 돌아가도 되는 자리인가? 아니 천지의 대주재가 되시는 분께 드리는 예배가 과연 그렇게 드려져도 되는 것일까? 결국 그런 일탈현상은 예배의 본질을 바로 이해하지 못한 데서부터 기인한 것이며, 예배자 됨의 축복을 제대로 알지 못한 데서 비롯됨을 알 수 있다. 니케아 신조 첫 부분이 알려주는 대로 "우리는 천지의 창조자이시며 모든 보이는 것과 보이지 않는 모든 것을 창조하신 한분이신 하나님, 전능하신 하나님"을 믿는 자들이며, 그분을 예배하는 예배자들이라면 그는 하나님 앞에서 무릎을 꿇을 수밖에 없게 될 것이다.

고라 자손들의 사랑의 노래인 시 45편은 왕의 결혼식을 배경으로 하고 있는데 기쁨과 환호로 가득한 자리에 서있는 신부에게 권면하듯이 외치는 말씀을 담고 있다. "그는 네 주인이시니 너는 그를 경배할지어다"(시 45:11). 그러면서 모든 것을 잊고 그 왕에게 집중할 때

"왕이 네 아름다움을 사모" 하실 것이라는 충고를 담고 있다. 예배자들에게 요구되는 것은 한 가지, 온 마음과 뜻을 다해 진정으로 올려드리는 참된 예배이다.

대수롭지 않게 여길 수 있지만 이렇듯 예배의 자리에서 가장 커다란 장애물 가운데 하나는 잡념을 포함하여 다른 것에 '사로잡힘'과 '매너리즘'이다. 일단 그 늪에 빠지게 되면 예배의 능력과 신비는 결코 맛볼 수 없기에 진정한 예배자가 되려면 그것을 뛰어 넘을 수 있어야 한다. 예배는 우리의 '모든' 것이 한군데로 모아져야 바로 드릴 수 있는 '집중점'(point of concentration)이다. 그런 점에서 보면 예배자에게 가장 중요한 자세 가운데 하나는 나의 모든 것을 '집중하는 자세'이다. 그렇게 될 때 그 자리는 하늘과 땅이 연결되고 하늘의 신비와 영광, 능력이 펼쳐지는 자리가 된다. 사람은 무엇이든 익숙함에 빠져드는 순간 희열, 신비, 감격, 기대감, 생명력을 송두리째 빼앗기게 된다. 익숙함은 예배도 죽이고 예배자도 죽인다. 그러므로 익숙함과의 결별은 예배자가 순간순간 취해야 할 행동강령이다.

모든 것의 중심이며 자기 드림인 예배

또 하나 중요한 요인은 예배가 무엇인지에 대한 무지에서 비롯된다. 도대체 기독교의 예배는 무엇이며, 어떻게 드려야 하는 것일까? 기독교의 예배는 예수 그리스도의 십자가 사건을 통해서 완성된 성삼위 하나님의 구속 역사를 경축하고 기뻐하는 자리이다. '십자가를 통해 이 세상에 들어온 기쁨'[2]을 누리고, 그것을 세상에 선포하는 것이 예배이다. 그런 점에서 보면 기독교의 예배는 하늘과 땅이 잇대어지는

---

2) 이 표현은 알렉산더 쉬메만에게서 빌린 것이다. Schmemann, *For the Life of the World*, 8.

자리이며, 하늘이 땅이 되고, 땅이 하늘로 바뀌는 신비의 사건이다. 예수 그리스도의 이름으로 예배를 위해 함께 모이는 그 행위는 "느리면서도 도무지 포기할 수 없는 춤"(a slow, inexorable dance)을 함께 추는 것과 같다.[3] 그것은 삶에서 이루어지는 일상의 일들과는 전적으로 다른 일이고, 또한 달라야 한다.

교회는 예배를 위해 부름 받았고 예배를 위해 존재한다. 구원받은 하나님의 백성들의 공동체인 교회의 가장 중심 되는 목적은 구약에 나타나는 이스라엘의 삶의 이야기를 통해서 드러나고, 예수 그리스도의 삶과 죽으심, 부활과 승천 사건을 통해 우리에게 알려진 성삼위 하나님을 예배하는데 있다. 그러므로 기쁨으로 최고의 찬양과 영광, 감사를 올려드리는 것은 하나님의 백성 된 사람들의 특권이자 소명이다. 예배를 통해 그들은 세상 속에서, 자신의 삶 가운데 현존하시는 하나님을 인식하며 동행하는 삶을 살게 된다. 그래서 교회는 지금까지 예배에 생명을 걸었고 더 좋은 예배를 위한 노력을 계속해 왔다. 그것 때문에 교회는 이 땅에서 하늘의 부요를 누리기도 했지만 때로는 왜곡된 예배를 통해 교회의 생명력을 상실하기도 했다. 영광스러운 예배를 보존하기 위해서 교회는 생명을 걸고 싸워 왔으며 그러한 노력이 약화되는 곳에서 교회는 언제나 약화되었다. 예배는 교회와 그리스도인들의 부요의 비결이기도 하지만 빈곤의 이유가 되기도 했다. 그래서 교회는 예배를 공동체의 가장 중심적인 활동으로 삼아왔다. 실로 예배는 교회와 그리스도인들의 존재 이유이자 원동력이다. 교회의 모든 사역과 삶은 실제로 이 한 가지를 위해 존재한다. 하나님께서는 오늘도 우리를 그러한 예배의 자리로 부르고 계신다. 그러므

---

3) Saliers, 『거룩한 예배』, 48~49.

로 모든 예배는 부르심으로부터 시작되며, 모두는 늘 새롭게 부르시는 하나님의 예배로의 부르심 앞에 서있다. 이러한 사실을 명확히 인식하는 사람은 언제나 하나님께서 어떠한 예배를 원하시는지에 마음을 두어야 한다. 성경은 그것을 예배자의 진정성이 담긴 예배, 나 드림의 헌신과 섬김이 있는 예배라고 알려 준다. 그것이 예수님께서 언급하신 '영과 진리로 드리는 예배'와 맥을 같이 한다.

기독교 예배는 최상의 것, 최고의 것을 올려드려야 하는 나 드림의 예배이다. 예배는 복을 받기 위해 드리는 것도 아니며 은혜를 받기 위해 드리는 것도 아니다. 그것은 예배자에게 주시는 하늘의 선물일 뿐이며 그것이 최종적인 목적이 될 수 없고, 되어서도 안 된다. 진정한 예배는 우리가 제물이 되는 것이다(롬 12:1). 예배자 자신을 포함하여 예배 가운데 행해지는 모든 것은 하나님께 드리는 '제물'이 되어야 한다. 내가 만족을 얻고 즐겁게 되려는 나 중심의 예배관에서 벗어나 예배자는 나의 최고의 것을 드리려는 자세와 진지한 준비를 필요로 한다. "하나님, 이것은 제가 주님께 드릴 수 있는 최상의 것입니다." 영과 진리로 드리는 예배는 이 고백으로부터 시작되고 완성된다. 이 고백과 함께 예배를 준비하고 드릴 수 있을 때 우리는 비로소 성령님께서 운행하시며 봄 동산에서 펼치시는 그분의 거룩한 춤에 참여함이 있는 예배, 하늘과 땅이 잇대어지는 신비를 맛보게 되는 예배, 하나님의 임재와 현현 앞에 경이감으로 몸을 떠는 예배를 경험하게 될 것이다.

예배는 마지못해 공허한 언어로 채워야 하는 어떤 공간이 아니다. 만약 그렇게 된다면 그것은 예배라고 할 수 없다. 예배는 하나님의 놀라운 은혜와 펼쳐지는 신비 앞에서 토해놓는 감탄이고, 찬양이며, 고백이기 때문이다. 우리의 모든 것을 끌어 모으고 이끌어 가는 황홀함(fascination)으로부터 시작된다. 그러므로 예배자에게 감격과 감탄이 사라지면 예배는 죽을 수 밖에 없기에 예배자의 가슴에 그것이 어떻게 넘쳐나게 할 것인지는 늘 중요한 과제가 된다. 에모리대학에서 오랫동안 예배학을 가르친 단 샐리어즈는 그의 책에서 그가 경험한 한 이야기를 통해, 한 단어로 토해놓는 감탄의 언어로 예배를 드린 한 예배자의 이야기를 들려준다.

몇 년 전 성탄절이 지난 후 플로리다에서 한 교회를 사역하고 있던 한 제자가 잠시 나를 초대해 준 적이 있다. 그곳에서 그와 함께 하루를 보낼 수 있었다. 성탄절 후 첫 주일에 그 교회에서 예배를 드린 후 그 제자는 말했다. "교인 가운데 머티(Myrtie)라는 분을 함께 심방하고 싶습니다." 그래서 제자 게리 목사와 함께 그의 교인 머티를 심방하게 되었다. 낮은 1층 집에서 살고 있는 그분 집에 도착해 차를 세웠을 때 집 입구에는 휠체어가 놓여 있었다. 집에 들어갔을 때 그 집은... 노환으로 오랜 병고에 있는 분들이 있는 공간에서 나는 노인 냄새로 찌들어 있었다. 성탄절을 막 지낸 때였기 때문에 작은 성탄 장신구들이 여기저기 걸려 있었고... 캐럴 송이 조용하게 흐르고 있었다. 거실을 지나고 긴 복도를 지나 가장 끝에 위치한 머티의 방에 들어갔다.... "머티, 이분은 단 박사님이세요. 단, 이분은 머티예요." 머티는 나를 바라보면서 말했다. "오, 이런!"(Oh, boy)... 게리는 말했다. "머티, 오늘 아침 교회학교 아이들이 당신을 위해 크리스마스 선물을 좀 준비했어요." "오, 이런!" 그녀는 또 그렇게 말했다. 하나씩 차례로 그 작은 선물 꾸러미를 풀었는데 거기에는 크리스마스트리 장식물과 교회학교 아이들이 직접 그린 작은 카드도 있었고, 작은 책과 초도 있었다. 게리의 도움을 받아 그녀는 아름다운 손길들이 보내온 선물을 하나씩 풀기 시작했다... 게리는 그녀에게 말했다. "성만찬을 행하려고 성체를 가지고 왔어요." 그녀는 또 그렇게 말했다. "오, 이런!" 떡이 떼어지고, 기도를 드린 후에 그 성체를 받으면서 그녀는 그렇게 말했다. "오, 이런!" 잔을 받으면서 똑같은 말을 토해 놓았다. 그리고 잠시 후 우리는 작별인사를 건네고, 독특한 노인 냄새로 가득한 방을 뒤로 한 채 그 긴 복도를 걸어 나왔다. 그리고 주차장으로 나왔다. 그리고 차를 타고 나오면서 유리창 너머로 우리는 보고 있는 머티를 볼 수 있었다. 커튼을 반쯤 열어젖히고 손을 흔들고 있는 것을 보았다. 손을 흔들면서 그녀는 "오, 이런!" 하고 말하는 것을 유리창 너머로 입모양을 통해 볼 수 있었다. 나중 게리를 통해… 뇌졸증으로 인해 명석한 그녀는 단지 두 단어, "오, 이런!"(Oh, boy)만 말할 수 있게 되었다는 사실을 알았다. 그것이 그녀가 할 수 있는 말 전부였다. 그러나 그 말은 얼마나 놀라운 말인가!... 내가 놀라운 축제의 장소에 있을 때, 나는 늘 머티를 떠올리며 그 마음을 가지려고 한다. 정말로 아름다운 찬양을 들을 때, 거기에서 머티가 토해놓았던 "오, 이런!"이라는 놀라운 음악(cantus firmus)을 듣게 된다. 이것이야말로 하나님의 놀라운 은혜 앞에서 토해 놓는 "할렐루야, 아멘"과 같은 찬양이 아닌가?[4]

엄밀히 말해 개신교회는 바른 예배를 드리기 위해 예배개혁 정신으로부터 출발했다. 개혁은 언제나 어떤 형식의 변화에 있었던 것이 아니라 본질의 회복에 있었다. 예배 순서나 형식 몇 가지를 바꾼다고 해서 예배가 개혁되고, 새로워질 수 있는 것은 아니다. 중요한 것은 예배에 대한 바른 이해이며 예배자의 바른 자세와 예배 정신의 회복

---

4) Saliers, 『거룩한 예배』, 49~50.

이다. 예배는 부르심을 따라 보좌 앞으로 나아가 우리의 찬양과 감사를 올려드리는 것이며(찬양), 잘못된 삶을 참회하며 돌이키고 오늘의 세상과 이웃을 위해 주님께 탄원하는 것이고(참회와 기도), 그리스도께서 우리 가운데 이루신 일들을 말하며, 그 말씀 앞에서 나를 온전히 죽이는 것[5]이며(설교), 또한 그것을 구체적으로 보여주시는 은혜 앞에서 주님의 사랑의 신비 가운데로 들어가 그 향연을 통해서 베푸시는 주님의 기쁨에 사로잡히는 것(성찬)을 통해 우리는 하나님의 놀라운 신비의 세계를 누리며 경축한다.

그런 점에서 예배는 하나님 나라의 향연이며, 그 은혜 앞에서 뛰어노는 경축이다. 이렇게 하늘의 신비를 맛본 사람들은 확장된 마음을 가지고 함께 모여 경배를 올려드리고 이제 삶속에서 예배하도록, 그리고 세상 속에서 성삼위 하나님을 섬기도록 파송 받는다. 이렇듯 기독교의 예배는 우리가 정복하고 이루어야 할 고지나 대상이 아니며 어떤 것을 이루기 위한 수단도 아니다. 예배는 약속대로 현존하시는 그분께 우리가 온전히 정복당하는 자리이며, 나 자신을 포함하여 모든 것을 하나님께서 다스리시도록 내어놓고 그분의 통치하심 앞에 부복하는 자리이다. 하늘과 땅이 잇대어 지는 거룩한 자리에서 하나님의 신비에 사로 잡혀 기쁨과 감격으로 올려 드리는 하나님 나라의 춤이다.

예배, 교회의 자기표현

교회는 본질적으로 예배 공동체이다. 예배로 함께 모이는 것은 행위 중에 가장 중요한 요소가 되어왔으며 교회는 이것을 공적 사역

---

[5] 이것은 마르바 던에게서 빌린 용어이다. 예배의 순서를 설명하면서 그는 '설교'에 대해 "예배가 우리 자신을 죽여야 하는"(worship ought to kill us) 자리로 설명한다. Dawn, *Reaching out without Dumbing down*, 9장 참고.

으로 감당해 왔다. 교회는 그들을 부르셔서 하나님의 교회를 이루게 하시는 그 하나님 안에서(within), 그 하나님으로부터(from) 기인된 하나님의 일들이 성도들의 삶에서 중요한 일이 되고 있지 않는다면 그 교회는 문제가 있다고 할 수밖에 없다. 만일 그렇게 된다면 아무리 아름다운 것들이 그 자리를 채우고 있다 할지라도 그곳에서 교회는 생명력을 얻을 수 없게 된다. 그런 점에서 예배는 교회의 생명수의 근원이 된다. 그러므로 기독교의 예배는 교회론과 연결되며, 교회는 언제나 예배 지향적이 되어야 한다. 그래서 장 자크 폰 알멘이 "교회의 진정한 모습(face)은 교회가 드리는 예배 가운데서 드러나게 된다"고 주장한 내용은 이런 측면을 반영한다. 그는 교회가 하나님의 나라를 기다리는 동안 예배는 교회가 가지는 깊은 정체성을 놀랍게 발견할 수 있도록 만들어 주며 또한 어떤 공동체가 되어야 하는지를 알려 주는 시간과 공간이 된다고 주장한다.[6]

그러나 이것은 교회가 그런 능력이 있어서 자신을 정결케 할 능력을 공급해 주는 거울을 발견하는 것이 아니다. 교회가 가지는 결점을 제거하고, 교회답지 못하게 만드는 주름살을 펴게 만드는 특효약을 가지고 있는 것도 아니다. 그것의 진정한 모습은 예배를 통해 성삼위 하나님과의 만남을 통해서이며, 예배를 통해서 교화(edification)가 일어날 때 새롭게 형성해 갈 수 있다. 교회가 무엇인지를 깨닫게 하는 것은 성삼위 하나님의 '얼굴'을 뵈올 때 가능해진다. 그래서 마르바 던은 참된 교회가 된다는 것은 "단순한 종교 구매자들의 집합이 아니라 무엇보다도 참된 공동체를 이루는 구성원 각자가 삼위일체 하나님께서 먼저를 우리를 사랑하셨으며 우리를 불러 그분의 소유로(혹은

---

6) J. J. von Allmen, "The Theological Frame of a Liturgical Renewal," *Church Quarterly*, vol. 2 (1960~1970): 8.

도구로) 삼으셨다는 사실을 깨닫는 것"을 의미한다고 주장한다.[7] 이렇게 예배는 교회의 자기 인식과 진정한 교회됨의 추구와 깊은 관련이 있다.

그러므로 올바른 예배에 대한 이해는 크래이그 다익스트라(Craig Dykstra)가 말한 대로 "상호 자멸의 상태"(patterns of mutual self-destruction)에 대한 인식으로부터 시작된다.[8] 우리의 이야기나 비전, 믿음의 언어들이 그 자멸의 상태를 달리 할 수 없으며 세상의 어떤 것도 그러한 운명을 극복할 수 가능성을 보장해 주지 못한다. 그러나 이런 상태에 놓인 교회는 "예배 안에서 하나님의 백성들로서의 회중이 되며, 예배를 통하여 궁극적으로 망할 수밖에 없던 상호 자멸의 본질이 하나님께서 관심을 기울이시는 구속의 대상으로 바뀐다."[9] 그러므로 예배는 교회가 그 본질을 넘어서게 하는 가장 중요한 일이 되며, 자신을 주목하는 것이 아니라 자신을 넘어 하나님을 가리켜야 하는 가장 중심적인 사건이 된다. 이러한 점에서 예배는 교회를 새롭게 하며, 교회를 형성한다. 교회는 예배를 통해 교화되고 개발되어 간다. 칼 바르트는 만약 이런 일들이 예배 가운데서 일어나지 않는다면 다른 어느 곳에서도 일어나지 않게 된다고 주장한다.[10] 진정한 교회는 예배를 통하여 끊임없는 동력을 얻게 되고, 예배는 과거를 돌아보게 하고 현재를 바로 보게 하며, 미래를 창조하는 동력이 된다. 이렇게 새로운 동력을 부여하는 예배는 교회를 형성하고, 교회의 신학을 형성해 간다.

---

7) Dawn, 『고귀한 시간 '낭비'』, 203.
8) Craig Dykstra, "The Formative Power of the Congregation," *Religious Education*, vol. 82, no. 4 (Fall 1987): 532.
9) 위의 책, 540.
10) Karl Barth, *Church Dogmatics*, vol. IV/2 (Edinburgh: T. & T. Clark, 1957), 638.

또한 예배는 본질적으로 인간의 차원에서 하늘의 세계, 즉 성삼위 하나님께 나아가는 수직적 움직임의 차원을 가지지만 한편으로는 수평적 움직임의 차원도 가진다. 그래서 관계가 중요해지는데, 예배는 공동체를 이루고 있는 구성원들과 함께 공동으로 올려드리는 (corporate) 특성을 가진다. 그러므로 예배는 개인적 차원보다는 공동체인 교회가 올려드리는 경축의 잔치이며, 예배를 통하여 공동체는 하나님과 관계뿐만 아니라 공동체의 일원이 그것을 심화시키고 확대해 나간다.[11] 이러한 예배 공동체인 교회는 구약의 언약과 그것의 성취로 나타난 예수 그리스도의 구속 역사에 그 근원을 두고 있으며 그리스도를 통해서 세워진 공동체이다. 여기에서 교회는 세상을 향하여 제사장 공동체와 선교 공동체가 된다. 이들은 그리스도의 몸으로서 예배의 주체가 되며, 온전한 영역에서 참여자들로 서게 된다. 단 샐리어즈는 예배에 참여하는 방식의 세 가지 단계를 알려준다.

> 첫 번째 단계는 예배에 있어서 "완전하고 능동적이며 분명한 의식을 가진 참여"(full, active, conscious participation)이다. 이것은 찬양하고 말씀을 듣고 서로에게 관심을 가지고 나아가는 것이며, 우리의 삶을 예배의 상징과 행위 가운데로 가지고 나아가는 것을 의미한다. 예배에 참여하는 두 번째 단계는 "교회로서, 그리스도의 몸으로서" 참여하는 것이다... 우리가 기독교 예배 가운데 나아올 때 우리는 사회적 구성체인 '교회'로서 참여한다... 이것은 빛을 비추는 특성을 가진다. 그 교회는 기도 가운데 있는 교회이며, 예전적 참여의 중심이 되시는 예수 그리스도와의 연대감 가운데 있는 바로 그 교회이

---

11) J. D. Crinchton, "A Theology of Worship," *The Study of Liturgy*, ed. Cheslyin Jones, Geoffery Wainwight, Edward Yarnold, and Paul Bradshaw, Revised ed. (New York: Oxford University Press, 1992), 20.

다. 세 번째 단계는 모든 단계에서 가장 깊은 신비를 담고 있는 단계로서 예배는 하나님이 원하시는 바로 그 삶 가운데 참여하는 것이다.[12]

이렇게 교회는 예배를 위해서 부름 받은 공동체이며, 하나님이 원하시는 삶을 살기 위하여, 그리고 하나님의 통치하심을 선포하기 위하여 세상 가운데로 예배의 삶을 살도록 보냄 받는 선교 공동체이다.

기독교 예배는 과거와 현재, 미래가 어울려지는 교회의 자기표현이다. 그것은 인간의 관점이나 필요성, 유용성에 의해서 형성되기 보다는 예배 신학적 관점에서 수행되어야 할 표현이다. 오늘 여기에서 드리는 예배는 언제나 하나님의 나라와 그 세계를 지향한다는 점에서 종말론적이다. 여기에서 '종말론적'이라 함은 예배는 언제나 하나님의 세계를 지향해야 하며, 또한 그것을 오늘 여기에서 끌어당겨 미리 맛본다는 의미와 연결된다. 그런 예배를 경험한 사람은 이제 삶으로 이어지는 예배를 시작할 수밖에 없는데 이 점에서 기독교의 예배는 삶의 윤리와 관련 지어진다. 그러므로 기독교의 예배는 "어떻게 살아야 하고 예배해야 하는지를 알려주는 분명한 방식"과 깊은 관련이 있으며 하나님 나라의 도래를 대망하면서 오늘 여기에서 우리가 살아야 할 삶을 결정하도록 만들어 준다는 점에서 종말론적 행동이다.

그러나 교회의 자기표현인 예배는 시간과 장소가 바뀌고 문화적 특성들을 접하기도 하고 받아들이기도 하면서 그 본질적인 내용이 바뀌거나 변질될 수 있는 가능성을 안고 있다. 믿음의 공동체가 하나님께 드리는 예배의 형태, 언어, 스타일은 자칫 우리가 살고 있는 세계와는 동떨어진 형태로 전락할 수도 있고, 너무 그것에 사로잡히게 되

---

12) Saliers, 『거룩한 예배』, 87.

면 진정한 예배의 모습을 벗어날 수도 있다.[13] 실제로 오늘날 한국교회 예배 현장은 문화 사회적 현상으로 인해 많은 변화가 일어나고 있다. 현대 문화와 그 표현 양식을 예배에 적극적으로 도입하기도 하고, 예배가 복음 전도를 위한 도구가 되기도 하며 새로운 교인들을 교회로 영입하기 위한 목적으로 활용하기도 한다. 과거와는 전혀 다른 새로운 예배 형식들이 등장하기도 하고, 예배의 목표와 목적도 전혀 다른 차원에서 찾게 되는 현상들이 나타난다. 실용주의 차원이 예배에 도입되면서 예배의 본질이 도외시 되거나 이질적인 요소가 본질처럼 자리를 잡으면서 왜곡현상이 나타나고 있는 것을 부인할 수 없다. 1990년대 이래로 개신교 예배 진영에서는 지금까지와는 "전혀 다른 예배의 세계"가 펼쳐지고 있으며, "다양한 예배 옵션"이 가능하게 되었다. 새로운 예배 형식을 도입한 대안적 교회들이 발전하였고, 더욱 가시적이고 강력한 흐름을 형성하면서 새로운 예배의 지평을 열어가기도 한다.[14]

그러나 작금의 이런 경향과 관련하여 제기되는 질문이 있다. 기독교 예배에 있어서 무엇이 본질적인 요소인가? 예배는 늘 무엇으로 채워질 공백(blank page)으로 존재하며, 그래서 종교적인 것이면 무엇이든지 필요에 따라 언제든 채워 넣을 수 있는 그런 공간으로 작용하는가? 복음이나 예배의 본질을 지나치게 단순화 시키거나 왜곡함이 없이 대중적인 문화의 표현들을 통해 예배한다는 것이 가능한 일인가? 아니면 이와는 반대로 현대 문화의 형식과 경향을 완전히 외면하면서 교회는 세상과 단절된 채로 기존의 성도들이나 어떤 경향을

---

13) 위의 책, 41.
14) Andy Langford, *Transitions in Worship: Moving from Tradition to Contemporary* (Nashville: Abingdon Press, 1999), 38.

선호하는 특정인의 예배 참석만으로 만족해야 할 것인가? 성경적, 역사적, 예배학적, 혹은 문화적, 사회학적 고려 없이 이러한 질문에 대해 쉽게 답변을 할 수 있는 것일까?

이러한 측면에 관심을 가지고 있는 부류들은 여기에 대해 각기 다르게 답을 제시하려고 한다. 점진적인 개혁으로부터 아주 급진적인 형태까지 다양한 흐름들이 대두되고 있다. 교회사역에 활력을 가져오고, 현대인들에게 다가가려는 노력과 예배를 새롭게 하려는 이러한 시도는 환영받을 수 있지만 교회의 자기표현인 예배가 일종의 수단(means)이 되거나 유용성(usefulness)의 관점에서 접근하게 되면 예배에 대한 심각한 오해와 문제점을 양산하게 된다. 왜냐하면 예배는 궁극적으로 무엇을 위한 수단이 될 수 없고, 그 자체로 최종적인 목적이 되어야 하기 때문이며, 예배는 그 본질(essence)을 상실하게 되면 이미 예배가 아니기 때문이다.

"나는 지금 하나님을 예배하고 있습니다"

중세 프랑스의 니콜라 에르망라는 전쟁터에서 부상을 입고 제대한 후, 38세 때 수도사가 되기 위해 수도원에 들어갔다. 그곳에서 로렌스라는 새 이름으로 살아가면서 평생 해야 했던 일은 부엌에서 밥을 짓고 설거지를 하는 일과 신발을 고치는 허드렛일이었다. 그 일을 하면서 그는 하나님의 임재 가운데로 나아가 삶의 일상에서 예배하는 삶을 살려고 했다. 그는 영혼의 가장 깊은 곳에서 우러나오는 겸손과 거짓 없는 사랑으로 그분을 예배하려고 했고, 그것이 자신의 본성이 되기까지 반복해서 자신을 훈련했다. 그의 영혼이 하나님과 하나가 될 때까지 평생 자신을 연습하고 훈련했다. 또한 그는 그분을 향한 순전한 사랑이 삶의 모든 원동력이 될 때 하나님이 기뻐하시는 예배가 나올 수 있다고 믿고 그렇게 살려고 노력했다. 그는 늘 입버릇처럼 말했다. "우리는 그저 하나님께서 우리 안에 아주 친밀한 분으로 와 계시다는 사실을 인식하기만 하면 된다."

평생 거룩한 예배자로 살려고 몸부림치던 80년의 생애가 끝나갈 때 그도 죽음 앞에 놓여 있었다. 죽음의 자리에 있는 그에게 누군가 물었다. "당신은 지금 무엇을 하고 있습니까?" 그때 로렌스는 마지막 거친 숨을 몰아쉬며 그렇게 대답했다. "나는 지금 지난 40년 동안 내가 했던 일을 하고 있을 뿐입니다. 나는 앞으로도 영원히 그것을 계속할 것입니다." "그게 무엇입니까?" "하나님을 예배하는 것입니다." 그에게 있어서 가장 중요한 것은 예배였고, 생명 있는 동안에도, 그것이 끝나가는 자리에서도 예배는 그의 생의 최고의 목적이었다는 말이다. 그렇게 고백할 수 있으면 잘 산 삶이 아니겠는가? "나는 지금 나의 최고의 것을 드려 하나님을 예배하고 있습니다."

그렇다. 진정한 예배는 하나님의 신비와 경이로움을 대면한 사람들이 감격하여 올려드리는 찬양이요, 경배이며, 그분의 놀라운 임재 앞에서 가장 적절하고 온전한 응답을 사랑으로 올려드리는 것이다. 기독교의 예배는 예수 그리스도 안에서 나타난 거룩하신 하나님의 구속의 사랑에 대해 그리스도인의 기쁨 가득한 응답이다. 어떤 차원이나 형식으로 드리든지 간에 기독교의 예배는 영원하신 창조주께 올려드리는 피조물의 응답이다. 예배는 하나님의 거룩성에 의해 우리의 삶과 영혼, 양심을 일깨우는 것이며, 하나님의 진리로 우리의 몸과 마음, 영혼을 먹이는 것이다.

하나님의 아름다움을 통해 촉발된 상상력을 통해 삶을 정화하고, 추구하는 것을 정화하는 자리이며, 하나님의 사랑을 향하여 우리의 마음(heart)을 여는 것이다. 또한 하나님의 목적에 대해 우리의 뜻과 인생의 목적을 온전히 맞추는 것이다.[15] 우리는 지금까지도 예배해 왔고, 주님 오시는 그날까지 우리는 예배할 것이다. 우리는 천국에 가서도 그 예배를 계속하게 될 것이다. 중요한 것은 그것이 바른 예배, 하나님이 기뻐 받으실 그런 예배여야 한다는 사실이다. 그러므로 우리 시대에도 예배는 영광스러워야 한다. 우리가 드릴 고백은 한 가지 밖에 없다.

> Gratias agimus tibi,
> propter magnam gloriam tuam.
> 주님의 큰 영광으로 인하여
> 주님께 감사를 올려 드립니다.

---

15) Paul A. Basden, ed., *Exploring the Worship Spectrum* (Grand Rapids: Zondervan, 2004), 13

참고 문헌

김경진. "개정공동성서정과의 한국적 적용에 대한 문제점과 개선점에 대한 연구."
『장신논단』, 33권 (2008): 201~225.
김기홍. 『이야기 교회사』. 서울: 두란노, 2010.
김순환. 『21세기의 예배론』. 서울: 대한기독교서회, 2003.
김외식. "초기한국감리교회 예배연구." 『신학과 세계』, 12호 (1986년 봄).
김욱동. 『포스트모더니즘의 이해』. 서울: 문학과 지성사, 1996.
김운용. 『설교의 새로운 패러다임』. 서울: 장로회신학대학교 출판부, 2004.
_____. "유명론 시대와 종교개혁 직전 시대의 '종교개혁 선구자'들의 설교에 대한 연구: 토마스 아 켐피스, 존 위클리프, 얀 후스, 기롤라모 사보나롤라를 중심으로." 『교회와 신학』, 79집(2014): 328~355.
김 정. 『초대교회 예배사』. 서울: CLC, 2014.
김홍기. 『종교개혁사』. 서울: 지와 사랑, 2004.
문학수. 『아다지오 소스테누토』. 파주: 돌베개, 2013.
박종균. "소비주의 문화와 기독교 문화적 실천," 한국 기독교 윤리학회 편, 『생명 신학 윤리』, 한국기독교윤리학 논총 5집. 서울: 한들출판사, 2003.
손달익, 조용석 편역, 『웨스트민스터 신앙고백』. 서울: 한들, 2010.
유성준. 『미국을 움직이는 작은 공동체 세이비어교회』. 서울: 평단문화사, 2005.
유홍준. 『나의 문화유산답사기: 남도답사 일번지』, 1권. 파주: 창비, 2011.
윤춘병. 『한국감리교회 성장사』. 서울: 감리교 출판사, 1997.
이덕주. 『초기 한국기독교사 연구』. 서울: 한국 기독교역사 연구소, 1995.
이덕형. 『비잔티움, 빛의 모자이크』. 서울: 성균관대학교 출판부, 2006.
이형기. 『세계교회사』. 서울: 한국장로교출판사, 2001.
정장복. 『예배학 개론』. 서울: WPA, 2015.
조기연. 『한국교회와 예배 갱신』. 서울: 대한기독교서회, 2004.
주학선. 『한국감리교회 예배: 1885~1931』. 서울: KMC, 2005.
최봉기 편. 『침례교회: 신앙, 고백, 전통, 실천』. 대전: 침례신학대학교 출판부, 1997.
최윤배. "마틴 부처와 장 칼뱅의 상호관계." 『서울장신논단』, 9집 (2001): 96~111.
_____. 『잊혀진 개혁자 마틴 부처』. 서울: 대한기독교서회, 2012.
Adam, Adolf. *The Liturgical Year: Its History and Its Meaning after the Reform of the Liturgy*. New York: Pueblo Publishing Co., 1981.

Allmen, Jean-Jacque von. *The Lord's Supper*. London: Lutherworth Press, 1969.

_____. "The Theological Frame of a Liturgical Renewal." *Church Quarterly*, vol. 2 (1960~1970).

_____. *Worship: Its Theology and Practice*. New York: Oxford University Press, 1965.

Aune, Michael. "Liturgy and Theology: Rethinking the Relationship, Part 1, Setting the Stage." *Worship*, 81, no. 1 (January 2007): 46~68.

_____. "Liturgy and Theology: Rethinking the Relationship, Part 1, A Different Starting Place." *Worship*, 81, no. 2 (March 2007): 141~49.

Baird, Charles W. *The Presbyterian Liturgies: Historical Sketches*. Grand Rapids: Baker Book House, 1856. 1957

Balentine, Samuel E. *The Torah's Vision of Worship*. Philadelphia: Fortress, 1999.

Barth, Karl. *Church Dogmatics*, vol. IV/2. Edinburgh: T. & T. Clark, 1957.

_____. *Prayer*, ed. Don E. Saliers. Philadelphia: Westminster Press, 1985.

Basden, Paul A., ed. *Exploring the Worship Spectrum*. Grand Rapids: Zondervan, 2004.

Bechtel, Carol. *Touching the Altar: The Old Testament and Christian Worship*. Grand Rapids: Eerdmans, 2007.

Beckwith, Roger R. and Wilfrid Stott, *This Is the Day: The Biblical Doctrine of the Christian Sunday in Its Jewish and Early Church Setting*. London: Marshall, Morgan & Scott, 1978.

Bedell, Kenneth B. *Worship in the Methodist Tradition*. Nashville: Discipleship Resources, 1976.

Belcher, Jim. *Deep Church: A Third Way Beyond Emerging and Traditional*, 전의우 역, 『깊이 있는 교회』. 서울: 포이에마, 2011.

Benedict of Nursia, *Rule of St. Benedict*, 권혁일 외 역, 『베네딕트의 규칙서』. 서울: 한국고등신학연구원, 2011.

Beniger, James R. *The Control Revolution: Technological and Economic Origins of the Information Society*. Cambridge: Harvard University Press, 1986.

Boersma, Hans. *Reappropriating the Atonement Tradition*, 윤성현 역, 『십자가, 폭력인가 환대인가』. 서울: CLC, 2014.

Boer, Erik A. de. "The Congrégation: An In-Service Theological Training Center for Preachers to the People of Geneva." *Calvin and the Company of Pastors*. Grand Rapids: Calvin Studies Society, 2004.

Boone, H. *The Day of Light: The Biblical and Liturgical Meaning of Sunday*. Washington, DC: The Pastoral Press, 1987.

Bouyer, Louis. *Liturgy and Architecture*. Notre Dame: University of Notre Dame Press, 1967.

Bradsaw, Paul F. "Hippolytus Revisited: The Identity of the So-called Apostolic Tradition." *Liturgy*, vol. 16 (2000).

Bradshaw, Paul F. and Brian D. Spinks, eds. *Liturgy in Dialogue*. London: SPCK, 1994.

Brauer, Jerald C., ed. *The Westminster Dictionary of Church History*. Philadelphia: The Westminster Press, 1971.

Brilioth, Yngve. *Eucharistic Faith and Practice: Evangelical and Catholic*. London: SPCK, 1930.

Bower, Peter C., ed. *Handbook for the Common Lectionary*. Philadelphia: The Geneva Press, 1987.

_____. *Handbook for the Revised Common Lectionary*. Louisville: Westminster John Knox Press, 1996.

Browning, Don S. *A Fundamental Practical Theology*. Minneapolis: Fortress, 1991.

Brunner, Peter. *Worship in the Name of Jesus: English Edition of a Definitive Work on Christian Worship in the Congregation*, trans. M. H. Bertram. London: Concordia, 1968.

Brueggemann, Walter. *Worship in Ancient Israel*. Nashville: Abingdon Press, 2005.

_____. *Sabbath as Resistance*, 박규태 역, 『안식일은 저항이다』. 서울: 복있는 사람, 2015.

Byars, Ronald. *The Future of Protestant Worship: Beyond the Worship Wars*. Louisville: WJKP, 2002.

Calvin, John. *Calvin's Commentaries*, vol. 1. Grand Rapids: Baker Book House, 1984.

_____. *Institutes of the Christian Religion*, vol. 1, 2. Grand Rapids: Eerdmans, 1989.

_____. *Sermons on the Epistles to Timothy and Titus*. Edinburgh: The Banner of Truth Trust, 1983.

Campbell, Charles. *The Word before Powers*, 김운용 역, 『실천과 저항의 설교학』. 서울: WPA, 2014.

Cason, D. A. *Becoming Conversant with the Emerging Church: Understanding a Movement and Its Implications*. Grand Rapids: Zondervan, 2005.

Cartwright, Colbert S. *People of the Chalice, Disciples of Christ in Faith and Practice*. St Louis, MO: Chalice Press, 1987.

Cherry, Constance M. *The Worship Architect: A Blueprint for Designing Culturally Relevant and Biblically Faithful Services*. Grand Rapids: Baker Academic, 2010.

Childs, Brevard S. *Memory and Tradition in Israel*. Chatham, England: W. & J. MacKay, 1962.

Clapp, Rodney, ed. *The Consuming Passion: Christianity and the Consumer Culture*. Downers Grove: InterVarsity Press, 1998.

Culman, Oscar. *Early Christian Worship*, 이선희 역, 『원시 기독교 예배』. 서울: 대한기독교서회, 1984.

Dahl, Nils Alstrup. *Jesus in the Memory of the Early Church*. Minneapolis: Augsburg, 1976.

Danielou, Jean. *The Bible and the Liturgy*. Indianapolis: University of Notre Dame Press, 1995.

Davies, Horton. *Worship of the English Puritans*, 김석한 역, 『청교도 예배』. 서울: 기독교문서선교회, 1999.

Davies, J. G., ed. *A New Dictionary of Liturgy and Worship*. London: SCM, 1986

Dawn, Marva J. *A Royal 'Waste' of Time*, 김병국, 전의우 역, 『고귀한 시간 '낭비'』. 서울: 이레서원, 2004.
_____. *Keeping the Sabbath Wholly*, 전의우 역, 『안식』. 서울: IVP, 2001.
_____. *Reaching out without Dumbing down: A Theology of Worship for the Turn-of-the Century Culture*. Grand Rapids: Eerdmans, 1995.

Dillard, Annie. *Teaching a Stone to Talk*. New York: Harper & Row, 1985.

Dix, Dom Gregory. *The Shape of Liturgy*. London: Adam & Charles Black, 1945.

Dunn, James D. G. *Unity and Diversity in the New Testament*. 김득중, 이광훈 역, 『신약성서의 통일성과 다양성: 초기 기독교 신학의 역사적 연구』. 서울: 나단, 1988.

Duck, Ruth C. *Worship for the Whole People of God: Vital Worship for the 21st Century*. Louisville: Westminster John Knox Press, 2013.

Dykstra, Craig. "The Formative Power of the Congregation," *Religious Education*, vol. 82, no. 4 (Fall 1987).

Dyrness, William A. *A Primer on Christian Worship: Where We've Been, Where We Are, Where We Can Go*. Grand Rapids: Eerdmans, 2009.

Eckhart, Meister. *Meister Eckhart, Teacher and Preacher*, ed. Bernard McGinn. New York: Paulist Press, 1986.

Ellul, Jacques. *La Subversion du Christinisme*. 쟈크 엘룰 번역위원회 역, 『뒤틀려진 기독교』. 서울: 대장간, 1998.

Fagerberg, David W. *Theologia Prima: What Is Liturgical Theology?*. Chicago: Liturgy Training Publications, 2004.

_____. *What Is Liturgical Theology?: A Study in Methodology*. Collegeville: The Liturgical Press, 1992.

Fenwick, John. *Worship in Transition: The Liturgical Movement in the Twentieth Century*. New York: Continuum, 1995.

Fisch, Thomas, ed. *Liturgy and Tradition: Theological Reflections of Alexander Schmemann*. Crestwood: St. Vladimir's Seminary Press, 1990.

Foley, Edward. *From Age to Age: How Christians Have Celebrated the Eucharist*. Chicago: Liturgical Training Publications, 1991.

Frankforter, A. Daniel. *Stones for Bread: A Critique of Contemporary Worship*. Louisville: WJKP, 2001.

Frere, Walter H. *Puritan Manifestoes: A Study of the Origin of the Puritan Revolt*. London: SPCK, 1954.

Gibbs, Eddie. *Churchmorph: How Megatrends Are Reshaping Christian Communities*. Grand Rapids: Baker Academic, 2009.

Gilley, Gary E. *This Little Church Stayed Home: A Faithful Church in Deceptive Times*. Faverdale North: Evangelical Press, 2006.

Gonzalez, Justo L. *The Story of Christianity*, vol. 1, 2. San Francisco: Harper

& Row, 1984.

Grenz, Stanley. *A Primer on Postmodernism*, 김운용 역, 『포스트모더니즘의 이해』. 서울: WPA, 2010.

Greschat, Martin. *Martin Bucer: A Reformer and His Times*, trans. Stephen E. Buckwalter. Louisville: John Knox Press, 2004.

Hauerwas, Stanley and Jean Vanier. *Living Gently in a Violent World*, 김진선 역, 『화평케 하는 자는 복이 있나니』. 서울: IVP, 2010.

Heschel, Abraham. *The Sabbath: Its Meaning for Modern Man*. New York: Farrar, Straus & Giroux, 1951.

Hetherington, W. M. *History of the Westminster Assembly of Divines*. Edinburgh: Johnston and Hunter, 1841.

Hillerbrand, Hans J. *The Reformation*. London: SCM, 1964.

Hoon, Paul W. *The Integrity of Worship*. Nashville: Abingdon Press, 1971.

Horn, Edward T. *The Christian Year*. Philadelphia: Muhlenberg Press, 1957.

Irwin, Kevin W. *Context and Text: Method in Liturgical Theology*. Collegeville: The Liturgical Press, 1994.

James, Doval, Alexis. ed. Cyril of Jerusalem, *Mystagogue: The Authorship of the Mystagogic Catecheses*. Washington, DC: Catholic University of America Press, 2001.

Jasper, R. C. D. and G. L. Cuming. *Prayers of the Eucharist: Early and Reformed*, 3rd ed. Collegeville: Liturgical Press, 1990.

Jensen, Robin M. *Baptismal Imagery in Early Christianity: Ritual, Visual, and Theological Dimensions*. Grand Rapids: Baker Academic, 2012.

Jones, Cheslyin, Geoffrey Wainwright, Edward Yarnold, and Paul Bradshaw, eds. *The Study of Liturgy*, rev. ed. New York: Oxford University Press, 1992.

Johnson, Maxwell E. *Praying and Believing in Early Christianity: The Interplay between Christian Worship and Doctrine*. Collegeville: Liturgical Press, 2013.

_____. *The Rites of Christian Initiation: Their Evolution and Interpretation*. Collegeville: The Liturgical Press, 1998.

Jungman, Josef A. *The Early Liturgy: To the Time of Gregory the Great*.

Notre Dame: University of Notre Dame Press, 1959.

_____. *Public Worship: A Survey*. Collegeville: The Liturgical Year, 1957.

Kavanaugh, John F. *Following Christ in a Consumer Society*, 박세혁 역, 『소비사회를 사는 그리스도인』. 서울: IVP, 2011.

Katongole, Emmanuel and Chris Rice, *Reconciling All Things*. 안종희 역, 『화해의 제자도』. 서울: IVP, 2013.

Kimball, Dan. *Emerging Worship: Creating Worship Gathering for New Generation*. Grand Rapids: Zondervan, 2004.

Langford, Andy. *Transitions in Worship: Moving from Traditional to Contemporary*. Nashville: Abingdon Press, 1999.

Langford, Andy, ed. *The United Methodist Book of Worship*. Nashville: The United Methodist Publishing House, 1992.

Lasch, Christopher. *The Culture of Narcissism: American Life in an Age of Diminishing Expectations*. New York: Norton, 1978.

Lathrop, Gordon. *Holy Things: A Liturgical Theology*. Minneapolis: Fortress Press, 1993.

Leishman, Thomas, ed. *Westminster Directory*, 정장복 역, 『웨스트민스터 예배모범: 장로교 예배의 뿌리』. 서울: WPA, 2002.

Leith, John H. *Introduction to the Reformed Tradition*. Rev. ed. Atlanta: John Knox Press, 1981.

Lindsay, Thomas M. *A History of the Reformation*, 이형기, 차종순 역, 『종교개혁사 1』. 서울: 한국장로교출판사, 2003.

Long, Thomas G. *Beyond the Worship Wars: Building Vital and Faithful Worship*. The Alban Institute, 2001.

Lury, Celia. *Consumer Culture*. 2nd ed. New Brunswick: Rutgers University Press, 1996.

Luther, Martin. *Luther's Works: Sermons 1*, vol. 51, ed. H. J. Grimm. Philadelphia: Fortress Press, 1986.

_____. *Martin Luther's Three Treatises*, 지원용 역, 『마틴 루터의 종교개혁 3대 논문』. 서울: 컨콜디아사, 1993.

Marsden, George M., ed. *Evangelicalism and Modern America*. Grand Rapids: Eerdmans, 1984.

Macquarrie, John. *A Guide to the Sacraments*. New York: Coninuuum, 1997.

Martimort, A. G. et. al., eds. *The Church at Prayer: The Liturgy and Time*. Collegeville: The Liturgical Press, 1985.

McKee, Elsie A. "Context, Contours, Contents: Toward a Description of the Classical Reformed Teaching on Worship." *The Princeton Seminary Bulletin*, 16/2 (1995).

Metz, Johann B. *Faith in History and Society: Toward a Political Fundamental Theology*. trans. David Smith. New York: Seabury Press, 1980.

Mitchell, Leonel. *Praying Shapes Believing*. Minneapolis: The Winston Press, 1985.

─────. *Praying Shapes Believing: A Theological Commentary on the Book of Common Prayer*. Harrisburg: Morehouse Publishing, 1985.

Mitchell, Nathan D. *Meeting Mystery*, 안선희 역, 『예배, 신비를 만나다』. 서울: 바이북스, 2014.

Morill, Bruce T. *Anamnesis as Dangerous Memory: Political and Liturgical Theology in Dialogue*. Collegeville: The Liturgical Press, 2000.

Murray, Robert. *Symbols of Church and Kingdom: A Study in Early Syriac Tradition*. London: T & T Clark International, 2004.

Peterson, David. *Engaging with God: A Biblical Theology of Worship*. Intervarsity Press, 2002.

Pierce, Timothy M. *Enthroned on Our Praise: An Old Testament Theology of Worship*. B & H Publishing Group, 2007.

Poll, Gerrit Jan van de. *Matin Bucer's Liturgical Ideas*. Assen: Van Gorcum, 1954.

Postman, Neil. *Amusing Ourselves to Death: Public Discourse in the Age of Show Business*. New York: Penguin Books, 1985.

Power, David N. *Worship: Culture and Theology*. Washington, DC: The Pastoral Press, 1990.

─────. *Sacrament: The Language of God's Giving*. New York: The Crossroad Publishing Co., 1999.

Rice, Charles. *The Embodied Worship: Preaching as Art and Liturgy*. Minneapolis: Fortress Press, 1991.

Richardson, Cyril C. ed. *Early Christian Fathers*, vol. 1. Philadelphia: Westminster Press, 1953.

Riley, Hugh M. *Christian Initiation*. Washington, DC: The Catholic University of America Press, 1974.

Ritter, Adolf M. *Alte Kirche-Kirchen und Theologiegeschichte in Quellen*. vol. I, 공성철 역, 『고대 교회: 교회와 신학의 역사 원전』. 서울: 한국신학연구소, 2006.

Rowley, H. H. *Worship in Ancient Israel: Its Form and Meaning*. London: SPCK, 1967.

Saliers, Don E. *Worship and Spirituality*. Pittsburgh: OSL Publications, 1984.

_____. *Worship as Theology: Foretaste of Glory Divine*. 김운용 역, 『거룩한 예배: 임재와 영광에로 나아감』. 서울: WPA, 2010.

Schaff, Philip. *History of the Christian Church*, 이길상 역, 『중세시대: 그레고리우스 1세부터 그레고리우스 7세까지』, 교회사 전집 4권. 고양: 크리스챤 다이제스트, 2004.

_____. *History of the Christian Church*, 박종숙 역, 『독일종교개혁』, 교회사 전집 7권. 서울: 크리스챤 다이제스트, 2004.

_____. *History of the Christian Church*, 박경수 역, 『스위스 종교개혁』, 교회사 전집 8권. 서울: 크리스챤 다이제스트, 2004.

Sassatelli, Roberta. *Consumer Culture: History, Theory and Politics*. Los Angeles: SAGE Publications, 2007.

Schillebeeckx, Edward. *Christ the Sacraments of the Encounter with God*. New York: Sheed & Ward, 1963.

Schememann, Alexander. *For the Life of the World: Sacraments and Orthodoxy*. Crestwood: St. Vladimir's Seminary Press, 2002.

_____. *Introduction to Liturgical Theology*. Trans. Asheleigh E. Moorhouse. Portland, The American Orthodox Press, 1966.

_____. "Liturgy and Theology," *Greek Orthodox Theological Review*, vol. 17, no. 1 (Spring 1972).

_____. "Liturgical Theology: Its Task and Method." *St Vladimir's Theological Quarterly*, vol. 4, no. 4 (1957).

_____. *Of Water and the Spirit: A Liturgical Study of Baptism*. Crestwood: SVSP, 1974.

_____. *The Eucharist: Sacrament of the Kingdom*. New York: Oxford University Press, 1988.

_____. "Theology and Liturgical Tradition." Massey H. Shepherd, ed. *Worship in Scripture and Tradition*. New York: Oxford University Press, 1963.

Schreiter, Robert J. *Ministry of Reconciliation*, 임상필 역, 『화해의 사역』. 서울: 한국장로교 출판사, 2004.

Schultze, Quentin J. *High-Tech Worship?: Using Presentational Technologies Wisely*. Grand Rapids: Baker Publishing Group, 2004.

Segler, Franklin M. *Christian Worship: Its Theology and Practice*. Nashville: Broadman Press, 1967.

Senn, Frank C. *Christian Liturgy: Catholic and Evangelical*. Minneapolis: Fortress Press, 1997.

Smith, E. Baldwin. *Dome: A Study in the History of Ideas*. Princeton: Princeton Univ Press, 1985.

Spinks, Bryan D. *The Worship Mall: Contemporary Responses to Contemporary Culture*. New York: Church Publishing, 2011.

St Cyril of Jerusalem. *Lectures on the Christian Sacraments: Procatechesis and Five Mystagogical Catecheses*. Crestwood: St. Vladimirs Seminary Press, 1977.

Stauffer, Anita. *One Baptismal Fonts: Ancient and Modern*. Bramcote: Grove Books, 1994.

Stemp, Richard. *The Secret Language of Churches and Cathedrals: Decoding the Sacred Symbolism of Christianity's Holy Buildings*. London: Duncan Baird Publishers, 2010.

Stookey, Laurence H. *Baptism: Christ's Act in the Church*, 김운용 역, 『하늘이 주신 선물, 세례』. 서울: WPA, 2013.

_____. *Calendar: Christ's Time for the Church*. Nashville: Abingdon Press, 1996.

Strong, J. *The Tabernacle of Israel*. Grand Rapids: Baker Book House, 1952.

Swagler, Roger. "Evolution and Applications of the Term Consumerism: Theme and Variations," *Journal of Consumer Affairs*, vol. 28, no. 2 (1994).

Taft, Robert. "Liturgy as Theology," *Worship*, 56 (1982): 113~16.

Talley, Thomas J. *The Origins of the Liturgical Year*. Collegeville: The Liturgical Year, 1991.

The Church of Scotland. *Book of Common Order of the Church of Scotland*. Edinburgh: Oxford Univ. Press, 1940.

The Consultation on Common Texts. *The Revised Common Lectionary*. Nashville: Abingdon Press, 1992.

The Ministry Unit of Theology and Worship for the PCUSA and Cumberland Presbyterian Church. *Liturgical Year: The Worship of God*, Supplemental Liturgical Resource 7. Louisville: Westminster/John Knox Press, 1992.

The Second Vatican Council. *Constitution on the Sacred Liturgy*. Collegeville: Liturgical Press, 1963.

Theology and Worship Ministry for the PCUSA and the Cumberland Presbyterian Church. *Book of Common Worship*. Louisville: WJKP, 1993.

Thompson, Bard, ed. *Liturgies of the Western Church*. Philadelphia: Fortress Press, 1961.

Vann, Jane. *Worship Matters: A Study for Congregations*. Louisville: Westminster John Knox Press, 2011.

Vischer, Lukas. ed. *Christian Worship in Reformed Churches Past and Present*. Grand Rapids: Eerdmans, 2003.

Wainwright, Geoffrey. *Doxology: The Praise of God in Worship, Doctrine, and Life-A Systematic Theology*. New York: Oxford University Press, 1980.

_____. *Eucharist and Eschatology*. London: Epworth Press, 1971.

Wainwright, Geoffrey, Karen B. W. Tucker, eds. *The Oxford History of Christian Worship*. New York: Oxford University Press, 2006.

Wakefield, Gordon S. *An Outline of Christian Worship*. 김순환 역, 『예배의 역사와 전통』. 서울: CLC, 2007.

WCC. *Baptism, Eucharist, and Ministry*. Geneva: WCC, 1982.

Webber, Robert E. *Ancient-Future Time: Forming Spirituality through the Christian Year*. Grand Rapids: Baker Books, 2004.

_____. *Blended Worship: Achieving Substance and Relevance in Worship*. Peabody: Hendrickson Publishers, 2000.

_____. *The Complete Library on Christian Worship: Twenty Centuries of Christian Worship*, vol. 2. Nashville: Star Song Publishing Group, 1994.

_____. *The New Worship Awakening: What's Old Is New Again*. Peabody:

Hendrickson Publishers, 2007.
_____. *Worship Is a Verb: Eight Principles for Transforming Worship*. Peabody: Hendrickson Publishers, 1996.
_____. *Worship: Old and New*. Grand Rapids: Zondervan Publishing House, 1982.
Wegeman, Herman A. J. *Christian Worship in East and West: A Study Guide to Liturgical History*, trans. Gordon W. Lathrop. New York: Pueblo Publishing Co., 1985.
Westermann, Claus. *Praise and Lament in the Psalms*. Atlanta: John Knox Press, 1981.
White, James. F. *A Brief History of Christian Worship*. Nashville: Abingdon Press, 1993.
_____. *Introduction to Christian Worship*. 3rd edition. Nashville: Abingdon, 2000.
_____. *Protestant Worship: Traditions in Transition*, 김석한 역, 『개신교 예배』. 서울: 기독교 문서선교회, 1997.
_____. *Sacraments as God's Self-giving*, 김운용 역, 『성례전, 하나님의 자기주심의 선물』. 서울: WPA, 2009.
White, James F. and Susan J. White. *Church Architecture: Building and Renovating for Christian Worship*, 정시춘, 안덕원 역, 『교회 건축과 예배공간』. 서울: 새물결플러스, 2014.
White, Susan J. *Groundwork of Christian Worship*. Peterborough: Epworth Press, 2000.
Willimon, William H. *Word, Water, Wine and Bread: How Worship Has Changed over the Year*. Valley Forge: Judson Press, 1980.